Estudos de Direito Bancário I

Estudos de Direito Bancário I

2018

Coordenação
António Menezes Cordeiro
Januário da Costa Gomes
Miguel Brito Bastos
Ana Alves Leal

ESTUDOS DE DIREITO BANCÁRIO I

COORDENAÇÃO
António Menezes Cordeiro
Januário da Costa Gomes
Miguel Brito Bastos
Ana Alves Leal

EDITOR
EDIÇÕES ALMEDINA, S.A.
Rua Fernandes Tomás, nºs 76-80
3000-167 Coimbra
Tel.: 239 851 904 · Fax: 239 851 901
www.almedina.net · editora@almedina.net

DESIGN DE CAPA
FBA.

PRÉ-IMPRESSÃO
João Jegundo

IMPRESSÃO E ACABAMENTO
ACD Print, S.A.

Fevereiro, 2018

DEPÓSITO LEGAL
436996/18

Os dados e as opiniões inseridos na presente publicação são da exclusiva responsabilidade do(s) seu(s) autor(es).
Toda a reprodução desta obra, por fotocópia ou outro qualquer processo, sem prévia autorização escrita do Editor, é ilícita e passível de procedimento judicial contra o infrator.

BIBLIOTECA NACIONAL DE PORTUGAL – CATALOGAÇÃO NA PUBLICAÇÃO

ESTUDOS DE DIREITO BANCÁRIO I

Estudos de direito bancário I / coord. António Menezes Cordeiro... [et al.]. – (Obras colectivas)
ISBN 978-972-40-7312-5

I – CORDEIRO, António Menezes, 1953-

CDU   347

PREFÁCIO

Desde 2015 que o Centro de Investigação de Direito Privado (CIDP), da Faculdade de Direito da Universidade de Lisboa, organiza anualmente o *Curso de Pós-Graduação Avançada em Direito Bancário*. Atualmente na sua terceira edição, este Curso tem merecido, ao longo das suas edições, uma adesão muito significativa de todos os quadrantes da comunidade jurídica.

Esta generosa adesão é reveladora da importância que a disciplina do Direito bancário tem vindo a reclamar. Neste contexto, para além de um interesse notório no aprofundamento das temáticas nucleares do Direito bancário, as permanentes convulsões legislativas (a nível nacional e a nível europeu) fazem surgir uma incrementada necessidade de atualização de conhecimentos. Acresce que, não obstante a crise económico-financeira se poder considerar superada, ainda hoje o Direito bancário é chamado a resolver problemas que surgem enquanto ecos dessa crise, tais como a identificação de limites aos poderes de resolução bancária, ou o impacto da queda abrupta das taxas Euribor nos contratos de concessão de crédito anteriormente celebrados.

O *Curso de Pós-Graduação Avançada em Direito Bancário* tem procurado dar uma resposta tempestiva e completa às necessidades de formação suscitadas por estes problemas. Para o efeito, conta com um corpo docente de excelência, composto no seu núcleo por docentes da Faculdade de Direito da Universidade de Lisboa, e complementado por outros especialistas, chamados a lecionar sessões sobre temas da sua área de especialização.

Isto considerado, julgou-se oportuno proceder a uma compilação de estudos desenvolvidos por alguns oradores do *Curso*, na sequência das intervenções que nesse âmbito apresentaram, ou sobre temas conexos com os de essas intervenções. Esta obra é, assim, o produto de um trabalho conjunto, e que se pretende que seja o início de uma coleção de estudos de Direito bancário, organizada pelos Coordenadores do *Curso*.

* * *

O volume inicia-se com uma análise transversal, a cargo do Professor Doutor António Menezes Cordeiro, sobre "Responsabilidade bancária, deveres acessórios e nexo de causalidade". Os artigos seguintes são dedicados a questões de *Direito bancário institucional e supervisão bancária*. Conta-se aí com o estudo do Dr. João Pedro Castro Mendes sobre "Estabilidade financeira, princípio da proporcionalidade e supervisão microprudencial", e com o estudo do Dr. Miguel da Câmara Machado, com o título "4G na prevenção do branqueamento de capitais: problemas, paradoxos e principais deveres". As páginas subsequentes versam sobre problemas de *resolução bancária*, onde o Professor Doutor A. Barreto Menezes Cordeiro examina "Os limites dos poderes de transferência do Banco de Portugal no âmbito do processo de resolução". No módulo temático do *governo das instituições de crédito*, o Professor Doutor Pedro Maia faz uma análise detalhada do "Regime de controlo da adequação de titulares de órgãos sociais de instituições de crédito e o direito das sociedades anónimas". Nesse módulo inclui-se também o estudo conjunto do Professor Doutor Diogo Pereira Duarte e do Dr. Francisco Passaradas, sobre "Gestão de risco, *compliance* e auditoria interna". Uma obra com este âmbito não poderia deixar de fora o módulo clássico da *concessão de crédito*. Nele, podemos encontrar o estudo da Professora Doutora Adelaide Menezes Leitão, sobre "Concessão de crédito, normas de proteção e responsabilidade bancária", o estudo da Drª Madalena Perestrelo de Oliveira, com o título "A concessão de crédito para o saneamento de empresas", bem como o estudo do Professor Doutor Jorge Morais Carvalho, no qual é feita uma análise combinada dos regimes do "Crédito ao consumo e crédito à habitação". Em tema de *garantias*, segue-se o estudo realizado pelo Professor Doutor Januário da Costa Gomes, sobre "Segurança, subgarantia e sobregarantia – Entre os três "S" do Direito das Garantias". Numa última área temática dedicada à *moeda bancária e serviços de pagamento*, o Professor Doutor Francisco Mendes Correia analisa as "Operações não autorizadas e o Regime Jurídico dos Serviços de Pagamento e da Moeda Eletrónica"; o Dr. Francisco Rodrigues Rocha, por sua vez, encarrega-se do estudo intitulado "Débitos diretos: breves notas".

Pela qualidade dos textos que agora se dão ao prelo, julga-se que o presente volume seguramente constituirá mais um importante contributo do CIDP para o aprofundamento do estudo do Direito bancário em Portugal.

Lisboa, 13 de dezembro de 2017

ANTÓNIO MENEZES CORDEIRO
JANUÁRIO DA COSTA GOMES
MIGUEL BRITO BASTOS
ANA ALVES LEAL

Responsabilidade bancária, deveres acessórios e nexo de causalidade

António Menezes Cordeiro

Sumário: *I. Introdução: 1. A responsabilidade bancária; 2. A expansão do tema; 3. As cautelas; 4. O nexo de causalidade; sequência. II. Os deveres acessórios: 5. Noção e origem; 6. Natureza prática; 7. Experiência nacional; 8. Regime; 9. Concretizações. III. O nexo de causalidade: 10. Os pressupostos da responsabilidade civil; o sistema móvel; 11. Problemas clássicos; 12. Causalidade adequada e causalidade normativa; 13. Evolução jurisprudencial; 14. O problema na responsabilidade contratual. IV. Responsabilidade bancária: 15. Categorias básicas; 16. Dever de informar; 17. Jurisprudência. V. Conclusões: 18. Conclusões.*

I. Introdução

1. A responsabilidade bancária

I. Diz-se bancária a responsabilidade em que possa incorrer uma instituição de crédito, por atos praticados no exercício da sua atividade profissional[1]. Podem ficar envolvidas situações básicas distintas. O banqueiro pode não respeitar: (a) as prestações principais derivadas de um contrato celebrado; (b) determinações legais concretas, quanto ao exercício da sua profissão; (c) deveres acessórios associados a prestações principais; (d) deveres gerais de diligência, dirigidos às instituições de crédito; (e) determina-

---

[1] Propusemos a expressão "responsabilidade bancária", hoje de uso corrente, no nosso *Concessão de crédito e responsabilidade bancária*, BMJ 357 (1986), 5-66.

ções concretas do Banco de Portugal; (f) regras genéricas dimanadas desse mesmo Banco; (g) o dever geral de respeito, relativo a bens protegidos; (h) deveres do tráfego, derivados desse mesmo dever. Outras hipóteses seriam ainda configuráveis. Além disso, o banqueiro pode ser chamado a responder por atos dos seus representantes, auxiliares ou agentes (800º/1, do Código Civil) ou por factos praticados pelos seus comissários (500º, do mesmo Código).

II. A responsabilidade bancária implica, em primeira linha, um exercício de responsabilidade civil. Não cabe a cada disciplina jurídica reescrever todo o sistema jurídico. Pelo contrário: mesmo especializadas, as disciplinas assentam no Direito comum, aproveitando os seus institutos e a sua dogmática. Só em face de valores concretos que requeiram soluções especialmente adaptadas, elas irão introduzir, no tecido civil, as necessárias afeições. Podemos dar com assente e pacífico que isso mesmo ocorre na responsabilidade bancária. Todavia, tal não implica que não devamos percorrer os dados básicos da responsabilidade civil – mormente os seus pressupostos – para verificar o tipo de adaptação que, porventura, eles devam sofrer, em face da realidade bancária a que se apliquem.

2. A expansão do tema

I. A responsabilidade bancária conheceu uma expansão recente. Ainda há poucos anos, estávamos reduzidos, aquando do tratamento escrito ou oral do tema, a recorrer a exemplos jurisdicionais estrangeiros, designadamente alemães, franceses e suíços. Neste momento, conhecemos mais de uma centena de acórdãos publicados sobre temas de responsabilidade do banqueiro, seja aplicando-a, seja, constatando a não-verificação de algum ou alguns dos seus requisitos, recusando-a.

II. Podemos desde já adiantar duas causas para essa expansão. Por um lado, procedeu-se ao estudo e à divulgação das ideias básicas inerentes à responsabilidade do banqueiro, dobradas aliás pela crescente afirmação de outras responsabilidades profissionais, com relevo para a dos médicos e a dos advogados. Por outro, na sequência da crise dos *sub-primes* de 2007, da crise económica europeia de 2008 a 2011 e da crise das dívidas soberanas de 2009 a 2015, ocorreram, entre nós, situações de nacionalização (BPN), de insolvência (BPP) e de resolução de bancos (BES e BANIF), com milhares de clientes prejudicados. Os nossos tribunais tiveram de enfrentar e de decidir questões para as quais, de todo, não havia antecedentes.

III. A responsabilidade bancária tem ainda sido potenciada pelo afinamento crescente da doutrina e dos nossos tribunais, nas áreas delicadas dos conceitos indeterminados. Não há processo que chegue ao seu termo sem que, por uma das partes ou por ambas, se aleguem abusos do direito. Temas outrora exóticos, como o da *culpa in contrahendo*, são diariamente ponderados pelos nossos julgadores. As matérias da alteração das circunstâncias, da boa-fé na execução dos contratos e da sindicância das cláusulas contratuais já não são notícia: preenchem o dia-a-dia das nossas colunas de jurisprudência.

3. As cautelas

I. A evolução sumariada merece encómeos, apoio e algumas cautelas. Quando ocorreram as primeiras situações de responsabilidade bancária, o fiel da balança podia deslocar-se a favor dos banqueiros. Teríamos uma jurisprudência *bankfreundlich* ou amiga dos banqueiros. Estes tinham a possibilidade de contratar advogados especializados e de aceder a jurisconsultos. Dispunham, ainda, de facilidades no campo da prova, de processos sólidos e de testemunhas sérias e credíveis. Perante eles litigavam particulares com arquivos desorganizados, assentes numa confiança que não saberiam explicar e, muitas vezes, apoiados em construções jurídicas inovatórias, arriscadas e defendidas por mandatários menos experimentados. Passada a fase inicial, a situação inverteu-se. A responsabilidade bancária democratizou-se e entrou no quotidiano da comunicação social. Segundo alguma opinião, o banqueiro ingressou no universo dos "ricos", assentando as suas posses no infortúnio dos pequenos clientes. À jurisprudência *bankfreundlich* sucedeu uma jurisprudência do sentimento, pronta a condenar os bancos para redistribuir a riqueza: o síndrome Robin dos Bosques: tirar aos ricos para dar aos pobres.

II. Ultrapassadas essas fases, há que serenar e fazer apelo à Ciência do Direito. A condenação do banqueiro equivale à condenação do sistema financeiro. Os danos de uns vão ser, em última instância, repartidos por todos. Isso não pode ser feito sem critério. Estudos de campo mostram uma apetência inata pelo risco e pelo lucro fácil. Os produtos mais vendidos não são, em tempo normal, os mais seguros; antes os que acenam com maiores proventos. O exemplo máximo é o do *euromilhões*: as hipóteses de prémio são mínimas, de tal modo que cada euro investido é, virtualmente, um euro perdido. Mas toda a população "investe", semanalmente e com convicção. Pois bem: se as pessoas querem assumir riscos, como imputar o desaire daí resultante ao sistema e à generalidade dos cidadãos? A condenação do sistema implica juros mais altos para todos, menos crédito, garantias acrescidas e custos de transação em alta. A jurisprudência do coração é paga por todos os agentes, mesmo os mais cuidadosos nas decisões que tomem.

III. Neste momento, impõe-se uma reflexão tranquila, desapaixonada e imparcial sobre a responsabilidade do banqueiro, as suas potencialidades e os seus limites. A Ciência do Direito de expressão portuguesa comporta elementos sobejos. Todavia, mormente nos aspetos históricos, apoiaremos a reflexão em dados recolhidos de outras experiências.

4. O nexo de causalidade; sequência

I. Entre os pressupostos da responsabilidade civil que importa sindicar com algum cuidado conta-se o nexo de causalidade, particularmente quando esteja em causa a inobservância de deveres acessórios. No domínio bancário – como, de resto, noutros campos – a inobservância de um "pequeno" dever pode conduzir a danos em bola de neve. Há uma falha no Multibanco: o cliente não consegue levantar € 20,00, a que tinha direito, nos termos do contrato de abertura de conta; sem o dinheiro, não pôde tomar um comboio; perdeu um encontro onde lhe iria ser proposto um excelente negócio; com o desgosto ficou deprimido e rompeu com a noiva; esta suicida-se. O banqueiro responde? Até onde?

II. A determinação do nexo de causalidade em face da inobservância de deveres acessórios é um tema delicado de Direito civil. Mas curiosamente, ele é estudado em termos mais profícuos na periferia, em face de situações concretas. O Direito bancário pode, neste ponto, ser útil para a dogmática privada em geral. Pela riqueza e pela diversidade de situações que enfrenta, a responsabilidade bancária faculta o desfibrar de deveres diversos e de respostas graduativas.

III. Na sequência, principiaremos pelos grandes temas subjacentes, recordando os pontos gerais dos deveres acessórios, do nexo de causalidade e da responsabilidade bancária. Passaremos, depois, ao cerne do presente escrito, procurando identificar, no acervo das obrigações assumíveis pelo banqueiro, o tema dos deveres acessórios e da responsabilidade daí decorrente. A causalidade a fixar surgirá – assim o veremos – como algo de natural.

II. Os deveres acessórios

5. Noção e origem

I. Os vínculos obrigacionais oferecem ligações abstratas entre as partes. Duplamente irreais: por um lado, esquecem que, quando duas pessoas se encontram como credor e devedor, o entrecruzamento das esferas é, em regra, mais intenso do que o expresso pela obrigação linear; por outro, desconsideram toda a inserção dos sujeitos no meio social.

A simplificação resultante desta abstração reflete-se no regime aplicável, sendo fonte de injustiças. As soluções encontradas passam por uma ideia simples: quando envolvidas numa relação obrigacional, as partes, para além dos direitos e deveres inerentes à prestação principal e às prestações secundárias, resultantes do vínculo, ficam ainda adstritas a uma série de deveres que visam:

(1) acautelar materialmente o vínculo obrigacional;
(2) proteger as partes, nas suas pessoas e no seu património;
(3) proteger terceiros que, com a obrigação, tenham um especial contacto.

Tais deveres têm base legal e um regime próprio, claramente diferenciado do dos deveres de prestar: principal e secundários. São os deveres acessórios[2][3].

---

[2] A doutrina alemã, onde toda esta matéria foi desenvolvida, fala em *Nebenpflichten* (deveres laterais), a não confundir com os *Nebenleistungspflichten* (deveres de prestar laterais: os "nossos" deveres secundários). Aparecem, também, *Schutzpflichten* (deveres de proteção), *Rücksichtspflichten* (deveres de consideração) e *Sorgfaltpflichten* (deveres de cuidado).

[3] Em especial: Kai Kuhlmann, *Leistungspflichten und Schutzpflichten / ein kritischer Vergleich des Leistungsstörungsrechts des BGB mit den Vorschlägen der Schuldrechtskommission* (2001), 424 pp.; Wolfgang Schur, *Leistung und Sorgfalt / zugleich ein Beitrag zur Lehre von der Pflicht im Bürgerlichen Recht* (2001), XX + 390 pp. (123 ss. e *passim*); Hans Christoph Grigoleit, *Leistungspflichten und*

ESTUDOS DE DIREITO BANCÁRIO I

II. Os problemas que a atual doutrina dos deveres acessórios procura resolver são conhecidos desde sempre, com relevo para o Direito romano.

Embora com distinta terminologia, podemos apontar os próprios *bonae fidei iudicia* como a grande fonte da integração obrigacional na problemática mais vasta (individual e social) que a rodeia. Os *bonae fidei iudicia* foram uma criação pretoriana que permitiu alargar os quadros do velho Direito romano à realidade resultante da expansão mediterrânica. Na sua base surgiram a tutela, a sociedade, a fidúcia, o mandato, a compra, a venda, a locação, a condução, o depósito e a gestão de negócios.

Mas para além desse alargamento externo, que deu, às obrigações, um espaço universal, que ainda é o seu, houve um significativo alargamento interno, que vamos recordar[4].

Desde logo, os juízos de boa-fé, nos quais se efetivavam os contratos mais significativos, eram aplicáveis a *cives* e a *peregrini*. Muito importante foi a inclusão automática da *exceptio doli*: permitia evitar condenações na base da mera forma obrigacional, sem atentar nas realidades efetivamente existentes. Seguiram-se outras exceções, como a *exceptio pacti*, que permitia, ao juiz, ter em conta pactos advenientes, o que é dizer: a efetiva complexidade da obrigação. Relevante: a consignação de ações correspetivas, de modo que uma das partes, demandada, poderia acionar a demandante, na base da conexão de ações (o vendedor, demandando o comprador, poderia ser demandado por este) e a possibilidade de compensação.

Através da *bona fides*, o Direito romano aperfeiçoou o sistema geral das obrigações, de modo a permitir que o juiz, em vez de se ater a formalismos estritos, pudesse, através de certos expedientes, descer à substância das questões[5].

Schutzpflichten, FS Canaris 1 (2007), 275-306; Dieter Medicus, *Zur Anwendbarkeit des Allgemeinen Schuldrechts auf Schutzpflichten*, FS Canaris 1 (2007), 835-855 (837 ss.); Marc-Philippe Weller, *Die Vertragstreue* (2009), XXXI + 633 pp., 238 ss.; entre os múltiplos comentários, referimos: Dirk Olzen, no Staudinger II, §§ 241-243 (2015), § 241, Nr. 142 ss. (176 ss.); Christian Grüneberg, no Palandt, 76ª ed. (2017), § 241 (262-263). Para maiores desenvolvimentos, *vide* o nosso *Tratado de Direito civil VI*, 2ª ed. (2012), 498 ss.. Referimos, ainda, Nuno Manuel Pinto Oliveira, *Os deveres acessórios 50 anos depois*, RDC 2017, 239-256.

[4] Sobre esta matéria, com indicações, *vide* o nosso *Da boa fé no Direito civil* (1984, 7ª reimp., 2017), 81 ss..

[5] O nosso *Da boa fé* cit., 89.

RESPONSABILIDADE BANCÁRIA, DEVERES ACESSÓRIOS E NEXO DE CAUSALIDADE

III. Na pandectística do século XIX, a ocorrência de danos laterais em contratos era vista como um subcaso de atos ilícitos: obrigaria a indemnizar enquanto fonte de danos ilícitos. O fundamento de tal responsabilidade era aproximado ora da regra geral de respeito, ora do próprio contrato em jogo. Uma teoria geral de deveres específicos laterais ficou a dever-se ao pandectista Friedrich Ludwig Keller (1799-1860), discípulo de Savigny, tendo sido publicada em 1861. Segundo este Autor, com base numa obrigação, e para evitar a culpa, o obrigado fica adstrito não apenas a atuações negativas, mas também a vinculações de tipo positivo. Daí não resultariam pretensões de cumprimento mas, apenas, direitos indemnizatórios.

IV. Como iniciador da doutrina moderna dos deveres acessórios é, hoje, reconhecido Hugo Kress[6]. Este Autor vem explicar que a ilicitude de atuações danosas não provém apenas da violação de bens juridicamente tutelados, enquanto tais, mas também da violação de deveres de conduta e de proteção. Tais deveres cominam ao vinculado o não atingir os direitos, os bens jurídicos e os interesses patrimoniais do parceiro[7]. Punha-se, todavia, um problema clássico: a indemnização surgia com a violação e os danos, apenas nessa altura se manifestando a existência de deveres de proteção. Kress responde com uma hábil teoria: a da pretensão não-desenvolvida, que apenas se manifestaria com a violação.

No tocante à origem da relação resultante dos deveres de proteção, Kress apela para a vontade das partes ou para a interpretação complementadora (a integração), derivada da boa-fé (§§ 157 e 242, do BGB). Tais deveres manifestar-se-iam *in contrahendo* e, na constância do negócio, no instituto da violação positiva do contrato.

Todo o caudaloso desenvolvimento subsequente, assente em dezenas de decisões e em numerosos estudos doutrinários, arrancou nas bases referidas.

6. Natureza prática

I. Os deveres foram impulsionados por necessidades práticas de realização do Direito.

Assim, deparamos com a figura da violação positiva do contrato. Ela corresponde a uma descoberta de Hermann Staub (1902), com largas repercus-

---

[6] Hugo Kress, *Lehrbuch des Allgemeinen Schuldrechts* (1929), 654 pp., 578-595 e *passim*.
[7] *Idem*, 3 (*Nebenansprüche*), 5-9 (*der unentwickelte Schutzanspruch*) e 578-595 (*idem*).

sões, até hoje[8]. Na origem, temos uma lacuna do BGB que, de resto, também ocorre no Código Civil de 1966. Perante uma obrigação, a lei prevê, *grosso modo*, dois tipos de violação: a pura e simples não-execução, no momento indicado, da conduta devida e a impossibilitação, pelo devedor, daquilo que lhe era exigido. De fora fica uma terceira hipótese: a de o devedor violar a obrigação (o "contrato") não por omissão, direta ou provocada, mas por ação. Teríamos, aí, a "violação positiva". Esta poderia ocorrer por diversas vias, incluindo a provocação de danos na outra parte. Criticada pela falta de unidade, a teoria da violação positiva do contrato teve sucesso na jurisprudência, pela sua maleabilidade e pela impressividade da própria designação. Logicamente: os deveres acessórios inscrever-se-iam, com facilidade, no rol das situações cuja inobservância consubstanciaria a violação positiva[9].

II. A lógica intrinsecamente favorável aos deveres acessórios, que se foi depreendendo da complexidade intra-obrigacional e da violação positiva do contrato, foi reforçada por outros institutos, que conheceram um desenvolvimento autónomo: a *culpa in contrahendo*, a *culpa post pactum finitum* e os efeitos subsistentes nas nulidades e nas anulações.

Segundo a *culpa in contrahendo*[10], surgiriam, entre as partes e logo na fase das negociações, deveres de proteção, de consideração e de cuidado, que preveniriam danos nas esferas respetivas. Também aqui se pode apelar à confiança e ao sistema, quedando a boa-fé como o princípio legitimador capaz de, ao juiz, dar os necessários poderes de concretização.

A *culpa post pactum finitum* diz-nos que, depois de extinta, pelo cumprimento, uma obrigação, ainda se mantêm, para as partes, deveres de proteção, de consideração e de cuidado[11]. A referência à boa-fé torna-se inevitável.

Os efeitos subsistentes nas nulidades e nas anulações traduzem-se na seguinte doutrina: sendo um negócio declarado nulo ou anulado, nem por isso deixarão as partes de ficar ligadas por deveres de proteção, de consideração e de cuidado. Dependendo das circunstâncias, elas podem manter-se vulneráveis às atuações uma da outra: têm o dever de não agir de forma danosa.

---

[8] Hermann Staub, *Die positiven Vertragsverletzungen*, 26. DJT (1902), 31-56, reedit. 1904 e, depois, várias vezes republicado.

[9] Para mais elementos, *vide* o nosso *Tratado de Direito civil* IX, 3ª ed. (2017), 409 ss..

[10] O nosso *Tratado de Direito civil* II, 2ª ed. (2014), 207 ss..

[11] *Vide* o nosso *Da pós-eficácia das obrigações* (1984).

III. Estas considerações, hoje pacíficas, foram consagradas no § 241 do BGB, aquando da reforma de 2001/2002. A esse preceito foi acrescentado um nº 2, segundo o qual:

> A relação obrigacional pode obrigar, de acordo com o seu conteúdo, cada parte à consideração pelos direitos, pelos bens jurídicos e pelos interesses da outra.

Trata-se do reconhecimento legal de que, para além do dever de prestar, existem outros deveres obrigacionais: visam não o "interesse de equivalência", prosseguido pelo dever de prestar, mas o "interesse de integridade", que o suplanta[12]. A lei alemã adotou a fórmula "deveres de consideração" (*Rücksichtspflichten*) como modo de transcender as múltiplas expressões existentes na doutrina[13]: para, fundamentalmente, dizer o mesmo. Resta acrescentar que a diversidade terminológica se manteve, depois de 2002, tanto quanto nos é dado ver pelas obras publicadas depois dessa data. Manteremos o português jurídico "deveres acessórios", que tem vindo a ser acolhido generalizadamente na jurisprudência.

7. Experiência nacional

I. As primeiras referências à violação positiva do contrato e, por aí, aos deveres acessórios[14] ocorreram em textos de Vaz Serra[15] e nas lições de Manuel de Andrade[16] e de Pereira Coelho[17]. Aquando da preparação do Código Civil, graças à intervenção *in extremis*, na 2ª revisão ministerial, de

---

[12] Dirk Olzen, no Staudinger cit., § 241, Nr. 153 (185).

[13] Assim (Olzen, *idem*, Nr. 154, com as fontes): deveres de proteção (Thiele, Gerhardt, Soergel/ /Teichmann, Frost, Medicus, Kress, Jauernig/Mansel, Stoll e Westermann/Bydlinski/ Weber); deveres de cuidado (Larenz, Stürner e Evans-von Krbek); deveres de conduta ou outros deveres de conduta (Gernhuber, Larenz e Emmerich); deveres de bom comportamento (Fikentscher); deveres laterais ou acessórios (Esser/Schmidt, Enneccerus/Lehmann, Erman/ /Werner, Kramer, Canaris, Henckel e von Bar). Surgem, ainda, outras designações.

[14] Quanto à evolução da matéria na nossa doutrina *vide* o nosso *Da boa fé*, 608 ss., nota 288.

[15] Adriano Vaz Serra, *Impossibilidade superveniente e cumprimento imperfeito imputáveis ao devedor*, BMJ 47 (1955), 5-97 (65-90 a 95-97) e, genericamente, *Objecto da obrigação / A prestação – suas espécies, conteúdo e requisitos*, BMJ 74 (1958), 15-283 (45-77, 79-80 e 262-263).

[16] Manuel de Andrade, *Teoria geral das obrigações*, 3ª ed. (1958), 326-327.

[17] Francisco Pereira Coelho, *Obrigações / Aditamentos à Teoria geral das obrigações*, de Manuel de Andrade, por Abílio Neto e Miguel J. A. Pupo Correia (1963-64), 376-380.

ESTUDOS DE DIREITO BANCÁRIO I

Antunes Varela, foi introduzido o atual artigo 762º/2[18]: a boa-fé no cumprimento da obrigação e, logo, na sua própria configuração.

II. Coube a Carlos Mota Pinto (1936-1985) reconstruir a relação obrigacional, em função dos novos dados jurídico-científicos, que apontavam para a inclusão dos deveres acessórios[19]. Dispondo já do apoio legal dado pelo Código Civil de 1966, Mota Pinto vem dizer, a propósito dos deveres que ora nos ocupam, tratar-se[20]:

> (...) de deveres de adoção de determinados comportamentos, impostos pela boa-fé em vista do fim do contrato (arts. 239º e 762º), dada a relação de confiança que o contrato fundamenta, comportamentos variáveis com as circunstâncias concretas da situação.

A matéria foi, depois, sendo divulgada por Almeida Costa[21], Antunes Varela[22] e nós próprios[23]. Deve ainda referir-se o importante contributo de Paulo Mota Pinto[24].

8. Regime

I. Os deveres acessórios têm, hoje, uma dogmática própria bastante completa, que pode ser seguida nos grandes comentários[25]: a partir de 2002, o § 241/II do BGB constituiu, de resto, um ensejo excelente para novos desenvolvimentos, absorvendo elementos que, antes, eram tratados a propósito da boa-fé. Vamos ver o essencial, insistindo em que se trata de pontos assentes.

---

[18] *Vide* Jacinto Rodrigues Bastos, *Das obrigações em geral* V (1973), 184-185.
[19] Carlos Alberto da Mota Pinto, *Cessão da posição contratual* (1970), 335 ss. e, de modo mais simplificado, *Direito das obrigações* (1973), 62-74, retomado por Rui de Alarcão, *Direito das obrigações* (1975), 54 ss. (61 ss.).
[20] Carlos Mota Pinto, *Cessão da posição contratual* cit., 339.
[21] Almeida Costa, *Direito das obrigações*, 12ª ed. (2012), 77-79, com indicações na nota 1. A 1ª ed. é de 1968.
[22] Antunes Varela, *Das obrigações em geral*, 1, 10ª ed. (2000), 125; a 1ª ed. é de 1970.
[23] *Direito das obrigações* 1 (1986), 149 ss. e *passim* (a 1ª versão é de 1978).
[24] Paulo Mota Pinto, *Interesse contratual negativo e interesse contratual positivo* 2 (2007), 1191 ss., com atenção à importante nota 3345 (deveres de proteção).
[25] Como exemplo: Dirk Olzen, no *Staudinger* cit., II, § 241, Nr. 153 a 300 (185-223).

II. No tocante à constituição, os deveres acessórios têm as mesmas fontes das obrigações. Todavia, eles surgem de modo mais amplo e não necessariamente coincidente com elas. O simples início de negociações pode originar deveres acessórios que, depois, se irão manter. Na constituição de deveres acessórios, jogam relações de proximidade típica e de confiança real. Por esta via, intenta-se um equilíbrio entre a regulação abstrata e a efetividade de cada caso concreto. Mas se, com a apontada refração, as fontes são próximas, já a base jurídica ou jurídico-positividade dos deveres de prestar e dos deveres acessórios é muito distinta: os primeiros assentam no negócio ou outra fonte comum que esteja em jogo; os segundos têm base legal. Daí resultam logo diferenças: enquanto os deveres de prestar se obtêm por interpretação (236º a 238º) e por integração negociais (239º), os deveres acessórios advêm da interpretação (9º) e da integração da lei (10º). É óbvio que tudo isto opera articulada e conjuntamente: todavia, a clivagem existe e traduz uma estruturação de raiz.

III. Os escopos respetivos permitem distinguir claramente do dever de prestar principal dos deveres acessórios. Enquanto aquele visa a satisfação do interesse do credor na prestação, os segundos promovem o interesse do credor na integralidade da própria prestação e, ainda, na intocabilidade dos seus interesses colaterais: património e esferas física e moral.

Neste domínio, torna-se útil fazer uma bipartição nos deveres acessórios, distinguindo:

- um círculo interno, no qual se arrumam os deveres acessórios que visem o reforço e a substancialização do dever de prestar; temos, aqui, fundamentalmente, deveres de informação e de lealdade ao contratado;
- um círculo externo, que compreende os deveres dirigidos aos interesses circundantes e colaterais: integridade patrimonial, pessoal e moral; ocorrem deveres de segurança e de lealdade geral.

Precisando o "círculo interno", temos a considerar o seguinte:

- o dever de prestar tem a configuração que resulte da sua fonte: paradigmaticamente um contrato; estamos em áreas disponíveis, pelo que faz todo o sentido concretizar e aplicar a matéria, à luz dos cânones negociais; todavia, a juridicidade e, daí, a eficácia dos negócios, advêm do exterior, isto é, do Direito objetivo; ora este não é passivo: tem valores que dão sentido ao seu sistema de reconhecimento de normas e de situações; daí que resultem, além de limitações à autonomia privada, complementações "legais" que se impõem a ambas as partes;

– os deveres acessórios, ainda quando reforcem e substancializem o dever de prestar, dão corpo à dimensão axiológica heterónoma do Direito, expressa nas limitações apontadas; complementam e delimitam o pretendido pelas partes.

IV. Os regimes do dever de prestar principal e dos deveres acessórios não coincidem. Temos as seguintes clivagens:

– os deveres de prestar fundam-se, paradigmaticamente, na autonomia privada (398º/1); os acessórios, na boa-fé (762º/2);
– os deveres de prestar vinculam o devedor; os deveres acessórios adstringem ambas as partes;
– os deveres de prestar visam o "efeito prestação" ou, pelo menos, o "efeito atuação", quando este seja o visado; os acessórios dirigem-se para os efeitos "substancialização" e "integralidade";
– os deveres de prestar são diretamente disponíveis pela autonomia privada (salvo recaindo em pontos que o não sejam); os acessórios, enquanto *ex lege*, operam sempre que se mostrem reunidas as respetivas condições constitutivas;
– os deveres de prestar surgem com o negócio e cessam com o cumprimento; os acessórios podem ser pré ou pós-eficazes;
– os deveres de prestar cessam quando o negócio respetivo seja declarado nulo ou anulado; os acessórios mantêm-se, nessas eventualidades, prosseguindo os seus fins de tutela;
– os deveres de prestar adstringem as partes; os acessórios podem tutelar terceiros;
– os deveres acessórios, designadamente os que se incluam no círculo externo, podem constituir-se ou subsistir sem que exista um dever de prestar; a obrigação subsistirá, então, apenas assente nos deveres acessórios, não tendo dever de prestar.

V. Delicado é o tema do incumprimento. Na doutrina alemã, é frequente a afirmação de que, quanto ao dever de prestar, há uma pretensão de cumprimento que pode levar à sua execução, pelo tribunal. Já no tocante aos deveres acessórios: apenas haveria pretensões de indemnização.

Esta última asserção não é satisfatória e não se aplicará, de todo o modo, no Direito português: aí, é patente a preferência legislativa pela execução específica (827º a 829º-A) e pela reconstituição natural (566º/1). A indemnização é mero sucedâneo para aquilo que o Direito teria preferido que acontecesse. No fundamental: identificado um dever acessório, não vemos porque não submetê-lo ao regime geral, que exigirá o seu cumprimento. O problema residirá noutro ponto: na imprevisibilidade de certos deveres acessórios, que apenas se irão consubstanciando à medida que a realidade se desenvolva. Logicamente: as pretensões relativas ao seu cumprimento, são sempre subsequentes à sua determinação.

Muitas vezes o credor só dará por eles após o dano: daí a sequência indemnizatória. Mas não concebemos deveres de conduta cuja finalidade seja, não o seu cumprimento, o qual seria juridicamente indiferente, mas a atribuição, *ex post*, de uma indemnização. Além disso – e como veremos – os deveres acessórios suscitam problemas próprios no plano do nexo de causalidade: enquanto a inexecução da prestação leva logo a imputar ao devedor o valor desta, o incumprimento de um dever acessório obriga a ponderar os concretos interesses tutelados. Abaixo aprofundaremos este ponto.

VI. Os deveres acessórios não se confundem com os deveres do tráfego[26]. Os primeiros têm uma génese relativa: ocorrem entre dois pólos predeterminados; os segundos correspondem a concretizações do dever geral de respeito. Os primeiros beneficiam do regime geral das obrigações e, designadamente perante o incumprimento, dão azo à presunção de culpa/ilicitude do artigo 799º/1; os segundos caem na responsabilidade aquiliana, exigindo, por parte do lesado, a prova da culpa (487º/1) e, logo, da ilicitude. Os primeiros podem dar azo a pretensões de cumprimento; os segundos têm fins indemnizatórios.

Os deveres acessórios não podem ser reconduzidos, *ad nutum*, a uma "terceira via" da responsabilidade civil: algo de intermédio entre as res-

---

[26] *Vide* o nosso *Tratado de Direito civil* VIII (2015, reimp.), 571 ss..

ponsabilidades obrigacional e aquiliana[27]. A "terceira via", originada em palavras circunstanciais de Canaris e assente num estudo antigo de Picker teve, entre nós, uma expansão muito mais lata do que na sua terra de origem. Ela sujeita-se a uma análise crítica, perante o Direito positivo português, em sede de responsabilidade civil. A nosso ver, ela deve centrar-se nos deveres do tráfego e não nos deveres acessórios.

9. Concretizações

I. Os deveres acessórios são suscetíveis de inúmeras concretizações. Os grandes comentários comportam listas muito alargadas, apoiadas na jurisprudência e arrumadas em função dos contratos típicos[28]. Para os presentes propósitos, cabe dar um quadro geral. A arrumação dos deveres acessórios faz-se, tradicionalmente, em três grandes blocos[29], acolhidos pela jurisprudência[30]: informação, lealdade e segurança. Vamos mantê-los, subordinando-os, todavia, à prévia contraposição entre o círculo interno e o externo.

No círculo interno, encontramos os deveres acessórios destinados a acautelar e a substancializar a prestação. Trata-se de um vetor que corresponde ao subprincípio da primazia da materialidade subjacente, ele próprio uma concretização da boa-fé. Quando se acorde um certo dever de prestar, o sistema exige que (sendo a obrigação séria, válida e eficaz) o respetivo efeito seja, efetivamente, procurado e alcançado pelos envolvidos. O Direito não se compadece com meras execuções formais ou com "cumprimentos" feitos em termos de inutilidade para o credor.

> Como exemplos que temos utilizado: contratado para cantar, mas sem prévia fixação de prazo, o devedor apresenta-se, para o efeito, às quatro da manhã, invocando o artigo 777º/1 (na falta de fixação de prazo, pode o devedor proceder, em qualquer altura, ao cumprimento); ou então: obrigado a entregar certa quantidade de tijolos em determinada herdade, o devedor deposita-os dentro da charca. Nestes casos, o dever de prestar foi executado, mas sem que, em substância, o interesse do credor tenha sido servido.

---

[27] *Idem*, 400 ss..
[28] P. ex., a de Olzen, no Staudinger, II (2009) cit., § 241, Nr. 434 a 528 (261 a 303).
[29] *Vide* o nosso *Da boa fé* cit., 604 ss..
[30] STJ 22-jan.-2009 (Santos Bernardino), Proc. 08B3301, por todos.

No círculo interno, podemos inscrever os deveres de informação e os deveres de lealdade ao dever de prestar. Os primeiros obrigam as partes a trocar todas as informações necessárias, de modo a que:

- a vontade real se forme de acordo com a efetiva realidade existente;
- a obrigação se mantenha, saudável, nas diversas vicissitudes que a possam acompanhar, até ao cumprimento; particularmente em causa estarão as informações relativas a modificações de circunstâncias que sobrevenham e que possam afetar a conduta das partes ou os seus interesses;
- se verifique, no cumprimento, a necessária colaboração entre as partes e, pelo que tange ao devedor: o cumprimento opere em termos satisfatórios, de acordo com o programa obrigacional em execução.

Os deveres de informação recaem sobre a parte que detenha o conhecimento da matéria. Naturalmente, eles poderão ser mais intensos, perante uma parte débil. Não dependem, porém, de explícitas perguntas: nem isso faria sentido pois, em regra, só pergunta quem sabe. Eles derivam da lei (762º/2), pelo que não são dependentes do artigo 485º/1, que não tem, aqui, aplicação.

II. Quanto aos deveres de lealdade: eles distinguem-se dos de informação porque envolvem condutas, enquanto a informação (apenas) exige comunicações entre as partes. No plano interno, a lealdade exige:

- que as partes atuem com seriedade, evitando condutas que, embora formalmente inóquas perante o contratado, possam atingir o dever de prestar ou a utilidade que dele se espera;
- que, no plano da execução, o devedor previna comportamentos apenas aparentemente consentâneos com o programa do cumprimento;
- que o credor nem onere nem complique a atuação do devedor.

III. No círculo externo, joga a especial situação de vulnerabilidade em que as obrigações colocam ambas as partes. Trata-se de matéria que se prende com relações de proximidade e que tem sido estudada pela doutrina da confiança. Recordamos alguns tópicos: quando entrem em relação, particularmente quando cheguem ao ponto de, entre ambas, estabelecer uma obrigação, as partes baixam as suas defesas naturais ficando, em certos termos, à mercê uma da outra; a entrega mútua leva a que as partes se exponham a riscos acrescidos e suportem esforços e despesas que, de outro modo, não teriam lugar; ainda a proximidade e a obrigação consequente dá azo a posições patrimoniais de pessoas que exigem ou exigiriam contrapartidas mas que, justamente pela natureza relativa do vínculo, são vulneráveis. Estão em causa interesses circundantes e colaterais que, não sendo visados pelo dever de prestar, se inscrevem, todavia, no círculo jurídico-social do credor/devedor.

Tudo isto é contemplado pelo sistema, justamente através do princípio da tutela da confiança, derivado da boa-fé. E a este propósito, surgem:

- deveres de segurança: as partes devem adotar todas as condutas necessárias para prevenir danos pessoais ou patrimoniais na esfera uma da outra;
- deveres de lealdade geral: as condutas das partes não podem atingir os valores circundantes, ora em causa; podem inscrever-se, aqui, em certos casos, os deveres acessórios de não-concorrência ou de sigilo.

Como exemplos: o advogado não deve encerar o corredor do seu escritório antes da entrada de um cliente, sem tomar precauções: ele pode escorregar e partir uma perna; o fornecedor que tenha tido acesso a um armazém não pode contar a um concorrente do credor o que por lá viu; o informático deve manter segredo profissional relativamente aos elementos de que tenha tido conhecimento, quando acedeu ao computador do seu credor.

III. O nexo de causalidade

10. Os pressupostos da responsabilidade civil; o sistema móvel

I. A concretização de uma situação de responsabilidade civil depende da verificação de diversos requisitos: os classicamente chamados pressupostos da responsabilidade civil. Tais pressupostos são suscetíveis de distintas formulações e de várias sistematizações[31]. Apesar de não ser a mais racional, temos adotado, nos últimos anos, o esquema tradicional, presente na nossa jurisprudência: facto, ilicitude, culpa, dano e nexo de causalidade. O facto equivale a uma conduta humana: logo consciente e voluntária. A ilicitude emerge da inobservância de uma norma jurídica. A culpa é o

---

[31] *Vide* o nosso *Tratado* cit., VIII, 429 ss..

juízo de censura que recai sobre o sujeito prevaricador. O dano corresponde à frustração de vantagens asseguradas pelo Direito. A causalidade é o nexo a estabelecer entre o facto e o dano.

II. Os cinco pressupostos não são absolutos. Na responsabilidade objetiva, caiem a ilicitude e a culpa. Em certos casos, o próprio facto é dispensável: basta um dano. Na responsabilidade delitual comum, não há uma hierarquia rígida entre eles. Há pressupostos que se podem "apagar", quando outros assumem uma especial força: por exemplo, em face de uma ilicitude muito marcada, a culpa perde autonomia, sendo automática. Factos muito vincados relacionam-se logo com os danos. Na violação de regras de cuidado, a primazia cabe à culpa. Temos, aqui, uma área jurídico-científica muito interessante, que tem vindo a ser aprofundada em múltiplos estudos especializados.

III. A responsabilidade contratual – ou, mais latamente, obrigacional – coloca questões próprias. À partida, ela teria pressupostos muito simples: o simples inadimplemento obriga o devedor a indemnizar pelo valor da prestação principal. Todavia, ao longo da história, a responsabilidade contratual foi "contaminada" pela delitual, de tal modo que, correntemente, se apontam, também nela, os cinco pressupostos clássicos, ainda que adaptados. Assim:

– o facto equivale ao não-cumprimento, isto é, à omissão da conduta integradora da prestação ou à atuação contrária à prestação de *non facere*;
– a ilicitude é a falta do cumprimento devido; ela emerge da inobservância das normas ou dos princípios que tenham constituído a obrigação;
– a culpa é a censura que recai sobre o devedor faltoso;
– o dano equivale ao prejuízo da não-obtenção do resultado da prestação;
– o nexo de causalidade relaciona o não-cumprimento e a não-obtenção da vantagem obrigacionalmente atribuída.

IV. O artigo 799º/1 contém uma regra da maior importância: incumbe ao devedor provar que a falta de cumprimento ou o cumprimento defeituoso da obrigação não procede de culpa sua. Reside aqui a peça-chave da responsabilidade obrigacional, contrária à da aquiliana, como se alcança do artigo 487º/1.

A presunção de culpa envolve uma presunção de ilicitude. Não é possível presumir a censura se não se presumir, igualmente, a violação de uma regra jurídica. Uma "censura" suspensa no vazio não faria sentido. Em termos práticos, quando o devedor não concretize a prestação, isto é, o resultado da conduta devida, por força da obrigação, temos um incumprimento. E concomitantemente:

- presume-se que esse incumprimento é ilícito;
- presume-se, igualmente, que ele é censurável.

IV. Quer o artigo 798º, quer o 799º, ambos do Código Civil, referem, apenas, a culpa. A explicação é de ordem histórica. O Direito francês conhece um único pressuposto para a responsabilidade civil: a *faute*, que podemos exprimir dizendo que traduz um misto de ilicitude e de culpa. Pelo contrário, o Direito alemão, na sequência de Jhering, distingue entre a culpa e a ilicitude. O Direito português do século XIX estava mais próximo do francês: usava a expressão "culpa" com o sentido de *faute*, isto é, como um misto de ilicitude e de culpa. Com a receção do esquema pandectístico, a partir do início do século XX, via Guilherme Moreira, foi acolhida a contraposição entre culpa e ilicitude: mas apenas no campo aquiliano. Este estado de coisas, através de Vaz Serra, transitou para o Código Civil. E assim, temos um sistema híbrido[32]:

- na responsabilidade obrigacional, mantém-se o esquema francês da *faute*: "culpa", nos artigos 798º e 799º, envolve a ilicitude e a culpa;
- na aquiliana, acolheu-se o alemão: temos, no artigo 483º/1, claramente contrapostas a ilicitude e a culpa (dolo ou negligência).

Este sistema, fruto de paulatina evolução histórico-cultural, é vantajoso. Fortalece a responsabilidade obrigacional: na verdade, quem falte ao cumprimento de uma obrigação, atinge um dever específico e prejudica diretamente um credor predeterminado; é grave, sendo justo que se presuma a ilicitude e a culpa. O devedor inadimplente terá de explicar muito bem ao juiz porque não cumpriu o que devia.

---

[32] *Tratado* VIII, 317 ss., 327 ss., 353 ss., 361 ss. e 373 ss..

Mas esse sistema também protege as pessoas, na responsabilidade aquiliana. O agente pode ser confrontado com deveres genéricos que não conhecesse e com danos que não previra. Cabe ao lesado provar a ilicitude e a culpa, assim se tutelando a liberdade de ação de cada um.

11. Problemas clássicos

I. Entre os pressupostos da responsabilidade civil, normalmente inserido no último lugar, temos o nexo causal ou nexo de causalidade. Entre a violação ilícita e culposa de um direito subjectivo ou de uma norma de protecção e o dano ocorrido, deve haver uma certa relação. Na determinação do que seja tal relação, têm surgido diversas orientações, classicamente reportoriadas[33].

Em primeiro lugar, a teoria da equivalência das condições ou da *conditio sine qua non*[34], pela qual o prejuízo deveria ser considerado como provocado por quaisquer eventos cuja não verificação tivesse acarretado a inexistência de dano. Isto é: o nexo causal dar-se-ia a favor de qualquer evento que fosse condição necessária do dano. Todavia, esta explicação iria atribuir o dano a eventos que só por incontrolável sucessão se constituíram *conditiones sine quibus non*.

III. Segue-se a tese da última condição[35]. Tentando fazer face à multiplicação incontrolável de nexos causais que emerge da *conditio sine qua non*, vem pretender-se que o dano deve ser atribuído à última condição necessária. No fundo, esta surgiria como autêntica causa do evento, sendo as outras tão-só condições. Esta orientação não tem sido acolhida. Efectivamente, pode surgir como última condição uma conduta que, em termos valorativos, nada ou pouco tenha a ver com o dano. Da última condição podemos aproximar a doutrina da condição eficiente. A ideia é a seguinte: num determinado processo que conduz ao dano, descobre-se como causa não já a última condição, mas antes a condição que, de entre as várias, aparenta

---

[33] Uma bibliografia sobre o tema pode ser confrontada em Hartmut Oetker, no *Münchener Kommentar 2*, 7ª ed. (2016), § 249, Nr. 103 (336), nota 454.

[34] Devida a von Buri; *vide* Francisco Pereira Coelho, *O nexo de causalidade na responsabilidade civil*, BFD/Supl. IX (1951), 65-242 (186 ss.) = 122 ss. da separata; cita-se pelo primeiro local.

[35] Pereira Coelho, *O nexo de causalidade* cit., 194 ss., com indicações sobre a sua expansão.

ESTUDOS DE DIREITO BANCÁRIO I

maior eficácia[36]. Esta orientação é, contudo, pouco precisa: numa sucessão de condições todas necessárias, como graduar a eficiência de cada uma?

IV. Tem merecido larga divulgação, em face do repúdio das orientações atrás referidas, a doutrina da causa adequada[37]. Esta orientação parte da ideia da *conditio sine qua non*: o nexo causal de determinado dano estabelece--se, naturalmente, sempre em relação a um evento que, a não ter ocorrido, levaria à inexistência de dano. Isto é: se mesmo sem evento, houvesse dano, haveria que procurar a sua causa em nível diferente. Simplesmente, como existirão, fatalmente, vários eventos nessa situação, trata-se de determinar qual deles, em termos de normalidade social, é adequado a produzir dano. Assim, se uma pessoa é ligeiramente ferida, numa agressão e morre, depois, por acidente ocorrido quando ia receber tratamento, não pode, ao agressor, ser atribuída a morte: uma pequena ofensa corporal não é a causa adequada de morte. Mas, se sobre um cidadão é disparada uma arma de fogo na região cardíaca e este morre, deve atribuir-se a morte ao disparo e não, por exemplo, à falta de desenvolvimento da ciência médica que não foi capaz de, imediatamente, promover um transplante: nas condições normais, um disparo no coração é causa adequada de morte.

Chamamos, contudo, a atenção para o facto de existir, entre os seus seguidores, uma certa inquietação. Tomemos um exemplo, muito debatido:

– uma notícia falsa de um evento funesto não é causa adequada de morte de uma pessoa;
– porém, tal notícia dada a um cardíaco hipersensível já pode causar a morte, embora não haja adequação;
– e se alguém, conhecendo o estado clínico da vítima, usar conscientemente esse processo para a matar?

Parece, desta forma, que a causa adequada pode ser qualquer uma, consoante as circunstâncias. E se são as circunstâncias que definem a adequação de determinada causa, então fácil é concluir que são as circunstâncias

---

[36] Pereira Coelho, *O nexo de causalidade* cit., 198 ss..

[37] Existem múltiplas formulações desta doutrina; *vide* Antunes Varela, *Das obrigações em geral*, 10ª ed. (2000), 887 ss.; Manuel de Andrade, *Teoria geral das obrigações* cit., 355 ss.; Pereira Coelho, *O nexo de causalidade* cit., 201 ss.. Na doutrina alemã, p. ex., Günther Bernert, *Die Leerformel von der "Adaequanz"*, AcP 169 (1969), 421-442; Karl Larenz, *Lehrbuch des Schuldrechts*, 1, 14ª ed. (1987), § 21, III (431 ss.); Hein Kötz, *Deliktsrecht*, 7ª ed. (1996), 58 ss..

que definem a própria causa. Afinal, a adequação é apenas uma expressão cómoda para traduzir a idoneidade de determinado processo causal, idoneidade essa que terá de ser procurada noutras latitudes. É a fórmula vazia de que fala Bernert[38].

12. Causalidade adequada e causalidade normativa

I. Como foi referido, houve uma evolução no tocante às doutrinas da causalidade – *conditio sine qua non* ou equivalência das condições, última condição e condição eficiente, entre outras[39] – as quais vieram, no princípio do século XX, através de múltiplos autores, a estabilizar em torno da fórmula da "causalidade adequada". Numa fórmula muito usada, é necessário não só que o facto tenha sido, em concreto, condição "sine qua non" do dano, mas também que constitua, em abstrato, segundo o curso normal das coisas, causa adequada à sua produção[40].

A fórmula da adequação, pode, no concreto, ser insuficiente[41]: em abstrato, são viáveis as mais diversas causas, tudo dependendo dos dados que se acrescentem[42].

---

[38] Günther Bernert, *Die Leerformel von der "Adaequanz"* cit., 431 ss..

[39] Entre nós, Manuel Gomes da Silva, *O dever de prestar e o dever de indemnizar* I (1944), 142 ss., Francisco Pereira Coelho, *O nexo de causalidade na responsabilidade civil*, 104 ss., 113 ss. e 121 ss., da separata. No estrangeiro, refira-se Andreas Quentin, *Kausalität und deliktische Haftungsbegründung / zugleich ein Beitrag zum Kausalitätsproblem bei Wahlschadensfällen* (1994), 35 ss. e 100 ss..

[40] Almeida Costa, *Direito das Obrigações*, 12ª ed. (2009), 763. Sobre o tema: *vide* o nosso *Direito das obrigações*, 2, 333 ss..

[41] Já no nosso *Direito das Obrigações*, 2, 336 ss., procurámos ultrapassar o problema da insuficiência da "causalidade adequada", com recurso à doutrina da ação final. Trata-se de uma orientação substancialmente preferível, mas que viemos a abandonar por insuficiência dogmática, i. é, por inoperacionalidade, na resolução dos casos concretos.

[42] Antunes Varela, *Das obrigações em geral* cit., 1, 10ª ed., 898-899, que se mantém defensor da causalidade adequada, embora reconheça que a adequação não foi acolhida na letra do Código Civil mas, apenas, nos trabalhos preparatórios – ob. cit., 899 –, referindo Pereira Coelho – cf. Francisco Pereira Coelho, *O problema da causa virtual na responsabilidade civil* (1955), 224 ss. – aceita que, na "causalidade adequada" há que fazer intervir "... as circunstâncias efectivamente conhecidas do lesante na mesma data, posto que ignoradas das outras pessoas". Mas sendo assim, temos de concluir que já não há um juízo abstrato de adequação: esta terá de ser aferida em concreto, sem que possamos recorrer a bitolas abstratas, que poderão ser inadequadas. E quem nos dá a bitola concreta? A resposta será abaixo ensaiada: mas já não tem a ver com a adequação, que se confirma como fórmula vazia.

ESTUDOS DE DIREITO BANCÁRIO I

Além disso, a adequação deparava com dificuldades acrescidas, perante normas de proteção e tutelas indirectas. Até que ponto o responsável pelo atraso de um comboio responde pelos diversos – e inesperados – danos que, daí, poderão decorrer para os passageiros?

II. A consagração, no Código alemão, de uma responsabilidade por violação de normas de protecção – § 823, II, antepassado directo do artigo 483º/1, 2ª parte, do Código Civil – veio obrigar a um repensar jurisprudencial da causalidade adequada. Com efeito, a norma de proteção, ao contrário do direito subjetivo absoluto, apenas confere uma tutela limitada. Saber até onde vai essa tutela é, antes de mais, uma questão de interpretação da regra em causa: não uma questão de adequação abstrata – tanto mais, acrescentaríamos nós, que a adequação não comporta uma bitola material abstrata, de resto inexistente.

IIII. Coube à doutrina firmar uma alternativa clara à fórmula da adequação. Tal foi o mérito de Rabel, com determinados antecedentes e, depois, de Kramer. A alternativa foi encontrada com base na teoria do escopo da norma jurídica violada. Podemos formulá-la nos termos seguintes: a causalidade juridicamente relevante verifica-se em relação aos danos causados pelo facto, em termos de *conditio sine qua non*, nos bens tutelados pela norma jurídica violada[43]. Esta posição é pacífica na doutrina, ganhando espaço na jurisprudência: e isso mesmo quando não seja expressamente assumida[44].

13. Evolução jurisprudencial

I. A fórmula da adequação traduziu, efectivamente, uma cobertura linguística que permitiu, ao longo de um século, aos tribunais, fazer prevalecer uma causalidade comum, assente no bom senso e na experiência. Os casos de fronteira ficavam, contudo, desamparados. A causalidade constitui um sector onde seria de esperar um progresso bem mais vincado, apoiado na realidade que, ao Direito, cumpre solucionar e, não, em meras lucubrações centrais. O atual estado das questões, na literatura jurídico-cientí-

---

[43] Quanto à origem da causalidade normativa, também dita "teoria do escopo da norma violada", *vide* o nosso *Da responsabilidade civil dos administradores das sociedades comerciais* (1997), 535 ss..

[44] *Vide* indicações doutrinárias e jurisprudenciais no nosso *Tratado* cit., VIII, 538 ss..

fica, mostra que a adequação não mais pode vir referida como a solução cabal e definitiva da causalidade. Cumpre esclarecer que o artigo 563º, do Código Civil, não impõe a causalidade adequada, como Direito vigente. De resto, nem faria sentido prescrever teorias obrigatórias. O artigo 563º em causa, como compete a uma ação legislativa, tem duas finalidades objetivas:

(1) afasta, como princípio, a causalidade virtual, como fonte de imputação: não se responde, civilmente, por condutas que, embora ilícitas e culposas, não chegaram a provocar danos;

(2) arreda, como regra, a necessidade da absoluta confirmação do decurso causal: não há que provar tal decurso mas, simplesmente, a probabilidade razoável da sua existência.

Temos, pois, uma dupla diretriz de equilíbrio: protege-se o responsável, evitando a causalidade virtual, particularmente na vertente positiva, e tutela-se o lesado, facultando a indemnização, perante meras probabilidades fácticas. Esclarecidos estes pontos prévios, vamos verificar como, na prática, são reconhecidas e enquadradas as questões de causalidade[45].

II. Num primeiro grupo de casos, a causalidade é tratada em termos intuitivos, embora sempre com sindicância normativa. Assim:

STJ 10-abr.-1962: trata-se de um caso em que um autocarro, para se desviar de um pesado que se apresenta fora de mão, foi para a berma; esta aluiu, provocando o acidente; o condutor do pesado afirma que o do autocarro não businara; o Supremo negou a causalidade: "Não basta (...) para que haja responsabilidade devida a acidentes de viação, que os condutores dos veículos tenham infringido qualquer disposição regulamentar. É ainda necessário que entre o facto culposo e o dano interceda uma relação de causalidade"; o Supremo absolveu, assim, o condutor do autocarro[46];

STJ 18-mai.-1962: houve um atropelamento, sendo o condutor condenado por ofensas corporais; o ofendido, porém, na sequência de complicações

---

[45] Usamos pesquisas realizadas em obras anteriores de nossa autoria.

[46] STJ 10-Abr.-1962 (Bravo Serra), BMJ 116 (1962), 419-424 (422); a decisão está, efetivamente correta, embora por considerações diversas: ao apresentar-se fora de mão, o pesado violou a regra jurídica que acautelava a segurança do autocarro; seria esta a causalidade a reter, mais ponderosa do que a de não businar.

neurológicas e digestivas, de que já padecia, veio a morrer, não se provando que o seu destino fosse diferente, a não haver acidente: não houve causalidade[47];

STJ 23-jun.-1965: no dia 19-dez.-1963, o ofendido é atingido, numa taberna, por uma facada, que lhe perfura uma hansa intestinal; passa, então, dois dias no Hospital de Palmela, sendo depois transferido para o Hospital de S. José, até 12-Jan.-1964, onde morre, por não ter sido tratado; não há causalidade, em relação ao agressor[48];

STJ 30-mai.-1967: um automóvel é conduzido a um esporão, para ver o mar: é arrastado por uma vaga, morrendo um acompanhante; não haveria causalidade, uma vez que o evento não derivou do funcionamento do veículo[49];

STJ 23-abr.-1969: "... os factos mostram sobejamente que o acidente mortal teve na sua origem uma má condução; a carga foi apenas o instrumento de que resultou a morte"[50].

III. Num segundo grupo, o Supremo passa, sob a pressão doutrinária, a apelar à causalidade adequada, supondo mesmo, por vezes – o que não é, reconhecidamente, o caso – que ela tem consagração legal. Subjacente há, contudo, sempre uma interpretação das regras jurídicas em presença. Temos, assim:

STJ 10-nov.-1967: numa cave arrendada, o inquilino queixava-se de humidades; o senhorio enviou dois operários que, em Dezembro de 1963, retiraram caliça à volta de um cano e removeram uma tampa, para apurar o seu estado, tendo deixado os trabalhos interrompidos; precisamente nessa noite – 14-dez.-1963 – desabou, sobre Lisboa, uma chuva torrencial, donde resultou o rebentamento e uma grave inundação; provou-se que, nessa noite, houve, em Lisboa, caves inundadas e caves que o não foram; provou-se que, se os

---

[47] STJ 18-mai.-1962 (José Osório), BMJ 117 (1962), 478-481 (480); desta feita, parece que o acidente não terá sido *conditio sine qua non*, da morte do ofendido.
[48] STJ 23-jan.-1965 (Toscano Pessoa), BMJ 148 (1965), 184-187 (185).
[49] STJ 30-mai.-1967 (Carvalho Júnior), BMJ 167 (1967), 474-477 (476); exacto: o caso mostra, aliás, que o escopo da norma em causa, neste caso de mera imputação objectiva, é determinante: pretende-se repercutir o risco próprio do veículo e não todo e qualquer risco; as decorrências atípicas correm por cada um.
[50] STJ 23-abr.-1969 (Bernardes de Miranda), BMJ 186 (1969), 139-148 (148); entre várias *conditiones sine quibus non*, há que eleger a que corresponda à violação da norma jurídica, que tutelava o bem atingido.

trabalhos têm sido concluídos não haveria inundação; o Supremo optou pela causalidade adequada, em relação aos reparadores e seu mandante[51];

STJ 5-mai.-1970: decorria, no 1º andar de um Restaurante, no Porto, um baile de casamento; mercê de obras existentes na casa do lado, insuficientemente escoradas, ruiu uma parede, do que resultaram vários feridos, entre os quais os noivos; foi pedida uma indemnização contra o arquiteto responsável, por culpa; o Supremo entendeu que a causalidade se verificava em relação a este e não ao baile[52];

STJ 15-jun.-1982: uma cabine eléctrica tinha um buraco, por onde entrou uma criança, que veio a ser eletrocutada; tratava-se de responsabilizar a empresa de eletricidade; aqui, o Supremo deparou com um obstáculo processual: a Relação entendera decidir que não havia nem culpa, nem nexo de causalidade e isso numa altura em que a jurisprudência ainda tendia para considerar haver, aí, questões-de-facto; o Supremo torneou a questão pelo risco: "O nexo de causalidade, que o órgão recorrido, pensando na responsabilidade por facto ilícito, deu como ausente, estabelece-se, no caso de responsabilidade pelo risco, entre este e o dano. Esse nexo existirá, em princípio, sempre que os danos se achem em conexão com os riscos especialmente produzidos com o exercício de determinadas actividades. Será o próprio risco, então, a causa adequada do dano"[53];

---

[51] STJ 10-nov.-1967 (Gonçalves Pereira), BMJ 171 (1967), 298-303 (300-301); não vemos que a "causa adequada" permita resultados, numa situação de omissão; o que, "adequadamente", deveria decorrer de uma reparação em curso (que não se provou pudesse ser mais rápida) era a cessação de humidade e não uma inundação; temos, pois, que admitir a violação de deveres de cuidado, os quais se destinavam a proteger a cave de inundações ...

[52] STJ 5-mai.-1970 (Rui Guimarães), BMJ 197 (1970), 274-282 (275, 277, 279 e 280); assim é; porém, não vemos porque seja menos "adequado", para o sucedido, um baile – de resto, animado –, com algumas dezenas de pessoas, no primeiro andar de uma construção antiga; o juízo que prevalece é, na realidade, uma valoração jurídica: o baile tinha todo o "direito" de decorrer; em compensação, as obras foram executadas, sem observância das cautelas necessárias.

[53] STJ 15-jun.-1982 (Amaral Aguiar), BMJ 318 (1982), 430-435 (433 e 434); parece-nos que, na verdade, o caso vinha mal decidido, nas instâncias: um buraco numa cabine eléctrica representa uma violação de regras regulamentares destinadas a proteger pessoas; houve ilicitude, culpa e – uma vez que uma pessoa entrou mesmo pelo buraco, produto da violação da norma de proteção – causalidade; o Supremo fez bem, repondo a justiça; acessoriamente, fica claro que a causalidade é diversa, na prática de factos ilícitos e no risco; depende, pois, de normas jurídicas.

STJ 20-out.-1983: de um acidente de viação resultaram danos, num automóvel, de 67.771$00; no entanto, porque o lesado entendeu que não estava pronto, ele permaneceu, ainda, na oficina, por uns meses, vindo o lesado a dispender mais 295.076$60, em automóveis de aluguer; o Supremo entendeu respeitar a decisão das instâncias, de que teria havido causalidade em relação a tal despesa, no que seria questão-de-facto; acrescentou, mesmo, lucros cessantes; houve um voto de vencido[54];

STJ 25-jul.-1985: um doente do foro psiquiátrico evade-se do Hospital, antes de ter alta, acabando por falecer, vítima de atropelamento; foi condenado o Hospital (do Estado), por omissão do dever de providenciar para acautelar o dano, que se lhe impunha, mercê da relação de internamento[55].

IV. Finalmente, o Supremo, embora referindo, ainda, uma "causalidade adequada", passa a ponderar os problemas em termos normativos. Assim e como exemplos:

STJ 11-out.-1994: na Nacional 2, concelho de Castro Verde, pelas 19 h., o Autor conduz um velocípede, junto à berma direita; surge, de repente, um rebanho de ovelhas, vindo de um caminho, contra as quais ele embate, caindo; não ficou ferido; levantou-se e foi questionar o pastor; entretanto, na contramão, surge outro veículo que – perante o sucedido – ovelhas e um velocípede tombado – pára, encostado à sua mão, com os faróis em médios; finalmente, e no outro sentido, com uma visibilidade de 300 m., sem obstáculos (tirando os descritos) e com o piso em bom estado, a velocidade não inferior a 100 km/h., surge o veículo conduzido pelo Réu; este foi embater no Autor, que

---

[54] STJ 20-out.-1983 (Lopes Neves; vencido: Flamino Martins, que entendeu não haver causalidade), BMJ 330 (1983), 506-509 (509); parece patente o mal-estar, por ainda se entender que o nexo de causalidade é questão de facto, inapreciável pelo Supremo; de facto, não houve, aqui, causalidade: os cerca de 300 c. de automóveis de aluguer, quase o quíntuplo do valor do arranjo do veículo sinistrado, mostram que houve outras regras jurídicas violadas: por parte dos garagistas ou por parte do ofendido; a própria "adequação", baseada no senso comum e na experiência, diria outro tanto.

[55] STJ 25-jul.-1985 (Magalhães Baião), BMJ 349 (1985), 516-520; trata-se de um caso bem decidido, mas que tem, subjacente, a doutrina do escopo da norma jurídica violada: basta ver que se jogam normas de proteção; com efeito, a "adequação" não liga entre a hipótese extraordinária do atropelamento (e se o falecido tem, antes, embarcado clandestinamente para a Austrália, onde assustaria um *kangaroo*, que poria em fuga um rebanho de ovelhas, que atropelaria uma tenda, etc., etc.?) e a saída do Hospital; apenas, juridicamente, poderemos estabelecer ligações, dada a natureza particular das concretas normas violadas.

levantava o seu velocípede, projetando-o a 12 m., com ferimentos muito graves. A 1ª Instância concluíra pela "culpa" exclusiva do Réu; a Relação optou por culpas repartidas, do Réu e do Autor; o Supremo, e bem, repôs a culpa exclusiva do primeiro; entre as importantes considerações feitas no acórdão, sublinhamos: a culpa como questão-de-direito; a "... normatividade conjugadora da culpa e do risco ..."; a ausência de causalidade, em relação ao rebanho e eventos dele decorrentes[56].

Houve um concurso naturalístico de causas: o pastor, as ovelhas, a vítima, o primeiro embate, a conversa com o pastor, o momento em que ele foi levantar o velocípede e, provavelmente, o veículo parado na contramão, além do Réu e do modo por que conduzia. Juridicamente, porém, foi este que violou normas jurídicas, cujo objectivo era, precisamente, prevenir situações como as registadas. A imputação da ilicitude dá-nos a "causalidade".

STJ 17-abr.-2007: uma senhora que viajava de comboio lança-se para a porta da carruagem e inicia a descida quando a ordem de partida havia sido dada e a composição tinha iniciado a sua marcha; caiu à linha; ela é a única "culpada"[57]; como se vê, das causas em presença, é o Direito que aponta a relevância;

STJ 25-set.-2007: justifica-se que o prejuízo recaia sobre quem, agindo ilicitamente, criou a condição do dano[58]: de novo cabe à norma definir o âmbito deste.

Esta viragem, do Supremo, para um entendimento normativo da causalidade – ainda que, sob referências verbais à adequação – é reforçada pela passagem da causalidade, de "questão-de-facto"[59] a "questão-de-

---

[56] STJ 11-out.-1994 (Cardona Ferreira), CJ/Supremo II (1994) 3, 89-93 (89-90 e 91).

[57] STJ 17-abr.-2007 (Azevedo Ramos), Proc. 07A701.

[58] STJ 25-set.-2007 (Faria Antunes), Proc. 07A2206.

[59] Assim: STJ 15-out.-1971 (Fernandes Costa), BMJ 210 (1971), 116-120 (120); STJ 9-mai.-1972 (Correia Guedes), BMJ 217 (1972), 86-90 (88-89), que, no entanto, confirma a efectiva existência de causalidade, num caso em que, por morte da mãe, que deixara 4 filhos menores, se discutia se a indemnização devia abranger o salário que, para o futuro, teria de ser pago a uma empregada doméstica, sendo a resposta, e bem, positiva; STJ 21-nov.-1978 (Ferreira da Costa), BMJ 281 (1978), 307-312 (310 e 311); STJ 23-out.-1979 (Ferreira da Costa), BMJ 290 (1979), 390-394 (391), citando larga jurisprudência anterior; STJ 10-jan.-1980 (Rodrigues Bastos), BMJ 293 (1980), 257-261 (259); STJ 15-jan.-1980 (Santos Victor), BMJ 293 (1980), 279-284 (283); STJ 30-out.-1980 (Rodrigues Bastos), BMJ 300 (1980), 391-394 (394), num lamentável caso de morte de duas crianças, numa obra, por afogamento; STJ 4-out.-1984 (Joaquim Figueiredo), BMJ 340 (1984), 370-373 (373), num incêndio verificado, aquando de operações de revestimento, com cortiça, de uma sala de música, ainda que referindo tratar-se

-direito"[60]. Aliás, se a inerente viragem jurisprudencial se deu, apenas, nos últimos anos, isso deve-se, fundamentalmente, ao facto de o Supremo conseguir o mesmo efeito prático – o de reapreciar questões de responsabilidade civil – através da redistribuição das "culpas"; recorde-se que a "culpa" já havia, anteriormente, sido promovida a questão-de-direito[61]. Na verdade, a causalidade, dependendo, caso a caso, da interpretação das normas de imputação envolvidas. Elas dão a medida da protecção, na imputação por acto ilícito, e a medida do risco, na imputação objectiva. Há, sempre presente, um nível normativo, a sindicar pelo Supremo.

da "… questão de saber se os réus tomaram todas as medidas adequadas a prevenir os danos …"; STJ 11-abr.-1985 (Alves Cortês), BMJ 346 (1985), 211-214 (214); STJ 5-jun.-1985 (Alves Cortês), BMJ 348 (1985), 397-402 (401); STJ 6-nov.-1986 (Lima Cluny), BMJ 361 (1986), 506-513 (512), parece-nos que com pouca convicção.

[60] STJ 26-nov.-1987 (Lima Cluny), BMJ 371 (1987), 402-407 (406), num caso em que um velocípede fora embatido por um pesado, que ocupava metade da faixa contrária, pesado esse que, não obstante, não vinha considerado responsável; disse o Supremo, depois de referir a jurisprudência anterior:

> Mas a questão não é assim tão simples (…) a verificação do nexo causal só se traduz, exclusivamente, em apreciação da matéria de facto quando é possível estabelecer uma relação directa e necessária da causa para o efeito entre o efeito e a conduta do lesante (…) De contrário, e uma vez que o artigo 563º do Código actual consagrou o princípio da causalidade adequada (…) já pode tornar-se necessário o recurso a juízos de valor destinados a indagar da "causa jurídica" de certo evento, transcendendo-se assim a apreciação da simples matéria de facto, e exigindo-se a análise da situação à luz de critérios jurídicos, o que já constitui matéria de direito, sujeita à eventual censura do Supremo.

Também STJ 26-fev.-1991 (Joaquim de Carvalho), BMJ 404 (1991), 424-429 (428), ainda que sem referir a causalidade, mas antes usando a seguinte perífrase:

> Mas já é matéria de direito, face ao disposto nos artigos 562º e 566º, designadamente no nº 2 deste último, do Código Civil, a determinação e fixação dos elementos a considerar no sentido de saber quais os danos englobáveis na indemnização, ou seja, indemnizáveis (…),

bem como STJ 3-dez.-1992 (Miranda Gusmão), BMJ 422 (1993), 365-381 (377):
Se o nexo de causalidade, no plano naturalístico, constitui matéria de facto, não sindicável por este Tribunal de Revista, já o mesmo, no plano geral ou abstracto, vem a constituir matéria de direito, pois respeita à interpretação e aplicação do artigo 563º do Código Civil (que consagra a teoria da causalidade adequada) e, por isso, sindicável pelo Tribunal de Revista.

[61] De data mais recente: STJ 13-mar.-2008 (Sebastião Póvoas), Proc. 08A369: há questão de direito quando se trate de interpretar e de aplicar o artigo 563º; isto é: sempre.
Quanto a questões-de-facto e questões-de-direito e à evolução da jurisprudência do Supremo, *vide*, com indicações, o nosso *Aquisição de empresas / Vícios na empresa privatizada, responsabilidade pelo prospecto, culpa in contrahendo, indemnização*, sep. da ROA (1995), 54 ss..

14. O problema na responsabilidade contratual

I. Como foi adiantado, na responsabilidade contratual, os diversos pressupostos da responsabilidade civil mostram-se fortemente adaptados à presença de um vínculo estrito entre as partes. Essa ocorrência não pode deixar de se refletir no nexo de causalidade.

II. Numa obrigação contratual, o devedor está, antes do mais, adstrito a realizar a prestação principal. Não o fazendo, há incumprimento. Incorre na "presunção de culpa" prevista no artigo 799º, presunção essa que, inevitavelmente, envolve uma presunção de ilicitude. Quando não cumpra a prestação principal, entende-se que foi violado o contrato e a norma que manda respeitar o contratado: artigo 406º/1, do Código Civil. Apenas em face de uma causa de justificação poderá o devedor eximir-se a esse juízo de ilicitude. Por outra via: se o artigo 799º estabelece uma presunção de culpa, é porque, em paralelo, pressupoe a ilicitude: não há culpa sem ilicitude. Pela nossa parte, damos o passo subsequente: a presunção de culpa do artigo 799º é, na realidade, uma presunção de "culpa-ilicitude": de *faute*, na terminologia francesa. Evidentemente: a presunção de ilicitude não é uma presunção de não-cumprimento. Este deve ser provado, nos termos gerais, por quem, dele, se queira prevalecer: em regra, o credor.

III. Quanto à causalidade: ocorrendo um inadimplemento contratual, o devedor é (logo) responsável pelo valor da prestação principal frustrada. Não há margem para mais discussão: o dever de indemnizar é, pelo menos, decalcado do de prestar. Por isso, temos anunciado que a presunção de culpa do artigo 799º envolve uma presunção de causalidade[62]. A falta da prestação principal – e, daí, a necessidade de a indemnizar – decorre do mero facto de incumprimento. Recorrendo à técnica do escopo da norma violada: o bem jurídico protegido, frustrado pelo inadimplemento é, precisamente, o da prestação principal.

IV. Já quanto aos deveres acessórios envolvidos, a questão, não surge tão linear. Tomemos o exemplo dos deveres acessórios que tutelam a integridade moral das partes (designadamente: do credor) e que explicam que, na jurisprudência hoje pacífica, possam ser considerados danos morais, no

---

[62] Em rigor, tratar-se-ia mesmo de uma presunção *hominis*: baseada no senso comum. Quanto a este tipo de presunção, *vide* o nosso *Tratado de Direito civil* V, 2ª ed. (2015), 508.

caso de incumprimento do contrato: qual o nexo a considerar? O credor que, por força do inadimplemento de um dever do florista de lhe entregar um ramo de rosas, perca uma noiva, pode ser indemnizado pelo (imenso) desgosto daí resultante?

V. A solução deve ser procurada na causalidade normativa. Há que verificar quais são os bens jurídicos tutelados pelos deveres acessórios violados. Poderão, por hipótese, ser considerados maiores despesas (atentado ao dever de segurança relativo à tutela da integridade patrimonial) ou a perda de rendimento resultante de um menor aproveitamento do contratado, por falta de explicações relativas ao bem vendido (inobservância do dever de informação). Tudo depende de cada caso concreto.

VI. Um segundo ponto pode ter relevo prático: o da "presunção" de causalidade. Em face da inobservância de deveres acessórios, não é possível dar um salto para um dano. Cabe ao devedor invocar quais os deveres acessórios violados, que bens eram, por eles, protegidos e qual a extensão dos danos. Em face disso, o devedor dará, ao juiz, os elementos necessários para que se estabeleça a causalidade relevante.

Perante a violação de deveres acessórios, a causalidade, essencialmente normativa, deve assentar em dados que não é, de todo, possível presumir.

IV. Responsabilidade bancária

15. Categorias básicas

I. No campo da responsabilidade bancária e da sua concretização, perante o Direito positivo português, é fundamental a contraposição entre as responsabilidades obrigacional e aquiliana. Vamos reforçar esse elemento através de breves considerações comparatísticas.

Os Direitos continentais europeus conhecem dois grandes sistemas de responsabilidade civil. O sistema francês ou napoleónico, baseado na unidade dos pressupostos ético-jurídicos da responsabilidade civil, expressos, de modo indiferenciado, pela locução *faute* ("falta", corrente mas erroneamente traduzida por culpa) e o sistema germânico, assente na dualidade desses mesmos pressupostos, expressos, diferenciadamente, pelas ideias de culpa e de ilicitude[63].

---

[63] *Vide* o nosso *Tratado* cit., VIII, 317 ss., com indicações.

Ou seja: ao passo que, para o Direito francês, a responsabilidade exige que alguém pratique um dano com *faute* – artigo 1382º do Código Napoleão – para o alemão, requer-se um dano ilícito e com culpa – § 823/I do *BGB*. A *faute* será um misto de ilicitude e de culpa. A razão da diferenciação deve ser procurada no analitismo da Ciência Civil alemã, no século XIX, e na maior maturação que teve o Código Civil de 1896. Como explicado, a Rudolf von Jhering se deve o mérito de ter feito a destrinça entre culpa e ilicitude, em termos que perdurariam, nas subsequentes doutrinas civil e penal.

Projetada para o Direito bancário, esta diferenciação é muito relevante: enquanto para o Direito francês basta uma *faute* do banqueiro, para o alemão, há que apontar uma concreta regra violada (ilicitude), podendo ainda discutir-se a culpa[64].

II. O sistema português era, no século XIX, de inspiração francesa. Assim, nos clássicos civilistas da época, encontramos o termo "culpa" com o sentido de "*faute*", isto é: abrangendo, de modo indiferenciado, a culpa e a ilicitude. Com Guilherme Moreira, deu-se a transposição para o pandectismo. No tocante à responsabilidade civil, Guilherme Moreira operou a receção contraposta de culpa e de ilicitude. Mais perfeito, o esquema em breve foi acolhido, pela generalidade da doutrina. Mas nunca totalmente: num fenómeno tipicamente jurídico, a receção opera não por substituição dos conceitos velhos pelos novos, mas pela junção, a conceitos velhos, de conceitos novos. O sistema unitário ou napoleónico sobreviveu. No campo civil, o esquema português é, hoje, misto[65]:

(a) na responsabilidade contratual domina a orientação napoleónica; a "culpa" equivale à *faute* e traduz, em simultâneo, a ilicitude;
(b) na responsabilidade aquiliana singra a orientação germânica: culpa e ilicitude estão contrapostas.

A presunção de *faute* pode ser complementada com a invocação de causalidade, também incluída na *faute*, mas não na ilicitude/culpa. Entenda-se: a causalidade atinente ao bem jurídico frustrado correspondente à frustração da prestação principal.

---

[64] Recordamos o nosso *Responsabilidade bancária* cit., *passim*, onde a contraposição foi introduzida.
[65] *Tratado* cit., VIII, 377 ss..

ESTUDOS DE DIREITO BANCÁRIO I

III. A natureza híbrida da responsabilidade civil portuguesa tem consequências importantes, na responsabilidade bancária. Na presença de um acordo entre o banqueiro e o seu cliente ou, de modo mais lato, na de vínculos obrigacionais específicos, a simples falta do resultado normativamente prefigurado implica presunções de ilicitude, de culpa, de dano e de causalidade. Compete ao devedor inadimplente apresentar alguma causa de extinção de obrigação ou de justificação do inadimplemento. Já se estivermos perante a inobservância de deveres genéricos, tudo fica nas mãos do prejudicado que deverá provar os diversos pressupostos de responsabilidade civil[66].

Esta solução global, ditada, de certo modo, pelos acasos do devir histórico-cultural, conduz a soluções particularmente justas e adequadas. No Direito bancário como, em geral, na vida dos negócios e na vida pessoal, os acordos devem ser cumpridos a todo o custo, apenas com os limites últimos da boa-fé. É um *minimum* de coesão social que tem de ser exigido, sob pena de tudo converter em litígios. Na falta de acordos ou de vínculos específicos similares, a regra é a da liberdade. Apenas perante violações comprovadas alguém pode ser responsabilizado.

VI. A causalidade deve ser tomada na aceção moderna: são imputados os danos correspondentes ao círculo de bens tutelado pela norma jurídica violada. Trata-se de uma orientação que obriga a indagar o escopo da norma atingida. Este método permite, na prática, delimitar danos que, de outro modo, pareceriam ilimitados. Quando esteja em causa a frustração da própria prestação principal, o dano a considerar é o valor desta: há "presunção" de causalidade. No caso de deveres acessórios, temos de indagar o seu escopo concreto e o sentido do não-cumprimento. Aí, sendo o cliente do banqueiro o demandante, cabe a este a invocação e a prova de todos os factos que permitam o juízo de causalidade normativa.

16. Dever de informar

I. Vamos testar a aplicação das considerações acima explanadas ao Direito bancário, através do regime do dever de informar e da responsabilidade dele resultante[67]. Numa situação de tipo obrigacional, a mera falta de informação do beneficiário responsabiliza, automaticamente, o obri-

---

[66] Nesse sentido, RPt 24-abr.-2008 (Carlos Portela), Proc. 0736538.

[67] *Vide*, como referência e com muita bibliografia: Volker Lang, *Haftung und Schadensersatz*, em Welter/Lang, *Handbuch der Informationspflichten im Bankverkehr* (2005), 75-106 (75 ss.). Entre

gado: joga, contra ele, a presunção de "culpa" – portanto: de *faute* ou de culpa/ilicitude – prevista no artigo 799.º/1 do Código Civil. O responsabilizado só se liberará se lograr provar que, afinal, prestara a informação ou que beneficiara dalguma causa de justificação ou de excusa.

Já numa situação de tipo aquiliano, a mera falta de informação a nada conduz. O prejudicado terá de provar todo o condicionalismo que originaria o dever de informar por parte de outrem e, depois, de demonstrar que o visado não cumprira, com culpa, tal dever.

II. O dever de informar torna-se, assim, muito mais operacional, quando tenha estrutura obrigacional. As razões dessa acrescida tutela têm sido firmadas, designadamente, por Claus-Wilhelm Canaris, através dos seus estudos sobre a confiança. É um ponto importante, que permite, da responsabilidade civil, retirar elementos de relevo, no tocante à própria configuração dos deveres bancários.

Numa situação que relacione particularmente duas pessoas – *culpa in contrahendo* ou execução contratual, por exemplo – as partes são levadas a confiar uma na outra. Quando o façam, elas baixam as suas defesas naturais, tornando-se, mutuamente, vulneráveis. Gera-se uma situação em que os envolvidos descuram a preocupação de obter informações, pelos seus próprios meios. Na base da confiança gerada, as partes praticam novos atos.

Tudo isto, humano por excelência, deve ser tutelado pelo Direito. Por isso se gera uma situação que dá azo a obrigações específicas de informar, fruto de responsabilidade obrigacional, no caso de inobservância.

Não havendo qualquer ligação específica, não ocorrem as razões de tutela acima referenciadas. O Direito dispensa, apenas, a tutela aquiliana.

III. Na posse de dados básicos sobre o regime, pergunta-se como se articulam, entre si, os deveres de informação, com a inerente responsabilidade.

No tocante a deveres de proteção, Canaris formulou uma doutrina que, em geral, é hoje acolhida no Direito alemão: a doutrina dos deveres unitários de proteção[68]. Segundo essa doutrina, nos preliminares surge um dever de proteção que se manteria, depois, na vigência contratual. Tal dever sub-

---

nós, Menezes Leitão, *Informação bancária e responsabilidade*, em Estudos Inocêncio Galvão Telles 2 (2002), 225-244 (234 ss.).

[68] Claus-Wilhelm Canaris, *Ansprüche wegen "positiver Vertragsverletzung" und "Schutzwirkung für Dritte" bei nichtigen Verträgen*, JZ 1965, 475-482. Quanto a esta doutrina, com indicações,

ESTUDOS DE DIREITO BANCÁRIO I

sistiria, ainda, na hipótese de nulidade do contrato, sobrevivendo-lhe *post pactum finitum*[69]. Trata-se de uma doutrina que pode ser transposta para os deveres de informação. Mas apenas com o seguinte alcance: há uma pressão niveladora, que intenta aproximar os regimes da informação, nas diversas situações. Tal pressão, que corresponde a expectativas clássicas de redução da complexidade e de uniformização é, porém, contrariada por exigências diferenciadoras, nos casos concretos.

Em cada situação haverá, pois, que ponderar os interesses e valorações em presença. Uma visão global desta matéria é tarefa do Direito das obrigações[70]. Quanto à causalidade: ela dependerá desses interesses e valorações, a ponderar de acordo com os elementos que o eventual demandante leve ao juiz.

17. Jurisprudência

I. Vamos reunir alguma jurisprudência recente sobre temas de responsabilidade bancária[71]. Elas refletem, direta ou indiretamente, os aspetos acima considerados, mormente no tocante aos pressupostos da responsabilidade civil, incluindo o nexo de causalidade.

> *RPt 7-jan.-2016*: numa situação em que um cliente, devedor de um mútuo com hipoteca, não tinha saldo para pagar também o seguro, invocando falta de informação: decidiu a Relação que o Banco Réu não perpetrara nenhuma inexecução ilícita e culposa e que, "muito menos", havia nexo de causalidade[72];
>
> *STJ 17-mar.-2016*: num caso em que foi erroneamente assegurado a um cliente que determinado produto era garantido pelo banco, recorrendo-se a "técnicas de venda agressivas", entende-se que houve violação do dever de informação. Explica-se: "o nexo de causalidade entre a violação dos deveres de informação e o dano causado ao autor (art. 563º do CC) deve ser anali-

---

Menezes Cordeiro, *Da pós-eficácia das obrigações*, em *Estudos de Direito Civil* 1 (1987), 143-197 (188 ss.) e *Da boa fé*, 634 ss..

[69] Nos escritos acima citados, defendemos a desnecessidade, no Direito português, de deveres unitários de proteção. Trata-se de uma orientação que hoje abandonámos, mercê da nova clivagem entre as responsabilidades obrigacional e aquiliana, agora perfilhada. De todo o modo, o problema não tem, diretamente, a ver com os deveres de informação.

[70] *Tratado VI*, 2ª ed., 675 ss.. Mantemos o afirmado no nosso *Direito bancário*, 6ª ed. (2016), 439-440.

[71] A jurisprudência anterior pode ser confrontada no nosso *Direito bancário* cit., 6ª ed., 443 ss..

[72] RPt 7-jan.-2016 (Fernando Baptista), Proc. 665/12.

sado através de demonstração, que decorre claramente da matéria de facto, de que se tais deveres de informação tivessem sido cumpridos, o autor não teria investido naquela aplicação, mas noutra que lhe garantisse um retorno seguro, condição que ele colocou para fazer o investimento"[73];

STJ 28-abr.-2016 (AUJ nº 4/98): a recusa de pagamento de um cheque ilicitamente revogado envolve responsabilidade extracontratual; aí, para a demonstração do dano patrimonial e do nexo de causalidade, basta a possibilidade da sua verificação, designadamente quando esta decorra de um juízo de séria probabilidade[74];

STJ 12-mai.-2016: um funcionário bancário que prejudique um cliente praticando atos não autorizados por este envolve a responsabilidade do banqueiro, como comitente; a quantificação do dano é o diferencial resultante das operações em causa[75];

RLx 22-jun.-2016: perante a responsabilidade bancária pelo pagamento de cheques falsificados: não basta para afastar a culpa do banqueiro, a mera verificação a olho nú, empírica, pelo confronto de assinaturas[76];

RCb 8-nov.-2016: refere a contínua informação envolvida na abertura de crédito, suscetível de criar situações de confiança que, a serem desamparadas, podem originar responsabilidade; refere que a equidade é essencial para calcular a compensação de bens pessoais[77];

STJ 22-nov.-2016: num penhor de conta bancária, a mobilização antecipada do saldo é ilícita e presumivelmente culposa; o banqueiro deve restituir a quantia prematuramente embolsada[78];

STJ 11-jul.-2017: as instruções do Banco de Portugal tutelam, também, interesses privados: valem como normas de proteção; não chega verificar a olho nú a autenticidade das assinaturas[79];

RCb 12-set.-2017: o emitente de um produto financeiro com a informação de garantia do capital é responsável por ele o mesmo sucedendo com o intermediário financeiro que também tenha assumido o seu reembolso[80].

---

[73] STJ 17-mar.-2016 (Maria Clara Sottomayor), Proc. 70/13.
[74] STJ 28-abr.-2016 (AUJ nº 4/98) (Abrantes Geraldes), Proc. 1114/11.
[75] STJ 12-mai.-2016 (Abrantes Geraldes), Proc. 85/14.
[76] RLx 22-jun.-2016 (Manuel Marques), Proc. 8763/09.
[77] RCb 8-nov.-2016 (Manuel Campelo), Proc. 4514/14.
[78] STJ 22-nov.-2016 (Helder Roque), Proc. 454/14.
[79] STJ 11-jul.-2017 (Alexandre Reis), Proc. 996/13.
[80] RCb 12-set.-2017 (Moreira do Carmo), Proc. 821/16.

ESTUDOS DE DIREITO BANCÁRIO I

II. Estes casos permitem inferir orientações práticas importantes, assentes nas leis aplicáveis e nas realidades que elas vêm encarar. Esclareça-se que tal sucede independentemente de formulações doutrinárias, que à doutrina compete, depois, induzir. Assim:

(1) em face do incumprimento, pelo banqueiro, da prestação principal a que se tenha obrigado (STJ 28-abr.-2016, STJ 12-mai.-2016, RLx 22-jun.-2016 e 22-nov.-2016), a causalidade abarca o valor dessa prestação: fica incluída a hipótese de o banqueiro ter garantido determinado reembolso (RCb 12-set.-2017);

(2) em situações de inadimplemento, real ou potencial de deveres acessórios, a causalidade é autonomizada (RPt 7-jan.-2016 e STJ 17-mar.-2016), numa situação reforçada em face de danos pessoais (RCb 8-nov.-2016).

III. O desrespeito por deveres acessórios pode ou não frustrar a prestação principal. E mesmo quando a frustre, as valorações envolvidas e, em especial, o escopo do dever inobservado podem implicar juízos diferenciados, relevantes para o dano a imputar à conduta do agente.

Devemos ainda acrescentar que a diferenciação entre a prova da causalidade no caso de incumprimento da prestação principal e no de deveres acessórios é expressamente apontada na atual doutrina alemã: no primeiro, cabe ao devedor provar que não agiu culposamente; no segundo, a causalidade (entre outros aspetos) deve ser provada pelo ofendido[81].

V. Conclusões

18. Conclusões

O desenvolvimento anterior permite fechar este pequeno estudo com algumas conclusões. Assim:

I – Quanto à responsabilidade bancária em geral

1. A responsabilidade bancária ou responsabilidade profissional do banqueiro abrange situações de imputação de danos a instituições de crédito, causados no exercício da sua profissão.

---

[81] Dirk Olzen, no *Staudingers Kommentar* cit. (ed. 2015), § 241, Nr. 430 (260).

2. Tais situações são de natureza muito variada, podendo, designadamente, ter natureza contratual ou aquiliana e derivar da inobservância dos mais distintos deveres.
3. No estudo da responsabilidade bancária, há que evitar apriorismos: seja beneficiando o banqueiro através de construções que lhe sejam, no terreno, favoráveis (*bankfreundlich*), seja recorrendo a uma jurisprudência do sentimento, beneficiando os seus clientes.
4. A condenação *ad nutum*, do banqueiro equivale a uma penalização do sistema financeiro, que acabará repercutida em todos os agentes económicos: cabe a uma Ciênia do Direito madura encontrar um ponto de equilíbrio, assente na lei.

II – Quanto aos deveres acessórios

5. O vínculo obrigacional tem uma natureza complexa: entre outros aspetos, envolve um dever de prestar principal e deveres acessórios.
6. A prestação principal exprime o bem atribuído ao credor pelo vínculo; os deveres acessórios asseguram a efetividade da prestação, protegem a confiança e asseguram a integridade do património e da pessoa de ambas as partes.
7. Os deveres acessórios podem ordenar-se em deveres de segurança, de lealdade e de informação, derivando dos valores básicos do sistema, através do princípio da boa-fé (762º/2, do Código Civil).
8. Tem um regime distinto do do dever de prestar principal: fundam-se na boa-fé (762º/2), adstringem ambas as partes, visam a substancialização e a integralidade, não são disponíveis, podem ser pré ou pós-eficazes, sobrevivem à invalidação ou à impossibilitação do negócio, podem tutelar terceiros e têm regras próprias quanto à responsabilidade civil e à causalidade.

III – Quanto ao nexo de causalidade

9. Os cinco pressupostos clássicos da responsabilidade civil (facto, ilicitude, culpa, dano e causalidade) articulam-se entre si em termos de sistema móvel: podem assumir, designadamente, papéis distintos, em função do tipo de responsabilidade e,m jogo.
10. Na responsabilidade contratual, a ilicitude e a culpa fundem-se numa noção ampla de culpa (de "*faute*"), podendo ficar envolvida a causalidade.

11. O nexo de causalidade é hoje entendido em sentido normativo ou axiológico: perante um dano ocorrido, a conduta da pessoa a responsabilizar deve ter funcionado como *conditio sine qua non* do prejuízo o qual deve, ainda, inscrever-se no círculo de bens tutelado pela norma jurídica violada.

12. Este aspeto surgiu e é especialmente relevante quando estejam em jogo situações decorrentes da violação de normas de proteção, de deveres de proteção acessórios e, em geral, de certas atuações negligentes.

13. Na responsabilidade contratual, o inadimplemento da prestação principal é, lógica e normativamente, imputado ao devedor faltoso, abrangendo a causalidade, desde logo, o valor dessa prestação: fica envolvido na "presunção de culpa".

14. A inobservância de deveres acessórios "obriga" o lesado a explicar a situação, a provar os danos daí decorrentes e os factos suscetíveis de alicerçar um juízo de causalidade: parece claro que quer os danos, quer o nexo causal não são automaticamente redutíveis à violação da prestação principal.

IV – Quanto à causalidade na responsabilidade bancária

15. Estas considerações são adaptáveis à responsabilidade bancária, em termos percetíveis na nossa jurisprudência recente.

16. O banqueiro que não cumpra a prestação principal contratada (o que inclui a garantia prestada) responde, desde logo, pelo valor desta: demonstrada a inexecução, presume-se a ilicitude, a culpa e a própria causalidade: cabe-lhe provar o contrário.

17. Não sendo observados deveres acessórios: provada a ocorrência, há ainda que determinar o dano e a causalidade, o que, nos termos gerais, se insere no ónus da prova do cliente.

18. Com efeito, o dano não corresponde, em regra, ao da pura e simples inexecução da prestação principal, enquanto a causalidade depende ainda do escopo do concreto dever inobservado e da medida em que ele tenha sido atingido, tudo a provar pelo lesado.

Estabilidade Financeira, Princípio da Proporcionalidade e Supervisão Microprudencial[1]

João Pedro Castro Mendes[2]

I. Enquadramento

O sistema económico produz bens e fornece serviços que visam satisfazer necessidades humanas. Para que tal aconteça, é necessário alocar os recursos necessários à produção desses bens e serviços, criar e manter um sistema que permita o pagamento dos mesmos e também prevenir e mitigar os riscos inerentes ao funcionamento do sistema.

O sistema financeiro promove um mais eficiente funcionamento do sistema económico ao assegurar a intermediação entre quem tem recursos disponíveis para investir e quem precisa desses recursos, fornecer serviços de pagamento e gerir e distribuir os riscos decorrentes da produção e venda de bens e serviços. Importa assim assegurar a estabilidade financeira, ou seja, que o sistema financeiro é capaz de funcionar de forma contínua e resiliente a choques e de forma a gerar confiança nos diversos agentes económicos.

---

[1] Este artigo corresponde a uma versão aumentada e revista do sumário distribuído na aula ministrada em 19.10.2016 no âmbito da Pós-Graduação Avançada em Direito Bancário 2ª edição da Faculdade de Direito da Universidade de Lisboa, embora sem incluir a secção sobre *private enforcement* de normas prudenciais originalmente tratada na sessão em causa.

[2] Técnico Superior no Departamento de Serviços Jurídicos do Banco de Portugal. As opiniões expressas neste artigo são da responsabilidade do autor, não coincidindo necessariamente com as do Banco de Portugal ou do Eurosistema. Eventuais erros ou omissões são da exclusiva responsabilidade do autor.

A estabilidade financeira justifica a (hetero)regulação do sistema financeiro.

Uma regulação eficiente pressupõe:

a) A adoção de duas perspetivas: (i) o sistema como um todo (macro) e (ii) a conduta prudencial (conduta ética e prudente perante o risco) de cada instituição[3] individualmente considerada (micro)[4], dado que apenas assim são tidos em consideração todos e quaisquer riscos, endógenos e exógenos, que, afetando o sistema financeiro, colocam em causa a estabilidade financeira;

b) Uma correta aplicação do princípio da proporcionalidade, dado que apenas assim será possível promover a estabilidade financeira sem impor custos desnecessários para o sistema financeiro, com inerente impacto negativo na sua capacidade para cumprir o seu papel no regular funcionamento do sistema económico;

c) Uma interiorização por parte de todos os agentes económicos que intervêm no setor financeiro da importância da defesa da estabilidade financeira, atendendo ao princípio da proporcionalidade, com especial ênfase para as instituições e para o supervisor.

A estabilidade financeira pode ser colocada em causa por fatores endógenos e exógenos ao sistema financeiro:

---

[3] Para facilitar a leitura, utiliza-se, ao longo do presente artigo, a expressão "*instituições*" significando, "instituições de crédito". Por força dos artigos 174º-A e 196º do Regime Geral das Instituições de Crédito e Sociedades Financeiras ("**RGICSF**"), aprovado pelo Decreto-Lei nº 298/92, de 31 de dezembro, entre outros o regime das instituições de crédito aplica-se também às sociedades financeiras, com as necessárias adaptações e as exceções constantes dos artigos em causa.

[4] A conduta de cada instituição é também regulamentada do ponto de vista da relação entre esta e os seus clientes, mormente de clientes de retalho, sendo esta monitorizada e sujeita à aplicação de medidas de supervisão (supervisão comportamental). São estabelecidos deveres de informação e de verificação de adequação dos produtos ao perfil de risco dos clientes, deveres ao nível da criação e publicitação de produtos e serviços financeiros, são regulamentadas as comissões e é, também, regulada a criação e venda de produtos financeiros. Importa assegurar, no entanto, que a existência de normas que procuram proteger os interesses dos clientes não os desresponsabilizam pelas respetivas escolhas, induzindo comportamentos mais arriscados, e que as normas que regulam o comportamento das instituições são complementadas por uma política robusta de combate à iliteracia financeira.

a) Entre os fatores endógenos mais importantes encontram-se a estrutura e o modelo de governo do sistema financeiro, o comportamento prudencial das instituições (*i.e.* a sua conduta mais ou menos ética e a sua atitude, mais ou menos prudente, perante o risco)[5] e o comportamento dos próprios supervisores;

b) Do ponto de vista exógeno, os fatores mais importantes são os riscos inerentes a outros sistemas a que o sistema financeiro se encontre exposto, como sejam o mercado imobiliário e outros mercados tendentes à criação de bolhas, bem como os diversos sistemas políticos dos diversos Estados.

No presente artigo, procuramos explicar, de forma sumária, *(i)* como a salvaguarda da estabilidade financeira fundamenta a heterregulação das instituições, *(ii)* a importância da aplicação cabal do princípio da proporcionalidade para atingir adequadamente esse objetivo, *(iii)* a forma como as instituições são as primeiras guardiãs da estabilidade financeira, devendo agir de acordo com a letra e o espírito das normas prudenciais que lhes são aplicadas e *(iv)* a importância do comportamento do supervisor para uma salvaguarda da estabilidade financeira, de acordo com o princípio da proporcionalidade.

II. A preservação da estabilidade financeira como justificação para a heterorregulação das instituições financeiras

A preservação da estabilidade financeira depende de todos os participantes no sistema financeiro adotarem comportamentos prudentes e éticos, tendentes a essa preservação.

Num mercado concorrencial, as instituições financeiras, ao procurarem maximizar o seu lucro financeiro, têm incentivos para cortar os seus custos. Os comportamentos éticos e prudentes, embora benéficos para o sis-

---

[5] Também a conduta dos clientes pode colocar em causa a estabilidade financeira. Uma atitude displicente e uma atuação pouco informada da parte dos clientes geram riscos e, caso seja este o padrão de conduta generalizado dos clientes das instituições financeiras, a colocar em causa a estabilidade financeira, dados os incentivos (perversos) que cria, também, para as instituições financeiras. Daí a importância da literacia financeira, que tenderá a promover uma conduta mais informada e consciente por parte dos clientes. De notar, no entanto, que uma atitude conservadora por parte dos clientes pode criar incentivos para que as instituições procurem aumentar a sua rendibilidade através de investimentos arriscados.

tema financeiro como um todo, têm custos para os participantes. No caso específico das instituições, estes comportamentos tenderão a diminuir a sua rentabilidade no curto prazo. Pressionadas para aumentar essa rentabilidade, tenderão a ignorar os riscos sistémicos e a monitorizar e mitigar de forma menos rigorosa os seus próprios riscos. Dado que se encontram, genericamente, sujeitas ao mesmo tipo de incentivos, este tipo de comportamentos tenderá a generalizar-se, com prejuízo para a estabilidade financeira.[6]

A estabilidade financeira pode ser qualificada, do ponto de vista económico, como um *bem público*, ou seja, como um bem de que todos beneficiam e de que ninguém pode ser excluído.[7] Os bens públicos constituem um exemplo de falha de mercado, ou seja, de situação em que o normal funcionamento do mercado gera resultados abaixo do desejável (neste caso, riscos para a estabilidade financeira). As falhas de mercado justificam uma intervenção externa, no sentido de promover o objetivo desejado (neste caso, a mitigação de riscos para a estabilidade financeira).

Nos ordenamentos jurídicos português e da União Europeia, a estabilidade financeira é um bem jurídico constitucionalmente tutelado. No caso português, é o que se retira da conjugação do artigo 101º da Constituição da República Portuguesa com as alíneas a), f) e j) do artigo 81º do mesmo diploma. Ao nível da União Europeia, refira-se o artigo 141º e o nº 5 do artigo 127º do Tratado sobre o Funcionamento da União Europeia e o artigo 25º do Protocolo nº 4 ao mesmo tratado.

---

[6] Poder-se-ia argumentar que o regular funcionamento do mercado seria suficiente, na medida em que os clientes das instituições financeiras têm interesse na adoção de comportamentos éticos e prudentes da parte destas últimas, e selecionariam as instituições financeiras que lhes oferecessem melhores garantias de comportamento ético e prudente. Sucede que os clientes, neste caso, se encontram, na sua generalidade, dispersos e atomizados, com as inerentes dificuldades em monitorizar o comportamento das instituições, além de existir uma forma assimetria de informação entre os clientes e as instituições quanto à sua situação prudencial individualizada e funcionamento do sistema financeiro.

[7] Existe quem qualifique a estabilidade financeira não como um bem público, mas como um bem comum. De acordo com esta visão, a estabilidade financeira seria um bem escasso, consumido pelas instituições financeiras ao adotarem comportamentos pouco éticos e imprudentes do ponto de vista da gestão de risco. Cfr. TUCKER, Paul, *The Design and Governance of Financial Stability Regimes. A common resource problema that challenges technical know-how, democratic accountability and international coordination*, in *Essays in International Finance*, Volume 3, setembro de 2016.

A heterregulação da atividade financeira para promover a estabilidade financeira encontra, assim, respaldo e enquadramento constitucionais. O legislador constitucional não prescreveu, no entanto, uma forma específica de atingir esse objetivo. Compete ao legislador ordinário estabelecer as balizas da atividade financeira, limitando desta forma direitos fundamentais, como sejam o direito à propriedade privada e a liberdade de escolha da atividade profissional, com fundamento na preservação da estabilidade financeira. Compete ao supervisor microprudencial monitorizar que as instituições desenvolvem a sua atividade dentro dos requisitos prudenciais definidos pelo legislador e pelo próprio supervisor.

Ao tomar decisões ao nível nacional e europeu, importa ter em conta que a salvaguarda da estabilidade financeira nacional e europeia é una e indivisível. Não é legítimo sacrificar a estabilidade financeira de um Estado membro alegadamente em prol da estabilidade financeira europeia, nem é legítimo sacrificar a estabilidade da União Europeia supostamente em prol da estabilidade financeira de um determinado Estado membro.

A salvaguarda da estabilidade financeira de cada Estado membro é, na verdade, um pressuposto da salvaguarda da estabilidade financeira europeia, e a estabilidade financeira europeia salvaguarda da estabilidade financeira de um Estado membro. A instabilidade financeira num determinado Estado membro tem efeitos de contágio nos outros Estados membros, inultrapassáveis sem colocar em causa a liberdade de circulação de capitais e, consequentemente, o Mercado Único. A instabilidade financeira a nível europeu tem, por definição, consequências em todos os Estados membros.

III. A importância da aplicação do princípio da proporcionalidade

A intervenção sobre a atividade das instituições deve ocorrer na exata medida em que promova a estabilidade financeira, sob pena de a atividade económica ser resfriada sem benefícios tangíveis e de a consequência da intervenção acabar por subverter o objetivo que se propunha atingir (*"unintended consequences"*).

Uma intervenção no funcionamento do mercado incorretamente calibrada impõe custos excessivos à atividade financeira, com consequências potencialmente nefastas para a concorrência e para a inovação. Torna mais difícil a entrada e manutenção no mercado de entidades mais pequenas e pode desincentivar excessivamente a tomada de risco, fomentando-se assim a formação de oligopólios e podendo colocar-se em causa o surgimento de inovaçõcs financeiras benéficas para o funcionamento da economia.

A criação de oligopólios e a falta de inovação constituem, inclusivamente, riscos para a estabilidade financeira. Num oligopólio, a importância relativa de cada instituição para o regular funcionamento do sistema aumenta. Caso não haja inovação adequada, o sistema poderá tornar-se menos capaz de encontrar novas soluções para se adaptar a novas realidades. Sem esquecer que a excessiva regulação cria incentivos para o desenvolvimento da atividade em atividades mais arriscadas, menos ou não regulamentadas, e na economia paralela, em condições que fomentam a instabilidade financeira.[8]

O princípio da proporcionalidade tem consagração constitucional quer no ordenamento jurídico português (cfr. artº 18º CRP), quer no ordenamento jurídico europeu. Assim, numa perspetiva geral e abstrata (legislativa e regulamentar), deve assegurar-se que a intervenção é adequada e necessária para preservação da estabilidade financeira, e que não é excessivamente onerosa. Caso assim seja, a legislação e regulamentação não impõem um custo económico superior ao benefício para a promoção da estabilidade financeira.

Do ponto de vista microprudencial, a legislação e a regulamentação estabelecem requisitos mínimos para o exercício da atividade, os chamados *requisitos (prudenciais) de Pilar 1*, relativos à estrutura de capital os *requisitos (prudenciais) de Pilar 3*, relativos à divulgação de informação ao mercado[9]. O objetivo é promover que as instituições conduzam a sua atividade de forma consentânea com a estabilidade do sistema financeiro e que o mer-

---

[8] Para mais sobre a importância económica do princípio da proporcionalidade, cfr. *Proportionality in Bank Regulation. A Report by the EBA Banking Stakeholder Group*, disponível através do *link* https://www.eba.europa.eu/documents/10180/807776/European+Banking+Authority+Banking+Stakeholder+Group-+Position+paper+on+proportionality.pdf.

[9] No contexto das orientações publicadas pelo Comité de Supervisão Bancária de Basileia, fala-se em requisitos de Pilar 1, Pilar 2 e Pilar 3, introduzido no pacote de orientações conhecido por "*Basileia II*" (entretanto atualizado pelo pacote "*Basileia III*"). Os requisitos de Pilar 1 correspondem aos requisitos mínimos de capital; os requisitos de Pilar 2 correspondem aos requisitos impostos pelo supervisor após análise a avaliação da atividade da instituição; e os requisitos de Pilar 3 correspondem aos requisitos de divulgação de informação, previstos para promover a disciplina de mercado. Para mais sobre esta questão, leia-se *Basel II: International Convergence of Capital Measurement and Capital Standards: A Revised Framework – Comprehensive Version* (junho de 2006).

cado (em especial, clientes e potenciais investidores) disponha da informação necessária para distinguir aquelas que o fazem e aquelas que não.

Dado que nem todas as instituições têm o mesmo peso no sistema financeiro. O princípio da proporcionalidade manifesta-se, do ponto de vista legal, na existência de normas que expressamente preveem que a sua aplicação varia atendendo às características, em concreto, da instituição. As G-SIIs (*global systemically significant institutions*)[10] e as O-SIIs (*other systemically significant institutions*)[11] têm impacto sistémico global e local, respetivamente, sendo as normas aplicadas na sua plenitude, com nível máximo de exigência. Relativamente às demais, a aplicação da norma variará atendendo à sua dimensão, organização interna e natureza e complexidade das respetivas atividades.[12]

Os requisitos de Pilar 1 (e Pilar 3) constituem um ponto de partida, mas não necessariamente um ponto de chegada, para as instituições. Estas, partindo dos mínimos legais, ou concretizando requisitos previstos sob a forma de conceitos indeterminados, devem sempre assegurar níveis de fundos próprios e de liquidez, fontes de financiamento, e, em geral, uma organização interna e funcionamento consentâneos com os riscos que efetivamente assumem. Naturalmente que a forma de o fazer vai variar de instituição para instituição, inclusivamente entre instituições com o mesmo modelo de negócios.

O supervisor microprudencial, ao monitorizar a atividade da instituição, faz a sua própria avaliação dos riscos que esta assume e da adequação das medidas tomadas para os mitigar. Caso entenda necessário, pode complementar os requisitos de Pilar 1 e de Pilar 3 com *requisitos (prudenciais) de Pilar 2*, específicos para cada instituição, e atendendo às suas circunstân-

---

[10] Cfr.artº 138º-N do RGICSF e Orientações da Autoridade Bancária Europeia a este respeito (EBA/GL/2016/01).

[11] Cfr. artº 138º-Q do RGICSF e Orientações da Autoridade Bancária Europeia a este respeito (EBA/GL/2014/14).

[12] É importante assegurar que a aplicação do princípio da proporcionalidade não leva a que um conjunto de instituições, mais pequenas e menos complexas, seja incentivado a assumir uma postura mais arriscada e menos prudente, colocando em causa a estabilidade financeira. A aplicação do princípio da proporcionalidade implica, por regra, aplicar a norma de forma adequada, necessária e proporcional ao caso concreto. Quando se entenda, do ponto de vista constitucional, que é impossível aplicar a norma desta forma, o princípio da proporcionalidade pode, no entanto, implicar a pura e simples desaplicação de uma norma quando a mesma seja manifestamente desadequada ao caso concreto.

cias concretas. Estes requisitos podem incluir, entre outros, a necessidade de obter fundos próprios adicionais, alterar a sua estrutura de organização interna, impor requisitos adicionais de divulgação de informação ao mercado, entre outros. Ao impô-los, o supervisor deve assegurar que os mesmos são adequados, necessários e proporcionais aos riscos que procura mitigar.

Uma correta aplicação do princípio da proporcionalidade implica um conhecimento profundo sobre a estrutura e o funcionamento do mercado, por um lado, e sobre as especificidades das diversas instituições em concreto, por outro. Esse conhecimento permite identificar da forma mais correta possível potenciais fontes de risco na conduta prudencial das instituições e as soluções mais eficientes para mitigar essas fontes de risco.

IV. As instituições financeiras e a preservação da estabilidade financeira

a. Adoção de comportamentos consonantes com a preservação da estabilidade financeira

As instituições devem agir de forma consonante com a preservação da estabilidade financeira. Para o efeito, devem:

(i) Dispor de uma cultura organizacional que promova comportamentos éticos e prudentes;

(ii) Cumprir as normas prudenciais a que se encontram sujeitas, que estabelecem um limiar prudencial mínimo para o exercício da respetiva atividade, e, numa lógica *comply or explain*, as orientações da Autoridade Bancária Europeia que lhes sejam aplicáveis[13];

---

[13] Cfr. nº 1 e nº 3 do artº 16º do Regulamento nº 1093/2010, do Parlamento Europeu e do Conselho, de 24 de novembro de 2010 ("**Regulamento da EBA**"). A obrigação de *best efforts* prevista no nº 3 do referido artigo implica que as instituições devem sempre ter em consideração das orientações da Autoridade Bancária Europeia ao aplicar as normas que regulam a sua atividade, explicando devidamente quando não apliquem as orientações, devendo o supervisor avaliar e ponderar as explicações da instituição, sem ser, no entanto, obrigada a concordar com as mesmas. Se o supervisor discordar das explicações dadas pela instituição, e entender que a forma como as instituições atuam não é, portanto, a mais adequada do ponto de vista prudencial, acarretando riscos que não estão a ser adequadamente mitigados pela instituição, o supervisor poderá intervir, exigindo à instituição que corrija esses comportamentos pouco adequados ou aplicando outras medidas que considere adequadas para proceder à mitigação do risco detetado.

(iii) Definir a sua tolerância ao risco e conhecer o seu perfil de risco e avaliar, em contínuo, se dispõem de capital e reservas de liquidez suficientes para promover a continuidade da sua atividade;

(iv) Adotar as medidas necessárias a corrigir deficiências internamente detetadas;

(v) Agir de forma transparente perante o supervisor e adotar as medidas impostas por este para corrigir deficiências na forma com a instituição conduz a sua atividade.

A adoção de comportamentos consonantes com a preservação da estabilidade financeira é uma obrigação das instituições. Mais do que um mero cumprimento formal das normas prudenciais a que se encontram sujeitas, as instituições devem assegurar que todos os seus colaboradores têm a formação e os incentivos necessários para agir de forma ética e prudente. Para o efeito, devem dispor de pessoas, estruturas de governo e estruturas de incentivos adequadas para o efeito.

b. *Cultura organizacional adequada e gestão sã e prudente*

Todas as organizações dispõem de uma cultura organizacional. Consiste nos valores, princípios e padrões de comportamento que caracterizam a vida dentro da organização.

As instituições devem dispor de uma cultura organizacional que promove uma atitude saudável, responsável e prudente perante o risco e elevados padrões de conduta ética, transversal a toda a instituição. Essa cultura será simultaneamente o resultado de uma gestão sã e prudente da instituição e um catalisador para essa mesma gestão ser sã e prudente, dada a importância do exemplo dado pela liderança para a cultura de uma organização (é o chamado *tone from the top*).[14]

A gestão sã e prudente consiste no exercício das competências conferidas ao órgão de administração e de fiscalização de acordo com *(i)* uma perspetiva de longo prazo, *(ii)* padrões éticos elevados, *(iii)* uma atitude responsável perante o risco, *(iv)* o estrito cumprimento, na substância e não apenas na forma, dos deveres de cuidado e de lealdade, incluindo um tratamento equitativo dos interesse de todos os *stakeholders* (internos e externos), com especial ênfase para os investidores, depositantes e demais

---

[14] Cfr. artº 7º do Aviso nº 5/2008, do Banco de Portugal.

credores[15], *(v)* o estrito cumprimento, na substância e não apenas na forma, das normas legais e regulamentares aplicáveis e *(vi)* uma atitude cooperante e transparente perante o supervisor.

É um dever dos membros dos órgãos de administração e fiscalização contribuírem para a gestão sã e prudente da instituição, atendendo às respetivas competências.

c. *Adequação dos colaboradores*

Dentro de uma instituição, os colaboradores podem ser divididos entre *(i)* aqueles que exercem um cargo de administração ou fiscalização, *(ii)* aquelas que, não exercendo um desses cargos, têm influência significativa na gestão das instituições (titulares de funções essenciais[16]) e *(iii)* todos os demais colaboradores. As instituições devem assegurar que todos os seus colaboradores são, em geral, qualificados para as funções que desempenham[17]. Para o efeito, devem adotar uma políticas adequadas de recrutamento e de formação (interna e externa).

A adequação para o exercício de funções das pessoas com impacto na gestão da instituição tem efeito na disseminação de uma cultura ética e de risco. Essas pessoas, dada a sua posição de liderança, dão o exemplo, através das decisões que tomam e como agem, aos demais colaboradores. A sua falta de adequação tem impacto negativo imediato na forma como a instituição é gerida mas, também, na própria cultura organizacional da instituição. As consequências de alguém desadequado manter-se em funções durante demasiado tempo são, assim, muito relevantes: poderá não apenas deixar um lastro de decisões problemáticas, mas também uma cultura ética e de risco desadequada, que poderá ser difícil de alterar no futuro.

---

[15] Entende-se que da conjugação entre o artigo 64º do Código das Sociedades Comerciais e os artigos 30º e 75º do **RGICSF**, aprovado pelo Decreto-Lei nº 298/92, de 31 de dezembro, decorre um dever fiduciário de salvaguarda da estabilidade financeira e dos interesses dos depositantes, investidores e demais credores que impõe que estes interesses não possam ser subordinados aos interesses dos acionistas ou sócios da instituição.

[16] Os responsáveis pela função de gestão de risco, pela função de *compliance* e pela função de auditoria interna são sempre qualificados como titulares de funções essenciais, devendo as instituições identificar cabalmente os demais, atendendo às suas especificidades organizativas, e atendendo à regulamentação do Banco de Portugal quanto a esta matéria (cfr. artº 33º-A do RGICSF).

[17] Cfr. Art. 73º do RGICSF.

ESTABILIDADE FINANCEIRA, PRINCÍPIO DA PROPORCIONALIDADE E SUPERVISÃO...

Atendendo ao *supra* exposto, as instituições devem, em especial, adotar uma política de seleção e avaliação dos membros dos seus órgãos de administração e fiscalização e dos titulares de funções essenciais.[18] A aplicação dessa política deve assegurar a adequação das pessoas em causa para o exercício das respetivas funções e do órgão como um todo para o exercício das respetivas competências, designadamente por preencherem os requisitos de adequação legalmente previstos. A política deve prever, de forma clara, quem é o responsável pela avaliação[19], a metodologia de avaliação e os requisitos aplicáveis à avaliação de adequação, individual e coletiva.[20]

Ainda a este respeito, refira-se que a *avaliação de adequação individual* dos membros dos órgãos de administração e fiscalização e dos titulares de funções essenciais consiste numa avaliação do risco que o exercício de um determinado cargo por uma determinada pessoa representa para a gestão sã e prudente da instituição, atendendo à informação disponível. Os requisitos aplicáveis ao órgão de administração e fiscalização são a idoneidade, a qualificação profissional, a independência e a disponibilidade.[21] No caso dos titulares de funções essenciais, os requisitos aplicáveis são a idoneidade, a qualificação profissional e a disponibilidade.[22]

Uma pessoa que preenche o requisito da *idoneidade* é uma pessoa com *bom nome* e *boa reputação*, que pode ser encarada como íntegra, honesta e fiável, por nada de relevante existir que cause dúvidas a este respeito.[23] É avaliada atendendo à reputação da pessoa em causa, num juízo de prognose e análise de risco assente em indícios acerca do comportamento pessoal e profissional da pessoa.

Não se aplica o princípio da proporcionalidade à avaliação da idoneidade. Uma pessoa ou é idónea ou não é e, caso não seja, não pode exercer

---

[18] Cfr. nº 2 do artº 30º-A e nº 3 do artº 33º-A do RGICSF e Capítulos 13 e 14 das Joint ESMA and EBA Guidelines on the assessment of the suitability of members of the management body and key function holdres (EBA/GL/2017).

[19] Entende-se que o responsável pela avaliação nunca pode ser membro executivo do órgão de administração, nem a própria pessoa avaliada ou qualquer pessoa com um conflito de interesses. A função de seleção e avaliação de membros dos órgãos não é compatível com a gestão corrente da instituição e a avaliação legalmente prevista perde o seu interesse prático se for efetuada em claro conflito de interesses.

[20] Cfr. nº 2 do artº 30º do RGICSF.

[21] Cfr. nº 3 do artº 30º do RGICSF.

[22] Cfr. nº 4 do artº 33º-A do RGICSF.

[23] Cfr. artº 30º-D do RGICSF e Capítulo 8 das EBA/GL/2017/12.

funções em qualquer instituição para a qual se encontre previsto o requisito da idoneidade. Esta solução não é inconstitucional: não existe uma distinção relevante entre instituições no que toca ao requisito de que os membros dos seus órgãos pautem a sua conduta por padrões éticos elevados.

A *qualificação profissional* pode ser definida, neste contexto, como o conjunto de conhecimentos, competências e experiência necessários para o cabal exercício da função que a pessoa se propõe exercer. Neste caso, aplica--se o princípio da proporcionalidade: a pessoa preenche o requisito atendendo às especificidades em concreto do cargo que pretende exercer.[24]

A *independência de espírito* consiste no estado mental que permite a uma pessoa analisar e decidir de forma autónoma e equidistante, devendo os membros dos órgãos de administração e fiscalização agir com independência de espírito, não se aplicando o princípio da proporcionalidade. É avaliada atendendo à conduta passada da pessoa em questão.[25]

Neste contexto, é avaliado se a pessoa gere adequadamente eventuais conflitos de interesses, tendo em atenção política de prevenção, comunicação e sanação de conflitos de interesses da instituição. Caso os conflitos de interesses sejam adequadamente geridos, dá-se o requisito por preenchido. Caso os conflitos de interesse não sejam adequadamente geridos, ou seja impossível geri-los de forma adequada, o requisito deve dar-se por não preenchido.[26]

A *disponibilidade* é avaliada numa vertente qualitativa e numa vertente quantitativa. Na sua vertente qualitativa, traduz-se em avaliar se a pessoa tem tempo suficiente para o exercício cabal das suas funções, incluindo em momentos em que seja necessário despender tempo adicional.[27] Na sua vertente quantitativa, traduz-se na impossibilidade de membros dos órgãos de administração e fiscalização de instituições significativas atendendo à sua dimensão, à sua organização interna e à natureza e complexidade das suas atividades acumularem mais do que um cargo executivo e dois cargos não executivos ou quatro cargos não executivos, atendendo a regras de contagem privilegiada legalmente previstas.[28]

---

[24] Cfr. artº 31º do RGICSF e Capítulo 6 das EBA/GL/2017/12.

[25] Cfr. nº 1 do artº 31º-A do RGICSF e Capítulo 9 das EBA/GL/2017/12.

[26] Cfr. nº 2 do artº 31º-A do RGICSF e Capítulo 9 das EBA/GL/2017/12.

[27] Cfr. Secção 4 do Capítulo 4 do *Guide to Fit and Proper Assessments* do Banco Central Europeu.

[28] Cfr. artº 33º do RGICSF e Secção 4 do Capítulo 4 do *Guide to Fit and Proper Assessments* do Banco Central Europeu e Capítulo 9 das EBA/GL/2017/12.

Relativamente à *avaliação coletiva do órgão,* esta incide sobre os requisitos da qualificação profissional e da disponibilidade. Deve ser aferido se o órgão dispõe, coletivamente, do conjunto de conhecimentos, competências e experiência necessários para gerir de forma sã e prudente a instituição, atendendo às suas especificidades e se dispõe da disponibilidade necessária para o mesmo efeito, aplicando-se o princípio da proporcionalidade.[29]

A instituição deve aprovar e aplicar uma política de diversidade, incluindo diversidade de género (devendo estabelecer objetivos para a representação do género sub-representado no órgão e medidas para atingir esses objetivos), diversidade de qualificação profissional (que lhe permita cumprir o requisito legal) e de outras características, como por exemplo a origem geográfica (possivelmente relevante em grupos transnacionais), que lhe permitam dispor de um conjunto variado de visões alternativas no órgão, mitigando o risco de pensamento único.[30]

Por fim, refira-se que o órgão de fiscalização da instituição deve dispor de uma maioria de membros formalmente independentes, na aceção do nº 5 do artº 414.-A do Código das Sociedades Comerciais (incluindo o presidente, no caso de instituições que sejam entidades de interesse público).[31] Note-se que este requisito de *independência formal* é um requisito para o funcionamento válido do órgão como um todo, e não um requisito individual de adequação para o exercício de funções, não devendo ser confundido com o requisito da *independência de espírito* ou com a *independência aos olhos de terceiros.*

d. Estruturas de governo, sistema de controlo interno e procedimentos internos

As instituições devem escolher uma estrutura de governo adequada às suas especificidades, sendo capazes de justificar cabalmente a escolha efetuada de um ponto de vista prudencial. Esta escolha inclui, por exemplo, o modelo de governo escolhido[32], o número total de membros de cada

---

[29] Cfr nº 4 do artº 30º do RGICSF e Capítulo 6 das EBA/GL/2017/12.

[30] Cfr. nº 6 do artº 30º do RGICSF e Capítulo 6 das EBA/GL/2017/12.

[31] Cfr. nº 3 do artº 31º-A do RGICSF e, no caso das instituições que sejam entidades de interesse público, alínea c) do nº 2 do artº 3º da Lei nº 148/2015, de 9 de setembro, que aprova o Regime Jurídico de Supervisão de Auditoria bem como Capítulos 9.1. e 9.5. das EBA/GL/2017/12.

[32] As instituições (com exceção daquelas que sejam sociedades por quotas) podem selecionar entre os modelos disponíveis no Código das Sociedades Comerciais: *(i)* modelo clássico ou

ESTUDOS DE DIREITO BANCÁRIO I

órgão, o número de membros do órgão de administração com funções executivas e funções não executivas, quais os pelouros criados e como são distribuídos pelos administradores executivos[33], o número e competência de comités e a respetiva composição[34].

Qualquer que seja a estrutura de governo escolhida, as instituições devem assegurar que a função deliberativa (assembleia geral[35]), a função administrativa (membros executivos do órgão de administração[36]) e a função de supervisão interna (membros do órgão de fiscalização e membros não executivos do órgão de administração[37]) se encontram capacitadas para exercer as suas competências de forma eficiente. Para o efeito,

latino (assembleia geral, conselho de administração e conselho fiscal ou fiscal único), *(ii)* modelo germânico (assembleia geral, conselho de administração executivo e conselho geral e de supervisão) e *(iii)* modelo anglo-saxónico (assembleia geral e conselho de administração, com comissão de auditoria).

[33] Importando assegurar, por exemplo, o mais possível, como boa prática, que não são acumulados pelouros conflituantes.

[34] Existem comités obrigatórios, no caso de a instituição ser significativa atendendo à sua dimensão, organização interna, e natureza e complexidade das suas atividades, como sejam o comité de riscos ou o comité de remunerações. Caso outras instituições criem comités com este nome, os comités devem funcionar da forma legalmente prevista, ainda que não seja obrigatória a criação do comité em causa.

[35] Em Portugal, a assembleia geral assume um papel relevante na tomada de decisão estratégica da instituição, que não é típica em muitos outros ordenamentos jurídicos. Assim, a adequação dos participantes qualificados (*i.e.* aqueles que, direta ou indiretamente, detenham 10% ou mais do capital ou dos direitos de voto da instituição ou que, por qualquer outro motivo, possam exercer uma influência significativa na gestão da instituição) assume uma especial importância.

[36] Ou seja, aqueles que tenham função de gestão corrente.

[37] Os membros não executivos do órgão de administração têm um dever de vigilância geral sobre a gestão corrente e os membros do órgão de fiscalização têm um dever de controlo de gestão. Ambos os deveres se traduzem num dever de monitorização da gestão corrente e da possibilidade de intervir de forma a corrigir eventuais problemas detetados, *i.e.* num dever de supervisão (interna) da gestão corrente.

Em todo o caso, a capacidade de intervenção dos administradores não executivos e dos membros do órgão de fiscalização é diferente. Essa diferença advém do facto de os administradores não executivos intervirem como membros de pleno direito nas decisões que competem ao órgão de administração como um todo, tipicamente decisões de cariz mais estratégico, e poderem suscitar a avocação de uma determinada decisão para o órgão de administração como um todo, algo que o órgão de fiscalização não pode fazer. O órgão de fiscalização não tem essa capacidade de intervenção, mas deve exercer o seu dever de controlo do órgão de administração de forma proativa, alertando para os problemas que encontre ou cheguem ao seu conhecimento.

têm de assegurar que as mesmas dispõem de informação atual, completa, clara e objetiva para analisar e decidir, devendo para o efeito dispor de um sistema robusto de criação, armazenamento e transmissão de informação.

As instituições devem organizar-se internamente de forma eficiente, distribuindo responsabilidades entre as suas unidades orgânicas de forma clara e criando linhas de reporte hierárquico e funcional também elas claras, evitando conflitos de interesses.[38] Devem assegurar que a cultura ética e de risco começa nas áreas operacionais, responsáveis pela prossecução do seu negócio, que devem servir como uma verdadeira primeira linha de defesa contra o risco e pautar a sua atuação por um padrão ético elevado.[39]

De forma a ajudar a promover uma forte cultura ética e de risco, as instituições devem criar um sistema de controlo interno robusto, dotado dos meios técnicos e humanos necessários para o cabal desempenho das suas competências. Este deve, no mínimo, incluir: *(i)* uma função de gestão de riscos e, atendendo ao princípio da proporcionalidade, uma função de *compliance* (segunda linha de defesa)[40/41] e *(ii)* uma função de auditoria interna (terceira linha de defesa)[42]. O sistema de controlo interno deve ter a independência funcional, a capacidade de intervenção e o estatuto dentro da instituição necessários para assegurar, a cada momento, a sua eficácia.

É esperado que as instituições sejam capazes de monitorizar e medir adequadamente o nível de risco a que se encontram sujeitas, identificar as suas causas, e identificar quais as medidas mais adequadas para o gerir, mitigando-o, que podem, por exemplo, passar por um reforço de capital ou de liquidez, mas também, por exemplo, por alterações de procedimentos,

---

[38] Cfr. artº 6º do Aviso nº 5/2008, do Banco de Portugal.

[39] Cfr. pág. 3 do *position paper* do *Institute of Internal Auditors* intitulado "*The Three Lines of Defense in Effective Risk Management and Control*".

[40] Cfr. artº 115º-M do RGICSF e artigos 16º e 17º do Aviso nº 5/2008, do Banco de Portugal.

[41] Em certas instituições, de maior dimensão ou complexidade, os riscos mais dificilmente mensuráveis do ponto de vista financeiro, com particular ênfase para o risco legal, assumem uma relevância tal que justificam a sua segregação em relação à análise dos riscos mais facilmente mensuráveis, como os riscos de crédito ou de mercado. Nesses casos, justifica-se, do ponto de vista prudencial e da eficiência, a segregação de uma função de *compliance*, que acompanhe especificamente esses riscos.

[42] Cfr. artº 22º do Aviso nº 5/2008, do Banco de Portugal.

formação dos colaboradores ou alterações à política de remuneração.[43/44] Para o efeito, o sistema de controlo interno deve ser alimentado por procedimentos internos de medição e tratamento de risco de qualidade, que permitam aferir, com o grau de fiabilidade possível, os riscos a que a instituição se encontra sujeita, permitindo desta forma selecionar medidas de mitigação de risco adequadas. [45]

As estruturas de governo societário e de controlo interno da instituição de que se vem tratando, enquanto veículos de transmissão da cultura ética e de risco, devem, atendendo às respetivas competências, contribuir para que seja conhecido o perfil de risco da instituição e definida uma apetência pelo risco razoável, com limites à assunção de risco e controlos robustos para que estes limites não sejam ultrapassados.

O sistema de controlo interno deve ainda ser complementado por um mecanismo robusto de reporte interno de irregularidades (*whistleblowing*), que proteja adequadamente quem reporte as irregularidades e dê seguimento efetivo aos reportes apresentados.[46]

e. *Requisitos de fundos próprios e liquidez e modelo de negócios*[47]

De forma a promover a sua própria resiliência, as instituições devem ter um modelo de negócios que:

(i) Privilegie fontes de financiamento sólidas e estáveis, que permitam à instituição cumprir com os níveis mínimos de fundos próprios e ainda com os níveis de capital (fundos próprios) necessários para promover uma adequada absorção de perdas, caso se materializem os riscos a que a instituição se encontre sujeita[48], e os *buffers*

---

[43] De notar ainda que as instituições de crédito devem, nos termos do Título IV do Regulamento (UE) nº 575/2013, do Parlamento Europeu e do Conselho, de 26 de junho de 2013 ("**CRR**"), identificar, monitorizar e gerir adequadamente grandes riscos ("*large exposures*") a que se encontrem sujeitos. Para o efeito, um sistema de controlo interno adequado é fundamental.

[44] Cfr. artigos 11º a 15º do Aviso nº 5/2008, do Banco de Portugal.

[45] Cfr. artigos 11º a 15º do Aviso nº 5/2008, do Banco de Portugal.

[46] Cfr. artº 116º-AA do RGICSF.

[47] As instituições de crédito serão obrigadas, a partir de 2018, a respeitar um rácio de alavancagem (cfr. Parte VII do CRR). O rácio de alavancagem foi introduzido por se considerar que os requisitos de capital não constituíram suficiente desincentivo a que as instituições de crédito se alavancassem de forma excessiva e imprudente.

[48] Cfr. Partes II e III do CRR.

de liquidez necessários para mitigar adequadamente o risco de liquidez da instituição[49]; e

(ii) A produção de bens e a prestação de serviços adequadamente desenvolvidos e devidamente estudados, do ponto de vista do risco que configurem para a instituição.[50]

As instituições devem ser capazes de aferir:

(i) Se dispõem de capital suficiente e de qualidade suficiente para acomodar os seus riscos, dispondo para o efeito de um procedimento interno de aferição da adequação do capital[51] – ICAAP, na sigla inglesa[52];

(ii) Se dispõem de *buffers* de liquidez suficientes para fazer face às suas necessidades de liquidez (ou seja, aferir o seu risco de liquidez), dispondo de um procedimento interno de aferição da adequação da liquidez[53] – ILAAP, na sigla inglesa[54]).

A instituição deve adotar uma postura prospetiva quando à robustez do seu modelo de negócios face a choques externos, realizando regularmente testes de esforço com base em cenários relevantes para a situação particular da instituição.[55]

f. Avaliação dos colaboradores e práticas e políticas remuneratórias

A forma como as instituições avaliam o desempenho dos colaboradores e as suas práticas e políticas remuneratórias constituem uma importante

---

[49] Cfr. Parte VI do CRR.

[50] Cfr. Orientações da Autoridade Bancária Europeia relativas aos procedimentos de governação e monitorização de produtos bancários de retalho – EBA/GL/2015/18. Do ponto de vista comportamental, a instituição tem ainda o dever de assegurar a adequação dos produtos que vende aos clientes a que os vende, bem como o dever de prestar informação adequada aos seus clientes sobre os produtos e serviços em causa. O cumprimento desses deveres tem impacto prudencial relevante: a venda de produtos e a prestação de serviços a clientes tendencialmente adequados é uma forma da gestão do risco de contraparte e do risco de litigância assumido pela instituição.

[51] Cfr. artº 115º-J do RGICSF.

[52] *Internal capital adequacy assessment procedure.*

[53] Cfr. artº 115º-U do RGICSF.

[54] *Internal liquidy adequacy assessment procedure.*

[55] Cfr. alíneas a) e g) do artº 116º-B do RGICSF.

fonte de incentivos para os seus colaboradores. O que a instituição avalia positiva e negativamente, e os termos em que remunera os colaboradores, dá importantes sinais sobre o que a instituição efetivamente valoriza e sobre o comportamento que espera da parte destes.

A avaliação de desempenho e as práticas e políticas remuneratórias são também uma forma importante de alinhar os interesses dos colaboradores com os interesses de outros *stakeholders*, internos e externos. E devem refletir a cultura ética e de risco que se pretende disseminar pela instituição[56], sendo adequados às funções desempenhadas, não colocando em causa a integridade do sistema de controlo interno da instituição.[57]

A política de remunerações deve abranger todos os colaboradores da instituição[58], em especial aqueles com impacto material no seu perfil de risco[59]. A política de remunerações aplicável aos membros dos órgãos de administração e fiscalização é aprovada pela assembleia geral (ou pela comissão de vencimentos prevista no artº 399º do Código das Sociedades Comerciais, se existir)[60] ou, no caso dos demais colaboradores, pelo órgão de administração.[61]

A remuneração de um colaborador pode dividir-se numa componente fixa e numa componente variável, devendo a instituição estabelecer critérios claros para ambas as componentes.[62] A componente fixa assenta na *"experiência profissional relevante e na responsabilidade organizacional das funções do colaborador"*[63] e a componente variável *"no desempenho sustentável e adaptado ao risco da [instituição], bem como no cumprimento das funções do colaborador para além do exigido".*[64]

---

[56] Cfr. alíneas a) e b) do nº 3 do artº 115º-C do RGICSF e Capítulo 16 das Orientações da Autoridade Bancária Europeia sobre práticas e políticas remuneratórias sãs (**"EBA/GL/2015/22"**)

[57] Cfr. alíneas c) e d) do nº 3 do artº 115º-C do RGICSF.

[58] Cfr. para. 14 das EBA/GL/2015/22.

[59] Cfr. nº 2 do artº 115º-C do RGICSF, que deve ser lido conjuntamente com o Regulamento Delegado da Comissão nº 604/2014, de 4 de março de 2014.

[60] Cfr. nº 4 do artº 115º-C do RGICSF.

[61] Cfr. nº 5 do artº 115º-C do RGICSF.

[62] Cfr. alínea e) do nº 3 do artº 115º-C do RGICSF. A remuneração apenas pode dividir-se nestas duas componentes, fixa e variável, não existindo qualquer *tertium gens* (cfr. *EBA Opinion on Remuneration and Allowances* – EBA/OP/2014/10).

[63] Cfr. alínea e) do nº 3 do artº 115º-C do RGICSF.

[64] Cfr. alínea e) do nº 3 do artº 115º-C do RGICSF.

A componente variável da remuneração encontra-se sujeita a diversas regras, com o objetivo de assegurar que a sua atribuição e pagamento não colocam em causa a situação financeira da instituição[65], desincentivando a assunção de riscos desmesurados, e que a mesma alinha adequadamente os interesses dos colaboradores com os interesses de longo prazo dos diversos *stakeholders* da instituição. Neste contexto, importa ter em conta que:

(i) A avaliação do colaborador deve ter em conta critérios quantitativos e qualitativos e desenrolar-se num quadro plurianual, prevendo ajustamentos considerando riscos atuais e futuros e as circunstâncias financeiras da instituição, e valorizando comportamentos éticos e uma atitude prudente perante o risco[66];

(ii) O rácio entre a componente fixa e a componente variável da remuneração deve ser adequado[67] e deve ser respeitado o *bonus cap* de 100%[68] (que apenas pode ser ultrapassado através de um procedimento interno especial, definido por lei[69]);

(iii) Parte da remuneração (fixa e variável) deve ser atribuída e paga através de instrumentos financeiros, de forma a alinhar os interesses dos colaboradores com os interesses dos financiadores da instituição (internos e externos)[70], sujeitos a uma política de retenção adequada[71];

(iv) Parte da componente variável da remuneração deve ser diferida, por um período de tempo adequado às especificidades da instituição, de forma a alinhar adequadamente os interesses dos colaboradores com os interesses de longo prazo com a instituição[72];

---

[65] Cfr. nº 1 do artº 115º-E do RGICSF.

[66] Cfr. alíneas a), b) e c) do nº 2 do artº 115º-C do RGICSF.

[67] Cfr. nº 1 do artº 115º-F do RGICSF.

[68] Cfr. nº 2 do artº 115º-F do RGICSF.

[69] Cfr. nº 3 a nº 5 do artº 115º-F do RGICSF.

[70] Cfr. nº 3 do artº 115º-E do RGICSF. Este artigo deve ser lido em conjunto com o Regulamento Delegado da Comissão nº 527/2014, de 12 de março de 2014. O Banco de Portugal pode, nos termos do nº 4 do artº 115º-E do RGICSF, impor restrições ou mesmo proibir a utilização de certos instrumentos financeiros para estes efeitos.

[71] Cfr. nº 5 do artº 115º-E do RGICSF.

[72] Cfr. nº 7 do artº 115º-E do RGICSF. Compete à instituição, em primeira linha, determinar, de acordo com as respetivas características, qual a percentagem adequada da remuneração e o número de anos adequado para o diferimento, sempre respeitando os limites mínimos impostos por lei. O cabal cumprimento da lei não se basta com o cumprimento desses mínimos,

ESTUDOS DE DIREITO BANCÁRIO I

(v) A componente variável da remuneração deve ser sujeita a regras de *malus* e *clawback*, que permitam à instituição ajustar essa componente, *ex post*, com base no risco[73], de forma a permitir à instituição salvaguardar a sua situação financeira e de forma a desincentivar comportamentos fraudulentos e pouco prudentes da parte dos colaboradores;

(vi) A política de remunerações deve ser revista periodicamente, no sentido de aferir se, na prática, tem cumprido, de forma substantiva, os seus objetivos.[74]

A Autoridade Bancária Europeia emitiu uma opinião no sentido de que o princípio da proporcionalidade, no contexto da aplicação da Diretiva nº 2013/36/2013, do Parlamento Europeu e do Conselho, de 26 de junho ("**CRD IV**") apenas pode ser aplicado no sentido de mitigar a aplicação de uma determinada norma atendendo às idiossincrasias da instituição, não podendo ser invocado para desaplicar uma norma (cfr. EBA/OP/2015/25), tendo seguido esta opinião nas EBA/GL/2015/22.[75]

g. *Recuperação de instituições e apoio financeiro intragrupo*

As instituições e os grupos devem assegurar que dispõem de um plano de recuperação no caso de se encontrarem em situação difícil.[76] Para o efeito, devem fazer um diagnóstico completo das suas circunstâncias e preparar e continuamente rever um plano que lhes permita, atendendo às suas idiossincrasias, recuperar de uma situação de dificuldade financeira.

Atendendo aos pressupostos legais, as instituições podem celebrar um acordo de apoio financeiro intragrupo com outras entidades que estejam inseridas no mesmo grupo, no sentido de estas a socorrerem em caso de necessidade.[77]

---

devendo a instituição ser capaz, em cada momento, de justificar, perante o supervisor, os valores efetivamente utilizados.

[73] Cfr. nº 9 e nº 10 do artº 115º-E do RGICSF.

[74] Cfr. nº 5 e nº 6 do artº 115º-C do RGICSF.

[75] Não era assim nas anteriores orientações sobre este tema, que inclusivamente dispunham de uma tabela de *waivers*.

[76] Cfr. artº 116º-D e artº 116º-H do RGICSF.

[77] Cfr. artº 116º-R, artº 116º-S, artº 116º-V e artº 116º-W do RGICSF.

Os planos de recuperação e os acordos de apoio financeiro intragrupo têm de ser autorizados pelo supervisor.[78]

h. *Conflitos de interesses institucionais e partes relacionadas*[79]

As instituições devem identificar cabalmente as suas partes relacionadas, *i.e.*, partes com quem transacionem que tenham potencialmente uma influência significativa na gestão da instituição, atendendo à relação estabelecida.

Após identificar a suas partes relacionadas, as instituições devem assegurar que os negócios celebrados com partes relacionadas são realizados em condições de mercado (*at arm's length*) e, para o efeito, devem assegurar que os mesmos, para serem aprovados, seguem um processo de aprovação especial, mais gravoso.

Entre as partes relacionadas constam, por definição, membros dos órgãos sociais e participantes qualificados, aos quais se aplicam os artigos 85º e 86º e 109º do RGICSF, respetivamente.

i. *Grupos*

As instituições-mãe devem assegurar políticas e práticas consistentes em todo o grupo, atendendo às Orientações da Autoridade Bancária Europeia, às melhores práticas internacionais e às características da instituição-mãe e do grupo.

Esta obrigação estende-se a filiais em países estrangeiros (dentro e fora da União Europeia). Devem assegurar que os grupos não são opacos e que as diversas entidades constituintes do grupo têm propósitos claros e conhecidos dos membros do órgão de administração e do órgão de fiscalização da instituição-mãe.

V. A atuação do supervisor microprudencial

a. *Credibilidade da autoridade de supervisão microprudencial*

Embora acompanhe instituições individualmente consideradas e tenha como objetivo imediato a promoção da sua resiliência, o objetivo último

---

[78] Cfr. artº 116º-F, artº 116º-G, artº 116º-I, artº artº 116º-T do RGICSF.
[79] Cfr. págs. 80 a 82 do *Livro Branco sobre Regulação e Supervisão do Setor Financeiro*, 2016 ("**Livro Branco**").

da autoridade de supervisão microprudencial é promover a estabilidade financeira[80]. De forma a promover a estabilidade financeira, a autoridade de supervisão microprudencial deve ser credível, o que pressupõe:

(i) Encontrar-se dotada dos poderes necessários e dos meios humanos e técnicos adequados para o exercício cabal da sua função de supervisão, com o nível adequado de intrusividade[81];

(ii) Pautar a sua atuação pelo respeito por um conjunto alargado de princípios: independência, espírito crítico e isenção, respeito pela lei e pelo Direito, proporcionalidade e igualdade, equidade, proatividade, tempestividade e diligência, atuação informada, fiabilidade e rigor, sigilo e transparência e responsabilidade (*accountability*)[82];

(iii) Não fazer depender a sua atuação da utilização do mecanismo de reporte de irregularidades (*whistleblowing*) à autoridade de supervisão, ao invés agindo de forma suficientemente visível e de mote próprio, promovendo desta forma a utilização do mecanismo de *whistleblowing*, que serve de complemento à sua atuação autónoma.

Ao agir, a autoridade de supervisão deve proteger e salvaguardar a sua própria credibilidade, desta forma promovendo uma cultura sistémica de *compliance* e de cooperação e transparência para com o supervisor. Para o efeito, deve gerir de forma adequada o seu risco reputacional, o que significa, por um lado, um exercício cabal, assertivo, justificado e adequadamente visível das suas competências e uma estratégia de comunicação institucional adequada.

---

[80] Cfr. págs. 61 e 62 do Livro Branco. O objetivo de promoção da resiliência das instituições não deve ser confundido com um objetivo de "*salvar*" as instituições a qualquer custo. Antes pelo contrário. Caso a autoridade de supervisão microprudencial identifique que uma instituição, por qualquer motivo, se encontra numa situação de pré-insolvência ou insolvência, deve de imediato alertar a autoridade de resolução, sendo aplicado nesse caso o regime da resolução, independentemente de terem sido previamente aplicadas, ou não, medidas corretivas ou de intervenção corretiva. Conforme referido, embora o objetivo imediato seja a promoção da resiliência da instituição, o objetivo último é sempre a promoção estabilidade financeira, que será colocada em causa se não for aplicado o regime da resolução a instituições que preencham os requisitos para a sua aplicação.

[81] Cfr. Princípios 1 e 2 dos *Core Principles for Effective Banking Supervision*, Comité de Basileia, 2012 ("***Core Principles***").

[82] Cfr. Princípio 2 dos *Core Principles* e págs. 61-62 do Livro Branco.

b. Sistema Europeu de Bancos Centrais e Mecanismo Único de Supervisão

Portugal integra o Sistema Europeu de Supervisão Financeira ("**SESF**"). Ao exercer a sua atividade de supervisão, deve cooperar com as autoridades de supervisão e demais entidades que integram o SESF.[83] Ao tomar decisões, deve ter em conta:

(i) O impacto que as decisões terão na estabilidade financeira de todos os Estados membros da União Europeia[84];

(ii) "[A] *convergência relativamente aos instrumentos e práticas de supervisão na aplicação da lei e regulamentação adotadas por força da Diretiva 2013/36/UE e do Regulamento (UE) nº 575/2013, ambos do Parlamento Europeu e do Conselho, de 26 de junho, nomeadamente no quadro da participação no Sistema Europeu de Supervisão Financeira.*"[85]

Portugal integra ainda o Mecanismo Único de Supervisão ("**MUS**"). Este artigo não trata da União Bancária e do MUS, pelo que não se entrará em pormenor relativamente a este tema.[86] Importa, no entanto, referir que, no contexto do MUS[87]:

(i) Compete ao Banco Central Europeu a supervisão direta, em base consolidada, das instituições significativas e às autoridades nacionais competentes a supervisão direta de instituições menos significativas, mantendo o Banco Central Europeu a responsabilidade pela supervisão do sistema;

(ii) Compete ainda ao Banco Central Europeu autorizar e revogar a autorização para o exercício da atividade de instituições de crédito, apreciar as notificações relativas a aquisições e alienações de participações qualificadas e apreciar a intenção de instituições de crédito estabelecidas num Estado membro participante de estabelecer uma sucursal ou prestar serviços transfronteiriços num Estado membro não participante.

[83] Cfr. alínea a) do nº 5 do artº 93º do RGICSF.

[84] Cfr. nº 3 do artº 93º do RGICSF.

[85] Cfr. nº 4 do artº 93º do RGICSF.

[86] Sobre o MUS, cfr. págs. 62 a 71 do Livro Branco.

[87] O Banco Central Europeu deriva as suas atribuições e competências do Regulamento nº 1024/2013, do Conselho, de 15 de outubro de 2013 ("**Regulamento MUS**"), que foi regulamentado pelo Regulamento nº 468/2014, do Banco Central Europeu, de 16 de abril de 2014 ("**Regulamento-Quadro MUS**").

O Banco Central Europeu deriva as suas atribuições e competências do Regulamento nº 1024/2013, do Conselho, de 15 de outubro de 2013 ("**Regulamento MUS**"), regulamentado através do Regulamento nº 468/2014, do Banco Central Europeu, de 16 de abril de 2014 ("**Regulamento-Quadro do MUS**").

c. *Atividade de supervisão*

A atividade das instituições no setor financeiro encontra-se regulamentada desde o momento do acesso à atividade até ao momento da saída.

Neste contexto, compete ao supervisor microprudencial aferir se *(i)* as instituições (e participantes qualificados) cumprem os requisitos necessários à entrada no mercado, *(ii)* continuam a cumprir esses requisitos enquanto exercem a sua atividade, *(iii)* deixaram de cumprir os requisitos prudenciais mínimos legalmente e devem cessar a sua atividade no setor financeiro.[88]

Para o efeito, a autoridade de supervisão microprudencial: *(i)* avalia pedidos de autorização para o exercício da atividade[89] e para estabelecimento, em países terceiros[90], de sucursais[91] e filiais[92], *(ii)* avalia pedidos de autorização para a aquisição de participações qualificadas[93], *(iii)* monitoriza e avalia a situação prudencial das entidades sujeitas à sua supervisão[94] (podendo para o efeito realizar inspeções *on-site*[95] e contratar os serviços de auditores[96]), *(iv)* intervém, aplicando medidas que visam corrigir situações

---

[88] Cfr. *Core Principles.*
[89] Cfr. Título II do RGICSF e artº 14º do Regulamento MUS.
[90] As instituições de crédito beneficiam ainda da possibilidade de se estabelecer em outros Estados membros da União Europeia (cfr. artº 36º do RGICSF) e de exercer a sua atividade em regime de livre prestação de serviços em outros Estados membros da União Europeia (cfr. artº 43º do RGICSF).
[91] Cfr. artº 42º do RGICSF.
[92] Cfr. artº 42º-A do RGICSF.
[93] Cfr. artigos 102º a 108º do RGICSF e artº 15 do Regulamento MUS.
[94] Cfr. artigos 116º-A e 116º-B do RGICSF e as Orientações da Autoridade Bancária Europeia sobre o processo de análise e avaliação pelo supervisor (EBA/GL/2014/13). De notar que também o supervisor se encontra vinculado a cumprir, numa lógica *comply or explain*, as orientações da Autoridade Bancária Europeia, incorporando-as e tendo-as em atenção na sua atividade de supervisão. Isto aplica-se não apenas às EBA/GL/2014/13, mas também a todas as demais orientações, naturalmente atendendo ao disposto no já citado nº 2 do artº 16º do Regulamento da EBA.
[95] Cfr. alínea c) do nº 1 e alíneas a) e e) do nº 3 do artº 116º-AC artº 12 do CRR
[96] Cfr. nº 2 do artº 116º do RGICSF.

negativas do ponto de vista prudencial[97], *(v)* aplica sanções[98] e *(vi)* potencialmente revoga a autorização para o exercício de atividade[99].

A atividade de supervisão é conduzida em base individual e, quando aplicáveis os requisitos, em base consolidada[100], de forma a captar de forma adequada e completa os riscos relativos à atividade de uma determinado grupo económico.

Na sua monitorização e avaliação da atividade da instituição, a autoridade de supervisão deve adotar uma perspetiva assente no risco e prospetiva, não apenas retrospetiva ou reativa. O objetivo é prevenir e mitigar risco, não apenas aferir a situação prudencial de uma instituição num determinado momento do tempo. Para o efeito, em acréscimo aos testes de esforço realizados pelas próprias instituições, atendendo à sua situação idiossincrática, são realizados testes de esforço pelas próprias autoridades de supervisão[101] e pela Autoridade Bancária Europeia.[102]

A autoridade de supervisão, ao conduzir a sua atividade, age *informalmente*, despojada das suas vestes de autoridade[103], e *formalmente*, exercendo poderes de autoridade[104].[105]

---

[97] Cfr. a alínea c) do artº 116º (determinações específicas), artº 116º-C (medidas corretivas) e artº 141º do RGICSF (medidas de intervenção corretiva, cfr. Orientações da Autoridade Bancária Europeia sobre esta matéria, EBA/GL/2015/03), bem como o artº 16º do Regulamento MUS.

[98] Cfr. Princípio 1 dos *Cores Principles*, alínea g) do nº 1 do artº 116º e Capítulo II do Título XI do RGCISF e artº 18º do Regulamento MUS.

[99] Cfr. artº 22º do RGICSF. Note-se que a revogação da autorização para o exercício da atividade por incumprimento dos pressupostos para a referida autorização não constitui uma sanção, dado que a intenção subjacente não é punitiva. A autorização é concedida de acordo com um conjunto de pressupostos, que devem verificar-se de forma contínua na pendência do exercício da atividade. Quando não se verifiquem, deixam de estar reunidos os pressupostos subjacentes à autorização, pelo que esta deve deixar de existir na ordem jurídica.

[100] Cfr. alínea g) do nº 1 do artº 4º do Regulamento MUS e artigos 130º e ss. do RGICSF.

[101] Cfr. artº 116º-AD do RGICSF e alínea f) do nº 1 do artº 4º do CRR.

[102] Cfr. alínea b) do nº 2 do artº 21º e artº 32º do Regulamento da EBA.

[103] Exemplos de atuações informais incluem a publicação e cartas-circulares, a publicação de textos sobre temas de supervisão microprudencial no *site*, a publicação de *newsletters* ou revistas, simples trocas de correspondência, conversas telefónicas, a solicitação e realização de reuniões e a emissão de recomendações.

[104] Exemplos de atuações formais incluem a emissão de uma autorização para o exercício de atividade ou para o exercício de funções como membro de órgão de administração ou fiscalização, a emissão de determinações específicas, a aplicação de medidas corretivas ou de intervenção corretiva ou a revogação de uma autorização.

A autoridade de supervisão deve dotar as instituições da informação que repute necessária para promover que estas cumpram as normas prudenciais a que se encontram sujeitas, bem como para que estas compreendam adequadamente quais as expectativas do supervisor relativamente ao cumprimento das normas em causa e em relação à sua situação prudencial idiossincrática.[106]

A autoridade de supervisão deve agir de forma coerente com a informação publicamente prestada acerca das suas expetativas relativamente às instituições e de forma consistente ao longo do tempo, sem prejuízo de manter sempre a possibilidade alterar a sua forma de atuação em face da experiência acumulada. Deve adotar uma postura pedagógica perante as instituições, em especial perante aquelas que entenda que se encontrem de boa-fé.

Na sua atividade, o supervisor deve ter em atenção a fase do ciclo económico em que se encontra:[107]

(i) Na fase ascendente do ciclo, o supervisor deve preocupar-se com situações de exuberância e excessivo otimismo e de atitudes imprudentes perante o risco, que relegam para segundo plano uma gestão adequada do mesmo;

(ii) Na fase descendente do ciclo e em situação de crise, o supervisor deve preocupar-se a capacidade que as instituições têm de ultrapassar essa situação, atendendo à sua situação prudencial, atendendo ao plano de recuperação vigente e aplicando as medidas que considere necessárias para o efeito, e, caso uma instituição chegue a uma situação de pré-insolvência ou insolvência, alertar de imediato a autoridade de resolução.

---

[105] No caso português, esta distinção é relevante para a aplicabilidade do Código do Procedimento Administrativo à atuação do Banco de Portugal enquanto autoridade de supervisão microprudencial. Aquele apenas é aplicável quando o Banco de Portugal age de forma formal, exercendo poderes de autoridade. Nos demais casos, o Código do Procedimento Administrativo não é aplicável. Cfr. nº 2 do artº 64º da Lei Orgânica do Banco de Portugal, aprovada pela Lei nº 5/98, de 31 de janeiro.

[106] No caso do Banco de Portugal, divulgando no mínimo o estabelecidos no artº 93º-A do RGICSF.

[107] Cfr. pág. 62 do Livro Branco.

d. *Intervenção da autoridade de supervisão microprudencial*

A autoridade de supervisão microprudencial tem ampla discricionariedade sobre se deve ou não intervir e, caso decida intervir, em que termos.

Essa discricionariedade é patente na utilização de conceitos indeterminados, cuja margem de interpretação ampla permite à autoridade de supervisão microprudencial decidir, em face do caso concreto, qual a melhor forma de atuação, e a própria possibilidade conferida à autoridade de supervisão microprudencial de exigir requisitos prudenciais mais apertados às instituições (exercendo os seus poderes no âmbito do Pilar 2).

A discricionariedade do supervisor justifica-se pela necessidade de permitir à autoridade de supervisão microprudencial escolher, a cada momento, qual o modo de atuação mais adequado, atendendo à informação disponível e à sua própria experiência e conhecimentos técnicos, o que seria impossível de prever, de forma taxativa, na lei[108].

Ao monitorizar, de forma contínua, a situação prudencial de uma determinada instituição, a autoridade de supervisão microprudencial deve manter uma atitude de diálogo com a instituição, transmitindo-lhe as respetivas preocupações de forma tempestiva e devidamente fundamentada. Deve avaliar que deficiências encontra, se essas deficiências são do conhecimento da instituição e se esta se encontra a lidar com as mesmas de forma adequada.

Caso detete deficiências para as quais a instituição não pareça estar alerta ou, estando, não esteja a resolver de forma adequada, a autoridade de supervisão microprudencial pode decidir intervir, atendendo ao risco detetado e ponderando os custos da intervenção e da ausência de intervenção. Caso decida intervir, a autoridade de supervisão microprudencial deve avaliar se vai intervir informalmente, designadamente através de uma recomendação, ou formalmente. O supervisor deve gerir adequadamente o seu risco de intervenção. Para o efeito, deve selecionar uma medida pro-

---

[108] No contexto português e europeu, a autoridade de supervisão microprudencial pautará a sua atuação pelas orientações emitidas pelas autoridades europeias, numa lógica *comply or explain*. No caso do Mecanismo Único de Supervisão, o Banco Central Europeu é responsável por supervisionar diretamente certas instituições (significativas) e por assegurar a coerência do sistema de supervisão, por parte das autoridades nacionais competentes, das demais instituições (menos significativas), podendo inclusivamente dar instruções às autoridades nacionais competentes, e devendo estas últimas pautar a sua atuação atendendo às *policy stances* e outras decisões emitidas pelo Banco Central Europeu.

ESTUDOS DE DIREITO BANCÁRIO I

porcional ao risco que a medida visa prevenir e deve procurar mitigar eventuais consequências indesejadas da aplicação da medida em causa.[109]

Caso decida intervir formalmente, a autoridade de supervisão microprudencial deve cumprir cabalmente as suas obrigações ao nível do procedimento administrativo, justificando adequadamente o conteúdo do seu ato e dando a oportunidade à instituição se pronunciar sobre o mesmo.[110]

e. Responsabilidade da autoridade de supervisão microprudencial

A existência de um supervisor não afeta a responsabilidade das instituições pelos danos que cause a terceiros derivados do incumprimento dos requisitos prudenciais a que se encontre sujeita. Compete à instituição cumprir os requisitos em causa, incluindo as normas prudenciais (Pilar 1), as medidas determinadas pelo supervisor (Pilar 2) e as obrigações de divulgação de informação (Pilar 3). E é ela que é responsável pelos danos que cause a terceiros decorrentes da sua atuação, que não pode ser imputada ao supervisor.

O supervisor apenas é responsável (responsabilidade civil extracontratual) pelos atos que o próprio pratique no exercício da supervisão. Esta responsabilidade é necessária como forma de controlo da atuação do supervisor, que deve prestar contas pelos danos que a sua intervenção cause. No entanto, esta responsabilidade deve ser atenuada[111], atendendo ao seguinte:

(i) A larga margem de discricionariedade inerente à atuação do supervisor, que implica que os tribunais apenas devam poder intervir em caso de ilegalidade manifesta;

---

[109] Esta avaliação é particularmente relevante quando esteja em causa não a aplicação de uma medida concreta, mas sim a aprovação de um regulamento, dado que os regulamentos, aplicando-se genericamente, apresentam, por definição, um risco sistémico.

[110] O Banco de Portugal encontra-se sujeito ao Código de Procedimento Administrativo, quando exerce os seus poderes de autoridade. Importa ressaltar, a este respeito, que o nº 1 do artº 146º do RGICSF prevê que as medidas previstas no Título VIII do RGICSF (intervenção corretiva, administração provisória e resolução) são sempre consideradas urgentes, sendo a audiência prévia sempre dispensada nestes casos (cfr. alínea a) do nº 1 do artº 124 do Código do Procedimento Administrativo). O Banco Central Europeu encontra-se sujeito ao artº 41º da Carta dos Direitos Fundamentais da União Europeia (direito a uma boa administração) e ao regime previsto no artº 22º do Regulamento MUS e no Regulamento-Quadro do MUS.

[111] Cfr. Princípio 2 dos *Core Principles*, que refere o seguinte: "*Laws provide protection to the supervisor and its staff against lawsuits for actions taken and/or omissions made while discharging their duties in good faith. The supervisor and its staff are adequately protected against the costs of defending their actions and/or omissions made while discharging their duties in good faith.*"

(ii) A responsabilidade civil extracontratual da autoridade de supervisão e respetivos colaboradores deve ser limitada a casos de dolo ou negligência grosseira ou má-fé.[112]

Estas restrições à responsabilidade do supervisor justifica-se atendendo a que:

(i) A intervenção dos tribunais fora de casos de ilegalidade manifesta levaria a que estes assumissem, na prática, as funções de supervisor;
(ii) A responsabilização civil extracontratual por culpa simples pressupõe uma barreira demasiado baixa para a responsabilização quando o supervisor age sempre com base em informação inerentemente imperfeita e num contexto de incerteza e é intuito do sistema, tal como se encontra montado, que o supervisor aja e intervenha quando considere necessário, sem ser cerceado de forma injustificada pelo risco legal demasiadamente elevado decorrente da existência de responsabilidade civil extracontratual por culpa simples.[113]

No contexto do Mecanismo Único de Supervisão, a responsabilidade deve ser distribuída entre o Banco Central Europeu e as autoridades nacionais competentes atendendo à distribuição de atribuições e competências dentro do sistema, e atendendo à margem de discricionariedade efetiva da autoridade nacional competente ao adotar uma medida decorrente de uma instrução do Banco Central Europeu.[114]

---

[112] Não existe uma norma expressa no ordenamento jurídico português acerca da responsabilidade civil extracontratual do Banco de Portugal, embora exista uma norma expressa acerca da responsabilidade civil extracontratual dos respetivos colaboradores (cfr. nº 2 do artº 12º do RGICSF, que segue o Princípio 2 dos *Core Principles*). Embora se entenda que existe margem para considerar que esta limitação existe no ordenamento jurídico português, entende-se que seria útil o legislador clarificar esta matéria, prevendo expressamente, para a autoridade de supervisão, a limitação que já se encontra prevista para os respetivos colaboradores.

[113] No fundo, trata-se de prever uma espécie de *supervisory judgement rule*, parecida com a *business judgement rule* que rege a responsabilidade dos membros dos órgãos de administração das sociedades comerciais.

[114] Para uma discussão muito completa acerca responsabilidade civil extracontratual do supervisor no contexto do MUS, cfr. D'Ambrosio, Raffaele, *The Liability of the ECB and the NCAs within the Single Supervisory Mechanism, in Quaderni di ricerca giuridica della consulenza legale*, nº 78, Banco de Itália, janeiro de 2015.

4G na prevenção do branqueamento de capitais: problemas, paradoxos e principais deveres[1]

Miguel da Câmara Machado[2]

I. Introdução e tentativa de delimitação do tema a abordar

O tema de que pretendemos falar é o da prevenção do (e, inevitavelmente, também do combate ao) branqueamento de capitais e dos deveres que, sobre essas matérias, recaem em especial sobre as instituições de crédito e sociedades financeiras.

Vou tentar resistir às tentações de falar do próprio conceito de branqueamento, da sua previsão e punição enquanto tipo criminal e respetivo

---

[1] Este texto corresponde, quase sem alterações, às notas de suporte a intervenções orais no âmbito dos *cursos de pós-graduação avançada em Direito bancário*, organizados pelo Centro de Investigação de Direito Privado da Faculdade de Direito de Lisboa em 2015 e 2016, com o tema geral *"A prevenção do branqueamento de capitais"*, tentando apresentar as principais marcas dos vários regimes aplicáveis. Por essa razão e pelas suas circunstâncias, o texto tem muitas marcas de oralidade, poucos desenvolvimentos, referências ou fontes para aprofundamento de quase todas as questões que aqui se abordam.

[2] Todas as posições expressas nesta apresentação são estritamente pessoais e nenhuma vincula ou representa a posição ou entendimento de qualquer entidade com que o autor tem vindo a colaborar e pretendem ser, acima de tudo, um primeiro olhar do ponto de vista da ciência do Direito perante regimes jurídicos que são em alguns casos ainda muito recentes (os regimes, e também as reflexões!), carecendo de maturação e desenvolvimentos que só a prática e aplicação das mesmas possibilitará. E, como tentaremos explicar, este texto está, como próprios modernos regimes de prevenção do branqueamento, constantemente "em atualização", tentando imitar as Diretivas aplicáveis nesta matéria que já prometem novos desenvolvimentos e revisões nos seus artigos finais.

ESTUDOS DE DIREITO BANCÁRIO I

regime de punição – temas que têm sido muito mais tratados pela doutrina – e também procurar fugir do que tenho sentido em muitas apresentações sobre estes assuntos que é "ensinar a branquear capitais", alongando-me nas descrições das fases, procedimentos e técnicas, que são subtemas que muitas vezes cativam mais as audiências e entusiasmam os oradores.

É certo que conhecer a noção é muito útil em termos de enquadramento e defini-lo torna-se mesmo necessário para que, dentro do princípio da legalidade, seja possível punir e sancionar determinados comportamentos relacionados com branqueamento de capitais (e a respetiva prevenção). Contudo, como tentaremos mostrar, até esta vontade e necessidade de definir conceitos pode ser uma armadilha no combate ao branqueamento de capitais, reveladora de alguns dos maiores paradoxos em que os desenhadores, intérpretes e aplicadores do Direito se encontram nestas matérias.

A apresentação que hoje faremos é necessariamente datada e, por razões a que passaremos já de seguida, os regimes jurídicos de prevenção do branqueamento de capitais, têm tendência a "autodestruir-se" ou, quais telemóveis, tornar-se obsoletos. A última Diretiva da UE nesta matéria contém mesmo um artigo, no final, que prevê a sua própria revisão e serve de base para poder dizer com certeza que muito do que vou aqui apresentar já terá de ser atualizado nos próximos meses e anos, sendo a necessidade de atualização um imperativo e uma advertência constante para quem trate destes problemas[3].

---

[3] De facto, enquanto este texto já se encontrava em curso de publicação, foi aprovada na Assembleia da República, por unanimidade, a 19 de julho de 2017, a Proposta de Lei nº 72/XIII, proposta que sofreu ainda uma redação final pela Comissão de Orçamento, Finanças e Modernização Administrativa, resultando no Decreto da Assembleia 161/XIII, de 31 de julho de 2017. Foi finalmente promulgada em 3 de agosto de 2017 e publicada em 18 de agosto de 2017, para entrar em vigor 30 dias depois (de acordo com o seu artigo 191º), a Lei nº 83/2017, que estabelece medidas de combate ao branqueamento de capitais e ao financiamento do terrorismo, transpõe parcialmente as Diretivas 2015/849/UE, do Parlamento Europeu e do Conselho, de 20 de maio de 2015, e 2016/2258/UE, do Conselho, de 6 de dezembro de 2016, altera o Código Penal e o Código da Propriedade Industrial e revoga a Lei nº 25/2008, de 5 de junho, e o Decreto-Lei nº 125/2008, de 21 de julho. À data da última revisão deste texto, ainda não temos nota de regulamentação ou alterações, ainda que sejam expectáveis, tendo em conta o texto da "nova lei do branquemento".
Esta Lei nº 83/2017, de 18 de agosto, surgiu ainda enquadrada num pacote mais vasto de "leis antilavagem de dinheiro" – como foram descritas em alguns meios que as noticiaram durante o calor do verão de 2017 – que inclui ainda a Lei nº 89/2017, de 21 de agosto, que prevê a criação de um Registo Central do Beneficiário Efetivo (RCBE), a Lei nº 92/2017, de 22 de agosto, de

E o "4G" que encabeça o título desta intervenção relaciona-se, assim, com as "quatro gerações" de instrumentos normativos no combate ao branqueamento de capitais que parece ser possível identificar, para já, ao analisar os vários impulsos e enquadramentos jurídicos nesta luta ao longo das últimas décadas, podendo identificar-se algumas marcas e diplomas-chave para cada uma dessas "gerações" e tentar fazer algumas previsões para o futuro.

Conforme veremos, os destinatários das normas em matéria de deveres de prevenção são inúmeros e podem ir desde gigantes instituições de crédito até casinos, *stands* de automóveis, pequenos comerciantes ou advogados. No entanto, por facilidade de exposição, e pelo contexto "bancário" em que é feita esta apresentação, vou muitas vezes equiparar os destinatários das normas e titulares destes deveres aos "bancos", conceito que usarei sem as precisões que são exigidas noutras matérias e lugares. Peço desde já desculpa por alguma falta de cuidado técnico, mas o objetivo é tentar

que decorre a obrigação de utilização de meio de pagamento específico em transações que envolvam montantes iguais ou superiores a três mil euros ou a Lei nº 97/2017, de 23 de agosto, que regula a aplicação e a execução de medidas restritivas aprovadas pela Organização das Nações Unidas ou pela União Europeia e estabelece o regime sancionatório aplicável à violação destas medidas. A nova lei da prevenção do branqueamento, com um curtíssimo período de *vacatio legis*, dada a importância, dimensão e consequências que terá para os seus destinatários e aplicadores representa ainda a entrada definitiva na "quarta geração" de instrumentos normativos desenhados para combater o branqueamento de capitais (que nos inspirou o título). Antecipamos ainda mais desenvolvimentos futuros, quer aperfeiçoando os novos diplomas que parecem ter tido uma promulgação e publicação mais apressada do que seria desejável (apesar de, ainda assim, ter sido ultrapassado o prazo para transposição da Diretiva que o legislador nacional aqui diz transpor apenas parcialmente (talvez considerando que já atingia os efeitos previstos na Diretivas por outras formas), quer através de instrumentos de quinta geração, ou "5G" que se prometem com alguma segurança, esperando-se mais recomendações do GAFI na sequência do ciclo de avaliações internacionais que se encontra em curso, bem como alterações às Diretivas europeias que também se preveem a curto ou médio prazo.

No entanto, parece-nos que esta apresentação e este texto, mesmo quando se debruça mais em especial sobre a Lei nº 25/2008, agora revogada, não perde nem atualidade, nem utilidade, visto desde logo que, pela sucessão de leis sancionatórias no tempo, aquela lei continuará a ser a base sob a qual devem ser apreciados factos praticados até setembro de 2017, ainda que essa apreciação só seja posterior, estendendo-se ainda, com algumas adaptações, as mesmas reflexões quanto à lei de 2008 à de 2017, sendo ainda os problemas, paradoxos e principais deveres comuns a uma e a outra (parecendo, à primeira vista, a nova lei uma versão mais desenvolvida e "musculada" daquela). Finalmente, já tentávamos colocar aqui de uma forma mais geral e intemporal (prevendo a constante necessidade de atualização e a chegada iminente de uma nova lei) as questões que nos pareceram mais pertinentes nestas matérias.

aproveitar o tempo que me é dado o melhor possível, tentando chamar a atenção para os principais problemas que, nestas matérias, me parecem muitos. E a verdade é que, por razões óbvias, os principais destinatários das normas de prevenção são aqueles que mais movimentam capitais alheios, tendo nascido estes deveres jurídicos entre a imensidão de diplomas aplicáveis à banca e à atividade bancária, e aumentado de forma relativamente rápida ao longo dos últimos anos as responsabilidades e os deveres aplicáveis aos bancos e seus agentes.

Aquilo que hoje pretendemos principalmente é tentar contribuir para identificar as questões fundamentais e propor alguma sistematização e "arrumação" dos deveres existentes quanto à prevenção do branqueamento de capitais, procurando identificar e reconhecer não apenas a história recente e as marcas principais na sucessão e evolução dos regimes, mas também algumas das principais dificuldades e verdadeiros paradoxos que se colocam na aplicação – e articulação – entre regimes aplicáveis à prevenção do branqueamento de capitais.

II. Um problema complexo e multifacetado

O tema do branqueamento de capitais é complexo e muito abrangente, podendo ser olhado de várias perspetivas[4]. Regimes jurídicos com naturezas muito díspares – que vão desde Direito da União Europeia até Avisos do Banco de Portugal, passando pelo Código Penal e a principal lei que, ao longo da última década, disciplinou a prevenção do branqueamento em Portugal, a Lei nº 25/2008, de 5 de Junho (doravante apenas "Lei 25/2008", ou mesmo só "Lei", se outra menção não for feita)[5], têm-se sucedido e sido atualizados ao longo dos últimos anos, desenhando-se um emaranhado

---

[4] Em geral, este tema recebe até o título mais completo e mais pomposo de prevenção do branqueamento de capitais e financiamento do terrorismo, depois convenientemente reduzido para a sigla mais fria "BCFT", a que tentaremos escapar neste texto.

[5] Esta lei foi, como se referiu em nota acima, revogada pela nova Lei nº 83/2017, de 18 de agosto, que continua a conter o essencial da velha Lei nº 25/2008, desenvolvendo-a bastante (basta comparar os antigos sessenta artigos de 2008 com os mais de cento e noventa de 2017). Apesar de tudo, devido às regras aplicáveis à sucessão de leis no tempo, a Lei nº 25/2008 ainda continuará a ter bastante aplicação prática num futuro próximo, devendo ser aquela em que são enquadrados os factos praticados até setembro de 2017 (com algumas exceções claro, quando a lei nova se revele mais favorável). Mas acreditamos que este texto manterá utilidade prática não apenas como base de análise para lei nova, mas também para a aplicação da lei velha.

normativo que é um dos principais desafios à aplicação de Direito que, muitas vezes, é feita por não juristas.

Como ponto de partida para tentar "encontrar o fio à meada", proponho olhar para os vários tipos de problemas que me parecem verificar-se ao olhar para as normas aplicáveis nestes domínios.

a) Um problema de (muitas) leis no tempo (o "4G" ou as "quatro gerações" de regimes)

Em traços muito gerais – os que adotaremos, por necessidade e vontade de simplificar esta exposição –, os regimes de prevenção do branqueamento de capitais modernos desenvolveram-se, a partir dos anos noventa, no contexto de reação aos crimes relacionados com o tráfico de droga e têm evoluído com o alargamento do catálogo de crimes a que o crime de branqueamento está associado.

Atualmente, os maiores desenvolvimentos deste tipo de regimes têm-se verificado no quadro da luta contra o terrorismo, pelo que é razoável prever que os atentados mais recentes vão justificar mais deveres e maior intervenção estatal, nas discussões a ter ainda em 2016 e 2017.

Como tentarei sintetizar de seguida, grande parte do desenvolvimento da "segunda geração" de instrumentos normativos dar-se imediatamente após 11 de setembro de 2001, seguindo-se uma "terceira geração" já no contexto da intensificação da luta contra o financiamento da guerra e tráfico de armas de destruição maciça e uma "quarta geração", que vivemos atualmente, em que se tenta usar as técnicas da prevenção do branqueamento de capitais para detetar ou punir crimes de corrupção e evasão fiscal (num manifesto alargamento e consequente sacrifício de liberdades individuais, por cada vez mais razões, em nome de uma luta contra crimes cada vez menos graves).

Nestas matérias cruzam-se e sucedem-se Recomendações do GAFI (Grupo de Ação Financeira)[6], Diretivas da União Europeia (conhecidas como Diretivas AML – *anti-money laundering* – sendo a mais recente a IV), leis que transpõem diretamente essas Diretivas, leis que disciplinam aspetos conexos ou que se sobrepõem, em matéria de combate aos ilícitos eco-

---

[6] Abaixo, no problema "j" e no capítulo III retomaremos e tentaremos explicar melhor o que é este organismo intergovernamental e a sua relevância nestes domínios.

nómico-financeiros e avisos emitidos por autoridades com competências de supervisão nestas matérias[7].

Assim, é necessário a todo o aplicador do Direito um esforço constante de atualização e articulação entre os vários instrumentos normativos aplicáveis.

b) Um problema penal (mesmo quanto à prevenção)

Todos sabemos que a prática de branqueamento de capitais é um crime – tentarei dizer uma ou duas coisas sobre esse tipo – o que normalmente não sabemos, e o que mais se discute em termos de "desenho do Direito" nestas matérias é que a violação de deveres de prevenção de branqueamento pode também ser considerada um crime[8].

Quando, nos Estados Unidos da América, se intensificou a "luta contra a droga", as regras que impunham deveres aos vários operadores do mercado, em particular dos bancos, foram vistas como algumas das mais importantes armas nesse combate, razão que serviu para se defender, nessas latitudes, ter relevância criminal a mera violação dos deveres previstos para prevenir o branqueamento de capitais. Essa visão americana, mais severa, dando a mais forte resposta prevista nos ordenamentos jurídicos à violação destes deveres – uma pena – foi a mesma adotada, na Europa, nos ordenamentos jurídicos inglês ou suíço, ao contrário do que se passou,

---

[7] Sobre a génese e evolução dos sistemas de prevenção, em especial sobre o Direito da União Europeia (à época ainda apenas "comunitário"), veja-se, desde logo, Nuno Brandão, *Branqueamento de capitais: o sistema comunitário de prevenção*, Coimbra: Coimbra Editora, 2002.

[8] Discutindo o branqueamento como "injusto penal", interessa olhar desde logo para a obra coletiva e para diversos dos textos aí incluídos AA.VV., *Branqueamento de capitais e injusto penal: análise dogmática e doutrina comparada Luso-Brasileira* (coord.: Luciano Nascimento Silva e Gonçalo de Melo Bandeira), Lisboa: Editorial Juruá, 2010, problema que já era discutido em José de Oliveira Ascensão, "Branqueamento de capitais: reacção criminal" in *Estudos de Direito Bancário* (coord. António Menezes Cordeiro), Coimbra: Coimbra Editora, 1999, pp. 337-358, enquadramento aprofundado, mais recentemente, em José de Faria Costa, "A protecção penal contra o branqueamento de capitais em Portugal", in AA.VV., *IV Congreso internacional sobre prevención y represión del blanqueo de dinero*, coord: Miguel Abel Souto, Nielson Sánchez Stewart, Valencia: Tirant Lo Blanch, 2014, pp. 217-226; ou, ainda, em Paulo de Sousa Mendes; Sónia Reis; e António Miranda, "A dissimulação dos pagamentos na corrupção será punível também como branqueamento de capitais?", in AA.VV., *Direito da investigação criminal e da prova*, coord: Maria Fernanda Palma, Coimbra: Almedina, 2014, pp. 51-65.

e passa ainda, na maior parte dos ordenamentos jurídicos da Europa continental, como o nosso[9].

Ainda em traços muito gerais, diga-se que na Alemanha, em França, em Itália ou em Portugal, a resposta que os ordenamentos jurídicos têm para a violação de regras de prevenção é uma coima – ou uma figura de natureza semelhante – consubstanciando as violações destes deveres contraordenações para o Direito português (da mesma família, ainda que em geral com coimas mais elevadas, das contraordenações rodoviárias, mais conhecidas de todos).

Não é preciso ler muitos romances ou ver muitos filmes para saber que os bancos suíços, e logo também o Direito bancário suíço, têm muitas particularidades, tendo-se criado pelo menos uma ideia de aqueles bancos serem os mais "secretos" e protetores dos seus clientes. Talvez para contrariar essa imagem e para mostrar que "nós não temos nada a temer", o Direito suíço foi dos que mais rapidamente passaram a prever uma resposta de tipo criminal contra aqueles que trabalhassem na banca e violassem deveres de prevenção. Ao mesmo tempo, foi também na Suíça que este tipo de crimes foi mais questionado, tendo os penalistas suíços, questionado, desde o início, qual era a verdadeira necessidade deste crime e se os bens jurídicos e comportamentos em causa justificavam, mesmo em termos de coerência do sistema, um enquadramento daquele tipo. Muitas das conclusões que, sobre este tema, ao longo do século XX, foram tomadas por penalistas suíços, mas também alemães, mais tarde, foram importadas pela jurisprudência portuguesa, pelo que é muito útil estudar e conhecer também essas posições[10].

---

[9] Para um bom "apanhado" sobre vários ordenamentos que nos são próximos, tem bastante interesse a recente obra coletiva, italiana, AA.VV., *Il riciclaggio come fenomeno transnazionale: normative a confronto,* (a cura di RANIERI RAZZANTE), Milano: Giuffrè Editore, 2014, onde encontramos textos sobre branqueamento e a sua prevenção não apenas em Itália: RANIERI RAZZANTE e ITALO BORRELLO, "La normativa antiriciclaggio in Italia: genesi e sviluppi" (pp. 179-238); mas também em França: GIAMPAOLO ESTRAFALLACES e KATIA BUCAIONI, "L'ordinamento antiriciclaggio in Francia" (pp. 285-323); em Espanha, STELLA MAGISTRO, "Riciclaggio e normativa di contrasto in Spagna" (pp. 325-343); na Alemanha: RANIERI RAZZANTE e DOMENICO DE PALMA, "La disciplina penale del riciclaggio in Germania" (pp. 239-252), em Inglaterra: KATIA BUCAIONI, "L'ordinamento antiriciclaggio in Gran Bretagna" (pp. 253-284); nos Estados Unidos da América: MIRKO BARBETTI, "Il riciclaggio di denaro negli Stati Uniti" (pp. 357-405); e mesmo no Vaticano: ALBERTO CISTERNA, "Lo stato della città del Vaticano" (pp. 547-589).

[10] Para um excelente resumo e ponto de partida, em português, leia-se a apresentação no Colóquio internacional de direito penal "Criminalidade organizada" de GUNTER

ESTUDOS DE DIREITO BANCÁRIO I

Nos dias de hoje, onde encontramos respostas mais severas em termos jurídicos quanto à violação de deveres de prevenção é no Direito inglês, prevendo-se – e chegando a aplicar-se! – penas mais fortes a simples violações de deveres nesta matéria do que as que, em Portugal, aplicamos à prática dos próprios crimes de branqueamento. Também por lá, a distinta incriminação do branqueamento é mais forte, prevendo-se um crime sem nenhum catálogo de crimes "anexado".

Como talvez saibam também, o crime de branqueamento de capitais em Portugal está "ligado" a um conjunto de crimes previstos na lei: só é possível "branquearmos" capitais ou vantagens provenientes de alguns factos típicos e ilícitos. Em Inglaterra não é assim, é possível haver punição para branqueamento de vantagens que resultem de qualquer tipo de ilícitos, mesmo alguns que não são crimes. Em Portugal, o "catálogo" de crimes tem sido alargado em cada uma das revisões destes regimes. Do outro lado do Atlântico, na generalidade dos Estados Unidos da América, continua a ser previsto um catálogo bem maior do que o nosso.

O "bê-à-bá" das apresentações sobre branqueamento de capitais inclui ainda, normalmente, falar dos próprios processos de branqueamento e também aqui não conseguimos resistir aos mínimos, relembrando que pode englobar três fases distintas e sucessivas, a fim de procurar ocultar a propriedade e a origem das vantagens ilícitas, manter o controlo das mesmas e dar-lhes uma aparência de legalidade: (i) colocação, (ii) circulação; e (iii) integração. Estas são as três fases normalmente apresentadas por quem estuda estes fenómenos[11].

Se os destinatários desta sessão quiserem "aprender a branquear" há muitas maneiras de descobrir como e pesquisar *online* sobre esse fenómeno dá sempre muitos resultados interessantes! Podemos ainda encontrar vários exemplos também na jurisprudência portuguesa, mas não deixa de novamente se detetar lógicas cíclicas. Estes fenómenos estudam-se, depois identificam-se os comportamentos típicos, depois os branqueadores começam a adotar outros comportamentos, e é fácil fazer uma lista de exemplos de como, na prática, há muitas formas criativas e maneiras de enganar os bancos, as autoridades de supervisão e o Ministério Público.

STRATENWERTH, *A luta contra o branqueamento de capitais por meio do direito penal: o exemplo da Suiça*, (trad.: AUGUSTO SILVA DIAS), Lisboa: Universidade Lusíada, 2002.

[11] E há muitos casos reais, mas também séries e filmes que romanceiam estes vários passos da "prática de um crime" que podemos sugerir, no final, aos mais curiosos.

Sublinhemos apenas que o crime de branqueamento passou a constar do Código Penal português em 2004, no quadro da "segunda geração" de instrumentos normativos. Entre nós, é um crime desenhado de forma bastante restritiva, exigindo-se que se prove também o crime anterior, sendo que a nossa jurisprudência o tem apertado ainda mais, na prática decisória, o que tem conduzido a um relativamente pequeno número de condenações. Note-se que a prova do crime anterior ou precedente pode revelar-se impossível e estes regimes podem estar a fomentar comportamentos e defesas coordenadas entre dois arguidos num mesmo processo (o que entregou os capitais ilícitos e o branqueador), o que, em termos de análise económica do Direito, tem sido criticado por não se gerarem convenientes dilemas ou armadilhas do prisioneiro, tão queridos dos economistas, não havendo incentivos para que o branqueador se "vire contra" o autor do crime precedente. Uma das críticas que se têm feito ao desenho dos crimes de branqueamento desenhados ao estilo do português é esta ligação, depois reforçada pela jurisprudência, entre o crime precedente e o crime de branqueamento[12]. A pena de prisão prevista para este crime é de 2 a 12 anos. Em outros ordenamentos jurídicos as penas ou coimas, não para o crime de branqueamento, mas para a violação de deveres de prevenção, podem ser bastante superiores, identificando-se vários casos de desarmonia internacional e reações muito mais violentas noutras latitudes e longitudes, apesar de frequentemente estas infrações serem cometidas transnacionalmente e os regimes que as preveem e punem decorrerem de regras articuladas, uniformizadas ou harmonizadas em organismos internacionais.

Muitos dos conceitos utilizados nestas matérias – na lei bancária – são sinónimos ou equívocos. Por diversas vezes, o Direito bancário não é escrito por juristas e é construído com base em palavras que têm significados diferentes para cada operador no mercado. Isso é possível no Direito bancário (e até pode ser bom, dentro da lógica do Direito do comércio ou dos comerciantes), mas não pode acontecer no Direito penal ou sancionatório, onde as palavras têm de ser completamente inequívocas e não podem permitir a abertura e incerteza de alguns conceitos utilizados nas regras

---

[12] Sobre essa relação entre crimes, cf. ANDRÉ LAMAS LEITE, "Do crime antecedente e do delito de branqueamento praticado pelo mesmo agente: regresso ao passado?", in *Infrações económicas e financeiras = Economic and financial offences*, (coord. JOSÉ NEVES CRUZ, Coimbra: Coimbra Editora, 2013, pp. 461-477.

que compõem estes regimes. É outra das críticas que têm sido feitas aos deveres de prevenção e às infrações que lhes estão associadas e, por alguns autores, até aos crimes de branqueamento como são pensados em certos ordenamentos jurídicos. Em Portugal, o catálogo de crimes precedentes "possíveis" aparece logo no nº 1 do art. 368º-A do Código Penal, com crimes que reforçam esta ideia de que a incriminação do branqueamento é pensada para atos mesmo muito feios, como o lenocínio, o abuso sexual de crianças, a extorsão, o tráfico de estupefacientes ou o tráfico de armas. Com alguma ironia, podemos dizer que a ideia é, para aqueles que assistem a esta sessão e trabalhem em prevenção do branqueamento, de motivação: estão a trabalhar como os polícias mais especializados na perseguição das infrações mais nobres, estão a defender o bem, são super-heróis óptimos. Portanto, invadam as contas dos vossos clientes, comuniquem tudo o que eles vos dizem ou descrevam o que fazem porque estão, no fundo, a proteger criancinhas sempre que estiverem a violar a privacidade de um dos vossos clientes. Mais a sério, como tentaremos retomar abaixo, o combate ao branqueamento de capitais surge fundamentado por razões, fundamentos e problemas muito honrosos, mas isso não pode dispensar o desenhador, o aplicador e o intérprete do Direito de fazer uma ponderação séria entre os vários valores em presença.

STRATENWERTH, ao analisar o Direito alemão nestas matérias[13], explica que a maneira como este crime tem sido desenhado pode conduzir a incoerências jurídicas. Por exemplo, se eu receber um homicida, ladrão, em minha casa e o esconder – no caso, na Suíça – ao escondê-lo, dar-lhe alimento ou a protegê-lo posso não estar a cometer crime nenhum. Contudo, se o ajudar a esconder o dinheiro do crime na minha casa passo a estar a cometer um crime grave de branqueamento, o que causa novas desarmonias e desequilíbrios nos Direitos penais nestas matérias (no caso, era para crimes precedentes praticados fora do território suíço). O alargamento do âmbito espacial do nosso crime (vejam-se os vários números do artigo 368º-A do Código Penal) também tem sido alvo de críticas, estando ainda previstas atenuações (por exemplo, sempre que o agente reparar o dano causado com o facto ilícito de que provêm as vantagens, ainda que a reparação seja apenas parcial) ou circunstâncias agravantes (se praticar

---

[13] V. GUNTER STRATENWERTH, *A luta contra o branqueamento de capitais por meio do direito penal: o exemplo da Suíça*, (trad.: AUGUSTO SILVA DIAS), Lisboa: Universidade Lusíada, 2002.

o branqueamento de forma habitual) e ainda uma especial atenuação da pena se o agente auxiliar concretamente na recolha das provas decisivas (veja-se o nº 9 do artigo, que pode ser visto como uma porta de abertura à colaboração ou delação "premiada" que tanto se tem discutido e que aqui não podemos debater).

c) Um problema processual penal, de prova e de "modelos de comunicação"

Este é também um problema com muitos sub-problemas de prova em processos em que está em causa averiguar tanto a prática de crimes de branqueamento como de violações dos deveres de prevenção e ainda de se conseguir demonstrar, nesses processos, o que é um sistema de prevenção "adequado" ou "ajustado" aos perfis de risco das instituições. O que é exigido pela(s) lei(s) e é muitas vezes difícil de perceber e, mais ainda, de demonstrar nos casos concretos. Não é apenas uma questão de conceitos indeterminados, é também um enorme problema de subsunção e, na prática, de prova que o aplicador do Direito deve reunir para fundamentar acusações pela prática deste tipo de infrações, cabendo o ónus dessa prova a quem acusa. Se é certo que a total inexistência de sistemas de prevenção será mais fácil de verificar – e, assim, de punir – também será certo que há ainda muitas fronteiras que, em dúvida, devem conduzir à absolvição de determinados comportamentos (apesar de serem censuráveis).

Adiante ainda tentarei sublinhar mais uma ou duas ideias quanto aos deveres de comunicação, mas uma das maiores tensões que o legislador e o investigador de branqueamento sentem nestes domínios prende-se com a informação que é pedida aos bancos e a colaboração exigida para o combate a este fenómeno.

Todas as comunicações – e comportamentos em geral – que se exigem aos bancos têm, por um lado, custos elevados para as instituições, mas, por outro lado, também podem significar grandes custos para as autoridades, seja o Ministério Público, sejam autoridades de supervisão, bancária ou não, de analisar os dados enviados e mesmo de ficarem "entupidos" com as comunicações efetuadas.

Quanto a estas matérias existem basicamente três tipos de sistemas de comunicação e, em Portugal, temos provavelmente o "menos mau" para as autoridades, e eventualmente mais difícil de cumprir para os bancos e entidades sujeitas.

i) *Modelo de comunicação americano, inglês e dinamarquês (geral)*

Assim, o modelo que encontramos nos EUA, em Inglaterra e na Dinamarca, funciona numa lógica de *comunicação geral* (entretanto os ingleses em tempos mais recentes têm começado a inverter um bocadinho essa lógica e a aproximar-se do modelo mais "continental", que veremos de seguida).

Nestes sistemas, todas as operações acima de um determinado montante têm de ser comunicadas às autoridades. Tem uma grande vantagem: não implica "dar mais trabalho" aos bancos, que não têm de fazer nenhuma filtragem quanto às operações que são efetuadas, quem faz essa seleção são os investigadores e é o Estado. É, no entanto, uma maneira de funcionar muito mais invasiva e que implica uma grande entrega de informação dos clientes ao Estado. Ao aceitarmos comunicar todas as operações, ainda que não tenham qualquer sinal de alerta, estamos a sacrificar uma margem de privacidade que pode ser abusada por quem tenha meios e ferramentas para tal – cada vez mais acessíveis com grandes sistemas de análise de dados em massa – e, por outro lado, implica ignorar também uma parte dos esforços e energias com que os bancos poderiam contribuir para a deteção de transações suspeitas, sem grande esforço.

Temos algumas marcas deste sistema no Direito português. Assim, temos de comunicar todas as operações, por exemplo, acima de 15.000 €, em números que se aproximam da lógica que também teve origem nos EUA, a nível federal. Por lá, primeiro comunicavam-se as operações superiores a 7.500$, depois 15.000$, e naturalmente também se tem verificado uma evolução e atualização quanto a esses números.

ii) *Modelo de comunicação francês, alemão e também inglês (só suspeitas)*

Em França, na Alemanha, e cada vez mais na Inglaterra, deparamo-nos com um modelo em que só são comunicadas operações suspeitas, devendo essa triagem ser feita pelas próprias instituições. Há alguns índices que são fixados e, nesses casos, os bancos têm de comunicar.

É um sistema mais arriscado, desde logo porque os bancos têm de "saber" o que é uma operação suspeita. Se os bancos não reportarem uma operação suspeita estão em infração (em Inglaterra cometem mesmo um crime!). Em Portugal cometeriam uma contraordenação, mas tem a grande vantagem de facilitar o trabalho dos investigadores que já recebem informação "filtrada". A grande desvantagem do modelo americano é ser comunicada uma enxurrada de transações e depois os investigadores terem de andar à procura, como agulhas no meio de um palheiro. Por outro lado, este sistema só de "casos suspeitos" protege, em abstrato, mais adequadamente a privacidade de clientes e cidadãos. O grande problema deste segundo modelo é eventualmente não serem comunicadas operações que o deveriam ser.

iii) Modelo de comunicação espanhol, italiano e português (misto)

O nosso modelo, que se aproxima do existente em Espanha ou em Itália, é um modelo misto. Nestes ordenamentos são comunicadas todas as operações acima de um determinado montante e também devem ser assinaladas ou sublinhadas determinadas *operações suspeitas*. Assim, nestes casos, o trabalho já vem feito ou, pelo menos, "meio feito" e as autoridades já têm uma ajuda na triagem e identificação de casos de branqueamento, ainda que recebam também toda a informação geral (com o já sublinhado sacrifício da privacidade dos clientes).

Os maiores problemas quanto aos sistemas de obrigatoriedade de comunicação de transações suspeitas (sejam só essas ou operações sublinhadas num pacote geral) prendem-se com o próprio conceito de *operação* ou *transação suspeita*. Quão mais o legislador ou o regulador densificarem esses conceitos – o que é necessário para orientar os bancos e poder reclamar e exigir a informação e sancionar a omissão dessa prestação de informações – mais estarão a dar "pistas" e linhas de atuação (ou de não atuação) àqueles que queiram branquear. Tendencialmente, com estes modelos, os branqueadores começam a dividir as suas operações em valores mais baixos, sendo mais difícil de detetar os ilícitos, ainda que se vão desenvolvendo sistemas de deteção e comunicação mesmo quando acontecem fracionamentos, havendo mecanismos desenhados para tentar evitar estas formas de contornar a lei (mas, como veremos, começa aqui a necessidade de atualização constante do Direito da prevenção do branqueamento, num ciclo entre a legalidade, as pistas aos branqueadores e as necessidades de os impedir de defraudarem os mecanismos legais).

Em todo o modo, estes modelos suportados em obrigações de reporte do "suspeito", quer o nosso, misto, quer o francês e alemão, exigem que vá sendo feito um exame das várias operações e esse dever aparece sempre próximo do dever de denúncia ou comunicação, que retomaremos adiante, quando tentarmos olhar um pouco mais de perto para os deveres exigidos a bancos e operadores nestas matérias.

d) *Um problema contraordenacional*

Como já foi dito, em Portugal chamamos à violação de um dever em matéria de branqueamento de capitais uma *contraordenação*. Diria mesmo que uma das melhores formas de conhecer e saber quais são os deveres existentes nestas matérias é enumerando as infrações previstas na lei (e também no mais importante Aviso do Banco de Portugal nesta matéria (o nº 5/2013), ainda que seja bastante discutível se desse aviso decorrem, efetivamente, novos tipos contraordenacionais)[14].

Em abstrato deveremos ter mais infrações do que deveres, esse catálogo é ainda maior, mas tenta corresponder, de certa forma, aos deveres previstos na lei. Relembro que, em ordenamentos estrangeiros, o enquadramento é criminal. Como referimos, o Direito inglês, por exemplo, responde à violação de alguns destes deveres com penas, chamando crimes mesmo a meros comportamentos, atos ou omissões, de funcionários. E, note-se, isto não acontece configurando esses comportamentos como comparticipações do próprio branqueamento (que é a "melhor" forma como, em ordenamentos jurídicos como o português, se podem, apesar de tudo, enquadrar criminalmente alguns comportamentos do lado da "prevenção", anteriores ou laterais ao próprio branqueamento). Ainda que, com as exigências da lei penal portuguesa quanto ao tipo criminal correspondente ao branqueamento, pareça relativamente difícil "apanhar desprevenido" algum funcionário ou colaborador (em incumprimento dos deveres de prevenção) através da lei penal. Mas este é um tema e problema que tem sido discutido mesmo em ordenamentos mais próximos do nosso, como o espanhol, onde há muito pouco se discutiu a responsabilidade de funcionários de bancos pela prestação de informações e por "conversas normais" com os clientes no quadro do branqueamento de capitais. A boa relação dos funcionários com os seus clientes podia torná-los quase cúmplices dos mesmos, se estes praticassem atos com relevância criminal. Assim, num dos paradoxos que vamos antecipando, uma das maiores vantagens que se vê no princípio do *"know your costumer"* (e os deveres de identificação e conhecimento dos clientes) tão relevante no domínio da prevenção do branqueamento, transforma-se numa armadilha para aqueles que melhor se relacionem com seus os clientes.

---

[14] Com esta questão, veja-se, desde logo, PAULO SARAGOÇA DA MATTA, "Quando o Estado prefere a coima à pena", *in Política e Corrupção, Branqueamento e Enriquecimento*, Lisboa: Chiado Editora, 2015, *ebook*, locs 2232-3435, v. em especial loc 2610 e ss.

No entanto, como já fomos aflorando, a resposta preferencial no ordenamento português tem sido ao nível do direito contraordenacional. É também esse o sentido que parece decorrer preferencialmente das Diretivas europeias que exigem, em primeiro lugar, uma resposta de Direito administrativo. Isso poderá decorrer da influência do Direito alemão a nível europeu e da falta de previsão de responsabilidade penal de pessoas coletivas na Alemanha, emergindo o Direito das contraordenações como enquadramento preferencial para os atos de pessoas coletivas, tanto no Direito bancário mais "geral", como no Direito da prevenção do branqueamento de capitais e do financiamento de terrorismo (cabendo os deveres nesses domínios, em primeira linha, a grandes pessoas coletivas como são os bancos). Em Portugal, sentimos uma certa esquizofrenia normativa nestas matérias, se, por um lado, somos muito influenciados pelo Direito alemão – o desenvolvimento do Direito contraordenacional português tem sido feito muito próximo e a partir daquele –, por outro lado, o nosso legislador desejou ter a previsão de responsabilidade penal de pessoas coletivas no nosso Direito penal. Isto significa que, às vezes, para factos mais graves pode haver uma pena convertida em dinheiro inferior à coima que corresponde a factos menos graves (em todas as matérias e flagrantemente em alguns dos casos de prevenção de branqueamento). Isto leva a que haja vários desequilíbrios no sistema que também podem e devem ser explorados em cada caso concreto, havendo também aqui muitas exigências ao intérprete e aplicador do Direito.

e) Um problema paradoxal

Como temos antecipado, este é um tema com vários paradoxos. E o primeiro que sublinharia é o que se constata pela observação de um simples exemplo prático do quotidiano: sempre que um funcionário de um banco "vê" uma transação que é suspeita, não pode revelar nada ao cliente que tem diante de si. O banco, através do seu funcionário, tem de ser um ótimo ator (e eventualmente violar logo aí deveres de lealdade e verdade tão queridos do Direito civil, dos contratos e, sim, claro, do Direito bancário em geral).

Os modernos ordenamentos jurídicos não permitem que o funcionário deixe o cliente entender que identificou aquela operação como suspeita, sob pena de estar a violar os deveres a que está adstrito. Parece-me que, na prática, isto pode gerar enormes problemas e complexidades demasiado

ESTUDOS DE DIREITO BANCÁRIO I

difíceis de enfrentar para qualquer pessoa que se relacione com clientes bancários, sendo, por um lado, necessário, e mesmo obrigatório, gerar confiança dos clientes e, ao mesmo tempo e por outro lado, também exigido que se viole essa confiança, recolhendo informação e "controlando" aqueles com quem se trabalha. Levados ao limite, os regimes de prevenção de branqueamento podem transformar de facto dezenas de bancos e seus colaboradores num exército de agentes denunciadores e controladores dos seus clientes. Esta é a primeira tensão que se verifica nestes campos, ainda mais reforçada quando olhamos para estes deveres na ótica de um advogado que também tem de controlar os seus clientes (apesar de tudo, para os advogados há hoje um regime mitigado, porque as reações à lei de 2004 foram muito violentas, tanto institucionalmente pela Ordem dos Advogados como a título individual[15], visto que os deveres consagrados na lei poderiam implicar que os advogados não só estivessem a violar o seu sigilo profissional, como se encontrassem na situação de não poder dar bom aconselhamento jurídico). Para perceber essa situação, basta imaginar o caso do advogado que tem um cliente que quer fazer uma operação que, com aquelas características, vai levantar suspeitas. Como advogado, estando ou não o cliente a "portar-se bem", há um dever de patrocínio de o aconselhar a não se incriminar. No entanto, exatamente por estar a ser um bom advogado, esse advogado poderia estar a incorrer em responsabilidade contraordenacional (ou mesmo criminal) por não denunciar ou cliente (ou por não lhe omitir informações relevantes).

Podemos ainda identificar outra grande tensão nestes regimes, que também já fomos aflorando, a que decorre do difícil equilíbrio entre as leis muito detalhadas serem um "manual de branqueamento de capitais" ou, se forem leis muito genéricas e pouco desenvolvidas, evitando dar muitas "instruções" a branqueadores, consistirem num conjunto de normas sancionatórias em branco. Se, por um lado, os deveres de prevenção devem estar bastante detalhados, até por força do princípio da legalidade, determinante em matéria sancionatória – não podemos ser punidos por nada que não esteja muito bem descrito na lei, porque, caso contrário, estaremos nas mãos da discricionariedade e do arbítrio do aplicador do Direito ou

---

[15] Cf., desde logo, JOSÉ MIGUEL JÚDICE, "Advogados e branqueamento de capitais", artigo no jornal *Público*, disponível *online* em https://www.publico.pt/espaco-publico/jornal/advogados-e-branqueamento-de-capitais-176942.

do juiz – ao mesmo tempo, no entanto, se formos muito pormenorizados, a descrever o que é ou não é uma prática de branqueamento, uma prática "suspeita", aquilo que pode acontecer é, através do desenho legislativo, dar pistas e fazer com que os branqueadores aprendam mais facilmente a contornar as dicas que o legislador lhes dá e, assim, "jogarem" mais facilmente com os bancos e outros aplicadores a partir da própria lei. Como resultado, é necessária, no Direito contraordenacional nestas matérias, uma ponderação extraordinariamente delicada a partir do princípio da proporcionalidade, da ideia de necessidade (constante desde logo do nº 2 do artigo 18º da Constituição), acreditando que pode ser mesmo justificável e possível haver Direito sancionatório menos detalhado do que em outras áreas do Direito penal e contraordenacional, em nome das necessidades relacionadas com os interesses jurídicos que a luta contra o branqueamento de capitais pretende combater ou proteger. Não tendo tempo ou espaço para aprofundar melhor essa questão, parece-me que a ideia de que toda a estabilidade do sistema financeiro pode estar em causa, bem como a perseguição dos crimes mais graves (e severamente punidos) do nosso ordenamento jurídico fundamentarão esse entendimento, devendo, claro, discutir-se quais os fins ou os bens jurídicos que são protegidos pela incriminação do branqueamento de capitais. As particularidades destes domínios saltam à vista mesmo no encontro com outros ramos do Direito, desde logo quando verificamos a impossibilidade de concorrência entre os diversos intervenientes nos mercados – aqueles que têm capitais ilícitos e podem financiar-se com dinheiro "branqueado" vão ter sempre vantagem competitiva em relação a outros – adotando uma perspetiva mais "liberal" sobre o problema; mas também é um problema de realização da justiça, não podemos usar dinheiro resultante do tráfico de droga, do terrorismo, de raptos ou de extorsão e ser premiados por ter cometido esses atos ilícitos.

f) Um problema para os bancos e com muitos custos

Muito sinteticamente, refira-se que este também é eminentemente um problema bancário, tanto quanto à atividade diária e constante dos bancos, tendo de passar todas as operações pelo "filtro" da prevenção do branqueamento de capitais (assim se conformando as relações com os clientes, do estabelecimento das mesmas até a cada ordem de pagamento, tempos de espera, prazos para efetuar débitos ou dar respostas), como quanto ao próprio desenho de cada banco enquanto instituição: a estrutura dos bancos tem atualmente de acautelar as exigências que lhes são cometidas em matéria de prevenção do branqueamento, sendo ainda uma das mais importantes matérias para a supervisão e regulação bancária e das que justificam maiores "invasões" por parte das autoridades supervisoras. Parece ainda que os custos exigidos aos bancos neste combate têm sido galopantes (na *The Economist*, ao longo dos últimos anos, alguns textos têm descrito esta luta como meramente simbólica, defendendo-se que através das estruturas de prevenção do branqueamento não se consegue apanhar nem uma ínfima percentagem do dinheiro que branqueamos, mesmo sem querer, e referindo que podemos mesmo estar a desviar os esforços de investigação para os lugares errados[16]). Os estudos que têm sido possíveis, muito poucos, quanto à proveniência dos capitais têm apontado para que a grande maioria do capital que entra nos mercados financeiros com origem ilícita não é detetada, pelo que podemos de facto estar a falar de um combate com pouca ou nenhuma efetividade. E essa luta simbólica é reforçada pela mensagem "inspiradora" de afirmarmos que estamos a lutar contra o terrorismo e contra a droga quando, na realidade, estamos apenas a obrigar os bancos a terem estruturas muito grandes e pesadas de controlo do talvez impossível, e a exigir que seus os funcionários e trabalhadores atuem como verdadeiros polícias, mesmo agentes infiltrados, eventualmente até agentes provocadores se incentivarem determinados clientes a fazer investimentos sem revelar que passarão por apertados sistemas de controlo. Esta outra tensão tem sido também muito discutida por responsáveis pelo controlo – e pelo conceito tão relevante nesta matéria, mas que ainda não nos decidimos a como o traduzir, de *compliance*. A verdade é que, apesar de alguns sinais atenuadores na nova Diretiva de 2016, os sinais e perspetivas para o futuro são – até pelo contexto de renascimento de uma nova vaga de ataques terroristas e de discurso de combate

---

[16] V., desde logo, "Looking in the wrong places – Hindering flows across international financial networks is costly and does not stop terrorists' primary activity", disponível *online* em http://www.economist.com/node/5053373. E, também, mais recentemente, "Costly cash – Regulation is raising the cost of sending money to the world's poor. Reform it", *online* em https://www.economist.com/news/leaders/21663227-regulation-raising-cost-sending-money-worlds-poor-reform-it-costly-cash ou, ainda, explicando os custos também associados ao não cumprimento deste tipo de regras, "Rolling up the welcome mat – A crackdown on financial crime means global banks are derisking", já de julho de 2017, também disponível *online* em https://www.economist.com/news/international/21724803-charities-and-poor-migrants-are-among-hardest-hit-crackdown-financial-crime-means.

ao terrorismo – pouco animadores. Não é só no Direito penal e processual penal, em que se aceita cada vez mais um Direito invasivo, sacrificador das nossas liberdades, ou nas regras para andar nos aviões com menos líquidos e sem um vasto elenco de utensílios, é também no caso da prevenção do branqueamento de capitais que temos assistido a um caso paradigmático de securitismo em que todos os horrores dos "crimes de catálogo" e do branqueamento têm levado a impor cada vez mais custos às instituições e às entidades financeiras (e aos seus clientes[17]), implicando cada vez mais desvios de energias e esforços internos de outros problemas que também assolam os nossos sistemas financeiros e bancários, a começar nas pequenas fraudes com cartões bancários que prejudicam dezenas de clientes[18].

g) Um problema de articulação de segredos

Para além de tudo o que tem sido descrito, o combate contra o branqueamento de capitais implica ainda sacrificar ou pôr em causa alguns dos principais "segredos" previstos no nosso ordenamento jurídico, prevendo-se deveres que podem implicar a violação do sigilo bancário ou do sigilo profissional de advogados, estando ainda em causa segredos cruzados de supervisão. Isto representa novas tensões para todos aqueles que, na sua atividade profissional, contactam com potenciais clientes "branqueadores" ou têm conhecimento de factos que podem ter relevância para a investigação deste tipo de práticas que, mais uma vez, pode deixar aqueles que ficam nessa posição em situações de conflitos de deveres demasiado difí-

---

[17] Sobre este tema, veja-se um interessante artigo de DONATO MASCIANDARO e de UMBERTO FILOTTO, "Money Laundering Regulation and Bank Compliance Costs: what Do Your Customers Know? Economics and Italian Experience", apenas com resumo disponível *online* em https://papers.ssrn.com/sol3/papers.cfm?abstract_id=279010. Ou, sobre a realidade portuguesa, JORGE PATRÍCIO PAÚL, "A legislação portuguesa sobre branqueamento de capitais e as suas repercussões no exercício da actividade bancária" in *Estudos de Direito Bancário* (coord. ANTÓNIO MENEZES CORDEIRO), Coimbra: Coimbra Editora, 1999, pp. 321-336. E, ainda, mais recentemente, SANDULESCU MIHAELA, "Reconciling the anti-money laundering compliance duties and the commercial objectives of the bank", in *Corruption, greed and crime money: sleaze and shady economy in Europe and beyond*, (ed. PETRUS C. VAN DUYNE), Oisterwijk: Wolf Legal Publishers, 2013, pp. 185-209.

[18] Sobre o tema cf. ainda outro artigo da *The* Economist, "The lost trail – Efforts to combat the financing of terrorism are costly and ineffective", disponível *online* em http://www.economist.com/node/5056338?story_id=E1_VDVGPPR.

ceis de resolver, não apenas para qualquer um, mas mesmo para juristas experimentados e aplicadores do Direito especialistas nesta matéria[19].

Parece-nos que a luta contra o branqueamento, até pelo simbolismo tão forte que lhe está associado, justifica as maiores cautelas, podendo alguém muito facilmente passar de violador de deveres de prevenção a coautor de crimes de branqueamento aos olhos do investigador destes tipos de ilícitos, razões que justificarão, mesmo da perspetiva do "potencial infrator", menos cuidados a guardar os segredos que lhe são confiados pelos seus clientes. No entanto, relembramos que a previsão desses segredos é também base essencial para o funcionamento do mercado e para a realização da justiça, não há sistema bancário que possa operar eficientemente sem que haja confiança entre os vários intervenientes, nem acesso ao Direito e possibilidade de defesa sem que o advogado seja verdadeiramente um confidente do seu cliente.

h) Um problema para advogados

Por esta última razão, e como já referimos acima, algumas das maiores críticas aos regimes de prevenção do branqueamento têm partido das ordens dos advogados, portuguesa e não só, pela verdadeira perversão que pode significar prever deveres que obrigam mandatários a serem investigadores (ou colaboradores das investigações) contra os seus clientes (podendo, em última instância, o próprio pagamento de honorários a um advogado configurar em si uma prática de branqueamento![20])

É também um problema que suscita algumas diferenças (sendo discutível desde logo se elas existem ou devem existir) entre os chamados *in-*

---

[19] A propósito, pedindo muito mais desenvolvimentos, v., desde já, DANIEL FERNANDES SEMEDO, *A restrição ao sigilo bancário decorrente do regime de branqueamento de capitais: ponderação de Interesses*, dissertação de mestrado em ciências jurídicas empresariais da Faculdade de Direito da Universidade Nova de Lisboa, 2015.

[20] Desde os anos 80 que são inúmeros os casos em que advogados se "transformam" em criminosos, havendo vários relatos nos EUA, que podemos ler, por exemplo, com bastante interesse, num antigo artigo do *The New York Times*, "Drug Lawyers' Quandary: Lure of Money vs. Ethics", disponível *online* em http://www.nytimes.com/1990/02/09/us/law-drug-lawyers-quandary-lure-of-money-vs-ethics.html?pagewanted=all&mcubz=0. Mas, já em 2017, é interessante olhar para condenações concretas de advogados (em que a realidade supera a ficção). Tome-se como exemplo este comunicado do *U.S. Attorney's Office* do estado de Maryland: https://www.justice.gov/usao-md/pr/philadelphia-attorney-convicted-money-laundering-conspiracy-involving-proceeds-major-drug.

-lawyers ou "advogados de empresa" e os advogados externos, que podem representar ainda várias injustiças nos casos concretos. Muito sinteticamente, note-se que, mesmo para os juristas dos bancos, com deveres de reporte, também se impõem grandes cautelas, sob pena de se autoresponsabilizarem, parecendo defensável uma aplicação, eventualmente analógica, de alguns dos princípios desresponsabilizadores que têm vindo a ser desenvolvidos para os advogados, quando se esteja a falar de aconselhamento jurídico dentro de um banco (contudo, não temos aqui nem tempo, nem espaço, para mais desenvolvimentos sobre esses complexos problemas)[21].

Remetemos apenas para um texto de ALFREDO CASTANHEIRA NEVES, em reação ainda à lei de 2004, para a Ordem dos Advogados, que aborda alguns dos principais problemas que se colocam aos advogados portugueses em relação ao branqueamento de capitais de forma bastante expressiva: «*(...) estão postas em causa a confiança e a independência do advogado quando lhe é solicitada a utilização da relação de mandato para a colaboração com autoridades de investigação criminal sendo-lhe vedada a revelação dessa colaboração ao cliente com quem prolongará a relação. Dir-se-á que a visão que ora se expõe padece de fundamentalismo semi-romântico pela forma exacerbada com que defende uma perspectiva de relação advogado-cliente que, nos casos previstos pela nova lei, se não verifica. Com o que fundamentalmente se assentirá, pressuposto que é efectivamente fundamental, nem pode ser de outra forma, a defesa prosseguida em defesa de um núcleo básico de características essencial à função do advogado. O que pretende o novo regime é converter um advogado numa polícia à paisana, ou pior ainda, num agente infiltrado. Se a perspectiva de análise fosse relativa ao processo penal considera-se que poderia ser colocada em causa a validade probatória dos elementos que ao processo fossem carreados pela intervenção do advogado nos termos da nova lei*»[22].

---

[21] Sobre os mesmos problemas, aqui perto, em Espanha, v. NIELSON SÁNCHEZ STEWART, "La ardua labor del abogado: dificultades con las que se encuentra la abogacía española en el cumplimiento de la legislación antiblanqueo", in AA.VV., *IV Congreso internacional sobre prevención y represión del blanqueo de dinero*, coord: Miguel Abel Souto, Nielson Sánchez Stewart, Valencia: Tirant Lo Blanch, 2014, pp. 15-43.

[22] Cf. ALFREDO CASTANHEIRA NEVES, "Reflexos do Novo Regime Jurídico de Prevenção e Repressão do Branqueamento de Capitais sob a Perspectiva do Advogado Segredo Profissional – Lei nº 11/2004, de 27 de Março", artigo disponível *online* em http://www.oa.pt/Conteudos/Artigos/detalhe_artigo.aspx?idc=1&idsc=30347&ida=30375.

i) Um grande problema político (e uma discussão difícil)

É ainda um tema em que a discussão é politicamente muito enviesada[23]. É bastante difícil defender uma atenuação dos deveres de prevenção e de combate ao branqueamento de capitais porque a resposta contrária é, normalmente, pintar os defensores dessas teses como sendo defensores da droga, tolerantes com terroristas ou, pelo menos, protectores dos (maus) interesses dos banqueiros e de desleixos nessa atividade. Como alguém escrevia nos EUA depois de 2001, nenhuma instituição de crédito quererá criticar em público as medidas de prevenção do branqueamento, sob pena de ser rotulada como fraca contra o terrorismo. É uma discussão política muito dura e que regularmente, em nome de "valores grandes", implica aceitarmos que se peçam cada vez mais identificações aos clientes ou ser mais invasivo nas informações que damos das contas bancárias que guardamos. Contudo, quando estamos a dar relatórios sobre os nossos clientes, apresentando extratos, listas de movimentos e operações, estamos a expor a nossa vida financeira, o que é difícil de conciliar com um verdadeiro modelo liberal de Estado, muitas vezes sem termos real consciência, enquanto comunidade, do que estamos a fazer. Queremos mesmo um Estado que conheça todos os movimentos de dinheiro, tudo aquilo que compramos, pagamos ou transferimos, que é muito do que fazemos? Em tempos de desmaterialização do dinheiro, se pagarmos tudo com cartão, o Estado pode conhecer tudo. Recentemente, em Portugal, algumas vozes têm começado a discutir estes temas, mas mais a propósito das faturas eletrónicas, nos domínios do Direito fiscal. No entanto, pelo Direito bancário e pelos regimes que aqui discutimos hoje, podemos já ter escancarado a porta a muitos problemas de controlo em massa da vida dos cidadãos (dotando eventuais governantes ou meros funcionários executivos mais mal-intencionados, de poderosas armas de controlo dos cidadãos).

j) Um problema internacional e de cooperação

Em poucas palavras, esta é também uma questão internacional, de cooperação e colaboração entre países, e de interação de diferentes regimes[24].

---

[23] Sobre estas lutas e a relação da política e do poder político com a prevenção do branqueamento, v. JACKIE HARVEY, "AML and the political power weight", in *Corruption, greed and crime money: sleaze and shady economy in Europe and beyond*, (ed. PETRUS C. VAN DUYNE), Oisterwijk: Wolf Legal Publishers, 2013, pp. 211 a 233.

[24] A propósito deste tema, v., desde logo, EUCLIDES DÂMASO SIMÕES, "A importância da cooperação judiciária internacional no combate ao branqueamento de capitais", in *Revista*

Ao longo das últimas décadas, foram criados organismos internacionais e há uma certa pressão da comunidade internacional para que os países tenham mais deveres nos seus ordenamentos jurídicos internos. Logo a seguir a 2001, o GAFI[25] – organismo a que faremos uma breve referência de seguida – publicou uma lista dos países com os piores regimes de luta contra o branqueamento de capitais, seguindo uma ideia de *"name and shame"* que coaja esses ordenamentos a adequar-se às exigências que se vão tornando comuns em vários ordenamentos jurídicos. Nessa primeira avaliação, Portugal não foi terá sido muito bem cotado[26]. As avaliações mais recentes têm invertido a tendência e atualmente temos um sistema de prevenção e repressão do branqueamento de capitais que é avaliado positivamente pelo GAFI. Mas também aqui há tensões, internacionais e financeiras, quanto aos sinais que os países dão aos mercados: se a mensagem que passamos é "este é um país em que é fácil fazer branqueamento de capitais", o nosso mercado financeiro nacional também pode estar em causa e, por não adotar um bom sistema de prevenção, os custos podem tornar-se ainda maiores[27] (por argumentos deste tipo, muitos bancos têm cessado atividade em determinadas jurisdições).

k) Um problema de Direito comunitário ou da União Europeia (e de articulação com o Direito nacional)

Como temos referido, em matéria de prevenção do branqueamento têm sido previstas respostas a nível internacional e, com especial relevância para

Portuguesa de Ciência Criminal, Coimbra, a. 16, nº 3, (Jul.-Set.2006), pp. 423-474; mas também ANTÓNIO FOLGADO, "Cooperação internacional no combate ao branqueamento de capitais e ao financiamento do terrorismo: perspectivas", in *Polícia e Justiça*, Barro, S. 3, (2004), pp. 69-82; ou ainda ALFONSO AMATURO, "La regolamentazione internazionale contro il finanziamento del terrorismo", in *Il riciclaggio come fenomeno transnazionale: normative a confronto*, Milano: Giuffrè Editore, 2014, pp. 115 a 135.

[25] O GAFI (Grupo de Ação Financeira ou Financial Action Force, FATF)) é o principal *«organismo intergovernamental que tem como objetivo "desenvolver e promover políticas, nacionais e internacionais, de combate ao branqueamento de capitais e ao financiamento do terrorismo»*, conforme explicado num dos seus portais, em https://www.bportugal.pt/page/grupo-de-accao-financeira-gafi.

[26] Podemos encontrar alguns desses relatórios no portal do "BCFT" entretanto criado, *online* em http://www.portalbcft.pt/pt-pt/content/avalia%C3%A7%C3%B5es-de-portugal.

[27] Veja-se o curioso caso da Letónia, vista como a "terra do branqueamento de capitais", desde logo em textos como este: https://www.occrp.org/en/laundromat/regulator-says-latvia-finally-cleaning-up-bad-banks/

nós, a nível europeu, sendo fundamental o papel que a União Europeia tem tido nesta matéria[28], encontrando-se aí todas as linhas orientadoras para o Direito português de prevenção do branqueamento desde os anos noventa (veremos melhor abaixo como funciona o "ciclo" de produção de instrumentos normativos.

De uma forma interessante, as Diretivas comunitárias "atuais" (a que faremos referência a propósito da terceira e quarta gerações) estão já como os iogurtes que têm um prazo de validade, devendo ser avaliadas, revistas e alteradas num processo que terá início já dentro de menos de um ano, seguindo-se novas Diretivas mais modernas e adequadas às necessidades (a experiência tem levado a concluir que as particularidades desta luta exigem esta obsolescência de regimes e constante atualização a que temos vindo a aludir). Prevê-se ainda uma norma engraçada na Diretiva: tudo aquilo que foi dito ou escrito sobre as outras Diretivas deve ser entendido como aplicável à nova. Isto será interessante desde logo do ponto de vista da jurisprudência, havendo decisões a nível nacional e também comunitário que aplicam ou referem as anteriores Diretivas que têm de ser tidas em conta. Por exemplo, quanto à proibição de contas anónimas, desenvolvida pelo Tribunal de Justiça da União Europeia num caso que envolvia um banco austríaco, a partir de preceitos de Diretivas anteriores, as mesmas conclusões têm vindo a servir para interpretar algumas das novas normas pelos tribunais da União Europeia.

Podemos ter outros problemas "menos engraçados" e mais sérios, na articulação de regimes, sendo fácil encontrar um exemplo quanto a uma possibilidade de distração do legislador nacional. Existe um importante regulamento europeu sobre as informações que os ordenantes têm de fazer acompanhar as transferências que fazem para fora do espaço da UE, o Regulamento 1781/2006, diploma que atualmente já se encontra revogado e foi substituído. Contudo, mantém-se em vigor o Decreto-Lei nº 125/2008 que prevê o regime sancionatório, nacional, para a violação do regulamento da União, de 2006. Ora, esse regulamento já foi substituído, pelo 2015/847, o que significa que continuam a existir deveres semelhan-

---

[28] Cf., desde logo, um dos mais importantes estudos nesta matéria, de NUNO BRANDÃO, *Branqueamento de capitais: o sistema comunitário de prevenção*, Coimbra: Coimbra Editora, 2002, mas também ITALO BORRELLO, "Il ruolo dell'unione europea nel controllo dei capitali di provenienza illecita", in *Il riciclaggio come fenomeno transnazionale: normative a confronto*, (a cura di RANIERI RAZZANTE), Milano: Giuffrè Editore, 2014, pp. 159-178.

tes, mas, pela maneira como o Decreto-Lei português de 2008 está construído, não podemos ter a certeza de que a violação dos "novos deveres" de 2015 ainda seja sancionada o que reclama que um legislador avisado altere a situação rapidamente. Apesar de haver alguma continuidade normativa – parece-nos que há tipos de infrações que decorriam do regulamento de 2006 e decorrem também do regulamento de 2015, pelo que podemos tentar afirmar que ainda há legalidade e tipicidade na punição pelo Decreto-Lei nº 125/2008 – a forma como ele próprio vem definido pelo legislador – *«Estabelece as medidas nacionais necessárias à efectiva aplicação do Regulamento (CE) nº 1781/2006, do Parlamento Europeu e do Conselho, de 15-11-2006, relativo às informações sobre o ordenante que devem acompanhar as transferências de fundos»* – dificulta ou enfraquece essa tese, dando argumentos a quem queira defender que o Decreto-Lei ainda vigente é desadequado e dá origem a lacunas de punição quanto às informações não enviadas ou conservadas. No entanto, continuo a entender que uma habilidosa interpretação do Direito ainda permite que se puna pela lei de 2008, mas com dificuldades. Tentando ser o mais cientificamente corretos possíveis, temos de entender que há muitas áreas delicadas, e claramente para tudo o que seja concebido como "novos deveres" puros, as respetivas violações não poderão ser sancionadas através da "lei velha". Tudo o que há de novo neste regulamento 2015/847 não estará a ser punido atualmente. Tudo o que é repetido, sim. Tudo o que é reformulado, talvez não[29].

l) Um problema multidisciplinar (e de proteção de dados e privacidade)

Por fim, e representando outros domínios do Direito em que também se apresentam muitos problemas e questões que não poderemos aprofundar melhor neste espaço[30], importa ainda referir o especial problema da prote-

---

[29] Entretanto, através na nova lei da prevenção do branqueamento, Lei nº 83/2017, publicada já enquanto este texto se encontrava em curso de publicação, parece que este problema fica tendencialmente ultrapassado, trazendo para a lei "geral" este regime que se encontrava separado entre a Lei nº 25/2008 e o Decreto-Lei nº 125/2008. Contudo, pelos regimes aplicáveis à sucessão de leis no tempo, em especial leis sancionatórias, os problemas que aqui abordamos continuarão a colocar-se pelo menos quanto aos factos praticados desde a revogação daquele regulamento de 2006 (em 2015) até à entrada em vigor das novas leis, em setembro de 2017 (sendo que esses factos poderão ainda encontrar-se em apreciação ao longo dos próximos anos).

[30] Quanto à multidisciplinaridade do problema, cf., desde logo, RANIERI RAZZANTE, ITALO BORRELLO, e LAURA LA ROCCA, "La necessità di un approccio multidisciplinare

ção de dados e privacidade, que poderão estar a sofrer grandes atropelos em nome destas lutas. A Autoridade Europeia para a Proteção de Dados apresentou já mais do que uma opinião muito negativa sobre as propostas de Diretivas e o trabalho efetivamente feito no combate ao branqueamento de capitais, desde logo um recente relatório de 2014[31] – que poderá justificar algumas inversões no conteúdo da Diretiva de 2015. No entanto, têm sido importantes vozes minoritárias na defesa de cautelas e precauções a desenhar regimes de prevenção de branqueamento[32]. Contudo, e até em jeito de conclusão pouco otimista quanto a uma ponderação razoável e equilibrada, o que nos chega das discussões mais recentes a propósito deste tema é a continuação de uma lógica securitária e de querer alargar os deveres de prevenção de branqueamento (ainda que, como temos tentado alertar repetidamente, muitas vezes com custos exagerados, poucos ganhos expectáveis e grandes sacrifícios individuais). Mas acredito que a discussão continuará algo viciada e emocionalmente carregada com Paris e Londres a serem atacadas e dinheiro a chegar aos terroristas na Bélgica através de complexos sistemas de pagamento e de prémios em jogos de *playstation*, sendo possível prever um Direito ainda mais invasivo para os próximos anos.

III. Sobre as várias gerações: o GAFI, as Diretivas e as "leis do branqueamento"

Como já temos referido, conseguimos identificar basicamente quatro gerações de instrumentos normativos na luta e prevenção do branqueamento de capitais, definindo-se cada uma delas pelo combate a um tipo de crime ou fenómeno cujos proveitos seriam branqueados que impulsiona

---

al "fenomeno riciclaggio"", in *Il riciclaggio come fenomeno transnazionale: normative a confronto*, Milano: Giuffrè Editore, 2014, pp. 3 a 71.

[31] E foram ainda bastante críticos, já em 2017, na análise das propostas da Comissão Europeia para alterar as Diretivas 2015/849 e 2009/101/EC, quanto às informações relativas a beneficiários e proprietários, e as implicações em matéria de proteção de dados. Veja-se o acompanhamento destas matérias e o parece recente da Autoridade Europeia para a Proteção de Dados, disponível *online* em https://edps.europa.eu/data-protection/our-work/publications/opinions/anti-money-laundering_en.

[32] A tentar esta ponderação a propósito destes temas, v. ainda SANA KHAN, "The Fourth AML Directive and the EU's Approach to Data Protection: A Precautionary Warning", artigo disponível *online* em http://www.acamstoday.org/fourth-aml-directive-eus-approach-to-data-protection/.

determinado tipo de respostas normativas (ou serve também de fundamento para o reforço ou alargamento das preexistentes).

Assim, fazendo uma síntese destes pontos introdutórios, os regimes que vamos analisando aparecem no quadro da luta contra o tráfico de estupefacientes (1G), evoluíram no quadro do combate ao terrorismo (2G) e, mais recentemente, contra a criminalidade inter ou transnacional (3G), estando nos nossos dias a ser alargados ao combate à corrupção e à fraude fiscal (4G).

Em cada uma destas gerações é possível identificar um ciclo de instrumentos que se sucedem e se influenciam (e, hoje, já preveem a sua própria obsolescência). Assim, à constatação ou consenso (normalmente internacional) de que é necessário enfrentar determinado flagelo, segue-se (i) um conjunto de recomendações do GAFI, que influencia a feitura de (ii) uma Diretiva europeia que, por sua vez, é (ou deve ser) (iii) transposta para o Direito nacional através de uma mais leis, complementadas ou regulamentadas por (iv) avisos de autoridades com competências de supervisão nestas matérias (entre nós, desde logo o Banco de Portugal).

Atualmente estamos em vésperas de alteração à lei, aguardando-se a transposição da Diretiva de 2015 e já à espera de novos sinais do GAFI para 2017/2018. Em 2014 teve início a quarta ronda de avaliações mútuas aos sistemas de prevenção e repressão do branqueamento de capitais e financiamento do terrorismo, baseada numa metodologia aprovada em 2013. A avaliação de Portugal deverá ter lugar entre março e outubro de 2017[33].

Assim, parece-nos possível fazer corresponder cada uma das avaliações do GAFI a uma das gerações, começando na segunda e sendo possível antecipar uma quinta geração para os próximos anos. Portugal tem uma representação permanente junto do GAFI e o nosso sistema de prevenção e repressão do branqueamento de capitais e financiamento do terrorismo foi avaliado em 1994, 1999 e 2006[34] (recomendações que já foram entretanto adotadas e recebidas pelo nosso Direito). E, posteriormente,

---

[33] De acordo com as informações disponíveis no *site* do Banco de Portugal, em https://www.bportugal.pt/page/grupo-de-accao-financeira-gafi. Enquanto este texto se encontrava em curso de publicação foram divulgados resultados muito positivos.

[34] Os principais resultados da avaliação de 2006 podem ser consultados no relatório *Third Mutual Evaluation Report on Anti-Money Laundering and Combating the Financing of Terrorism*, disponível *online* em http://www.fatf-gafi.org/publications/mutualevaluations/documents/mutualevaluationofportugal.html.

nos termos dos procedimentos definidos por aquele organismo, com uma periodicidade bienal, tem sido atualizada alguma informação e avaliação através de relatórios de acompanhamento.

Sobre o GAFI aponte-se apenas que é um organismo criado no final dos anos oitenta pelos países do G7, funciona junto da OCDE e hoje já tem mais de 40 estados-membros. A sua principal missão é analisar a forma como os ordenamentos jurídicos nacional de cada Estado fazem ou não fazem (uma boa) prevenção do branqueamento de capitais. Logo no início dos anos noventa houve 40 recomendações internacionais. E, a seguir ao 11 de setembro de 2001, foram feitas 9 novas recomendações especiais, relativamente ao terrorismo, cujo conteúdo tem vindo a influenciar e a determinar os vários saltos e alterações dos regimes, primeiro a nível europeu e, depois, nacional.

Na Suíça há quem critique o GAFI como uma "invenção" dos EUA para forçar os outros países a terem regimes tão apertados como o estadounidense, procurando evitar que bancos dos outros países não fossem mais atrativos para a prática normal da atividade financeira do que os bancos americanos. Isto porque os anos 80 foram, nos EUA, principalmente, um tempo muito intensivo de luta contra a droga[35]. O GAFI tem vindo a ganhar poderes e influência, produzindo um trabalho relevante na articulação, avaliação e desenvolvimento de regimes[36].

Assim, a partir e depois dessas recomendações, que respostas normativas podemos identificar em cada geração, em traços muito breves?

a) A primeira geração (e a droga)

A primeira geração tem, em Portugal, as primeiras manifestações no final dos anos oitenta, inícios dos anos noventa, também num quadro de combate ao tráfico de droga, e ainda antes da primeira avaliação do GAFI, mas já depois do primeiro conjunto de recomendações daquele organismo, de 1990. Nessa época foram feitas as "quarenta recomendações" do GAFI que podemos considerar ainda hoje a base dos modernos regimes de pre-

---

[35] Sobre essa luta, no mesmo período, em Portugal, v. MIGUEL PEDROSA MACHADO, "Breve nota sobre o direito penal vigente em matéria de droga", in *Tribuna da justiça*, Lisboa, nº 3, (Abr.-Maio1990), pp. 78 a 80 ou A. G. LOURENÇO MARTINS, *Droga e direito: legislação, jurisprudência, direito comparado e comentários*, Lisboa: Editorial Notícias, 1994.

[36] Quanto ao GAFI, v., ainda, MARIA CÉLIA RAMOS, "Desenvolvimentos recentes em matéria de prevenção do branqueamento de capitais: GAFI e União Europeia", in *Polícia e Justiça*, Barro, S. 3, (2004), pp. 55-68.

venção, já tendo sido objeto de três revisões (a última em 2012). As primeiras influenciaram decisivamente a Diretiva nº 91/308/CEE. Tivemos, assim, o Decreto-Lei nº 15/93 e o Decreto-Lei nº 325/95, que introduziram os primeiros deveres de prevenção de branqueamento de capitais, bem como a previsão de um crime de branqueamento em lei autónoma (em relação do Código Penal) e tentaram transpor aquela primeira diretiva europeia. Aponte-se apenas que alguns dos deveres que foram exigidos, e de que falaremos adiante, foram previstos de uma maneira que funcionou de forma contraditória, desde logo, o dever de identificação: quando os bancos suspeitavam de alguma operação eram obrigados a pedir mais informações, o que funcionava como um aviso para os ordenantes que passavam assim a saber que eram suspeitos, e estavam eventualmente a ser investigados, sendo fácil reconhecer efeitos contrários aos desejados[37].

b) A segunda geração (e o terrorismo)

O mandato do GAFI viria a ser alargado, em 2001, em sequência e no contexto do ataque terrorista de 11 de setembro. Logo a 10 de outubro daquele ano foram emitidas "recomendações especiais sobre financiamento do terrorismo", posteriormente desenvolvidas por notas interpretativas e atualizadas em 2004. Desta década sobressai ainda a Convenção do Conselho da Europa relativa ao Branqueamento, Detecção, Apreensão e Perda dos Produtos do Crime e ao Financiamento do Terrorismo, assinada por Portugal em 17 de Maio de 2005 e o Regulamento (CE) nº 2580/2001, que prevê medidas restritivas específicas de combate ao terrorismo.

No entanto, como principais instrumentos normativos temos a Diretiva nº 2001/97/CE, do Parlamento e do Conselho, que foi transposta pela Lei nº 11/2004, a "lei da prevenção branqueamento" que antecedeu a que atual-

---

[37] A propósito de alguns instrumentos da "primeira geração", leia-se, por exemplo, dessa época: ANTÓNIO DE CAMPOS, "Luta contra a lavagem do dinheiro: participação do sistema financeiro nessa luta", in *Revista da Banca*, Lisboa, nº 15, (Jul.-Set.1990), pp. 127-165; JOSÉ DE FARIA COSTA, "O branqueamento de capitais: algumas reflexões à luz do direito penal e da política criminal", in *Boletim da Faculdade de Direito*, Coimbra, v. 68 (1992), pp. 59-86; MARIA EDUARDA AZEVEDO, "O segredo bancário e o branqueamento de capitais: a posição da CEE", in *Fisco*, Lisboa, a. 3, nº 35, (Out.1991), pp.3-5; ou RODRIGO SANTIAGO, "O branqueamento de capitais e outros produtos de crime: contributos para o estudo do Artº 23, do Decreto-Lei 15/93, de 22 de Janeiro e do regime de prevenção da utilização do sistema financeiro no branqueamento: Decreto-Lei Nº 313/93, de 15 de Setembro", in *Revista portuguesa de ciência criminal*, Lisboa, a. 4, nº 4, (Out.-Dez.1994), pp. 497-560.

mente vigora em Portugal[38], mas que introduziu no nosso ordenamento jurídico o esqueleto ou estrutura de deveres que apenas seria desenvolvido em 2008, nos termos que passaremos a sintetizar.

c) A terceira geração (ainda o terrorismo e a criminalidade internacional)

Podemos considerar que o regime português atual é de "terceira geração", aguardando-se para breve mais desenvolvimentos quanto a esta matéria (a Diretiva de "quarta geração" já devia ter sido transposta em 2016, mas até meados de 2017 continuamos sem ver aprovada uma nova lei).

i) As diretivas e as leis "3G"

Assim, o nosso quadro normativo vigente ainda é o que decorre das duas importantes Diretivas que se seguiram, a Diretiva nº 2005/60/CE (relativa à prevenção da utilização do sistema financeiro e de outras atividades e profissões especialmente designadas para efeitos de branqueamento)[39] e a Diretiva nº 2006/70/CE (com medidas de execução da outra), transpostas através da Lei nº 25/2008, que entretanto teve várias alterações, das quais destacaríamos:

(i) o Decreto-Lei nº 317/2009 (com mudanças relativas às instituições de pagamento);

---

[38] Sobre esta lei e para um enquadramento da "segunda geração", veja-se, por exemplo, JORGE DIAS DUARTE, "Lei nº 11/2004, de 27 de Março: o novo crime de branqueamento de capitais, consagrado no artigo 368º-A do Código Penal", in *Revista do Ministério Público*, Lisboa, a. 25, nº 98, (Abr.-Jun.2004), pp.129-144; VITALINO CANAS, O crime de branqueamento: regime de prevenção e de repressão, Coimbra: Almedina, 2004, ou GERMANO MARQUES DA SILVA, "Notas sobre branqueamento de capitais em especial das vantagens provenientes da fraude fiscal", in *Prof. Doutor Inocêncio Galvão Telles: 90 anos: homenagem da Faculdade de Direito de Lisboa*, (coord. ANTÓNIO MENEZES CORDEIRO), Coimbra: Almedina, 2007, pp. 451-474.

[39] A propósito desta Diretiva, ler, à época, ENRIQUE GÓMEZ-REINO CARNOTA, "Aspectos administrativos de la Directiva 2005/60/CE del Parlamento Europeo y del Consejo, de 26 de octubre de 2005, relativa a la prevención de la utilización del sistema financiero para el blanqueo de capitales y para la financiación del terrorismo", in AA.VV., *IV Congreso internacional sobre prevención y represión del blanqueo de dinero*, coord: Miguel Abel Souto, Nielson Sánchez Stewart, Valencia: Tirant Lo Blanch, 2014, pp. 79-103. V., ainda BRIGITTE UNGER; e MELISSA VAN DEN BROEK, "Implementing international conventions and the third EU directive", in AA.VV., *The economic and legal effectiveness of the European Union's anti-money laundering policy*, Cheltenham: Edward Elgar, 2014, pp. 46-61.

(ii) o Decreto-Lei nº 242/2012 (relativo às instituições de moeda eletrónica);

(iii) o Decreto-Lei nº 18/2013 (quanto à colaboração com autoridades europeias);

(iv) o Decreto-Lei nº 157/2014 (que veio reforçar as sanções pela violação dos deveres de prevenção e prever uma nova sanção acessória – a ideia de que se dá má fama aos bancos e às entidades que não estiverem a cumprir os deveres de prevenção do branqueamento que lhes cabem fica mais claramente consagrada – o GAFI já faz isto a nível internacional e passámos a poder também usar, ao nível nacional e para cada infrator, a divulgação das respetivas identidades como forma de os forçar a agir pelo que isso significa para a sua imagem pública);

(v) a Lei nº 62/2015 (quanto ao jogo *online*: teve efeitos práticos para aqueles, entre nós, que jogam, por exemplo, nos jogos *online* da Santa Casa, onde se passou a pedir dados adicionais, mesmo digitalizações dos cartões de identificação, acompanhando uma tendência internacional na prevenção do branqueamento de se (tentar) estar mais atento mesmo a realidades onde não pensaríamos à primeira vista estarem em causa estes problemas como os jogos de *Playstation*, *X-Boxes* e outras consolas onde se parece colocarem-se hoje capitais ilícitos (usados para comprar fatos, armas ou "coisas virtuais" dentro do jogo, que permitem depois jogar melhor e retirar dinheiro "branqueado" dos jogos), em desenvolvimentos tecnológicos que têm sido aproveitados pelos dois "lados" da luta, forçando também o Direito a evoluir por causa disso;

(vi) e, por fim, a Lei nº 118/2015, que aprofunda a definição do conceito de beneficiário último das transações (com a importância de conhecer a estrutura e o seu domínio – antigamente tínhamos de conhecer quem tinha 25% e o controlo direto e agora já temos de ir para além disso) – já será aqui que encontramos os sinais para uma quinta geração de instrumentos de combate ao branqueamento de capitais e as pistas do Direito mais invasivo que terá de ser muito ponderado.

É possível dar conta de outras alterações mais pequeninas: uma retificação logo depois da publicação, em 2008, e uma quanto à competência dos tribunais quanto a estas matérias, em 2011, que passou para o tribunal da concorrência, regulação e supervisão.

Do quadro normativo vigente a nível nacional, importará ainda referir abundante legislação complementar, como (vii) a Lei nº 52/2003, que aprovou a Lei de Combate ao Terrorismo em cumprimento da Decisão--Quadro nº 2002/475/JAI, do Conselho; (viii) a Lei nº 11/2002, que define o regime penal do incumprimento das sanções financeiras ou comerciais impostas por resolução do Conselho de Segurança das Nações Unidas ou regulamento da União Europeia, que determinem restrições ao estabelecimento ou à manutenção de relações financeiras ou comerciais com os Estados, outras entidades ou indivíduos expressamente identificados no respetivo âmbito subjetivo de incidência; (ix) a Lei nº 5/2002, que estabeleceu um conjunto de medidas de combate à criminalidade organizada e económico-financeira e prevê um regime especial de recolha de prova, de quebra do segredo profissional e de perda de bens a favor do Estado relativamente a diversos tipos de crime, entre os quais o de branqueamento de capitais; (x) o Decreto-Lei nº 61/2007, que aprovou o regime jurídico aplicável ao controlo dos montantes de dinheiro líquido, transportado por pessoas singulares, que entram ou saem da UE através do território nacional, bem como ao controlo dos movimentos de dinheiro líquido com outros Estados-Membros da EU; o já referido e atualmente problemático (xi) Decreto-Lei nº 125/2008, que estabelece as medidas nacionais necessárias à efectiva aplicação do Regulamento (CE) nº 1781/2006, do Parlamento Europeu e do Conselho, relativo às informações sobre o ordenante que devem acompanhar as transferências de fundos; (xii) a Portaria nº 150/2013, que aprovou a lista dos países ou jurisdições considerados como equivalentes ao nacional quanto aos requisitos impostos em matéria de prevenção e respetiva supervisão; a (xiii) Portaria nº 292/2011, que atualizou aquela lista dos países, territórios e regiões com regimes de tributação privilegiada.

Entre algumas marcas do regime de 2008 e da nossa "lei (da prevenção) do branqueamento", pretendemos destacar as seguintes[40]:

---

[40] Muito sumariamente, para tentar que este texto cubra algumas das matérias que desejamos desenvolver em futuras atualizações destas reflexões que, tal como os regimes jurídicos sobre os quais incidem, também as devem ter.

ii) Alargamento do âmbito subjetivo das entidades sujeitas

Claramente foi alargado o âmbito subjetivo das entidades sujeitas a deveres de prevenção do branqueamento, as entidades não financeiras passaram a ser muito mais detalhadas e vinculadas, ficando expressamente obrigados agentes imobiliários, solicitadores, advogados (cujos deveres, apesar de tudo, foram atenuados em relação à lei anterior, por força das críticas a que fizemos referência atrás), passando todos os outros tipos de representantes a poder ser ainda mais responsabilizados do que eram à luz do regime de 2004.

iii) Aprofundamento e maior detalhe quanto aos deveres já antes previstos

A lista de deveres e os respetivos conteúdos passou a estar muito mais detalhada, ainda que por vezes se pareça cair em exageros normativos, repetindo-se previsões e parecendo existir normas desnecessárias, porque pelo menos já decorreriam da boa articulação de outras normas. Há um conceito que tinha vindo a ser construído pela jurisprudência (tanto nacional como europeia) que foi incorporado na *law in books*, a ideia de diligência (que no futuro se quer adequar aos "perfis de risco", utilizando conceitos que por vezes o legislador nacional parece ainda não ter querido ou sabido traduzir convenientemente). Até 2008, e mesmo depois, os bancos questionavam-se sobre qual era a diligência verdadeiramente exigida para conhecer os seus clientes, aqueles que trazem capitais para as suas instituições. E a maneira como a jurisprudência foi construindo essa medida foi através de uma equiparação com a diligência que é tida para conceder crédito pelas mesmas instituições. Esse paralelismo torna-se fácil de verificar mesmo para leigos: quando os bancos vão conceder crédito, têm de conhecer a estrutura e só vão emprestar dinheiro se confiarem nas pessoas que estão do outro lado. Começou a ser exigido que, para receberem dinheiro e, mais do que isso, para movimentarem dinheiro, fosse tido um tipo de diligência equivalente.

iv) Precisões quanto ao dever de diligência em duas versões: reforçado e simplificado

O dever de diligência passou a estar mais detalhado, e previsto de forma reforçada e simplificada.

v) Densificação da ideia de "operações suspeitas"

A ideia de "operações suspeitas" foi robustecida, com uma abertura que não permita aos branqueadores perceberem que determinado comportamento é uma operação suspeita e que outro não é (o que depois dificulta o controlo das atuações dos bancos em relação a esses deveres).

vi) Estabelecimento de proibições quanto às relações com "bancos de fachada"
Numa concretização das exigências que já iam sendo feitas a nível internacional, define-se este conceito com enorme importância instrumental na prevenção (veja-se o artigo 30º da Lei nº 25/2008).

vii) Maior detalhe sancionatório e reforço das coimas

Este reforço do Direito sancionatório dá-se com ainda mais força depois de 2014, mantendo-se, no entanto, uma muito discutível coima mínima e continuando a não estar previstos modelos de coimas alternativos ou processos como o sumaríssimo, que existem em regimes próximos e que, para o sancionamento de infrações mais ligeiras, faria todo o sentido permitir ao aplicador do Direito utilizar. As contraordenações passaram a ser previstas em maior número, sendo possível fazer uma tabela de correspondência entre as várias contraordenações e cada um dos deveres.

viii) Permissão de adaptação dos deveres (especialmente de identificação e de diligência) em função de perfis de risco (em função de cinco índices)

Passou também a ser permitida a adaptação dos deveres existentes – o que revela alguma atenuação em relação ao regime de 2004 – foram previstos cinco tipos de índices para os bancos perceberem o tipo de pessoa com que se deparam e as entidades podem moldar os deveres que são tidos, quer quanto à identificação, quer quanto à diligência, quer quanto ao exame que tem de ser feito das suas características, em função do tipo/ do perfil de risco desse cliente. É uma das áreas de 2008 que irá, provavelmente, ser mais desenvolvida na transposição da Diretiva do verão de 2015.

ix) Aprovação do recurso a terceiros para cumprimento dos deveres

Um esclarecimento muito importante decorre da previsão de que as entidades financeiras passem a poder recorrer a terceiros para assegurar o cumprimento de deveres de prevenção (com o novo regime previsto pelo artigo 24º da lei, alterado em 2009 e em 2012.

x) Exigência estrutural, para uma "resposta pronta e cabal"

Na densificação do dever de colaboração passou a exigir-se que a própria estrutura das instituições de crédito contemple sistemas internos mais rápidos (para que possa dar a "resposta pronta e cabal" que a lei exige). Nestes domínios são essenciais, para além do Aviso geral do Banco de Portugal em matéria de prevenção do branqueamento – o nº 5/2013 (muito recentemente alterado pelo Aviso nº 3/2017) – os Avisos nº 5/2008 (quanto ao sistema de controlo interno), nº 9/2012 (quanto ao reporte anual em matéria de gestão do risco de branqueamento ou nº 8/2016 (quanto a deveres de registo e de comunicação), bem como a Instrução nº 46/2012, também do Banco de Portugal que aprovou um outro reporte informativo – diplomas a que faremos breve referência já de seguida.

xi) Regulamentos comunitários "complementares"

Do quadro de Direito da União Europeia com relevância nesta "terceira geração" cabe ainda sublinhar o Regulamento (CE) nº 1781/2006, quanto a informações sobre o ordenante que devem acompanhar as transferências de fundos, devendo essa informação ser conservada, bem como o Regulamento delegado (UE) 2016/1675 que completa a Diretiva 2015/849, identificando os países terceiros de risco elevado que apresentam deficiências estratégicas, que apesar de serem de "4G", pela sua natureza, já terão aplicabilidade e terão de ser articulados com os restantes diplomas vigentes, ainda da nossa terceira geração.

xii) Avisos e instruções essenciais e complementares

Instrumentos normativos determinantes quanto à regulamentação, ainda na terceira geração, mas já a entrar na quarta, são os seguintes avisos e instruções do Banco de Portugal:

- o mais geral Aviso nº 5/2013, muito recentemente alterado pelo Aviso nº 3/2017;
- o Aviso nº 9/2012, que define os requisitos de informação em matéria de gestão do risco de branqueamento de capitais e de financiamento do terrorismo, a reportar anualmente ao Banco de Portugal (o "RPB");
- a Instrução nº 46/2012 que aprovou um reporte informativo (o "QAA", questionário de autoavaliação) sobre as práticas adotadas

ESTUDOS DE DIREITO BANCÁRIO I

pelas entidades sujeitas à supervisão do Banco de Portugal, ou que prestem serviços financeiros relacionados com matérias sujeitas à sua supervisão, a reportar anualmente ao Banco de Portugal), estabelecendo o seu preenchimento anual e envio ao Banco de Portugal através do sistema BPnet bem como o modelo de questionário, anexo àquela instrução;

- o Aviso nº 5/2008 que estabelece que as instituições de crédito, as sociedades financeiras e as sucursais com sede em países terceiros devem dispor de um sistema de controlo interno com vista a garantir um desempenho eficiente e rentável da atividade, a existência de informação financeira e de gestão completa, fiável, pertinente e tempestiva, bem como o respeito pelas disposições legais e regulamentares aplicáveis;
- o Aviso nº 7/2009 que veda a concessão de crédito a entidades sediadas em jurisdição *offshore* considerada não cooperante ou cujo beneficiário último seja desconhecido (definindo os conceitos necessários) e determina o envio de uma declaração das autoridades de supervisão prudencial nas jurisdições *offshore* onde pretendam realizar operações de crédito, no sentido de assegurar que não existem obstáculos à prestação de informação;
- o Aviso nº 8/2016 que regula deveres de registo e de comunicação relevantes nestas matérias, bem como as condições, mecanismos e procedimentos necessários ao seu cumprimento.

O Aviso nº 5/2013 do Banco de Portugal é eventualmente o mais extenso diploma em matéria de prevenção do branqueamento de capitais, vindo muitas vezes apenas reiterar o que já constava da Lei nº 25/2008[41], mas parecendo poder do Aviso decorrer novas infrações previstas e punidas por aquela lei. Na simples listagem que faremos abaixo dos vários deveres a que as entidades sujeitas devem estar atentas faremos referência aos lugares em que esses deveres vêm previstos em ambos os diplomas, sendo essencial conhecê-los. Outra das particularidades deste Aviso é o caráter quase didático que parece ter, funcionando ele próprio como um "manual

---

[41] Para uma aprofundada análise crítica deste diploma – e da sua articulação com a lei – v. desde logo PAULO SARAGOÇA DA MATTA, "Quando o Estado prefere a coima à pena", *in Política e Corrupção, Branqueamento e Enriquecimento*, Lisboa: Chiado Editora, 2015, *ebook*, locs 2232-3435.

de prevenção do branqueamento de capitais" que convidamos a ler no final desta apresentação. Isso explicará o grau de detalhe e talvez os menores cuidados de legiferação que alguma doutrina tem criticado[42]. Este importante Aviso foi já alterado pelo Aviso nº 1/2014, também do Banco de Portugal – especialmente determinante quanto às relações de negócio distintas das contas de depósito bancário e à necessidade de fazer classificações ajustadas de graus de risco (numa clara manifestação de "4G" antes de tempo) e muito recentemente pelo Aviso nº 3/2017 que veio tentar alterar as últimas normas que continuavam a existir no nosso ordenamento jurídico que impediam a abertura de contas à distância. Diríamos apenas, para já, que os meios tecnológicos que são exigidos para cumprir o que é exigido são ainda muito raros e pouco disseminados que a necessidade de ir a um balcão continuará a prevalecer, sacrificando-se alguma da celeridade e desmaterialização que os tempos modernos já permitem, em nome das cautelas que são exigidas em nome do combate contra o branqueamento de capitais.

Conforme vimos, o Aviso e a Instrução de 2012 vieram prever obrigações de reporte específicas para a prevenção de branqueamento, quanto a dois formulários que bancos (e outras instituições de menor dimensão – que muitas vezes se esquecem ou não montam uma estrutura para tal) têm de entregar, nuns casos no final do ano civil, noutros a meio: os RPBs e os QAAs que poderão ser importantes ferramentas para controlar a forma como é efetivamente feita prevenção do branqueamento em cada instituição. Faça-se ainda referência ao Aviso nº 8/2013 que, sendo mais curto e não tão forte como o nº 5/2013, não deixa de ser essencial conhecer e aplicar, por regulamentar os deveres de registo e de comunicação ao Banco de Portugal, repetindo alguns conceitos, mas distinguindo a aplicabilidade dos deveres quanto a tipos de operações e estabelecendo formas de comunicação.

Por fim, será necessário ainda ter presente a Instrução nº 17/2010, quanto às regras de comunicação das operações de transferência de fundos para jurisdições *offshore*; o Aviso nº 7/2009, que veda a concessão de crédito a entidades sediadas em jurisdição *offshore* considerada não cooperante ou cujo beneficiário último seja desconhecido; e o Aviso nº 5/2008, relativo aos princípios e requisitos mínimos a que deve obedecer o sistema de controlo interno das instituições financeiras (também bastante relevante em

---

[42] V. *idem, ibidem.*

matéria de prevenção e também demasiado difícil de aplicar ou perceber mesmo por juristas experimentados, mas infelizmente não há espaço para discutir isso aqui). Mais recentemente, damos nota do Decreto-Lei nº 64/2016, que em outubro de 2016 veio estabelecer novas regras sobre acesso e troca de informações no domínio da fiscalidade; do Aviso do Banco de Portugal nº 8/2016, que regulou os deveres de comunicação previstos no RGICSF e RJSPME, em setembro de 2016; da Resolução do Conselho de Ministros nº 88/2015 que criou a "Comissão de Coordenação das políticas de prevenção e combate ao BCFT" em outubro de 2015 e a da Lei nº 7/2015 que veio definir as prioridades, objetivos e orientações de política criminal para o biénio 2015-17[43].

d) A quarta geração (e a corrupção e os crimes fiscais)

Por fim, a "4G" tem como principal instrumento normativo já referida Diretiva (UE) 2015/849 do Parlamento Europeu e do Conselho, de 20 de maio de 2015 (a Diretiva AML IV, na versão mais "romana" e internacional), relativa à prevenção da utilização do sistema financeiro para efeitos de branqueamento de capitais ou de financiamento do terrorismo, que não veio trazer tantas novidades como as que a precederam[44], introduzindo especificações e uma acentuação na "abordagem de risco ajustado" (ou *"risk assessment approach"* no conceito inglês, tão querido deste legislador europeu).

Muitas das suas previsões já terão até sido incorporadas pela legislação portuguesa que veio alterar a lei de 2008, como o alargamento aos casinos ou ao jogo *online*, pelo que tudo isso não carecerá de transposição para nova lei portuguesa que esperamos para breve.

Importa dar atenção ainda ao Regulamento (UE) 2015/847, de 20 de maio 2015, a que já fizemos referência atrás, a propósito do mecanismo

---

[43] A propósito da proposta de lei que virá substituir esta (com as prioridades em matéria de política criminal para 2017/19), a Procuradora-Geral da República, JOANA MARQUES VIDAL, já veio defender que criminalidade económico-financeira conste mais amplamente da lista das prioridades, abrangendo-se não só os crimes de corrupção e branqueamento, mas também os da Bolsa e outros ilícitos do comércio internacional, noutro sinal de desenvolvimentos futuros.

[44] Sobre esta Diretiva, v., desde logo, EMANUELE FISICARO, "La propuesta de la cuarta directiva de la UE y las recomendaciones GAFI", in AA.VV., *IV Congreso internacional sobre prevención y represión del blanqueo de dinero*, coord: Miguel Abel Souto, Nielson Sánchez Stewart, Valencia: Tirant Lo Blanch, 2014, pp. 61-78.

sancionatório nacional que continua também desatualizado quanto ao problema da conservação e envio das informações sobre o ordenante que devem acompanhar as transferências de fundos. E também ao Regulamento delegado (UE) 2016/1675, da Comissão, de 14 de julho de 2016 que completa a Diretiva (UE) 2015/849, mediante a identificação dos países terceiros de risco elevado que apresentam deficiências estratégicas.

Com estes novos instrumentos pretende-se, por um lado, aproveitar os esforços que têm sido desenvolvidos para lutar contra outros tipos de crimes, em nome de uma ideia de que estes são cada vez mais censuráveis socialmente (como a corrupção e os crimes fiscais[45]), apostando-se fortemente no conceito de "PEP's" (pessoas politicamente expostas) e, por outro lado, tenta-se também combater instituições que se entende serem criadas diretamente para branqueamento de capitais – desde algumas casas de câmbio até às mais recentes instituições *online*, de pagamento, que têm sido feitas logo tendo em vista o branqueamento, dando-se o exemplo de uma moeda virtual – as *liberty coins* – que terá sido feita especificamente para branqueamento de capitais.

O principal objetivo da Diretiva de 2015 foi o de harmonização do direito transnacional, tentando uniformizar os deveres das entidades obrigadas na Europa, nos EUA, e em Inglaterra (que, apesar de ainda ser da UE, funciona em muitos destes aspetos bancários de maneira diferente). A Diretiva AML IV tenta ainda equilibrar o Direito bancário com o penal e com o fiscal, suavizando os regimes. Todas estas diretivas têm conduzido a alguma harmonização no espaço europeu, mas ainda há muitas diferenças entre ordenamentos, até pelos diferentes pontos de partida e características próprias de cada país.

Sobre a Diretiva, sublinhe-se ainda que prevê (i) um reforço das obrigações dos intermediários financeiros, especialmente quanto às PEP's; (ii) uma atenuação das exigências ao nível das hierarquias; (iii) a criação, ao nível dos Estados-Membros, de entidades independentes e autónomas; (iv) a proteção dos funcionários que hajam sido ameaçados ou vítimas de atos hostis; (v) a inclusão dos crimes fiscais no catálogo de infrações pre-

---

[45] Quanto o cruzamento das informações relativas a branqueamento com a luta contra a fraude fiscal, cf. RAFFAELE RIZZARDI, "Lo scambio di informazioni a scopo fiscale: il transparency forum dell'ocse, i tiea e l'integrazione dell'articolo 26 dei trattati e la convenzione multilaterale del modello di convenzione", in *Il riciclaggio come fenomeno transnazionale: normative a confronto*, (a cura di RANIERI RAZZANTE), Milano: Giuffrè Editore, 2014, 137-156.

cedentes; (vi) o alargamento das possibilidades de imposição de sanções penais aos ordenantes ou beneficiários últimos pelos Estados-Membros; (vi) uma maior harmonização entre os Direitos daqueles estados; e (vii) regulamenta ainda aspetos das operações à distância.

Como temos referido, já estamos a aguardar pelos resultados das avaliações do GAFI, já esperamos novos instrumentos normativos a nível europeu (agora as Diretivas, quais mensagens da "Missão Impossível" quase preveem a sua autodestruição, numa versão reforçada da imagem dos iogurtes), os meios tecnológicos continuam avançar e a permitir não apenas controlar e prevenir o branqueamento, mas também branquear de formas novas, pelo que já estará a desenhar-se um 5G para o futuro, devendo esta apresentação ser bastante atualizada já no próximo ano. Antecipe-se ainda que o GAFI identifica três características da internet que a tornam particularmente "atraente" para o branqueamento e que devem ser enfrentadas em futuros instrumentos normativos: (i) a facilidade de acesso por qualquer um; (ii) a despersonalização do contacto cliente-banco; e (iii) a velocidade com que se dão as transações eletrónicas (com problemas quanto à identificação – sem confirmação, forjadas, acesso fácil por terceiros, que já terão começado a (tentar) ser enfrentadas, entre nós, pelo recentíssimo Aviso nº 3/2017 do Banco de Portugal).

IV. Uma listagem dos deveres em matéria de prevenção do branqueamento

Não tendo aqui nem o tempo (nem o espaço!) para muito mais desenvolvimentos, não queria deixar de, neste texto, fazer breves referências aos deveres que o legislador tem vindo a desenhar ao longo das últimas três décadas e a tentar aperfeiçoar em cada ciclo ou geração de diplomas.

A doutrina ainda não os tem classificado ou hierarquizado, mas parece-me que podemos encontrar: (i) deveres principais, que constituem o tronco essencial da prevenção (e cuja violação deverá ser mais severamente punida) e que têm de ser a prioridade de todas as instituições e têm de ser controlados diariamente; (ii) deveres acessórios que se verificam nos casos concretos e que são a base do controlo nos "casos de alarme" que devem ser detetados pelas campainhas instaladas através dos deveres principais); e (iii) deveres secundários, quanto à conformação de sistemas da própria instituição, elementos auxiliares e meios de apoio às estruturas internas e externas envolvidas na prevenção do branqueamento de capitais.

Assim, em poucas linhas, muito gerais:

e) Deveres principais (identificação, diligência, exame e comunicação)

xiii) Identificação

O dever de identificação vem previsto atualmente nos artigos 7º e 8º da Lei e nos artigos 9º a 28º do Aviso nº 5/2013 (doravante meras referências a "Aviso" serão a este, tal como "Lei" será para a Lei nº 25/2008), prevendo--se diretamente infrações relacionadas com a sua violação nas alíneas a) a c) do artigo 53º da Lei. É o dever mais "antigo", apareceu logo em 1993, e tem vindo a ser desenvolvido com exigências diferenciadas quanto a pessoas singulares, coletivas e centros sem personalidade jurídica. A maneira mais simples de verificar a identificação é pedir um bilhete de identidade, com uma determinada fotografia e ver que aquela carinha corresponde à pessoa que está atrás do cartão. Isto é mais fácil de compreender quando pensamos na relação ao balcão de um Banco. Quando começamos a ter sistemas *online* deixa de ser assim. Em primeiro lugar, porque é fácil enviar documentos de identificação falsos, em segundo lugar, porque é possível outra pessoa usar os meus dados por mim para branquear capitais seus (e eu depois defender-me dizendo que não fui eu, o que cria ainda mais dificuldades processuais). Também nestes domínios se sente a relativa infância destes regimes cruzada com a aceleração dos problemas que os avanços tecnológicos têm trazido, o que implica persistirem ainda muitas dúvidas e discussão). Por exemplo, quanto ao dever de identificação de pessoas coletivas a Lei ainda parece ser hoje algo dúbia, referindo o cartão de identificação da pessoa coletiva e a certidão permanente. À cautela, julgo ser melhor exigir sempre essa certidão, porque a lei não refere um "ou". Neste artigo, o legislador utilizou vírgulas, o que poderá dar a entender que precisaríamos das duas.

xiv) Diligência

Os deveres de diligência vêm previstos nos artigos 9º a 12º da Lei e nos artigos 29º a 40º do Aviso, prevendo-se diretamente infrações relacionadas com a sua violação nas alíneas d) a g) do artigo 53º da Lei. Quanto à diligência, em geral, recorde-se que a diligência que é exigida é a mesma que é tida para conceder crédito (é preciso conhecer o cliente a fundo, a sua estrutura e "quem é que manda"). Estes deveres estão ainda ligados ao conceito de PEP's previsto na alínea 6) do art. 2º da Lei, que é um dos conceitos que vai ser alargado com a transposição da Diretiva de 2015, designadamente para o fenómeno desportivo, muito em resposta e no contexto dos casos recentes no mundo do futebol. O Direito tem esta reatividade (muito perigosa) quer em Portugal, quer a nível europeu, e tenta responder rapidamente aos casos que acabaram de acontecer (daí parecer-nos fácil relacionar a Diretiva com os casos da FIFA que têm estado nos telejornais) e alguns preceitos parecem feitos "à medida", o que é um ótimo exemplo de uma má maneira de fazer leis. Há uma lista grande de PEP's, referindo-se os titulares de cargos públicos, de tribunais, ou pessoas que os ocuparam até há um ano atrás e ainda toda a sua família alargada. Nestes casos, a justificação já é da luta contra a corrupção. Em Portugal ainda não alargámos totalmente estes âmbitos e conceitos, mas vamos ter de o fazer, aumentando o catálogo de PEP's para lidar com a quarta Diretiva. Se, por um lado, faz sentido, dado o contexto, por outro, também implica custos sociais e é um pouco assustador e desincentivador para estimular o serviço público (sem aprofundar mais esta discussão que tem de ser tida de todo o modo!)

Quanto ao dever de diligência, tem basicamente cinco subdeveres: (i) compreender a estrutura do cliente, (ii) compreender o fim do negócio, (iii) compreender a origem e o destino dos fundos, (iv) acompanhar e manter um olhar atento durante a relação de negócio (aquilo que se tem aprendido com a experiência é que os bancos e as entidades obrigadas tinham muitos cuidados no início e durante o estabelecimento da relação e, depois, ao longo da relação, deixavam de ser tão cuidadosos, podendo verificar-se os atos de branqueamento mais tarde, pelo que se deve insistir neste acompanhamento – para evitar os casos em que os branqueadores começavam uma relação boa e saudável com os seus bancos, ganhavam confiança e, passado determinado período de tempo, iniciavam a prática de atos relevantes quando já não havia a mesma diligência), e, por fim, (v) a necessidade de ir atualizando as informações, com cópias ou digitalizações dos cartões de identificação que, muitos de nós, como clientes bancários, não nos temos visto serem solicitadas. Esta matéria da atualização de informações pode não andar a ser bem controlada (nem pelos bancos, nem por supervisores), mas, mais cedo ou mais tarde, certamente irá ser. Têm aumentado as formas de controlo pelo que, ainda que estes deveres de diligência não tenham total aplicabilidade prática, pelo incremento de respostas sancionatórias – de *enforcement*, em mais uma linda palavrinha estrangeira – vão passar a ter de ter, pelo que urge verificar melhor internamente o cumprimento destes deveres.

O dever de diligência vem melhor detalhado nos artigos 10º e seguintes da Lei nº 25/2008, a adequação ao grau de risco (no 10º), o dever simplificado (no 11º) e o dever reforçado (no 12º). O dever de diligência simplificado tem a ver com as instituições cujo controlo já foi feito noutros Estados-Membros, em nome de um funcionamento mais célere e eficaz do mercado, designadamente quando os bancos estão a negociar com bancos que têm sede num outro Estado-Membro, pelo que não faz sentido terem as mesmas exigências e cuidados porque as autoridades de supervisão bancária irmãs já terão feito a verificação necessária, também é assim com algumas sociedades cotadas. O dever de diligência reforçado serve para as pessoas politicamente expostas ou para casos em que se já se começaram a levantar suspeitas.

xv) Exame

Muito sinteticamente, o dever de exame vem previsto no artigo 15º da Lei e no artigo 50º do Aviso, prevendo-se diretamente infrações relacionadas com a sua violação nas alíneas l) e m) do artigo 53º da Lei, tem uma série de elementos caracterizadores previstos no nº 2 do artigo 15º e que implicam, para cada transação acima de determinado montante, comunicação.

xvi) Comunicação

Para olhar para o dever de comunicação, interessa relembrar o que atrás foi dito em relação aos três modelos de comunicação em matéria de prevenção do branqueamento de capitais, tendo Portugal o modelo misto, que implica comunicação de todas as operações acima de determinado montante ou com determinadas características, bem como uma "sinalização" das operações suspeitas.

O dever de comunicação português vem previsto no artigo 16º da Lei e no artigo 51º do Aviso, prevendo-se diretamente infrações relacionadas com a sua violação nas alínea n) ou ae) do artigo 53º da Lei. Prevê-se que operações suspeitas devem ser comunicadas de imediato ao Procurador-Geral da República e à Unidade de Informação Financeira (UIF)[46], que

---

[46] Sobre esta unidade, v. desde logo SÍLVIA PEDROSA, "Unidade de informação financeira", in *Polícia e Justiça*, Barro, S. 3, (2004), pp. 9-16. A UIF é essencial neste combate, foi incluída

ESTUDOS DE DIREITO BANCÁRIO I

trabalha ainda com o DCIAP, e trata da confirmação judicial da suspensão de operações. Nos termos do artigo 38º da Lei nº 25/2008, têm ainda competências de fiscalização do cumprimento de deveres de prevenção o Banco de Portugal, a CMVM, a ASSFP e o IGTCP (quanto a entidades financeiras) entre outras, como a ASAE, o Instituto da Construção e do Imobiliário, o Serviço de Inspeção e Jogos do Turismo de Portugal e ainda o Instituto de Registos e Notariado, a Câmara dos Solicitadores e a Ordem dos Advogados.

f) Deveres acessórios (recusa, abstenção e colaboração)

Relacionados com estes deveres principais, vêm outros deveres acessórios, que emergem a partir do momento em que se deteta uma operação suspeita ou "perigosa". A partir desse momento não podemos dar seguimento à operação e devemos colaborar com as autoridades.

xvii) Recusa vs. abstenção

O dever de recusa vem previsto no artigo 13º da Lei e no artigo 48º do Aviso, prevendo-se diretamente infrações relacionadas com a sua violação nas alíneas h) e i) do artigo 53º da Lei. Por seu lado, o dever de abstenção decorre do artigo 17º da Lei e do artigo 52º do Aviso, prevendo-se diretamente infrações relacionadas com a sua violação nas alíneas o) e p) do mesmo artigo 53º da Lei. A abstenção está relacionada com o dever de não dar seguimento a uma operação quando marcamos essa operação como suspeita, apesar de termos todos os elementos necessários para a efetuar (todas as informações do cliente, o que nos foi fornecido pelo mesmo, dão a aparência de que é uma "boa" operação). Já o dever de recusa impõe-se quando faltam alguns dos elementos exigidos quanto a uma operação ou cliente, designadamente em matéria de identificação, estando completamente obrigados a não levar em frente a operação.

na orgânica da Polícia Judiciária em 2002 e está hoje definida na Lei nº 37/2008, tendo as competências descritas no Decreto-Lei nº 42/2009, é a Autoridade central nacional competente para a recolha, análise e difusão da informação relativa a BCFT (hoje também infrações tributárias de maior gravidade, com a AT), trabalha com as todas as autoridades portuguesas (Ministério Público e de supervisão), nos termos da Lei nº 25/2008. De acordo com as estatísticas que vem tornando públicas, o número de comunicações feitas (sujeitas a confidencialidade) tem vindo a aumentar.

O dever de abstenção tem algumas particularidades. Se a recusa é uma decisão interna do banco (a que este está obrigado), a abstenção não, decorre de uma comunicação a um juiz, que tem um prazo para se pronunciar – o que está ligado quer à necessidade de celeridade no mercado financeiro, quer à necessidade de manter a relação de confiança entre o banco e o cliente. O banco tem de ter a resposta no prazo de 2 dias úteis, caso contrário, tem de avançar. O juiz confirma a suspensão da transação ou não e, nesse caso, a mesma prossegue e o cliente ficará sem conhecer as suspeitas que levantou e mantém-se a boa relação entre o banco e o cliente (poderia ser preferível a escolha do termo interrupção em vez de suspensão, uma vez que, confirmando o juiz a decisão, ela acaba ali e não regressará nunca). Há uma outra possibilidade muito interesssante neste regime que é manter a operação, para que o cliente investigado não saiba e se possam recolher mais elementos e fazer uma boa investigação criminal. Esta é uma boa prática que deve ser discutida entre os interlocutores do banco, o Ministério Público e o juiz. Podem-se assim seguir os casos de branqueamento através do mercado financeiro. Parece-me que há vantagens nestas decisões por três argumentos: se fosse juiz de instrução teria muita dificuldade em mandar suspender uma transação no quadro do artigo 17º da Lei 25/2008 porque isso serve quase como um aviso ou alerta ao investigado, sem se poder acompanhar os seus comportamentos seguintes com o trabalho já feito de deteção da operação suspeita pelo banco; por outro lado, porque implica logo uma violação da relação de confiança entre o banco e o cliente – julgo que não queremos que os clientes saibam que os estamos a analisar ou que fiquem a pensar nos bancos como polícias, queremos que os bancos saibam que têm de analisar, mas os clientes não têm de "sentir" isso de perto; por fim, em termos de proporcionalidade também poderá haver aqui um desequilíbrio que deve pender para a manutenção preferencial das operações (a não ser quando se suspeite de que os capitais transferidos irão ser usados para a prática de novos ilícitos).

xviii) Colaboração

Muito sinteticamente, o dever de colaboração implica que se o Ministério Público ou a UIF pedirem alguma informação a uma instituição de crédito, esta tem de responder, e a resposta tem de ser rápida e possível através de sistemas internos céleres e eficazes. Este dever de colaboração vem previsto nos artigos 18º e 28º da Lei e no artigo 53º do Aviso, prevendo-

ESTUDOS DE DIREITO BANCÁRIO I

-se diretamente uma infração relacionada com a sua violação na alínea q), mas também as mais recentes alíneas aa) e ab) parecem concretizar este dever (todas do artigo 53º da Lei). Mas guardemos uns últimos aspetos sobre este dever para o final, por nos parecer aquele que melhor representa as várias tensões que estes regimes comportam.

g) Deveres secundários (controlo, conservação, segredo e formação)

Por fim, relacionados aqueles deveres principais, surgem outros deveres secundários, mais relacionados com a estrutura e o funcionamento dos bancos e a sua participação nos grandes sistemas de prevenção do branqueamento. Porque o tempo foge, façamos-lhe brevíssimas referências.

xix) Controlo

O dever de controlo vem previsto no artigo 21º da Lei e merece um dos capítulos no Aviso, encontrando-se também previsto nos artigos 41º (sistema de controlo), 42º (quanto às responsabilidade do órgão de administração nesta matéria), 43º (relativo à função de *"compliance"*, que este legislador persiste em não querer traduzir), 44º (quanto aos testes de efetividade) e 45º (relativo a relações de grupo) prevendo-se diretamente apenas uma infração relacionada com a violação na alínea t) do artigo 53º da Lei, mas havendo aqui espaço para muitas violações dos procedimentos previstos nestas normas. Exige-se que os bancos definam e apliquem "políticas e procedimentos adequados ao cumprimento dos deveres previstos" (seja lá o que essa adequação quiser significar – temos claramente aqui um exemplo de indeterminação perigosa, especialmente em Direito que também quer ser sancionatório – o esforço de tentar enfrentar essa indeterminação, ainda que com a previsão de verdadeiros novos deveres, é do que mais se pode elogiar ao Aviso nº 5/2013, nesta matéria[47]).

xx) Segredo

Já o delicado dever de segredo em matéria de branqueamento vem previsto no artigo 19º da Lei e no artigo 54º do Aviso, prevendo-se diretamente

---

[47] Em sentido parcialmente divergente, v. o já referido PAULO SARAGOÇA DA MATTA, "Quando o Estado prefere a coima à pena", *in Política e Corrupção, Branqueamento e Enriquecimento*, Lisboa: Chiado Editora, 2015, *ebook*, locs 2232-3435, v. em especial loc 2610 e ss.

duas infrações relacionadas com a sua violação nas alíneas r) e s) do artigo 53º da Lei, que obrigam ao silêncio sobre todos os atos de prevenção em relação ao cliente (ou a quaisquer terceiros que não a própria PGR ou UIF a quem se tem de comunicar) e mesmo, diríamos, a ser excelentes atores, sob pena de praticar aquelas infrações.

xxi) Conservação

O dever de conservação é dos mais "antigos", vem previsto no artigo 14º da Lei e no artigo 49º do Aviso, exigindo-se que as cópias ou referências dos documentos comprovativos do cumprimento dos restantes deveres sejam conservadas, quanto à diligência e informação pelo menos por 7 anos (exigindo-se também acessibilidade e bons sistemas informáticos para a consulta), e prevendo-se diretamente uma infração relacionada com a violação deste dever na alínea j) do artigo 53º da Lei.

xxii) Formação

O dever de formação vem previsto nos artigos 22º e 37º da Lei e merece outro dos capítulos autónomos do Aviso, encontrando-se também previsto nos artigos 46º e 47º (que obrigam à previsão de uma política formativa e ao registo das ações realizadas nesse sentido), prevendo-se ainda diretamente apenas uma infração relacionada com a violação na alínea u) do artigo 53º da Lei. A verificação do cumprimento deste dever não deixa de parecer difícil (será que os colaboradores, funcionários e administradores dos bancos podem ser testados com perguntas quanto a este tipo de regimes? Basta o registo de que houve uma formação? Diria que este dever é quase um convite para apresentações como aquela que agora terminamos e que esperamos que sirva para que se pratique menos a infração da alínea u).

V. Notas finais e o grande problema do dever de colaboração

Para concluir, retomemos a discussão sobre previsão do dever de colaboração, em particular ou mesmo como dever geral, que é uma matéria que deve levantar importantes questões, com as quais me parece adequado terminar esta sessão.

Os artigos 18º e 28º da Lei parecem conter quase um dever geral de denúncia e ter a capacidade de fazer de qualquer banco e seus funcionários investigadores, sendo eventualmente demasiado amplos quanto à exigência de colaboração com as autoridades. Quanto a tudo o que temos falado, o Estado decidiu transformar (e isto aconteceu em muitos Estados "desenvolvidos") as entidades financeiras e não financeiras em colaboradores de primeira linha no combate ao branqueamento de capitais. Os primeiros "polícias" nesta matéria são eles. Há quem critique muito estas soluções. Como fizemos referência no início, na Suíça pode-se ler mais sobre isto. Quase em jeito de caricatura ouvimos afirmar: *"estamos a transformar os bancos em bufos!", "estamos a fazer dos nossos funcionários denunciadores"*. As críticas e as dificuldades de implementar estes regimes também se podem perceber pelo contexto sociológico e histórico em que surgem. Tanto o Direito alemão como o suíço têm e vivem ainda alguns traumas da Segunda Guerra Mundial, do pós-guerra, e das polícias secretas que por lá atuaram, antes e depois da Guerra, ainda estando bem nítida a imagem forte de haver, em cada prédio, um vizinho que denunciava os outros vizinhos. Assim, hoje em dia, a previsão de um dever geral de denúncia é uma coisa que é bastante criticável na Alemanha. E o Direito sancionatório alemão tem sido muito contrário a tentativas desse tipo. Em Portugal não sentiremos tanto esta tensão, mas também somos culturalmente, e desde pequeninos, ensinados a não gostar de "bufos" ou "queixinhas". Os meninos que estão a apontar para os outros a dizer "aquele fez mal", fez isto ou aquilo, não são tão socialmente aceites e não sei mesmo se são comportamentos que devamos incentivar numa sociedade que se quer de confiança mútua. E o Direito, especialmente o penal e sancionatório, é muito influenciado por estas pré-compreensões. Numa formulação muito levezinha, uma das maiores críticas que se têm feito a estes regimes é essa: estaremos a transformar os nossos bancos em bufos? E, contra a vontade ou cultura deles, isso funcionará? Por outro lado, temos argumentos para atenuar os deveres a que estamos obrigados, tanto pelos deveres relativos ao sigilo bancário, como quanto aos princípios constitucionais que podem ser invocados para a defesa do não cumprimento dos deveres previstos na lei nº 25/2008 ou para a defesa de que, em dúvida, não devemos comunicar. Porquê? Porque estamos a pôr em causa a nossa relação de confiança com os nossos clientes, essencial para o Direito bancário. Mas este problema é ainda mais fácil de perceber quando estamos a falar de advogados, basta imaginar o caso do cliente que se está a expor para que possa ser defendido. Por essas razões, existem normas próprias para os advogados e solicitadores, prevendo-se um duplo degrau: não é o advogado que deve fazer o reporte diretamente à UIF ou PGR, é a Ordem dos Advogados, o Bastonário ou alguém em seu nome (cf. o artigo 35º da Lei). Assim, como advogados, temos de comunicar as suspeitas à Ordem, que as vai analisar também, para não serem só uns olhos a "suspeitar" e melhor garantir o sigilo profissional, mas estas cautelas não têm recebido equivalentes para outras profissões ou classes de intervenientes nos mecanismos de prevenção do branqueamento.

No caso dos bancos, é fácil perceber para onde têm vindo a pender as decisões, os bancos têm, e bem, medo de incorrer em responsabilidade contraordenacional, com receio de que mesmo os seus funcionários incorram diretamente em responsabilidade desse tipo pelo que, em dúvida, acabam a expor os seus clientes. Mas isto é uma tensão constante. Não há só custos financeiros e estruturais – de montar unidades pesadas dentro dos bancos –, há também elevados custos de confiança no sistema que, dentro destes quadros, passa a funcionar numa lógica de desconfiança (isto eventualmente serão mesmo problemas de Filosofia do Direito a que, é pena, também não temos nem espaço nem tempo para nos dedicar aqui).

Outro aspeto a apontar quanto ao dever de colaboração, no quadro dos sistemas de controlo interno e/ou de *compliance*, é o tipo de linguagem utilizada na legislação ou regimes que os detalham, que implicam muitas dificuldades. Sempre que preciso de ver o que é um "sistema adequado" ou um "sistema que permita uma resposta pronta e cabal" isso é, para mim, muito difícil de perceber o que é na prática. Se não existir um sistema adequado, devemos aplicar uma coima. Agora, o que é que é um "sistema pronto e cabal"? Para quem aplica direito sancionatório isto deveria ter, à partida, uma resposta inequívoca (ainda que, como também já fiz referência, o Direito da prevenção do branqueamento tenha de permitir, pelas suas características e maleabilidade, Direito sancionatório com mais indeterminação).

Mas a defesa de violações destes deveres tem sempre esta vantagem em relação à investigação ou sancionamento (que continuo a preferir a *enforcement*). No entanto, parece-me que, nestas áreas, a não ser que se viole os comportamentos descritos, não quanto aos deveres, mas nas contraordenações, pode haver muitas zonas de não punibilidade. O que acaba por implicar que, até ao artigo 53º da Lei nº 25/2008 só haja recomendações e depois, aí, os verdadeiros deveres (infrações correspondentes aos deveres). Como vimos, o número de tipos de infrações é bem superior aos onze deveres que aqui procurámos apresentar e cujo maior detalhe decorre da previsão das contraordenações. Em jeito de síntese e de conselho, se eu tivesse um banco (e só me preocupasse com branqueamento!), a primeira coisa que fazia era mostrar aos meus colaboradores o artigo 53º[48] para que todos começassem a saber o que não se pode mesmo fazer nesta terceira, quase quarta, a caminho da quinta, geração de prevenção do branqueamento de capitais.

VI. Referências bibliográficas

Tendo esta apresentação poucas referências, não queríamos deixar de aproveitar a oportunidade para identificar algumas das fontes utilizadas para a preparação destas notas e que poderão ser um bom ponto de partida para quem queira aprofundar estes temas, sugerindo-se, entre outros, e desde logo:

AA.VV., *Branqueamento de capitais e injusto penal: análise dogmática e doutrina comparada Luso-Brasileira* (coord.: LUCIANO NASCIMENTO SILVA e GONÇALO DE MELO Bandeira), Lisboa: Editorial Juruá, 2010;

AA.VV., *Il riciclaggio come fenomeno transnazionale: normative a confronto*, (a cura di RANIERI RAZZANTE), Milano: Giuffrè Editore, 2014;

AA.VV., *The new anti-money laundering law*, (ed. DOMENICO SICLARI), Heidelberg: Palgrave Macmillan, 2016;

BRANDÃO, Nuno, *Branqueamento de capitais: o sistema comunitário de prevenção*, Coimbra: Coimbra Editora, 2002;

COX, Dennis, *Handbook of Anti-Money Laundering*, Chicester, West Sussex: Wiley, 2014;

DUYNE, Petrus C. Van, "Greedy of crime-money: the reality and ethics of asset recovery", in *Corruption, greed and crime money: sleaze and shady economy in Europe and beyond*, (ed. PETRUS C. VAN DUYNE), Oisterwijk: Wolf Legal Publishers, 2013, pp. 235-266;

FERREIRA, Eduardo Paz, "O branqueamento de capitais", in *Estudos de Direito Bancário*, (coord. ANTÓNIO MENEZES CORDEIRO), Coimbra: Coimbra Editora, 1999, pp. 303-319;

GILMORE, William C., *Dirty money: the evolution of international measures to counter money laundering and the financing of terrorism*, 4ª ed., Estrasburgo: Council of Europe Publishing, 2011;

GROSSEY, Susan, *Suspicious Activity: The adventures of a Money Laundering Reporting Officer – Part 1*, Amazon Digital Services LLC, ebook, 2011;

---

[48] Já em jeito de atualização para a Lei nº 83/2017, publicada e entrada em vigor enquanto este texto se encontrava em curso de publicação, o artigo que corresponde ao "velho" 53º é o ainda maior artigo 169º da nova lei, ótimo ponto de partida para novas análises dos deveres de branqueamento verdadeiramente 4G.

HAMILTON, Paul, *Anti Money Laundering and Financial Crime: short stories*, Amazon Digital Services LLC, ebook, 2017;

INÁCIO, António José André, "A criminalidade de colarinho branco: considerações sobre a sua repressão, prevenção e combate", in *Polícia e Justiça*, Barro, S. 3, (2004), pp. 131-166;

IOANNIDES, Emmanuel, Fundamental *principles of EU law against money laundering*, Farnham: Ashgate, 2014;

JIMÉNEZ GARCÍA, Francisco, La prevención y lucha contra el blanqueo de capitales y la corrupción: interacciones evolutivas en un Derecho internacional global, Granada: Editorial Comares, 2015;

LONGCHAMP, Olivier e Mark Herkenrath, "Money laundering, liability and sanctions for financial intermediaries: the issue of having the assets of politically exposed persons in Switzerland", in *Emerging trends in asset* (coord. GRETTA FENNER ZINKERNAGEL), Basel Institute on Governance, Bern: Peter Lang, pp. 127-136;

LANGLOIS, Delphine, "The revision of the EU framework on the prevention of money laundering", in. *EUCRIM, The European Criminal Law Associations' Forum*, nº 2, Freiburg, 2013, pp. 96-98;

LORMEL, Dennis M., *The Saga of an AML Compliance Officer*, Amazon Digital Services LLC, ebook, 2013;

MACHADO, Miguel Pedrosa, "Recepção e branqueamento de capitais – tráfico e encobrimento – e referências sumárias à sucessão de leis, ao concurso de crimes e à determinação da medida da pena", in *Decisões de tribunais de 1ª instância 1995: comentários*, Gabinete de Planeamento e de Coordenação do Combate à Droga, pp. 127-147;

MALLADA FERNÁNDEZ, Covadonga; Claudio García Díez; e Francisco José López Ruiz, *Guía práctica de prevención del blanqueo de capitales*, Valladolid: Lex Nova, 2015;

MATTA, Paulo Saragoça da, "Quando o Estado prefere a coima à pena", *in Política e Corrupção, Branqueamento e Enriquecimento*, Lisboa: Chiado Editora, 2015, *ebook*, locs 2232-3435;

OLIVEIRA, J. Jesus, "A actividade financeira e a prevenção e investigação do branqueamento", in *Polícia e Justiça*, Barro, S. 3, (2004), pp. 17-25;

SATULA, Benja, *Branqueamento de capitais*, Lisboa: Universidade Católica Editora, 2010;

STRATENWERTH, Gunter, *A luta contra o branqueamento de capitais por meio do direito penal: o exemplo da Suíça*, (trad.: AUGUSTO SILVA DIAS), Lisboa: Universidade Lusíada, 2002;

SULLIVAN, Kevin, *Anti-Money Laundering in a nutshell: Awareness and Compliance*, Apress: ebook, 2015;

UNGER, Brigitte; e Daan van der Linde, *Research handbook on money laundering*, Cheltenham: Edward Elgar, 2013;

VAN DEN BROEK, Melissa, "Harmonization of substantive norms in preventative AML", in AA.VV., *The economic and legal effectiveness of the European Union's anti-money laundering policy*, Cheltenham: Edward Elgar, 2014, pp. 20-45.

Os limites dos poderes de transferência do Banco de Portugal no âmbito do processo de resolução

A. Barreto Menezes Cordeiro

§ 1º Enquadramento

1. O Direito e a sua realização no caso concreto

I. O conceito de Direito (objetivo) desdobra-se em duas grandes dimensões: (i) estática; e (ii) dinâmica. A dimensão estática corresponde ao conjunto de normas jurídicas em vigor numa determinada comunidade e a dinâmica à sua aplicação a casos concretos[1]. Na primeira, encontramos a estrutura do Direito e na segunda a sua realização.

A dimensão estática não foi concebida nem se encontra preparada para responder às dificuldades quotidianas do Direito – isso mesmo é reconhecido pela doutrina positivista de ponta[2]. A interpretação da Lei, a adequação das diversas soluções possíveis aos litígios em análise, a colisão de direitos, a ponderação do interesse público e dos interesses privados ou o preenchimento dos diversos conceitos indeterminados – equidade, boa-fé, bons costumes ou ordem pública – são tudo questões jurídicas cuja análise apenas pode ser realizada à luz da dimensão dinâmica do Direito.

II. O Direito, nestes exatos termos, pode ser apresentado, na senda de Menezes Cordeiro, com a Ciência da resolução dos casos concretos[3].

---

[1] Miguel Teixeira de Sousa, *Introdução ao estudo do Direito*, Almedina, Coimbra, 2012, 15 ss.

[2] Por todos: John Gardner, *Legal Positivism: 5½ Myths*, 46 Am J Juris, 2001, 199-227.

[3] António Menezes Cordeiro, *Tratado de Direito civil*, 4ª ed., Almedina, Coimbra, 2012, 45.

ESTUDOS DE DIREITO BANCÁRIO I

A realização do Direito, a mais nobre tarefa do intérprete-aplicador, terá sempre de partir de casos reais, sob pena de a solução avançada traduzir meros juízos abstratos, alheados da realidade social que ao Direito cumpre regular. Recordem-se, a este propósito, os ensinamentos magistrais do Professor Castanheira Neves:

> [O] pensamento jurídico é (deve ser) desde o primeiro momento, em todos os seus momentos, na sua própria essência, um pensamento prático-normativo, chamado a assumir uma ideia prática (o Direito, a Justiça), uma ideia que não pode ser pensada sem uma intenção de realização e só é pensável através do problema ou problemas da sua realização[4].

Apesar da aceitação transversal que esta conceção granjeia em terras portuguesas, os nossos tribunais comuns têm, salvo raras exceções, partido da dimensão estática do Direito para resolver os litígios emergentes da resolução bancária do Banco Espírito Santo: a jurisprudência nacional tem contornado os problemas substantivos decorrentes, nomeadamente a *ratio* dos poderes resolutivos, invocando um argumento puramente formal e, como tal, insuficiente: a atribuição (exegética) de poderes discricionários ao Banco de Portugal.

O ponto de partida não pode ser (deve ser) o texto da Lei, mas os casos reais com que, em concreto, o sistema é confrontado. O estádio evolutivo do nosso Direito e os propósitos de Justiça que subjazem a qualquer juízo jurídico não sustentam o caminho que vem sendo trilhado.

2. A resolução bancária: aspetos gerais

I. O regime jurídico da resolução bancária foi positivado na grande reforma bancária de 2012[5] e profundamente revisto e ampliado em 2015, através da transposição, para a ordem jurídica interna, da Diretriz nº 2014/59/UE, de 15 de maio de 2014[6].

---

[4] António Castanheira Neves, *Lições de introdução ao estudo do Direito*, Coimbra, 1968-1969, 13. Veja-se, com idênticas considerações: Fernando José Bronze, *Lições de introdução ao Direito*, 2ª ed., Coimbra ed., Coimbra, 2010 (= 2006), 17.

[5] António Menezes Cordeiro, *Direito bancário*, 6ª ed., com colaboração nossa, Almedina, Coimbra, 2016, 1155 ss; Luís Máximo dos Santos, *O novo regime jurídico de recuperação de instituições de crédito: aspetos fundamentais*, III C&R 9, 2012, 203-235; Mariana Duarte Silva, *Os novos regimes de intervenção e liquidação aplicáveis às instituições bancárias* em *O novo Direito bancário*, coord. Paulo Câmara/Manuel Magalhães, Almedina, Coimbra, 2012, 373-437.

[6] Sobre o regime jurídico europeu, *vide*, por todos: *Bank Resolution: The European Regime*, coord. Jens-Henrich Binder/Dalvinder Singh, OUP, Oxford, 2016.

A resolução bancária, compreendida nos extensos artigos 145º-C a 145º-AU[7], corresponde apenas a uma das medidas gerais, conquanto a mais impactante, previstas no Título VIII do RGIC, relativo ao saneamento das instituições de crédito. São três, as medidas aí positivadas:

- Intervenção corretiva, artigos 141º ss;
- Suspensão/destituição dos administradores + designação de administradores provisórios, artigo 145º ss;
- Resolução, artigos 145º-C ss.

II. A tomada de decisão relativa a medidas de resolução visa, nos termos do artigo 145º-C, os seguintes objetivos, isolada ou conjuntamente: (i) assegurar a continuidade da prestação dos serviços financeiros essenciais para a economia; (ii) prevenir eventuais riscos sistémicos; (iii) salvaguardar os interesses dos contribuintes e do erário público; (iv) proteger os depositantes; (v) proteger os fundos e os ativos detidos pelas instituições de crédito em nome e por conta dos seus clientes e a prestação dos serviços de investimento relacionados.

III. Nos termos do disposto no artigo 139º/1 – aplicável às três medidas gerais –, a atuação do Banco de Portugal, entidade competente em matéria de resolução bancária[8], rege-se por três grandes objetivos: (i) a salvaguarda da solidez financeira das instituições de créditos intervencionadas; (ii) o interesse dos depositantes das instituições de créditos intervencionadas; e (iii) a estabilidade do sistema financeiro.

A aplicação das medidas legais previstas encontra-se, nos termos do número 2 do mesmo artigo, sujeita aos princípios (i) da adequação; (ii) da proporcionalidade; e (iii) da gravidade das respetivas consequências – para a instituição intervencionada, os depositantes e o próprio sistema financeiro.

O legislador atribuiu um enorme poder discricionário ao Banco de Portugal, na decisão das medidas a tomar em cada momento. O supervisor bancário não está sequer vinculado "a observar qualquer relação de precedência", artigo 140º: as especificidades de cada situação justificam a positivação desta solução.

---

[7] As disposições legais não acompanhadas de fonte correspondem a artigos do Regime Jurídico das Instituições de Crédito e Sociedades Financeiras.

[8] Artigo 17º-A da Lei Orgânica do Banco de Portugal.

ESTUDOS DE DIREITO BANCÁRIO I

IV. Nos termos do disposto no artigo 145º-D/1 – aplicável especifica-mente à resolução bancária – são quatro os grandes limites objetivos que regem a atuação do Banco de Portugal:

a) Os acionistas da instituição de crédito objeto de resolução supor-tam prioritariamente os prejuízos da instituição em causa;

b) Os credores da instituição de crédito objeto de resolução suportam de seguida, e em condições equitativas, os prejuízos da instituição em causa, de acordo com a graduação dos seus créditos;

c) Nenhum acionista ou credor da instituição de crédito objeto de resolução pode suportar um prejuízo superior ao que suportaria caso essa instituição tivesse entrado em liquidação;

d) Os depositantes não suportam prejuízos relativamente aos depósitos garantidos pelo Fundo de Garantia de Depósitos nos termos do dis-posto no artigo 166º Os custos da aplicação das medidas de resolução e o montante do apoio financeiro necessário à sua aplicação devem ser proporcionais e adequados à prossecução das finalidades de tais medi-das, devendo o Banco de Portugal procurar minimizar aquele montante e evitar a perda de valor para além da que se revele necessária[9].

V. Por fim, as medidas de resolução podem consistir, de acordo com o artigo 145º-E/1:

– Na alienação parcial ou total da atividade;
– Na transferência, parcial ou total, da atividade para instituições de transição;
– Na segregação e transferência parcial ou total da atividade para veí-culos de gestão ativos;
– Na recapitalização interna.

3. Instituições de transição

I. O Banco de Portugal pode determinar a transferência parcial ou total de direitos e obrigações da instituição de crédito intervencionada, com o objetivo de permitir a sua posterior alienação, artigo 145º-O/1.

A instituição de transição é constituída por decisão do Banco de Por-tugal, cabendo-lhe, ainda, aprovar os respetivos estatutos, artigo 145º-P/2.

---

[9] Nikoletta Kleftouri, *Deposit Protection and Bank Resolution*, OUP, Oxford, 2015.

O capital social da instituição de transição é realizado, total ou parcialmente, pelo Fundo de Resolução, artigo 145º-P/3.

II. A instituição de transição é uma pessoa coletiva, autorizada a exercer as atividades com os direitos e obrigações transferidos, artigo 145º-O/3. Deve assegurar a continuidade da prestação de serviços financeiros inerentes à atividade transferida e administrar os bens transferidos para a sua esfera jurídica, tendo em vista a sua valorização, artigo 145º-O/4.

A atividade da instituição de transição, que deve reger-se por critérios de gestão que assegurem a manutenção de baixos níveis de riscos, artigo 145º-O/13, tem como propósito último a alienação dos negócios desenvolvidos, em termos que maximizem o seu património, artigo 145º-O/4.

4. Poderes de transmissão

I. O regime criado pelo Decreto-Lei nº 31º-A/2012 atribuiu, ao Banco de Portugal, poderes para transferir direitos e obrigações da instituição de crédito intervencionada para a instituição de transição, artigo 145º-O.

A decisão do Banco de Portugal é bastante para operar, só por si, o efeito da transmissão da titularidade dos direitos e das obrigações da instituição intervencionada para a instituição de transição, "sendo esta considerada, para todos os efeitos legais e contratuais, como sucessora nos direitos e obrigações transferidos", artigo 145º-O/5.

II. A decisão de transferência não necessita do consentimento das contrapartes ou dos acionistas da instituição intervencionada, artigo 145º-O/8.

A decisão do Banco de Portugal produz ainda efeitos independentemente de qualquer disposição legal ou contratual em contrário. A decisão do Banco de Portugal dispensa, por fim, quaisquer eventuais formalidades especiais exigidas por lei, artigo 145º-O/7.

§ 2º A Resolução do BES e a constituição do Novo Banco

5. Deliberação de 30 de julho de 2014, 19 horas

I. Pelas 19:00 do dia 30 de julho de 2014, o Conselho de Administração do Banco de Portugal reuniu-se extraordinariamente, com a seguinte ordem de trabalhos:

1. Proibição de realização, pelo Banco Espírito Santo, SA, do reembolso antecipado de créditos e de pagamentos a entidades relacionadas ou por conta de entidades relacionadas.
2. Suspensão de administradores e substituição dos membros da Comissão de Auditoria do Banco Espírito Santo, SA.
3. Inibição dos direitos de voto inerentes à participação qualificada que a ESFP e a Espírito Santo Financial Group (ESFG) detêm no Banco Espírito Santo, SA.

Em relação ao Ponto 1, aspeto mais relevante para a presente análise, foram avançados 5 considerandos:

a) A situação do Banco Espírito Santo, SA (BES), tem sido afetada negativamente pela incerteza verificada desde há algum tempo que teve reflexo no mercado de capitais e na confiança dos investidores;

b) A atual situação de liquidez revela-se frágil e apresenta riscos de agravamento;

c) A avaliação completa dos compromissos e responsabilidades existentes entre o BES e as entidades que com este se encontrem em relação de domínio ou de grupo, bem como outras pessoas com ele especialmente relacionadas, exige medidas de precaução na realização de pagamentos pelo BES a tais pessoas ou entidades que acautelem os riscos inerentes à atual situação de liquidez;

d) Os riscos inerentes à situação acima descrita exigem ainda, na medida do estritamente necessário para proteger os interesses dos depositantes e demais clientes do BES e a salvaguardar a estabilidade do sistema financeiro, a imposição de restrições à realização de pagamentos pelo BES que não correspondam ao cumprimento de obrigações legais ou contratuais deste;

e) O pagamento pelo BES de quantias devidas às entidades do Grupo Espírito Santo que requereram a abertura de processos de gestão controlada, nomeadamente Espírito Santo Financial Group, SA (ESFG). Espírito Santo International, SA (ESI), Rio Forte Investments, SA (Rio Forte), ou a qualquer outra entidade especialmente relacionada com o BES, ou com quaisquer entidades que com este estejam em relação de domínio ou de grupo, só deve ser efetuado quando a responsabilidade do BES por tal pagamento se encontrar comprovada de forma documentada e segura.

Que motivaram a seguinte tomada de decisão:

O Conselho de Administração do Banco de Portugal, nos termos do disposto no artigo 139º, nas alíneas a) e i) do nº 1 do artigo 141º e na alínea d) do artigo 116º-C do RGICSF, deliberou o seguinte:

a) Determinar, com efeitos imediatos, a proibição do reembolso antecipado e, quando aplicável, a recompra de créditos sobre o BES emergentes de quaisquer empréstimos por este contraídos, de quaisquer valores mobiliários por este emitidos ou de outros instrumentos financeiros que resultem de contratos de que o BES seja contraparte, salvos os casos em que esse reembolso antecipado seja obrigatório por força de disposição legal ou por força de estipulação contratual documentada e comprovada de forma segura;

b) Sujeitar a autorização prévia do Banco de Portugal, com efeitos imediatos, o reembolso total ou parcial ou a simples movimentação a débito de contas de depósito e a realização de quaisquer pagamentos para satisfação de créditos que tenham como titulares, em qualquer dos casos, pessoas especialmente relacionadas com o BES ou com a ESFG, a ESI, a Rio Forte ou quaisquer outras entidades que estejam em relação de domínio ou de grupo com o BES, a ESFG, a ESI ou a Rio Forte, assim como para satisfação de créditos que tenham como titulares quaisquer entidades ou veículos, independentemente da sua forma societária ou natureza jurídica, cujos beneficiários efetivos sejam pessoas especialmente relacionadas com o BES ou com a ESFG, a ESI, a Rio Forte ou quaisquer outras entidades que estejam em relação de domínio ou de grupo com o BES, a ESFG, a ESI ou a Rio Forte;

c) Determinar, com efeitos imediatos, a proibição do pagamento pelo BES de quaisquer quantias que sejam devidas pela ESFG, pela ESI, pela Rio Forte, ou por qualquer outra entidade especialmente relacionada com o BES ou com a ESFG, a ESI, a Rio Forte ou quaisquer entidades que estejam em relação de domínio ou de grupo com o BES, a ESFG, a ESI ou a Rio Forte, salvos os casos em que o pagamento resulte de uma obrigação do BES documentada e comprovada de forma segura.

Para efeitos das determinações acima referidas, deve entender-se por:

a) "Pessoas especialmente relacionadas" – Quaisquer pessoas singulares ou coletivas referidas no artigo 49º, nº2, do Código da Insolvência e da Recuperação de Empresas.

b) "Relação de domínio" – A relação de domínio definida nos termos do artigo 13º, nº 2, do RGICSF.

c) "Relação de grupo" – A relação de grupo definida nos termos dos artigos 488º e seguintes do Código das Sociedades Comerciais, independentemente de a sede das entidades em causa se situar em Portugal ou no estrangeiro.

6. Deliberação de 3 de agosto de 2014: a constituição do Novo Banco

I. Pelas 20:00 do dia 3 de agosto de 2014, o Conselho de Administração do Banco de Portugal reuniu-se extraordinariamente, com a seguinte ordem de trabalhos:

1. Constituição do Novo Banco, SA;
2. Transferência de ativos, passivos, elementos extrapatrimoniais e ativos sob gestão do Banco Espírito Santo, SA, para o Novo Banco, SA;
3. Designação de uma entidade independente para avaliação dos ativos, passivos, elementos extrapatrimoniais e ativos sob gestão transferidos para o Novo Banco, SA;
4. Nomeação dos membros dos órgãos de administração e de fiscalização do Banco Espírito Santo, SA.

II. A decisão de lançar estas medidas foi fundada num extenso rol de documentos, cujas partes mais relevantes se transcrevem:

1. No dia 30 de julho de 2014, o Banco Espírito Santo, SA, divulgou, mediante comunicação à Comissão do Mercado de Valores Mobiliários (CMVM), os resultados do Grupo Banco Espírito Santo relativos ao primeiro semestre de 2014, que registam um prejuízo de 3577,3 milhões de euros.
   Os resultados divulgados em 30 de julho refletiram a prática de atos de gestão gravemente prejudiciais aos interesses do Banco Espírito Santo, SA, e a violação de determinações do Banco de Portugal que proibiam o aumento da exposição a outras entidades do Grupo Espírito Santo. Estes factos tiveram lugar no decurso do mandato da anterior administração do Banco Espírito Santo, SA, decorrendo essencialmente de atos praticados num momento em que a substituição da anterior administração estava já anunciada e traduziram-se num prejuízo adicional na ordem de 1500 milhões de euros face ao expectável na sequência da comunicação do Banco Espírito Santo, SA, ao mercado datada de 10 de julho.

Estes prejuízos referidos foram justificados pelo Banco Espírito Santo, SA com diversos fatores de natureza excecional ocorridos ao longo do semestre, com particular incidência no último trimestre (3488,1 milhões de euros). Uma parte substancial destes fatores e das correspondentes perdas, não reportados anteriormente ao Banco de Portugal, determinaram que os prejuízos atingissem um valor largamente superior à almofada ("buffer") de capital de que o banco dispunha por determinação do Banco de Portugal

2. As perdas registadas vieram alterar substancialmente os rácios de capital do BES, a nível individual e consolidado, colocando-os globalmente em níveis muito inferiores aos mínimos exigidos pelo Banco de Portugal, que se situam atualmente nos 7% para os rácios Common Equity Tier 1 (CET1) e Tier 1 (TI) e nos 8% para o rácio total, conforme documenta o quadro abaixo:

Rácios de capital a nível consolidado e individual

Jun-14	Consolidado	Individual
CET1 ratio	5,1%	6,9%
T1 ratio	5,1%	6,9%
Total Capital ratio	6,5%	8,3%

3. Verifica-se assim um grave incumprimento dos requisitos mínimos de fundos próprios do Banco Espírito Santo, SA, em base consolidada; não respeitando, deste modo, os rácios mínimos de capital exigidos pelo Banco de Portugal, nos termos do artigo 94.° do Regime Geral das Instituições de Crédito e Sociedades Financeiras, aprovado pelo Decreto-Lei n.° 298/92, de 31 de dezembro (RGICSF), do artigo 92.° do Regulamento (UE) n.° 575/2013, de 26 de junho e do Aviso do Banco de Portugal 6/2013.

4. Em 31 de julho, o Banco Espírito Santo, SA, comunicou ao Banco de Portugal a impossibilidade de promover uma solução de recapitalização do banco, nos termos e nos prazos solicitados pelo Banco de Portugal.

5. Salienta-se que o Banco Espírito Santo, SA se encontra em situação de grave insuficiência de liquidez, sendo que, desde o fim de junho até 31 de julho, a posição de liquidez do Banco Espírito Santo, SA diminuiu em cerca de 3.350 milhões de euros. Na impossibilidade de esta acentuada pressão sobre a liquidez do BES poder ser acomodada pela instituição com o recurso a fundos obtidos em operações de política monetária, por

esgotamento dos ativos de garantia aceites para o efeito e também pela limitação imposta pelo BCE em relação ao aumento do recurso do BES às operações de política monetária, o Banco Espírito Santo, SA, viu-se forçado a recorrer à cedência de liquidez em situação de emergência (ELA – *Emergency Liquidity Assistance*) por um valor que atingiu, na data de 1 de agosto, cerca de 3.500 milhões de euros.

6. No dia 1 de agosto, o Conselho do Banco Central Europeu (BCE) decidiu suspender o estatuto de contraparte do Banco Espírito Santo, SA, com efeitos a partir de 4 de agosto de 2014, a par da obrigação de este reembolsar integralmente o seu crédito junto do Euro sistema, de cerca de 10 mil milhões de euros, no fecho das operações no dia 4 de agosto.

   Assim, a decisão do BCE de suspensão do Banco Espírito Santo, SA, como contraparte de operações de política monetária tornou insustentável a situação de liquidez deste, que já o tinha obrigado a recorrer excepcionalmente, com especial incidência nos últimos dias, à cedência de liquidez em situação de emergência por parte do Banco de Portugal.

7. Os factos descritos nos números anteriores colocaram o Banco Espírito Santo, SA, numa situação de risco sério e grave de incumprimento a curto prazo das suas obrigações e, em consequência, dos requisitos para a manutenção da autorização para o exercício da sua atividade, nos termos dos n.ºs 1 e 3, alínea c) do artigo 145.º-C do Regime Geral das Instituições de Crédito e Sociedades Financeiras (RGICSF), pelo que, não sendo tomada, com urgência, a medida de resolução ora adotada, a instituição caminharia inevitavelmente para a suspensão de pagamentos e para a revogação da autorização nos termos do artigo 23.º do RGICSF, com a consequente entrada em processo de liquidação, o que representaria um enorme risco sistémico e uma séria ameaça para a estabilidade financeira.

8. Tal situação tornou imperativa e inadiável uma medida de defesa dos depositantes, de forma a evitar uma ameaça à segurança dos fundos depositados. Além deste objetivo primordial, é imprescindível ter em conta que a dimensão do Banco Espírito Santo, SA, a sua qualificação como instituição de crédito significativa para efeitos de supervisão europeia e a sua importância no sistema financeiro nacional e no financiamento à economia, são fatores que têm associado um inequívoco risco sistémico.

7. Deliberações de 3 e 11 de agosto de 2014 e de 29 de dezembro de 2015: o Perímetro

I. Na mesma reunião em que o Banco de Portugal decidiu a constituição do Novo Banco, determinou, ainda, a transferência de ativos, passivos, elementos extrapatrimoniais e ativos sob a gestão do BES para o Novo Banco, elencados no Anexo 2 da Deliberação de 3 de agosto de 2014.

As dúvidas suscitadas levaram ao agendamento, a 11 de agosto do mesmo ano, de nova reunião extraordinária, com o propósito de ajustar o perímetro da transferência.

Mais de um ano volvido, o Banco de Portugal, fazendo uso, no entender do próprio, dos poderes atribuídos por Lei, decidiu, em reunião de 29 de dezembro de 2015, alterar o Perímetro da transferência de ativos e passivos.

II. Atualmente, a alínea b) do número 1 do Anexo 2 da Deliberação de 3 de agosto de 2014 assume o seguinte conteúdo:

b) As responsabilidades do BES perante terceiros que constituam responsabilidades ou elementos extrapatrimoniais deste são transferidos na sua totalidade para o Novo Banco, SA, com exceção dos seguintes ("Passivos Excluídos"):

i) Passivos para com (a) os respetivos acionistas, cuja participação seja igual ou superior a 2% do capital social ou por pessoas ou entidades que nos dois anos anteriores à transferência tenham tido participação igual ou superior a 2% do capital social do BES, membros dos órgãos de administração ou de fiscalização, revisores oficiais de contas ou sociedades de revisores oficiais de contas ou pessoas com estatuto semelhante noutras empresas que se encontrem em relação de domínio ou de grupo com a instituição, (b) as pessoas ou entidades que tenham sido acionistas, exercido as funções ou prestado os serviços referidos na alínea anterior nos quatro anos anteriores à criação do Novo Banco, SA, e cuja ação ou omissão tenha estado na origem das dificuldades financeiras da instituição de crédito ou tenha contribuído para o agravamento de tal situação; (c) os cônjuges, parentes ou afins em 1.o grau ou terceiros que atuem por conta das pessoas ou entidades referidos nas alíneas anteriores (d) os responsáveis por factos relacionados com a instituição de crédito, ou que deles tenham tirado benefício, diretamente ou por interposta pessoa, e que estejam na origem das dificuldades financeiras ou tenham contribuído, por ação ou omissão no âmbito das suas responsabilidades, para o agravamento de tal situação, no entender do Banco de Portugal;

ii) Obrigações contraídas perante entidades que integram o Grupo Espírito Santo e que constituam créditos subordinados nos termos dos artigos 48.o e 49.o do Código da Insolvência e da Recuperação de Empresas, com exceção das entidades integradas no Grupo BES cujas responsabilidades perante o BES foram transferidas para o Novo Banco, sem prejuízo, quanto a estas entidades, da exclusão prevista na subalínea (v);

iii) Obrigações contraídas ou garantias prestadas perante terceiros relativamente a qualquer tipo de responsabilidades de entidades que integram o Grupo Espírito Santo, com exceção das entidades integradas no Grupo BES cujas participações sociais tenham sido transferidas para o Novo Banco, SA;

iv) Todas as responsabilidades resultantes da emissão de instrumentos que sejam, ou em algum momento tenham sido, elegíveis para o cômputo dos fundos próprios do BES e cujas condições tenham sido aprovadas pelo Banco de Portugal;

v) Quaisquer responsabilidades ou contingências, nomeadamente as decorrentes de fraude ou da violação de disposições ou determinações regulatórias, fiscais, penais ou contraordenacionais, com exceção das contingências fiscais ativas;

vi) Quaisquer responsabilidades ou contingências do BES relativas a ações, instrumentos ou contratos de que resultem créditos subordinados perante o Banco Espírito Santo, S.A.;

vii) Quaisquer obrigações, garantias, responsabilidades ou contingências assumidas na comercialização, intermediação financeira, processo de contratação e distribuição de instrumentos financeiros emitidos por quaisquer entidades, sem prejuízo de eventuais créditos não subordinados, cuja posição devedora não seja excluída por alguma das subalíneas anteriores, designadamente as subalíneas (iii) e (v), que (a) fossem exigíveis à data da medida de resolução em virtude de o respetivo prazo já se ter vencido ou, sendo os créditos condicionais, em virtude de a condição (desde que apenas desta dependesse o respetivo vencimento) já se ter verificado, e cumulativamente (b) resultassem de estipulações contratuais (negócios jurídicos bilaterais) anteriores a 30 de junho de 2014, que tenham cumprido as regras para a expressão da vontade e vinculação contratual do BES e cuja existência se possa comprovar documentalmente nos arquivos do BES, em termos que permitam o controlo e fiscalização das decisões tomadas.

viii) Com efeitos a partir de 29 de dezembro de 2015, todos os direitos e responsabilidades do Novo Banco, decorrentes dos instrumentos de dívida não subordinada enumerados no Anexo 2B (excluindo os detidos pelo Novo Banco), juntamente com todos os passivos, contingências e elementos extrapatrimoniais, na medida em que estejam relacionados com os referidos instrumentos de dívida (incluindo (i) a emissão, comercialização e venda dos mesmos, e (ii) decorrentes de documentos contratuais ou outros instrumentos, celebrados ou emitidos pelo banco, e com conexão com esses Instrumentos, incluindo documentos de programa ou subscrição, ou quaisquer outros atos do banco praticados em relação a esses instrumentos, em data anterior, simultânea ou posterior à data das respetivas emissões);

ix) A Responsabilidade Oak Finance.

III. Para não restarem quaisquer dúvidas quanto ao tipo de responsabilidade previsto na alínea *viii)*, o Banco de Portugal *clarificou* "não terem sido transferidos do BES para o Novo Banco os seguintes passivos do BES: qualquer responsabilidade que seja objeto de qualquer dos processos descritos no Anexo I".

§ 3º Limites sistemático-internos dos poderes de transferência de ativos

8. Enquadramento jurídico e fático

I. Nos termos do disposto no artigo 145º-O/1:

O Banco de Portugal pode determinar a transferência parcial ou total de direitos e obrigações de uma instituição de crédito, que constituam ativos, passivos, elementos extrapatrimoniais e ativos sob gestão, e a transferência da titularidade das ações ou de outros títulos representativos do seu capital social para instituições de transição para o efeito constituídas, com o objetivo de permitir a sua posterior alienação.

Os poderes do Banco de Portugal para transferência de ativos e passivos não são absolutos. Devem ser enquadrados no sistema jurídico em que se insere e no próprio diploma que os concebe.

II. Poderia o Banco de Portugal decidir conservar na esfera jurídica do BES obrigações emergentes de ações relativas a responsabilidade civil extracontratual? Vejamos dois exemplos elucidativos:

Exemplo 1: A entrou numa sucursal do BES no dia 2 de agosto de 2014, escorregou numa poça de água, caiu e bateu com a cabeça. **A** foi, em consequência da queda sofrida, transportado para o hospital, tendo, aí, sido sujeito a uma operação complicada que durou várias horas. **A** viu a sua capacidade de trabalho reduzida para 20%. Decide, então, interpor uma ação, fundada nos artigos 70º e 483º, ambos do CC, contra o Novo Banco, sucessor do BES e hoje titular de todos os seus ativos. Estes factos são provados em juízo. Contudo, o tribunal decidiu extinguir a instância por impossibilidade superveniente da lide: o Banco de Portugal, numa reunião extraordinária, resolveu, afinal, não transferir este *tipo* de responsabilidade para o Novo Banco.

Exemplo 2: B, funcionário do BES e gestor de conta de **A**, violava, sistematicamente, o direito à intimidade da vida privada de **A**, consultando e divulgando entre os seus amigos todos os movimentos bancários da sua conta. Assim que toma conhecimento deste facto, **A** decide interpor uma ação, fundada nos artigos 70º, 80º e 483º, todos do CC, contra o Novo Banco, sucessor do BES e hoje titular de todos os seus ativos. Estes factos são provados em juízo. Contudo, o tribunal decidiu extinguir a instância por impossibilidade superveniente da lide: o Banco de Portugal, numa reunião extraordinária, resolveu, afinal, não transferir este *tipo* de responsabilidade para o Novo Banco.

III. O problema coloca-se, igualmente, no campo da responsabilidade obrigacional. Vejamos dois exemplos, também eles elucidativos:

Exemplo 3: B, funcionário do BES e gestor de conta de **A**, decide, sem conhecimento do cliente, subscrever um conjunto de produtos financeiros de alto risco. Assim que toma conhecimento deste facto, **A** interpõe uma ação, invocando, entre outros, os artigos 304º, 304º-A, 306º e 306º-B, todos do CVM, contra o Novo Banco, sucessor do BES e hoje titular de todos os seus ativos. Estes factos são provados em juízo. Contudo, o tribunal decidiu extinguir a instância por impossibilidade superveniente da lide: o Banco de Portugal, numa reunião extraordinária, resolveu, afinal, não transferir este *tipo* de responsabilidade para o Novo Banco.

Exemplo 4: **A**, cliente do BES, foi aconselhado pelo seu gestor de conta, **B**, a adquirir determinados produtos financeiros. **A** perguntou a **B** qual o risco dessa subscrição. **B** respondeu: nenhum. Esta informação foi confirmada pelo Diretor do correspondente departamento de Private Banking e pelos serviços centrais. **A** informou todos os envolvidos, por escrito, que não pretendia investir em produtos que acarretassem riscos relativos ao capital. Foi-lhe uma vez mais confirmado, por todos os envolvidos, que os produtos subscritos não comportavam qualquer risco do capital envolvido. Assim que **A** toma conhecimento da falsidade das informações que lhe foram transmitidas, interpõe uma ação, fundada na violação dos artigos 77º e 74º do RGIC e dos artigos 304º, 304º-A, 312º e 323º do CVM, contra o Novo Banco, sucessor do BES e hoje titular de todos os seus ativos. Estes factos são provados em juízo. Contudo, o tribunal decidiu extinguir a instância por impossibilidade superveniente da lide: o Banco de Portugal, numa reunião extraordinária, resolveu, afinal, não transferir este *tipo* de responsabilidade para o Novo Banco.

IV. Se o primeiro grupo de casos permanece, até à data, meramente académico, já o segundo grupo tem merecido, por parte dos nossos tribunais superiores, uma resposta concordante:

RLx 11-mai.-2017[10]. Os Autores julgavam estar a subscrever um depósito a prazo, quando, na realidade, adquiriram ações de uma sociedade veículo com sede nas Ilhas Jersey. Alegam a violação dos deveres de informação e de lealdade.

RLx 11-mai.-2017[11]. A Autora alega ter subscrito ações preferenciais quando pretendia investir as suas poupanças no depósito a prazo.

RLx 7-mar.-2017[12]. Os Autores declaram terem sido pressionados a adquirir um produto financeiro cujos contornos não lhes foram explicados e cujo risco ultrapassava largamente os respetivos perfis de investidores.

---

[10] RLx 11-mai.-2017 (Ilídio Martins), proc. 3144/15.6.
[11] RLx 11-mai.-2017 (Pedro Martins), proc. 2471/16.4.
[12] RLx 7-mar.-2017 (Pires de Sousa), proc. 48/16.3.

RGm 9-fev.-2017[13]. O Autor argui ter a sua gestora de conta asseverado que o instrumento financeiro adquirido era um simples depósito a prazo, quando, na realidade, eram ações preferenciais.

Em todos estes quatro casos, a argumentação invocada pela nossa jurisprudência assenta nos seguintes pressupostos base: (i) o Banco de Portugal tem poderes legais para determinar a transmissão ou não transmissão de todos os direitos e obrigações do BES para o Novo Banco; (ii) a análise da legalidade, em concreto, das decisões de transmissão é da competência dos tribunais administrativos e não dos tribunais comuns; e (iii) o regime jurídico da resolução, em especial no âmbito do processo de transmissão, não padece de qualquer inconstitucionalidade.

V. Não se nega, evidentemente, a competência jurisdicional dos tribunais administrativos[14]. Contudo, importa distinguir essas competências especiais, das competências gerais dos tribunais judiciais[15]. Se, por um lado, cabe à Justiça administrativa averiguar da legalidade das decisões do Banco de Portugal, por outro lado, cabe à Justiça Comum apurar o impacto, pelo menos nos casos em apreço, das decisões do Banco de Portugal nas relações privadas.

Na prática, a problemática em análise consubstancia um simples exercício interpretativo das decisões do Banco de Portugal, aplicando os cânones positivados no artigo 9º do CC.

9. Quadro interpretativo vigente

I. À luz do disposto no artigo 9º do CC, o intérprete-aplicador deverá atender, no âmbito da sua atividade, a quatro elementos distintos, conquanto concomitantes: (1) a letra da lei; (2) o elemento histórico; (3) o elemento sistemático; e (4) o elemento teleológico[16].

---

[13] RGm 9-fev.-2017 (João Rodrigues), proc. 6194/15.8.
[14] Artigo 39º da Lei Orgânica do Banco de Portugal.
[15] Artigo 211º da CRP.
[16] Sobre a interpretação, *vide*, em especial, António Menezes Cordeiro, *Tratado de Direito civil*, I, 4ª ed., Almedina, Coimbra 2012, 671 ss: segue-se de perto o método expositivo e sistemático aí desenvolvido; Miguel Teixeira de Sousa, *Introdução ao Direito*, Almedina, Coimbra, 2012, 337 ss; Fernando José Bronze, *Lições de introdução ao Direito*, 2ª ed., Coimbra ed., Coimbra, 2010 (=

II. *A letra da lei*. A primeira frase do número 1 do artigo 9º do CC não pode deixar de causar alguma perplexidade: "A interpretação não deve cingir-se à letra da lei". O legislador, ao invés de introduzir o regime jurídico da interpretação da Lei começando por sublinhar a preponderância do texto positivado, optou precisamente pelo seu oposto, ou seja, por evidenciar a insuficiência do elemento gramatical. Esta primeira linha é enganadora: a incontornabilidade da letra da lei é evidenciada nos números que se seguem: o número 2 do mesmo artigo exclui qualquer solução que "não tenha na letra da lei um mínimo de correspondência verbal", consagrando, por seu lado, o número 3 uma ponderada presunção: a de que o legislador "soube exprimir o seu pensamento em termos adequados"[17].

A insuficiência do elemento literal é uma consequência da ambiguidade da própria linguagem: as palavras e as expressões assumem diferentes preenchimentos e interpretações, encontrando-se dependentes dos pré-entendimentos, conhecimentos e experiência do intérprete.

Em ramos muito técnicos, como o do Direito bancário[18] e do Direito dos valores mobiliários[19], é comum recorrer-se, na prática legislativa, ao jargão sectorial – espera-se que as leis sejam feitas por especialistas. Confrontado com possíveis múltiplos preenchimentos, deve eleger-se o que mais se aproxima da prática comercial dominante.

III. *O elemento histórico*, decompõe-se em, pelo menos, três componentes: (i) a *occasio legis*; (ii) os trabalhos preparatórios; e (iii) as opções do legislador histórico. A *occasio legis* corresponde ao conjunto de circunstâncias existentes, de índole económica, social, cultural, política, legislativa ou judicial, que condicionaram a elaboração de cada preceito, individualmente.

A *occasio legis* encontra nos preâmbulos legislativos a sua dimensão mais reconhecida. Não raramente, os diplomas são antecedidos de textos introdutórios, tradicionalmente elaborados por comissões responsáveis pela sua elaboração.

2006), 875 ss; e o clássico, mas sempre influente, João Baptista Machado, *Introdução ao Direito e ao discurso legitimados*, Almedina, Coimbra, 2010 (= 1982), 175 ss.

[17] STJ 7-jul.-2016 (Isabel São Marcos): Pleno das Secções Criminais. Sublinhando a dimensão incontornável da letra da lei, enquanto ponto de partida interpretativo.

[18] António Menezes Cordeiro, *Direito bancário*, 6ª ed., com colaboração nossa, Almedina, Coimbra, 197 ss.

[19] A. Barreto Menezes Cordeiro, *Direito dos valores mobiliários*, I, Almedina, Coimbra, 2015, 231 ss.

Os trabalhos preparatórios merecem um destaque natural, no seio do elemento histórico: fornecem pistas sobre as grandes opções e esclarecem o porquê de se ter preferido uma determinada solução, em detrimento das restantes. Infelizmente, os trabalhos preparatórios não só são hoje raros como, por norma, são também desvalorizados pela comunidade jurídica, que não os aproveita condignamente.

O legislador não é uma *persona*. Não existe efetivamente: é uma mera ficção. Contudo, sabe-se quem foi o autor material da Lei, pergunta-se: que peso deverá ser atribuído à sua interpretação? Como exemplo de escola, refira-se o Código Civil Anotado, de Pires de Lima/Antunes Varela.

IV. *O elemento sistemático* recorda-nos que nenhum preceito existe isolada ou autonomamente, antes surgindo integrado num ordenamento concreto: é moldado por outros regimes e por preceitos próximos; os termos e conceitos aí empregues assumem um preenchimento transversal, com contornos científicos definidos; e a unidade do sistema sustenta-se numa conceção jurídico-dogmática que molda todas as normas, desde a sua elaboração até à sua interpretação.

V. *O elemento teleológico.* Qualquer norma jurídica, independentemente da sua origem – positiva, jurisprudencial ou costumeira –, tem uma razão que a sustenta ou um propósito que visa alcançar. Identificada essa *ratio*, a interpretação torna-se, em princípio, mais acessível e direta. Mas a experiência mostra-nos algo diferente: o elemento teleológico, conquanto decisivo na identificação das linhas gerais de um determinado preceito ou regime, é de pouca utilidade na resolução de querelas mais profundas, relacionadas com questões ditas de pormenor e que em nada afetam as respetivas traves mestras jurídico-sociais.

10. A interpretação dos poderes de transferência do Banco de Portugal

I. Nos termos do disposto no artigo 145º-O/1:

> O Banco de Portugal pode determinar a transferência parcial ou total de direitos e obrigações de uma instituição de crédito, que constituam ativos, passivos, elementos extrapatrimoniais e ativos sob gestão, e a transferência da titularidade das ações ou de outros títulos representativos do seu capital social para instituições de transição para o efeito constituídas, com o objetivo de permitir a sua posterior alienação.

Da leitura exegética deste preceito é imperioso concluir, *ab initio*, não ter o Banco de Portugal competência para transmitir hipotéticas violações dos deveres de informação, lealdade ou cuidado, entre outros. As competências do Banco de Portugal circunscrevem-se a direitos/ativos e obrigações/passivos existentes e não direitos/ativos e obrigações/passivos inexistentes ou hipotéticos. Em nenhum dos casos acima elencados foi dada como provada uma atuação ilícita por parte do BES, logo os Autores das correspondentes ações não são titulares de direitos, nem o BES/Novo Banco de obrigações.

Recorde-se que sendo o elemento literal o ponto de partida da atividade interpretativa, ele permite eliminar "aqueles sentidos que não tenham qualquer apoio ou, pelo menos, qualquer correspondência ou ressonância nas palavras da lei"[20]. Certamente que do preceito acima citado não é possível atribuir, ao Banco de Portugal, poderes para transferir situações jurídicas inexistentes ou meras expectativas de facto.

Para além do evidente impacto interpretativo, a deliberação de 29 de dezembro de 2015 consubstancia, nestes termos, uma *usurpação* dos poderes jurisdicionais dos tribunais portugueses. Cumpre, num primeiro momento, deixar os órgãos (de soberania) jurisdicionais decidir pela inexistência ou não destas putativas responsabilidades, apenas depois poderá o Banco de Portugal, dentro dos limites legais, se pronunciar.

Mas por mero exercício académico, vamos partir do pressuposto de que os tribunais tinham reconhecido, nos casos reais *supra* elencados, a atuação ilícita do BES/Novo Banco, enquanto intermediário financeiro. Poderia, sendo esse o caso, o Banco de Portugal conservar essa obrigação de ressarcimento dos danos causados na esfera jurídica do BES?

II. Como introdutoriamente referido, o elemento literal não se confunde com uma interpretação literal e não técnica. Importa considerar o contexto em que as expressões surgem empregues e qual o sentido que o sector em questão lhes atribui.

Embora não se desconheça a sua aceção ampla, os termos passivos e ativos parecem ser empregues, no âmbito da resolução bancária, com o sentido mais específico de passivos e ativos financeiros, ou seja, débitos e

---

[20] STJ 30-jun.-2016 (Ribeiro Cardoso), proc. 539/13.8.

créditos decorrentes da atividade bancária e financeira exercida[21]. Como exemplo de passivo financeiro, pense-se nas obrigações periódicas associadas à emissão de dívida, e como ativo financeiro, nos juros associados a um determinado investimento.

As obrigações decorrentes de eventuais violações de direitos, violações de normas de proteção ou violações de deveres legais – caso paradigmático da violação dos deveres de informação – não consubstanciam passivos financeiros. Ora, não sendo passivos financeiros, a sua transferência ou não transferência não se encontra na disponibilidade do Banco de Portugal.

III. Numa perspetiva histórica, o regime jurídico da resolução bancária foi concebido para fazer face à concentração de produtos considerados tóxicos nos balanços das instituições de crédito e que impediam o normal funcionamento das correspondentes atividades bancárias. É à luz deste cenário que os poderes de transferência do Banco de Portugal devem ser interpretados, ou seja, o Banco de Portugal, após analisar os diversos produtos financeiros detidos pela instituição intervencionada, deve decidir sobre a sua transferência ou conservação. Na origem da crise bancária não encontramos, certamente, a violação de deveres de informação, lealdade ou cuidado, mas a titularidade de produtos financeiros tóxicos.

IV. O elemento sistemático aponta igualmente nesse sentido, quer por aplicação dos princípios fundadores do regime jurídico da resolução bancária, quer à luz do próprio mecanismo de transferência.

Nos termos do disposto no artigo 145º-C/1, *b)*, o Banco de Portugal deve atender, aquando da aplicação de medidas de resolução, às consequências para a estabilidade financeira. Ora, a decisão de não transferir as eventuais obrigações decorrentes de ações de responsabilidade civil para a esfera do Novo Banco põe em causa os alicerces do sistema financeiro: a relação de confiança existente entre os clientes e as instituições de crédito/intermediários financeiros.

Já do ponto de vista interno dos poderes de transferência, recorde-se o que acima referimos para o elemento literal: os poderes do Banco de Portugal circunscrevem-se aos denominados passivos e ativos financeiros. De

---

[21] Domingos Ferreira, *Instrumentos financeiros*, Rei dos Livros, 2011, 45 ss e 127 ss.

fora ficam todos os passivos e ativos que não sejam reconduzidos à atividade bancária e financeira exercida pela instituição de crédito intervencionada.

V. O elemento teleológico vem confirmar o raciocínio seguido: a atribuição, à autoridade de resolução, de poderes para transferir os ativos e passivos da instituição de crédito intervencionada visou permitir que os ativos considerados tóxicos fossem retirados dos balanços das instituições de crédito e, no limite, retirados de circulação, e não permitir que o Banco de Portugal pusesse em causa o ressarcimento de danos causados a investidores não qualificados.

VI. Partindo do raciocínio jurídico apresentado, é possível identificar uma lista dicotómica entre passivos financeiros e passivos não financeiros. Sendo que apenas em relação aos primeiros pode o Banco de Portugal decidir se são ou não transferidos para o Novo Banco:

Passivos financeiros	Passivos não financeiros
Dividendos	Dívidas a fornecedores
Juros	Responsabilidade civil por violação de direitos
Capital investido, por clientes, em instrumentos financeiros próprios	Responsabilidade civil por violação de normas de proteção
Capital investido, por clientes, em instrumentos financeiros de terceiros, mas comercializados pelo BES/Novo Banco	Responsabilidade civil por violação de deveres legais
	Responsabilidade civil por violação de deveres contratuais

Em suma, não cabe ao Banco de Portugal excluir o ressarcimento de danos causados por violação de direitos de personalidade ou demais direitos fundamentais. Não cabe ao Banco de Portugal excluir a responsabilidade civil por incumprimento de contratos de fornecimento ou de empreitada – p. ex.: obras de remodelação de sucursais do BES ainda não pagas à data da resolução. Não cabe ao Banco de Portugal excluir a responsabilidade civil por violação dos mais elementares deveres dos intermediários financeiros – lealdade, cuidado e informação. As competências do Banco de Portugal circunscrevem-se a produtos financeiros, sendo desse modo que o conteúdo das deliberações de 3 e 11 de agosto de 2014 e 29 de dezembro de 2015 devem ser interpretadas.

§ 4º Limites constitucionais dos poderes de transferência do Banco de Portugal

11. A separação de poderes

I. Há já vários anos que a Comunidade Jurídica tem expressado sérias preocupações relativas à excessiva concentração de poderes nas entidades de supervisão, em especial as entidades de supervisão do sistema financeiro.

Atualmente, estas entidades são materialmente responsáveis pela preparação de diplomas legislativos – independentemente de pressuporem ou não a transposição de Direito europeu –, cabendo-lhes, subsequentemente, a sua interpretação e execução – recordem-se, a este propósito, os poderes sancionatórios tradicionalmente atribuídos.

A situação é particularmente delicada, atendendo a que todo o processo legislativo contemporâneo se desenrola com reduzida transparência e desacompanhado de qualquer esclarecimento a final: a inexistência de trabalhos preparatórios tem um impacto direto na realização do Direito. Não é possível aos tribunais, advogados, professores ou alunos dar cumprimento aos cânones interpretativos previstos no artigo 9º do CC: tanto o elemento histórico como o elemento teleológico são de impossível identificação.

II. A concentração de poderes inéditos – estaremos perante um quarto poder do Estado? – atingiu um novo e inesperado patamar através da mencionada deliberação de 29 de dezembro de 2015, com o Banco de Portugal a *ordenar* aos tribunais portugueses que cessassem qualquer atividade jurisdicional relativa a processos que envolvessem o Novo Banco:

> [D]esde já se clarifica não terem sido transferidos do BES para o Novo Banco os seguintes passivos do BES: Qualquer responsabilidade que seja objeto de qualquer dos processos descrito no Anexo I.

Antes mesmo de os tribunais terem tido oportunidade de se pronunciarem sobre eventuais responsabilidades e independentemente da sua natureza, já o Banco de Portugal havia decidido que estas hipotéticas e ainda não apuradas responsabilidades não seriam transferidas para o Novo Banco.

E se essas responsabilidades resultarem da violação de um direito fundamental? E se a *exclusão* dessas responsabilidades violar a Lei ou a Constituição? E se a *exclusão* dessas responsabilidades extravasarem as competências do Banco de Portugal? E se a *exclusão* dessas responsabilidades extravasar as funções legais do Banco de Portugal enquanto autoridade de resolução nacional?

III. Contra todas as expectativas, os tribunais portugueses têm acatado as indicações do Banco de Portugal. Trata-se, contudo, de uma posição que não pode ser aceite à luz (i) do artigo 202º/1: cabe aos tribunais administrarem a justiça em nome do povo e não ao Banco de Portugal; (ii) do artigo 202º/2: cabe aos tribunais dirimir os conflitos de interesses públicos e privados e não ao Banco de Portugal; (iii) do artigo 203º: os tribunais são independentes; (iv) do artigo 205º/2: as decisões dos tribunais prevalecem sobre as de quaisquer outras autoridades, mesmo sobre decisões do Banco de Portugal; ou (v) do artigo 111º/1, todos da CRP: os órgãos de soberania devem observar a separação de poderes prevista na Constituição.

Tradicionalmente, é atribuída a Georges Clemenceau o seguinte comentário: "A Guerra é um assunto demasiado importante para ser decidido pelos militares". Ora, também a resolução bancária é um assunto demasiado importante para ser decidido pelas entidades de supervisão diretamente envolvidas no processo.

12. *A par condicio creditorum* e o regime jurídico da resolução

I. O incumprimento, por parte do devedor, das obrigações assumidas, permite aos seus credores exigirem o cumprimento judicial das obrigações assumidas e executar o património do devedor, artigo 817º. A execução do património do devedor consiste no principal meio de tutela jurídica que o sistema coloca à disposição dos titulares dos direitos de crédito.

Todo o património do devedor que seja suscetível de penhora, sem prejuízo de eventuais regimes especiais responde pelo cumprimento das obrigações assumidas pelo devedor, artigo 601º.

Nos termos do disposto no artigo 604º/1, todos do CC:

> Não existindo causa legítima de preferência, os credores têm o direito de ser pagos proporcionalmente pelo preço dos bens do devedor, quando ele não chegue para integral satisfação dos débitos.

O preceito consagra, indiretamente, no Direito português, a regra da igualdade dos credores: a *par condicio creditorum*.

II. A *par condicio creditorum* pode, nos termos do próprio artigo 604º/1 do CC, ser legalmente contornada pela presença de causas legítimas de preferência. O nº 2 do preceito esclarece o seu alcance:

> São causas legítimas de preferência, além de outras admitidas na lei, a consignação de rendimentos, o penhor a hipoteca, o privilégio e o direito de retenção.

O sistema reconhece quer ao legislador quer às partes a possibilidade de *beneficiarem* determinados sujeitos – numa perspetiva geral e abstrata (legislador) ou numa perspetiva individual e concreta (partes) – em detrimento dos interesses dos credores comuns– p.ex.: fornecedores ou empreiteiros.

II. Nos termos do artigo 145º-B/1 do RGIC, na versão do Decreto-Lei nº 31-A/2012, de 10 de janeiro:

> Na aplicação de medidas de resolução, procura assegurar-se que os acionistas e os credores da instituição de crédito assumem prioritariamente os prejuízos da instituição em causa, **de acordo com a respetiva hierarquia e em condições de igualdade dentro de cada classe de credores**.

O respeito pela hierarquia dos créditos e pelo princípio da igualdade dos credores (a *par condicio creditore*) manteve-se com as alterações introduzidas pela reforma de 2015. Diz-nos o atual artigo 145º-D/1, *b)*:

> *b)* Os credores da instituição objeto da resolução suportam, de seguida, e em condições equitativas, os prejuízos da instituição em causa, de acordo com a graduação dos seus créditos;

A expressão equidade[22] é aqui empregue na sua aceção mais clássica e que nos remete para a própria definição de Justiça, nos moldes apresentados por Aristóteles: tratar o igual de forma igual na medida da sua diferença.

---

[22] *Vide*, o nosso, *Do trust no Direito civil*, Almedina, Coimbra, 2014, 170-172.

III. Isso mesmo resulta, de forma direta, de inúmeros artigos da Diretiva 2014/59/UE, de 15 de maio. Artigo 34º/1, *b)* e *f)*:

> Os credores da instituição objeto de resolução suportam perdas a seguir aos acionistas em conformidade com a ordem de prioridade dos créditos no quadro dos processos normais de insolvência, salvo disposição expressa em contrário na presente diretiva;
>
> Salvo disposto em contrário na presente diretiva, os credores de uma mesma categoria são tratados de forma equitativa;

Ora, os investidores não qualificados são considerados credores comuns, para efeitos de aplicação tanto do Direito dos valores mobiliários como do Direito da insolvência (artigos 174º ss do CIRE), a par de todos os credores que não sejam titulares de privilégios creditórios.

Não se consegue encontrar qualquer fundamento legal, nem qualquer fundamento nas diversas deliberações do Banco de Portugal que justifiquem um tratamento diferenciado dos investidores não qualificados, quando em causa esteja uma ação de responsabilidade civil por violação de deveres elementares da intermediação financeira.

13. A proteção constitucional da garantia geral das obrigações: aspetos gerais

I. A garantia geral das obrigações, conjuntamente com o princípio da *par condicio creditorum*, não pode ser suprimida por lei e muito menos por simples deliberação administrativa sem suporte legal e constitucional bastante. Uma decisão desse tipo redundaria, necessariamente, numa violação do artigo 13º/1 CRP:

> Todos os cidadãos têm a mesma dignidade social e são iguais perante a lei.

Ao tratar os investidores não qualificados de forma distinta dos demais credores comuns – p.ex.: fornecedores ou empreiteiros –, o Banco de Portugal viola o preceito ora transcrito.

II. Do conteúdo das deliberações do Banco de Portugal resulta, para mais, numa violação do artigo 62º da CRP:

> 1. A todos é garantido o direito à propriedade privada e à sua transmissão em vida ou por morte, nos termos da Constituição.

ESTUDOS DE DIREITO BANCÁRIO I

2. A requisição e a expropriação por utilidade pública só podem ser efetuadas com base na lei e mediante o pagamento de justa indemnização.

Atente-se ao comentário de Gomes Canotilho/Vital Moreira ao artigo 62º da CRP:

> O objeto do direito de propriedade não se limita ao universo das coisas. Parece seguro que ele não coincide com o conceito civilístico tradicional, abrangendo ... outros direitos de valor patrimonial (direitos de autor, **direitos de crédito**, parte sociais)[23].

III. Em recente acórdão, a Relação de Lisboa[24], analisando, precisamente, a possível violação do artigo 62º da CRP pela atuação do Banco de Portugal, nega esse caminho, afirmando o seguinte:

> III. O direito de propriedade não é um direito absoluto, devendo compatibilizar-se com outras exigências constitucionais, assumindo o direito de propriedade uma função social.
>
> IV. Podem ocorrer atos ablativos do direito de propriedade desde que encontrem cobertura ou justificação constitucional.
>
> V. O Artigo 62º da Constituição deixa ao legislador ordinário uma ampla margem de conformação do direito de propriedade desde que as soluções encontradas respeitem os princípios da adequação, necessidade e proporcionalidade.
>
> VI. A medida de resolução constituiu o meio adequado para a prossecução da tutela da estabilidade e segurança do sistema financeiro, para prevenir o risco sistémico e a corrida aos depósitos, valores e princípios constitucionalmente protegidos (Artigo 101º da Constituição), observando-se o princípio da adequação.

Na prática, aplicam-se aqui os critérios gerais consagrados no artigo 18º/2 da CRP: confrontando o direito de propriedade com a necessidade de acautelar a estabilidade do sistema financeiro (101º CRP), considerando, no caso concreto, como sendo esta estabilidade um interesse constitucionalmente atendido, o Tribunal conclui pela prevalência deste último.

---

[23] J.J. Gomes Canotilho/Vital Moreira, *Constituição da República Portuguesa Anotada*, I, 4ª ed., Coimbra ed., Coimbra, 2014 (= 2006), 800.
[24] RLx 7-mar.-2017 (Pires de Sousa), proc. 48/16.3.

14. A proteção constitucional da garantia geral das obrigações: o equilíbrio dos interesses

I. Enquanto animal social, o ser humano necessita do Direito para regular a comunidade em que se insere. Recorde-se o sempre atual silogismo latino: *ubi homo, ibi societas; ubi societas, ibi ius; ergo, ubi homo, ibi ius* – onde há Homem, há Sociedade; onde há Sociedade, há Direito; logo, onde há Homem, há Direito[25].

A relação *homem, sociedade e Direito* e a ligação umbilical entre estes últimos levanta, *ab initio*, a seguinte dúvida: existe o Direito para servir cada homem ou a sociedade enquanto um todo[26]? Recorrendo a uma linguagem técnico-jurídica; que interesses prevalecem: os individuais ou os coletivos?

A resposta a esta questão não é certamente absoluta. Deve ser enquadrada no tempo a que nos reportamos e à luz do Direito vigente.

A realidade jurídica contemporânea coloca a pedra de toque na coletividade, apesar da tendência social para valorizar o Eu em prejuízo do Nós. A dimensão social do Direito Civil e a regulação dos mais variados ramos de Direito Privado apontam, de forma inequívoca, nesse sentido.

II. O equilíbrio entre os interesses individuais dos cidadãos e os interesses da sociedade[27] foram postos à prova, pelo Supremo Tribunal de Justiça, no célebre acórdão *Metropolitano da Expo98*[28]. Embora o nosso mais alto Tribunal tenha reconhecido que o interesse nacional da construção da Linha Vermelha de Metropolitano de Lisboa permitia, constitucionalmente, que o direito ao repouso dos moradores (direito à integridade física) fosse afetado, os custos monetários teriam de ser suportados pela própria sociedade:

> "[O]s particulares não estão sujeitos ao dever de, em qualquer caso, em nome do interesse público, absorver ou suportar exclusivamente lesões dos seus direitos ou suportar sacrifícios que em nome do bem comum ou da sociedade, cabendo a esta, nos casos em que aqueles sacrifícios possam ser e tenham de ser impostos, compensá-los dos prejuízos causados".

---

[25] José de Oliveira Ascensão, *O Direito: introdução e teoria geral*, Almedina, Coimbra, 13ª ed., 2005, 23 ss.

[26] Paulo Otero, *Lições de introdução ao estudo do Direito*, I, 1º Tomo, Lisboa, 1998, 71-73

[27] Oliveira Ascensão, *José de Oliveira Ascensão, O Direito: introdução e teoria geral*, Almedina, Coimbra, 13ª ed., 2005, 23 ss; Paulo Otero, *Lições*, cit., 71 ss.

[28] STJ 19-out.-2010 (Alves Velho), proc. 565/1999.

Em suma, mesmo que, em concreto e atendendo aos limites vigentes o interesse da comunidade se sobreponha aos interesses individuais, caberá à sociedade e não aos sujeitos lesados suportar os prejuízos monetários decorrentes, desde que, evidentemente, esses interesses sejam juridicamente atendíveis. Trata-se de uma efetiva transferência de parte dos riscos decorrentes da vivência conjunta, da esfera jurídica dos cidadãos para a sociedade.

III. Embora se reconheça, na senda da Relação de Lisboa, a relevância social e constitucional da estabilidade do sistema financeiro, o raciocínio aí sustentado apresenta-se incompleto: certamente que o direito de propriedade pode ser restringido, mas esta restrição deverá respeitar o equilíbrio necessário entre os interesses públicos e os interesses privados: deve ser sempre acompanhada de uma compensação monetária. A interpretação do STJ acima referida encontra suporte em inúmeros artigos da nossa Constituição. Atente-se à parte final do artigo 62º/2:

> A requisição e a expropriação por utilidade pública só podem ser efetuadas com base na lei e mediante o pagamento de justa indemnização.

Ao artigo 83º:

> A lei determina os meios e as formas de intervenção e de apropriação pública dos meios de produção, bem como os critérios de fixação da correspondente indemnização.

Ou ao artigo 84º/2:

> A lei define quais os bens que integram o domínio público do Estado, o domínio público das regiões autónomas e o domínio público das autarquias locais, bem como o seu regime, condições de utilização e limites.

Em suma, a Constituição não permite ao Estado simplesmente restringir o direito de propriedade dos seus cidadãos, mesmo quando os interesses da sociedade isso determinem. Esta restrição terá sempre de ser acompanhada por uma devida compensação.

15. Conclusões

O papel desempenhado pelas instituições bancárias na Sociedade contemporânea é inquestionável. A sua relevância justifica a vigência de regimes específicos que evitem demorados processos de insolvência com reconhecidas perdas para todos os envolvidos, para o próprio sector financeiro – riscos sistémicos – e, por maioria de razão, para toda a sociedade[29].

Contudo, este regime terá sempre de se enquadrar e adequar à realidade do sistema que o concebe, tanto do ponto de vista do Direito Comum – Direito Civil – como do Direito Constitucional. O regime da resolução não consubstancia um *microssistema*, autónomo do Direito português.

Não pode violar os princípios constitucionais e civis vigentes, *maxime*, a igualdade, a separação de poderes e a boa-fé. Como também não pode decidir sacrificar os investidores não qualificados que confiaram nos seus gestores de conta – trata-se de uma relação fiduciária, com toda a carga jurídica e social[30] –, nas autoridades de supervisão e nos mais altos governantes nacionais, em nome de interesses públicos, aparentemente não sindicáveis pelos tribunais.

O Direito do século XXI, reconhecidamente um Direito Social, tem como principal alicerce *jurídico-ideológico* a proteção dos mais fracos e desprotegidos, assumindo a comunidade, enquanto um todo, os custos desta assunção. Uma alteração deste paradigma, sempre possível, só poderá ser feita pelo poder legislativo e pelo poder jurisdicional e nunca por supervisores sectoriais.

---

[29] Kern Alexander, *Bank Resolution Regimes: Balancing Prudential Regulation and Shareholder Rights*, 9 J Corp L Stud, 2009, 61-93; Edward J. Janger/John A.E. Pottow, *Implementing Symmetric Treatment of Financial Contracts in Bankruptcy and Bank Resolution*, 10 Brook J Corp Fin & Com L, 2015, 155-181.

[30] Veja-se o nosso *Manual de Direito dos valores mobiliários*, Almedina, Coimbra, 2016, 261 ss.

O regime de controlo da adequação de titulares de órgãos sociais de instituições de crédito e o direito das sociedades anónimas

PEDRO MAIA[1]

1. Introdução

As entidades bancárias encontram-se, há muito, sujeitas a um *regime jurídico especial*[2]. Com efeito, cedo se identificaram muitas especificidades que exigiam um acervo normativo destacado: desde logo, os *riscos económicos específicos* de que a actividade bancária se reveste[3], mas também o carác-

---

[1] Professor Auxiliar da Faculdade de Direito da Universidade de Coimbra. Investigador do Instituto Jurídico da Faculdade de Direito da Universidade de Coimbra.

[2] É discutida, a vários títulos e sob diferentes perspectivas, a *natureza* do direito bancário. Sobre a matéria, *vide*, entre nós, ANTÓNIO MENEZES CORDEIRO, *Direito Bancário*, 6ª ed., Almedina, Coimbra, 2016, pp. 181ss. (que entende tratar-se de um "direito funcional específico"). Em sentido idêntico, cfr. SCHWINTOWSKI, in *Schwintowski Bankrecht*, 4. Auflage, Carl Heymanns, Köln, 2016, § 1, anots. 7ss., e WITTIG, in *Kümpel/Wittig Bank- und Kapitalmarktrecht*, 4. Auflage, Otto Schmidt, Köln, 2011, pp. 13s.

[3] Cfr., por exemplo, PETER O. MÜLBERT, *"Corporate Governance of Banks after the financial Crisis – Theory, Evidence, Reforms"*, in *European corporate governance institute – law working paper nº 130/2019*, 2010, p. 3 e, sobretudo, pp. 10ss., KLAUS J. HOPT, *"Better Governance of Financial Institutions"*, in *ECGI – European Corporate Governance Institute*, nº 207, 2013 pp. 4ss., KLAUS J. HOPT/MAX PLANCK, *"Corporate Governance of Banks and Other Financial Institutions After the Financial Crisis: Regulation in the Light of Empiry and Theory"*, in *Journal of Corporate Law Studies*, vol. 13, 2013 pp. 17ss., GOTTFRIED WOHLMANNSTETTER, *"Corporate Governance von Banken"*, in *Handbuch Corporate Governance*, 2. Auflage, Schäffer-Poeschel, Stuttgart, 2009, pp. 907ss., MEHRAN; ALAN HAMID, D. MORRISON; JOEL, D. SHAPIRO *"Corporate Governance and Banks: What Have We Learned from the Financial Crisis?"*, in 2011, pp. 3ss., ANTÓNIO PEDRO A. FERREIRA, *O Governo das Sociedades e a Supervisão Bancária – Interacções e Complementaridades*,

ter verdadeiramente *anómalo* das implicações da crise de solvabilidade de uma qualquer instituição bancária. Na verdade, ao invés do que sucede em regra, a crise de uma empresa bancária, em vez de *favorecer concorrentes* – pela oportunidade que lhes faculta de ocuparem um novo espaço no mercado deixado vago pelo insolvente –, também os *coloca em risco*. A *perda de confiança* do público não só pode determinar consequências imediatas e graves para os concorrentes – em virtude de uma corrida generalizada aos depósitos –, como constitui um obstáculo muito relevante ao desenvolvimento da actividade bancária e ao cumprimento da sua função, pela *percepção de risco* que induz no público, tornando este mais renitente na entrega de fundos aos bancos. Na medida em que não consigam (ou não consigam tão bem) captar fundos, os bancos podem não cumprir (ou não cumprir tão bem) a sua *função de disponibilizar liquidez ao mercado*.

Com certeza que a *confiança* é relevante no exercício de qualquer actividade económica: a importância da confiança não é um exclusivo da banca. Porém, na actividade bancária, ela assume um *papel central* – pois só em face de uma significativa e consistente confiança os depositantes podem entregar o seu dinheiro ao banco –, ao ponto de se tornar um *pressuposto*, um *requisito de facto*, para o exercício da actividade.

Exige-se que o público *confie nos bancos*, mas exige-se, ainda, que confie *abstractamente*, quer dizer, que confie sem ter a capacidade ou os meios necessários para verificar se, realmente, a actividade *de cada banco em concreto, em cada momento*, é merecedora dessa confiança. A confiança que se pede ao público respeita a uma actividade caracterizada por um invulgar nível de *opacidade*[4], o que torna especialmente difícil a tarefa do legislador[5]: alimentar a *máxima confiança* do público na actividade bancária, embora o público conheça *muito pouco* dessa actividade em concreto.

Quid Juris, Lisboa, 2009, pp. 64ss., Paulo Câmara, *"O governo societário dos bancos – em particular novas regras e recomendações sobre a remuneração na banca", in O novo direito bancário*, Almedina, Coimbra, 2012, p. 147, e Paulo Câmara, *"O Governo dos Bancos: Uma Introdução", in A Governação de Bancos nos Sistemas Jurídicos Lusófonos*, 2016, pp. 13s.

[4] Cfr., por exemplo, Peter O. Mülbert, "Corporate Governance of Banks after the financial Crisis – Theory, Evidence, Reforms", cit., p. 11, e Klaus J. Hopt, "Better Governance...", cit., pp. 12s.

[5] Legislador *em sentido muito amplo*, abrangendo toda as fontes que hoje conformam o regime e a actuação das instituições de crédito. Sobre o assunto, *vide*, com muito interesse, Francesco Capriglione, *"Fonti Normative", in Manuale di Diritto Bancario e Finanziario*, CEDAM, Padova, 2015, pp. 3ss.

Admitindo que a informação (transparência) traz confiança e que, inversamente, a opacidade é um factor de redução da confiança, compreende-se que o direito bancário se encontre perante o difícil desafio de, sendo embora máxima a necessidade de se induzir confiança no público, existirem aspectos estruturalmente *adversos* à sua formação.

O acesso do público em geral aos elementos, digamos, *primários* da informação sobre a actividade bancária é, em muitos aspectos, inviável, desde logo por força dos limites legais e mesmo constitucionais ao acesso a tal informação: o público não pode, por exemplo, conhecer amplamente os fundamentos das decisões de concessão de crédito do banco nem a totalidade dos dados relevantes de cada devedor seu, pelo que, à partida, a situação de *risco implícito* e de *viabilidade económica* de cada instituição de crédito não é publicamente cognoscível. Daqui decorre a necessidade – sentida com particular intensidade a partir da grande crise que eclodiu em 2007-2008 – de dotar a actividade bancária de um acervo normativo que *compense* aquela *opacidade primária* – a opacidade a respeito da informação primária da actividade –, por forma a dar-se cumprimento a dois objectivos imediatos: aumentar, na medida possível, a *quantidade* e a *qualidade da informação* prestada pelas (e sobre as) instituições de crédito; aumentar a *confiança* do público em geral a respeito das instituições de crédito (seja no que toca à solidez da sua situação financeira, seja a respeito da prudência da sua administração, da fiabilidade de toda a informação que produzem, da viabilidade a médio e a longo prazo da entidade, etc., etc.).

O novo regime de requisitos para o exercício de cargos sociais em instituições de crédito, que emergiu da crise, deve ser entendido – *também* – a esta luz e com este enquadramento: como uma das peças destinadas a *reforçar a confiança*[6].

---

[6] Cfr. DALVINDER SINGH, *"Corporate Governance and Banking Supervision"*, in *Corporate governance post-enron : comparative and international perspectives*, 2006, pp. 472ss., LUCA ENRIQUES/DIRK ZETZSCHE, *"Quack Corporate Governance, Round III? Bank Board Regulation Under the New European Capital Requirement Directive"*, in *Theoretical Inquiries in Law*, vol. 16, 2015, sublinhando que o propósito de *restaurar a confiança* pode não estar a ser acompanhado de melhorias substantivas do regime.

2. Requisitos para o exercício de cargos sociais em instituições de crédito: o sentido da evolução recente do regime legal

2.1. O regime original do Regime Geral das Instituições de Crédito Sociedades Financeiras (1992)

O Regime Geral das Instituições de Crédito e Sociedades Financeiras (RGICSF) contém, desde a sua versão inicial, datada de 1992, normas que regulam o acesso a órgãos de administração e de fiscalização de uma instituição de crédito. Nessa versão originária do diploma, o tal regime integrava o Capítulo III ("Administração e fiscalização"), do Título II ("Autorização das instituições de crédito com sede em Portugal"), e compunha-se de quatro artigos. Nos artigos 30º e 31º, eram fixados requisitos de "idoneidade" (art. 30º) e de "experiência profissional" (art. 31º) [7].

A primeira nota que importa destacar respeita ao *diferente âmbito de aplicação* destas duas normas: na versão de 1992, o preceito relativo à *experiência profissional* (art. 31º) dirigia-se apenas a membros do órgão de *administração* – e não aos do órgão de *fiscalização* –, e, na verdade, nem sequer a todos os membros daquele órgão, visto que a experiência era exigida somente aos administradores a quem coubesse assegurar a "gestão corrente da instituição de crédito", o que excluía os *administradores não-executivos*[8]. Desta primeira nota pode extrair-se que, na sua versão de 1992, o RGICSF regulava diferentemente os membros do órgão de administração e os membros do órgão de fiscalização das instituições de crédito, limitando-se, quanto a estes, a exigir que dispusessem de "idoneidade" para a função. Aliás, este cariz de *menor exigência* quanto aos membros do órgão de fiscalização era confirmado pelo art. 33º – relativo à *acumulação de cargos* –, que também se

---

[7] Estas duas normas foram sucessivamente alteradas pelo Decreto-Lei nº 201/2002, de 26 de setembro, pelo Decreto-Lei nº 145/2006, de 31 de julho, pelo Decreto-Lei nº 126/2008, de 21 de julho, pelo Decreto-Lei nº 31º-A/2012, de 10 de fevereiro. A mais significativa alteração surgiu, mais tarde, com o Decreto-Lei nº 157/2014, de 24 de outubro, que procedeu à transposição da Diretiva nº 2013/36/EU, do Parlamento Europeu e do Conselho, de 26 de junho.
Sobre a história do regime, *vide*, desenvolvidamente, Luís Guilherme Catarino, "'Fit and Proper': o controlo administrativo da idoneidade no sector financeiro", in *Revista de Concorrência e Regulação*, Ano VI, nº 23-24, Almedina, 2015, pp. 42ss., e também Margarida Reis, "*A idoneidade dos membros dos órgãos de administração e fiscalização das instituições de crédito*", in *Revista de Concorrência e Regulação*, Ano VI, nº 23-24, Almedina, 2015, pp. 105ss.

[8] *Vide*, porém, o que se dirá, adiante, a respeito do regime do registo da designação dos membros do órgão de fiscalização (art. 69º, na versão de 1992).

aplicava apenas a membros do órgão de administração que pretendessem exercer igualmente funções de administração noutra sociedade. Em suma, para os membros do órgão de fiscalização vigorava, no âmbito do RGICSF, o regime da *"idoneidade"* (art. 30º), mas já não um requisito de *experiência profissional* (art. 31º), nem qualquer restrição à *acumulação de cargos* (art. 33º).

A segunda nota que pode apontar-se a esse regime de 1992 é a da sua *especialidade*. De facto, o regime societário geral – ao invés do RGICSF – não continha nem *exigências* idênticas, nem exibia, tão-pouco, *preocupações* a respeito destas matérias (idoneidade, experiência profissional e acumulação de cargos) relativamente a *administradores* no modelo latino ou monista. Com excepção dos limites ao exercício de actividades concorrentes (art. 398º), o Código das Sociedades Comerciais, na redacção que vigorava em 1992, não fixava *requisitos subjectivos* aos membros do órgão de administração, além da personalidade jurídica singular e da capacidade jurídica plena (art. 390º, nº 3): não se encontrava, pois, nenhuma exigência equiparável à da idoneidade ou experiência profissional apresentada pelo RGICSF.

Para os membros encarregados da administração das sociedades anónimas de *estrutura germânica* (os *directores*, na terminologia legal da época), a situação era um pouco distinta no que toca à *acumulação de funções* (art. 428º, nº 2). Eles encontravam-se impedidos de exercer qualquer outra actividade comercial, por conta própria ou alheia, ou de serem membros de órgão de administração ou de fiscalização de qualquer outra sociedade, salvo autorização (art. 428º, nº 1 e 2). Esta, porém, não podia ser prestada para o exercício de funções em mais de duas sociedades. Ao impor um limite máximo à acumulação de cargos, a lei salvaguardava, embora em termos imperfeitos e criticáveis, a disponibilidade para o exercício do cargo de administração no referido modelo germânico – sem equivalente, todavia, no modelo monista, de longe o mais comum entre nós[9].

Diferente era a situação dos membros do *órgão de fiscalização* (*conselho fiscal* ou, ao tempo, *conselho geral*, no modelo germânico), pois o CSC já estabelecia, para os membros do *conselho fiscal* (art. 414º, nº 3, al. *h*), correspondente ao actual art. 414º-A, nº 1, al. *h*)) e para os membros do *conselho geral* (por remissão, ao tempo, do 446º, nº 3, e, hoje, do art. 434º, nº 4), o limite ao exercício de funções de administração ou de fiscalização em *cinco sociedades*. A lei societária geral limitava, portanto, a acumulação de

---

[9] Cfr. M. Nogueira Serens/Pedro Azevedo Maia, *"O art. 428º, N.ºs 1 e 2 do Código das Sociedades Comerciais – Análise da sua natureza jurídica"*, in *Revista da Banca*, nº 38, 1996, pp. 29ss.

ESTUDOS DE DIREITO BANCÁRIO I

funções – de fiscalização ou de administração – pelos membros do órgão de fiscalização.

De sorte que, a respeito da *acumulação de funções*, podia dizer-se que o CSC e o RGICSF acolhiam *abordagens discrepantes*: o CSC não previa limites à acumulação de funções de *administração* na *estrutura monista*, mas o RGICSF previa um regime que, embora sem estabelecer limites fixos ou absolutos, permitia ao Banco de Portugal opor-se à acumulação, com base na avaliação da situação em concreto (art. 33º, nº 3, RGICSF na versão de 1992). Mas o CSC já se apresentava, a respeito da administração das sociedades de modelo germânico, em parte *mais exigente* e *restritivo* do que o próprio RGICSF, visto estabelecer limites *quantitativos fixos* à acumulação de cargos.

Diferentemente, a respeito do *órgão de fiscalização*, era o CSC que se revelava mais restritivo, impondo limites fixos (absolutos) à acumulação, ao passo que o RGICSF não apresentava limites.

Uma terceira nota ainda pode ser referida a respeito do quadro legal de 1992: o controlo da verificação dos requisitos exigidos para o exercício das funções de administração ou de fiscalização ocorria *após* a respectiva eleição ou designação pela instituição de crédito – tratava-se de um sistema de *controlo estritamente sucessivo*. Na verdade, o art. 69º acolhia um sistema de registo, obrigatório, junto do Banco de Portugal *após a designação*[10].

Mas o regulador podia recusar o registo com base na falta de *idoneidade* ou de *experiência* tanto dos membros do órgão de *administração* – executivos ou não executivos – quanto dos membros do órgão de *fiscalização* ("a falta de idoneidade ou experiência dos membros do órgão de administração ou fiscalização é fundamento de recusa de registo") (art. 69º, nº 4, RGICSF, na versão de 1992). Era patente o desacerto deste preceito com o disposto no art. 31º, que, conforme vimos, impunha a experiência profissional *somente aos administradores executivos*, deixando fora de tal exigência quer os administradores *não executivos* quer os membros do *órgão de fiscalização*.

O que significa que, a propósito do regime de registo, a lei acabava por introduzir um requisito de *experiência* relativamente a *todos os membros da administração e do órgão de fiscalização* – e já não apenas para os administra-

---

[10] Também se previa o pedido de autorização prévio, mas era um regime *facultativo*, que a instituição de crédito podia, se nisso tivesse interesse, usar: não um traço do regime, em que deva assentar a sua análise.

dores executivos –, tendendo para uma certa nivelação ou uniformidade do regime, que os arts. 31ºss. não apresentavam. Mas a ausência de um regime específico a respeito da experiência exigida aos não executivos e aos membros do órgão de fiscalização suscitava diversas questões: o legislador limitava-se, a respeito do registo, a apresentar a falta de experiência como fundamento de recusa, mas nada dispunha sobre o conteúdo e os critérios de aferição da experiência necessária. E não parecia que o regime do art. 31º (na versão de 1992), literalmente aplicável apenas aos *administradores executivos*, pudesse valer também para os restantes membros dos órgãos sociais.

Do art. 69º (na versão de 1992) decorria, ainda, que o não cumprimento das exigências sobre idoneidade e experiência impedia o *registo, mas não obstava ao exercício de funções*, nem tornava *inválidos* os actos praticados por tais membros no exercício das suas funções ("a falta de registo não determina a invalidade dos actos praticados pela pessoa em causa no exercício das suas funções") (art. 69º, nº 7, na versão de 1992). Com certeza que a terminologia usada pelo legislador não era a mais adequada, posto que a questão da *invalidade* (em sentido próprio) colocar-se-ia, sim, a respeito da própria *eleição/designação* que violasse os requisitos legais – mas, sobre esta, nada se dizia –, ao passo que o problema suscitado pelos actos praticados, mormente, perante terceiros, haveria de ser tratada em sede da *ineficácia*. O legislador, ao estatuir a "validade" dos actos, terá usado o conceito no sentido de *ineficácia em sentido amplo*, abrangendo quer a *invalidade*, em sentido próprio, quer a *ineficácia, em sentido estrito*[11], assim se assegurando a *produção* e a *estabilidade* dos efeitos de tais actos.

Com este regime de registo, criava-se mais uma discrepância com o Código das Sociedades Comerciais, que acolhia (e acolhe) um regime de protecção de terceiros nos casos de ausência de registo, *mas penalizando a posição da sociedade*: a falta de registo permite aos terceiros prevalecerem-se do facto não registado, mas já impede a sociedade de opor esse mesmo facto (não registado) a terceiros (art. 168º, nº 1 e 2, CSC)[12]. De modo que,

---

[11] Sobre a matéria, *vide*, por todos, CARLOS ALBERTO DA MOTA PINTO, *Teoria Geral do Direito Civil*, 4ª ed., Coimbra Editora, Coimbra, 2005, pp. 615ss.

[12] Cfr., por exemplo, ALEXANDRE SOVERAL MARTINS, *"Algumas notas sobre o regime da publicidade dos actos sociais no Código das Sociedades Comerciais", in Estudos de direito do consumidor Doutrina*, nº 1, Centro de Direito do Consumo Faculdade de Direito da Universidade de Coimbra, Coimbra, 1999, pp. 341ss.

sendo efectuado o registo da designação dos membros do órgão de fiscalização no registo comercial – ao abrigo do disposto no art. 3º, do Código do Registo Comercial –, a recusa de registo do Banco de Portugal não prejudicava, em nada, a posição da Instituição de Crédito *na sua actuação no tráfico jurídico*: o registo mercantil assegurava a produção de efeitos contra terceiros; a ausência de registo no Banco de Portugal não prejudicava essa mesma produção de efeitos.

O art. 69º RGICSF (na versão de 1992) não afectava, pois, a *validade* e a *eficácia* dos actos praticados – pelo contrário, assegurava essa mesma validade e eficácia –, nem prejudicava *automática* ou *directamente* o próprio desempenho de funções. E podia inferir-se de tal regime que a falta de idoneidade ou de experiência não constituía causa autónoma, nem automática de *invalidade* da deliberação de eleição dos membros do órgão de administração[13]. Embora não devesse excluir-se, naturalmente, que um facto respeitante à idoneidade do membro de administração ou fiscalização (ou respectiva experiência profissional), que *não tivesse sido dado a conhecer à assembleia no procedimento electivo* – ou que houvesse sido *falsamente revelado* –, pudesse determinar, nos termos gerais, a *invalidade da deliberação* (art. 58º, nº 1, al. *c*), e art. 290º, nº 3, CSC)[14]. E também não devia excluir-se – embora a hipótese, em geral, seja discutível[15] – a possibilidade de, por força de uma cláusula estatutária, se impor que a recusa de registo determinasse a *caducidade* imediata do mandato do sujeito em causa. Nem tão-pouco devia recusar-se que – por via de cláusula estatutária ou por decisão da própria assembleia –, a deliberação electiva tivesse os seus efeitos *suspensos* até ao registo pelo Banco de Portugal, sustando-se a produção de efeitos até esse momento e caducando a deliberação com a não verificação definitiva do evento condicionante. E, por fim, também não devia excluir-se que, exi-

---

[13] Neste sentido, embora escrevendo sobre uma versão mais recente da lei, cfr. RICARDO COSTA, in *Código das Sociedades Comerciais em Comentário*, VI (Artigos 373º a 480º), Jorge Manuel Coutinho de Abreu (coord.), Almedina, Coimbra, 2011, p. 207, RUI CARDONA FERREIRA, *"Impedimentos na designação de administradores das sociedades comerciais"*, in *A Designação de Administradores*, Almedina, Coimbra, 2015, p. 190, e, já antes, implicitamente, FILIPE CASSIANO DOS SANTOS, *"Governo de sociedades bancárias, deveres dos administradores e supervisão"*, in *II Congresso Direito das sociedades em revista*, 2012, p. 239.

[14] Cfr. PEDRO MAIA, *"Deliberações dos sócios"*, in *Estudos de Direito das Sociedades*, 12ª ed., Almedina, Coimbra, 2015, pp. 249s.

[15] Sobre a matéria, *vide* RICARDO COSTA, *"A cláusula "simul stabunt simul cadent" e a relação de aministração com a sociedades "*, in *Congresso Direito das sociedades em revista*, Vol.11, 2014, pp. 149ss.

gindo-se estatutariamente a idoneidade e experiência profissional como requisitos de elegibilidade, a não verificação de tais requisitos implicasse a *invalidade* da eleição, por violação de uma cláusula estatutária[16].

Uma vez recusado o registo pelo Banco de Portugal, a instituição de crédito devia tomar "as medidas adequadas para que aqueles cess[ass]em imediatamente funções" (art. 69º, nº 5, na redacção de 1992), de onde se podia retirar, implicitamente, que, até a adopção de tais "medidas", o membro do órgão permaneceria em funções.

O regime era, com certeza, *criticável*. Uma vez que a lei não determinava, como consequência *automática*, a cessação de funções, o membro cujo registo fosse recusado teria de cessar funções por *alguma das vias previstas na lei*: renúncia, acordo revogatório, ou destituição[17]. E qualquer destas vias colocava problemas.

A primeira e a segunda, além de estarem dependentes da *vontade* do membro cujo registo tivesse sido recusado – deixando a instituição de crédito dependente de tal (boa) vontade –, não produziam, em princípio, efeitos imediatos, uma vez que, no caso da renúncia, esta só produziria efeitos no final do mês subsequente àquele em que tivesse sido apresentada (art. 404º, nº 2, CSC) e, no caso do acordo revogatório, seria, de acordo com alguma doutrina, necessária uma *prévia deliberação dos sócios*[18], para poder extinguir-se a relação de administração.

---

[16] Não deixava, contudo, de ser estranho o resultado a que se chegaria: o de a violação da *lei* (que exige a idoneidade e experiência) não determinar a invalidade da deliberação, mas esses mesmos requisitos, quando inseridos nos estatutos, já afectarem a validade da deliberação. O que permitia, com base num argumento de maioria de razão, sustentar que, não sendo inválida a eleição por violação do requisito de idoneidade e experiência prescrito por lei, também não poderia ser inválida por violação dos estatutos, se estes replicassem o regime legal. Mas a questão seria discutível, com certeza.

[17] A outra causa de extinção do vínculo, a *caducidade* – designadamente, pelo *termo do mandato, por morte, invalidez, fusão, etc.* –, não carece de ser considerada na nossa análise, naturalmente, por se mostrar irrelevante para a resolução do problema em apreço. Sobre as causas de cessação do vínculo de administração, veja-se JORGE MANUEL COUTINHO DE ABREU, *Curso de Direito Comercial*, vol. II, 5ª ed., Almedina, Coimbra, 2015, pp. 565ss.

[18] Não iremos analisar esta questão, ficando apenas aqui a nota de que a admissibilidade, em si mesma, de um acordo revogatório como causa de cessação não se mostra indiscutível – uma vez que não se encontra expressamente previsto na lei (cfr. ANTÓNIO MENEZES CORDEIRO, *Direito das sociedades I – Parte Geral*, vol. I, 3ª ed., Almedina, Coimbra, 2011, p. 945)–, nem tão-pouco se afigura incontroverso o seu regime. Sobre a matéria, cfr. RAÚL VENTURA, *Sociedades por quotas*, vol. III, 2ª ed. (reimpressão da 1ª edição de 1991), Almedina,

Sendo necessária uma deliberação dos sócios para o *acordo revogatório*, o que também sucedia para a *destituição*, a cessação de funções estava dependente do respeito pelos prazos próprios da convocatória da assembleia geral, o que obstava, conforme começámos por escrever, a que a cessação operasse, por esta via, *imediatamente após* a decisão do Banco de Portugal de recusar o registo.

Não devia, por isso, recusar-se a aplicação, ao caso, do art. 400º, nº 1, al. *b*), CSC[19], permitindo-se ao conselho fiscal decidir a *suspensão* de um administrador quando "entenda que o interesse da sociedade a exige". E, na verdade, o interesse da sociedade podia exigir essa suspensão. Naturalmente, esta norma já não permitia acudir aos casos em que a falta de idoneidade (ou de experiência) atingisse um (ou mais) membros do próprio órgão de fiscalização. A que acrescia, ainda, o facto de os membros deste órgão não poderem ser destituídos *ad nutum*, mas apenas com justa causa.

Existia, deste modo, um *patente desacerto* entre o regime societário de *designação/cessação* de funções dos membros do órgão de administração ou de fiscalização e o regime de *concessão/recusa* do registo que o RGICSF instituía, o que, no final, podia conduzir a que o sujeito fosse membro do órgão de administração ou de fiscalização da instituição de crédito – e gozasse, no plano interno societário, dos direitos inerentes a essa qualidade –, mas não estivesse em condições de exercer as funções por falta de registo[20]. E esse desacerto projectava-se, também, no domínio registral, posto que a eleição do membro do órgão de administração ou fiscalização poderia ter sido efectuada no registo comercial – onde não se aferia a idoneidade, nem a experiência profissional – e, todavia, ser recusado pelo Banco de Portugal. Contudo, o registo comercial só seria cancelado com o posterior acto de renúncia, de destituição ou do acordo revogatório.

Além deste desacerto com o direito societário e o direito registral mercantil, o sistema padecia de um *evidente desequilíbrio*, uma vez que, permi-

---

Coimbra, 1999, p. 82, João Labareda, *"A cessação da relação de administração"*, in *Direito societário português – Algumas questões,* Quid Juris? Sociedade editora, Lisboa, 1998, p. 154 (e já a pp. 70, implicitamente), Jorge Manuel Coutinho de Abreu, *Curso...* cit., p. 572, e Ricardo Costa, "A cláusula...", cit., p. 154.

[19] A redacção deste preceito foi alterada em 2006, mas a parte aqui relevante já constava da redacção originária.

[20] Neste sentido, cfr. Filipe Cassiano dos Santos, "governo de sociedades bancárias...", cit., p. 239.

tindo o exercício de funções mesmo a quem não tivesse merecido o registo e não conferindo ao Banco de Portugal poderes para determinar a cessação de funções – tal cessação de funções dependia da instituição de crédito e/ou do respectivo membro –, a sanção de que o supervisor podia servir-se era extrema e, por isso, desproporcionada: *revogar a autorização para a instituição de crédito operar* (art. 32º, nº 2).

2.2. A alteração de 2002

O Decreto-Lei nº 201/2002, de 26 de setembro, alterou este regime, passando o nº 3 do art. 69º RGICSF a dispor que "a efectivação do registo, provisório ou definitivo, no Banco de Portugal *é condição necessária para o exercício das funções referidas no nº 1*".

Com isto, não passou a impor-se um sistema de registo *prévio* à própria eleição – a precedência do pedido de registo manteve-se facultativa[21] –, mas instituiu-se um sistema em que o registo se tornou *condição do exercício de funções*[22]. De onde decorria, portanto, o *dever legal de não exercer funções* antes de tal registo.

Porém, estranhamente, o legislador manteve a redacção do nº 7, subsistindo a disposição de que "a falta de registo não determina a invalidade dos actos praticados pela pessoa em causa no exercício das suas funções". Se este preceito se compreendia no sistema anterior – em que o registo não era condição do exercício de funções e, portanto, a sua ausência não devia (não podia!) afectar os actos praticados pelo sujeito em causa –, já se percebia mal a sua inclusão no novo sistema, em que, enquanto não ocorresse o registo pelo Banco de Portugal, o exercício de funções se encontrava vedado: se o sujeito não podia exercer funções, por que motivo haveria a lei de determinar a *validade* e a *eficácia* dos actos por si praticados? Por certo que a necessidade de tutela de terceiros poderia justificar esta salvaguarda absoluta dos efeitos dos actos praticados em circunstâncias como

---

[21] Embora tenha passado a atribuir-se legitimidade para o requerimento de registo provisório prévio à eleição a "qualquer interessado" (ao invés do que sucedia anteriormente, em que a legitimidade pertencia à própria instituição de crédito – e esta manteve-se – e a "os interessados" – e esta passou a ser de "qualquer" interessado). Cfr. a redacção dada ao nº 2 do art. 69º RGICSF.

[22] Sublinhando justamente tratar-se de uma inovação introduzida por este diploma, cfr. ANTÓNIO MENEZES CORDEIRO, *Manual de Direito Bancário*, 4ª ed., Almedina, Coimbra, 2010 p. 973, nota 2178.

esta, mas não deixava de, implicitamente, se favorecer a prática dos actos e o exercício de funções.

2.3. A grande alteração: o regime instituído pelo Decreto-Lei nº 157/2014

A mais significativa alteração ao RGICSF – que modificou profundamente a sua arquitectura – surgiu com o Decreto-Lei nº 157/2014, de 24 de outubro, que procedeu à transposição da Diretiva nº 2013/36/UE, do Parlamento Europeu e do Conselho, de 26 de junho.

Com esta alteração, o regime recebeu sete novas normas (os arts. 30º-A, 30º-B, 30º-C, 30º-D, 31º-A, 32º-A e 33º-A), que se compõem de 49 números, tendo sido também alterados, no que respeita à matéria do nosso estudo, os arts. 69º e 70º.

Tratou-se de uma *profunda alteração* a vários títulos.

Em primeiro lugar, o regime sofreu modificações relevantes no aspecto *substantivo* ou *material*. Desde logo, no seu âmbito *subjectivo*, uma vez que, além de se aplicar aos membros dos órgãos de administração e de fiscalização, passou a abranger também *titulares de funções essenciais*[23]. Esta ampliação do âmbito *subjectivo* do regime foi acompanhada de uma tendencial *nivelação* e *identidade de regime* – que, conforme vimos, não existia nas versões precedentes – entre os membros do órgão de administração e os membros do órgão de fiscalização. O legislador olhou para estes órgãos com o mesmo nível de exigência.

Ainda no plano *substantivo*, o regime acolhe uma outra alteração profunda, passando a assentar num *critério-chave, geral* e *agregador* – o da *adequação* para o exercício da função –, em detrimento da abordagem *atomística* de uma sucessão de requisitos separados (idoneidade, experiência, disponibilidade), como sucedia anteriormente. E, além disso, tratando-se de órgãos colegiais, a análise deixou de se dirigir *apenas* a cada membro *individualmente*, para ser acompanhada de uma apreciação do *conjunto*, do resultado da combinação dos diversos membros do órgão. A *adequação* requerida não é apenas a de *cada um*, mas também a do *conjunto* dos membros: "no caso de órgãos colegiais, a avaliação individual de cada membro deve ser acompanhada de uma apreciação coletiva do órgão, tendo em

---

[23] *Vide* art. 33º-A, nº 3, RGICSF. Sobres estes, vide Luís Guilherme Catarino, *"Fit and...* cit., pp. 76ss.

vista verificar se o próprio órgão, considerando a sua composição, reúne qualificação profissional e disponibilidade suficientes para cumprir as respetivas funções legais e estatutárias em todas as áreas relevantes de atuação") (art. 30º, nº 5).

O novo regime difere muito do anterior na atribuição de *competências* e de *deveres* à própria *instituição de crédito* na matéria da adequação dos membros dos seus órgãos. De facto, no regime anterior, competia à instituição de crédito proceder à eleição e requerer o registo, cabendo, depois, ao Banco de Portugal apreciar se estavam ou não cumpridos os requisitos legais. Os deveres da instituição de crédito surgiam *se* e *quando* o Banco de Portugal recusasse o registo, uma vez que então incumbia-lhe assegurar que os membros recusados cessassem funções de imediato. Mas, até o Banco de Portugal se pronunciar, recusando os membros eleitos ou designados, a instituição de crédito não tinha deveres específicos – além, naturalmente, de informar o supervisor de todos factos relevantes, desde logo para a apreciação da idoneidade[24].

Com o novo regime, a adequação para o exercício das funções dos membros dos órgãos de administração e de fiscalização passou a ser, *em primeiro lugar*, um *dever da instituição de crédito*: "cabe às instituições de crédito verificar, *em primeira linha*, que todos os membros dos órgãos de administração e fiscalização possuem os requisitos de adequação necessários para o exercício das respetivas funções" (art. 30º-A)[25].

Este dever da instituição de crédito projeta-se, conforme veremos melhor mais adiante, sobre todos os momentos ou fases da relação com o membro do órgão: antes da sua eleição e, depois, ao longo de todo o mandato (*vide* art. 30º-A, nº 2 a 8).

Por outro lado, o novo regime atribui ao Banco de Portugal bastantes *mais poderes* e, sobretudo, poderes mais *ajustáveis* a cada situação e mais *eficazes*.

Em primeiro lugar, porque o novo figurino legal se dirige, separada e especificamente, à intervenção do supervisor *em dois momentos distintos*:

---

[24] Cfr. Filipe Cassiano dos Santos, "governo de sociedades bancárias...", cit., p. 238.

[25] Entre nós, sublinhando este aspecto, cfr. Bruno Ferreira, *"As Novas Regras de Adequação dos Membros do Órgão de Administração"*, in *A Governação de Bancos nos Sistemas Jurídicos Lusófonos*, Almedina, Coimbra, 2016, p. 81, e Luís Guilherme Catarino, *"Fit and...* cit., p. 80.

ESTUDOS DE DIREITO BANCÁRIO I

(i) antes da entrada em funções, numa fase prévia – que pode ser posterior à eleição, mas que será anterior ao início das funções, visto que estas só se iniciam com o registo pelo Banco de Portugal[26];

(ii) mas também ao longo do exercício das funções, acompanhando o decurso do mandato – a verificação da adequação dos membros do órgão de administração e fiscalização é apreciada *em permanência* (art. 30º, nº 1).

Na sua intervenção prévia, a apreciação e *autorização* pelo Banco de Portugal é condição necessária do exercício das respectivas funções (art. 30º-B, nº 4), embora tal autorização se considere dada se o Banco de Portugal não se pronunciar no prazo de 30 dias a contar da data em que tiver recebido o pedido devidamente instruído[27] ou, caso haja solicitado informações complementares, da data em que tiver recebido tais informações complementares (art. 30º-B, nº 7).

Sem o registo no Banco de Portugal, não pode a instituição de crédito proceder ao registo na Conservatória do Registo Comercial (art. 30º-B, nº 8), assim se procurando evitar aquele desfasamento que identificámos no regime precedente: enquanto não estiver registado no Banco de Portugal, o membro não pode exercer funções, nem deverá surgir, no plano societário e registral, como titular do órgão perante terceiros, em virtude do registo comercial.

Também nos *instrumentos* de que o supervisor está dotado se encontram diferenças assinaláveis, no novo quadro jurídico.

O Banco de Portugal pode recusar, *ab initio*, a autorização para o exercício de funções, como já antes sucedia. Mas esta decisão pode agora estribar-se num conjunto de informações de origem *mais lata*, uma vez que o supervisor tem a possibilidade de promover directamente averiguações a respeito de cada membro proposto, o que pode incluir, por exemplo, uma entrevista com o interessado (art. 30º-B, nº 6).

---

[26] Mas veja-se o que se dirá adiante sobre este assunto.

[27] Como facilmente se compreende, a contagem do prazo a partir deste facto ("pedido devidamente instruído") – ele próprio dependente de uma apreciação e avaliação do Banco de Portugal – enfraquece em grande medida a *utilidade* do deferimento tácito que a norma consagra. Na verdade, a instituição de crédito não pode estar certa de que o prazo de 30 dias já decorreu, porque tudo depende de o Banco de Portugal entender que o respetivo pedido estava "devidamente instruído", o que comporta alguma margem de análise e de ponderação.

Contudo, na intervenção *posterior,* isto é, já no decurso do exercício das funções anteriormente autorizadas, os poderes do Banco de Portugal cresceram significativamente, em *intensidade* e, talvez sobretudo, em *variedade.*

Em primeiro lugar, uma autorização, em face de circunstâncias supervenientes, pode ser revogada *a qualquer momento*, determinando a cessação *imediata* de funções (art. 30º-C, nº 4 e 6).

Mas o Banco de Portugal dispõe agora de mecanismos formais *alternativos à revogação da autorização*, a qual pode mostrar-se em concreto excessiva e totalmente desadequada. Na verdade, o Banco de Portugal pode, nos termos do art. 32º, nº 4, fixar um prazo para a adoção das medidas adequadas ao cumprimento do requisito em falta (nº 4, al. *a*)), suspender a autorização para o exercício de funções do membro em causa, pelo período de tempo necessário à sanação da falta de requisitos identificados (nº 4, al. *b*)), fixar um prazo para alterações na distribuição de pelouros (nº 4, al. *c*)), fixar um prazo para alterações na composição do órgão em causa e apresentação ao Banco de Portugal de todas as informações relevantes e necessárias para a avaliação da adequação e autorização de membros substitutos (nº 4, al. *d*)). Estas medidas podem ser cumuladas entre si.

Se as medidas não forem adotadas dentro do prazo fixado *pode* o Banco de Portugal – mas não se trata de um efeito *automático* – revogar a autorização (art. 32º, nº 6). E, por outro lado, nada obsta a que o Banco de Portugal, efectuando uma *nova avaliação* da situação, venha a impor, entretanto, outras medidas igualmente como alternativa à revogação da autorização.

Além deste conjunto de medidas que o Banco de Portugal pode adotar em face da falta de adequação superveniente, o RGICSF passou a prever um mecanismo autónomo de "suspensão provisória de funções" (art. 32º-A).

Com este novo mecanismo, faculta-se ao Banco de Portugal o poder de intervenção *imediata*, determinando a suspensão de funções em situações de justificada urgência e para prevenir o risco de grave dano para a gestão sã e prudente de uma instituição de crédito ou para a estabilidade do sistema financeiro (art. 32º-A, nº 1).

Deste modo, o Banco de Portugal dispõe de uma panóplia de poderes – de *graduação diversa* – para fazer face a factos de *conhecimento superveniente*[28]. Pode, sem pôr, de imediato, em causa o exercício de funções,

---

[28] Conforme decorre agora expressamente da lei, *superveniente* tanto é o facto ocorrido após a concessão da autorização, como o facto que, embora anterior, seja do *conhecimento*

adotar alguma das medidas previstas no art. 32º, nº nº 4 (als. *a)*, *c)* e *d)*). Pode, já com alguma distância temporal sobre o conhecimento de tais factos, vir a determinar a suspensão da autorização pelo período necessário à sanação da falta de requisitos identificados (art. 32º, nº 4, *b)*).

Mas também pode, independentemente de uma avaliação mais profunda e de um apuramento mais rigoroso dos factos, a levar a cabo entretanto, lançar de imediato mão da *suspensão provisória de funções* – embora esta só possa ser usada perante a verificação dos apertados pressupostos estabelecidos no nº 1 do art. 32º-A (*justificada urgência* e *risco de grave dano para a gestão sã e prudente da instituição* ou *para a estabilidade do sistema financeiro)*[29]. Esta suspensão, dada a função a que vai destinada, cessa em virtude da revogação da autorização para o exercício de funções da pessoa suspensa – neste caso, a suspensão provisória terá servido para *antecipar* os efeitos que a revogação da autorização veio entretanto a produzir de forma duradoura –, ou com a adoção de alguma das medidas previstas no art. 32º, nº 4 (*vide* art. 32º-A, nº 3, al. *c)*), ou ainda pelo decurso de 30 dias sobre a data da suspensão, sem que seja instaurado procedimento com vista a adotar alguma das decisões previstas nas alíneas b) e c) do nº 3 do art. 32º-A (*vide* art. 32º-A, nº 3, al. *d)*).

O regime de suspensão provisória não se confunde com a "suspensão preventiva" que o art. 216º RGICSF consagrava – esta norma foi revogada pelo Decreto-Lei nº 157/2014, que introduziu o art. 32º-A no RGICSF –, nem com a *suspensão preventiva* enquanto *medida cautelar* – agora acolhida no art. 216º-A, nº 1, al. *b)*, RGICSF[30]. Em vez de surgir no âmbito das *sanções*, no decurso de um processo de *contraordenação*, como sucede com a *suspensão preventiva* (art. 216º-A), a suspensão *provisória* constitui um mecanismo de pura *prevenção de danos graves*, sem uma finalidade, directa ou instrumental, *sancionatória*, seja sobre a conduta da pessoa singular, seja acerca da conduta da instituição de crédito. Deste modo, a "suspensão provisória" (art. 32º-A) serve propósitos distintos da "suspensão preventiva" (art. 216º-A, nº 1, al. *b)*) e tem uma natureza não penal, que obviamente interfere com o seu regime.

---

somente após a autorização (art. 32º, nº 2). Mas já era este o entendimento da melhor doutrina, mesmo sem norma expressa. Cfr. FILIPE CASSIANO DOS SANTOS, "governo de sociedades bancárias...", cit., pp. 236s.

[29] *Vide* BRUNO FERREIRA, *As Novas...* cit., 81

[30] Sobe estas medidas e o seu enquadramento, cfr. LUÍS GUILHERME CATARINO, "*Fit and...* cit., pp. 74s.

Outra importante diferença do novo regime (introduzido pelo Decreto-Lei nº 157/2014) reside na desenvolvida e minuciosa apresentação dos critérios de apreciação de cada um dos elementos em que se funda o juízo geral sobre a "adequação" dos órgãos de administração e de fiscalização. Basta constatar que o regime contido, nas versões anteriores do RGICSF, em três normas – art. 30º (idoneidade), art. 31º (experiência profissional) e art. 33º (acumulação de cargos) –, que no total acolhiam 13 números, passou a estender-se ao longo de cinco normas – art. 30º (disposições gerais), art. 30º-D (idoneidade), 31º (qualificação profissional), art. 31º-A (independência) e art. 33º (acumulação de cargos) –, num conjunto de 36 números, alguns dos quais se desdobram por seis ou mais alíneas. O regime é, pois, muito mais *extenso* e *pormenorizado*.

E convém ter presente que ao conteúdo directo e expresso do RGICSF acrescem as orientações da EBA, que, por expressa indicação da Directiva (art. 91º, nº 12), prescrevem determinados conteúdos sobre a noção de tempo suficiente, de conhecimentos, competências e experiência adequados, etc., etc.[31]

O actual regime – nesta arquitectura acabada de descrever – merece, sem dúvida, uma apreciação *positiva*[32]: assenta numa abordagem *integrada* e *não meramente atomística* dos requisitos de exercício de funções de administração e de fiscalização numa instituição de crédito; dota o supervisor de um conjunto variado e eficaz de instrumentos para lidar com a necessidade de acompanhamento em permanência da adequação dos membros dos órgãos; impõe à própria instituição de crédito deveres para garantia da adequação dos seus membros, tornando-a parte activa no cumprimento dos requisitos legais da composição do órgão de administração e de fis-

---

[31] Cfr. Banco Central Europeu, *Guia para as avaliações da adequação e idoneidade*, 2017. *Vide*, também, a consulta pública que a precedeu estas *Guidelines* (EBA, *Join ESMA and EBA Guidelines on the assessment of the suitability of members of the management body and key function holders under Directive 2013/36/EU and Directive 2014/65/EU*, 2016)

[32] Embora também sejam evidentes alguns aspectos criticáveis. *Vide*, por exemplo, Peter O. Mülbert/Alexander Wilhelm, *"CRD IV Framework for Banks' Corporate Governance"*, in *European Banking Union*, 2015, pp. 187s. (a respeito do direito europeu, em que o atual regime se inspira e, em grande parte, segue), Jaap Winter, *"The Financial Crisis: Does Good Corporate Governance Matter and How to Achieve it?"*, in *Financial Regulation and Supervision*, 2012, pp. 379s. E, muito em especial, Luca Enriques/Dirk Zetzsche, "Quack Corporate...", cit., pp. 212ss.

ESTUDOS DE DIREITO BANCÁRIO I

calização; confere uma razoável articulação entre o registo do Banco de Portugal e o registo comercial.

Mas, ainda assim, suscita várias (novas) questões e justifica umas quantas críticas, que, sem a expectativa de sermos exaustivos, enunciaremos de seguida.

3. Questões e aspectos negativos do regime

3.1. A política interna de selecção e de avaliação da adequação

O novo regime, orientado para a transposição da Diretiva nº 2013/36/UE, do Parlamento Europeu e do Conselho, de 26 de junho, suscita várias questões no que toca à sua articulação com o *direito interno das sociedades anónimas*.

Comecemos por sublinhar que a arquitectura do novo regime onerou as próprias instituições de crédito com o dever de, "em primeira linha", verificarem e assegurarem que todos os membros dos órgãos de administração e fiscalização "possuem os requisitos de adequação necessários para o exercício das respetivas funções" (art. 30º-A, nº 1). E, de forma articulada e coerente com este dever que lhes impõe, a lei exige ainda que as instituições de crédito observem um conjunto de procedimentos e instituam determinados mecanismos instrumentais na designação/eleição de membros para a administração e fiscalização da sociedade.

Antes de mais, a assembleia geral deve aprovar uma política interna de *selecção* e *avaliação* da adequação dos membros (art. 30º-A, nº 2).

Centramo-nos, para já, na *política de selecção*.

Num modelo societário como o português, em que, *ao menos na letra da lei*, somente os accionistas podem propor – aliás, *livremente* – os candidatos aos órgãos sociais, cuja eleição compete à assembleia geral, um preceito como este suscita várias interrogações. A primeira reside em saber qual a implicação jurídica, no plano societário, de a instituição de crédito *não cumprir o seu dever*: na ausência de uma política de selecção, aprovada nos termos exigidos pelo art. 30º-A, nº 2, o procedimento deliberativo fica *inquinado*? A existência de tal política constitui um elemento necessário para a *validade* da eleição de membros para o órgão de administração ou de fiscalização? E, por outro lado, a conformidade com essa política pré--definida é condição de validade da deliberação electiva?

Embora o art. 30º-A veicule, neste domínio, uma visão vincadamente *institucionalista* de sociedade, não existem na lei elementos que permitam retirar consequências jurídicas relevantes do poder-dever conferido à sociedade de se pronunciar e acompanhar o exercício dos direitos dos accionistas à eleição dos corpos sociais. Aliás, o disposto no art. 30º-A, nº 9, parece sugerir que uma eventual desconformidade da escolha dos accionistas com uma política de selecção não se coloca no plano da *validade* da deliberação – se fosse esse o caso, os membros eleitos nem deveriam ser submetidos a autorização do Banco de Portugal –, mas sim no plano da avaliação com vista à autorização e ao registo.

A instituição de crédito deve definir uma política interna de selecção por forma a assegurar a disponibilidade de membros que cumpram maximamente os requisitos estabelecidos para o desempenho de cargos sociais, não para limitar a liberdade de os accionistas escolherem outros. O art. 30º-A não visa *limitar o universo* possível de elegíveis para os órgãos de administração e de fiscalização – excluindo os que não resultarem da aplicação da política interna de selecção – , mas sim prover a que, além de outros que eventualmente venham a ser atraídos para o exercício de tais cargos, a instituição de crédito tenha sempre assegurada uma reserva mínima e estável de pessoas que possam integrar tais cargos e garantir a continuidade da instituição.

A definição da *política interna de selecção*, bem como a sua observância em cada eleição, não é, pois, *condição de validade* das deliberações electivas.

Passemos, agora, àquela outra vertente exigida por lei à deliberação: a da *política interna de avaliação da adequação*.

Note-se que, no direito português, a competência para aprovar a "política interna de avaliação da adequação" pertence ao mesmo órgão a quem a lei atribui competência para eleger os membros do órgão de administração e de fiscalização[33] e que é também o órgão competente para introduzir alterações nos estatutos.

Ora, uma parte do conteúdo da deliberação a tomar no âmbito do art. 30º-A, nº 2, pode assumir, *materialmente, natureza estatutária*. Na verdade, sobretudo no que toca aos "requisitos de adequação exigidos", a assembleia geral pode, através da fixação de tais requisitos, estar a limitar o acesso

---

[33] Com excepção das sociedades de estrutura dualista cujos estatutos *não derroguem* o regime supletivo para a eleição do conselho de administração executivo – que será, então, competência do conselho geral e de supervisão e não da assembleia geral (art. 441º, nº 1, al. *a*), CSC). Mas, conforme se sabe, trata-se de uma situação sem relevância prática no panorama societário nacional.

ESTUDOS DE DIREITO BANCÁRIO I

aos órgãos sociais e, do mesmo passo, a cercear o direito ou a liberdade de apresentação de propostas pelos accionistas, *para lá do requerido por lei*. Uma exigência de, por exemplo, uma formação académica específica, ou de uma experiência profissional muito concreta poderá redundar numa restrição prática à eleição para os cargos sociais.

Sendo embora tais restrições admissíveis *em sede estatutária*[34], deve recusar-se que, através de uma mera deliberação da assembleia – que não incorpore qualquer conteúdo no plano estatutário – se possa produzir um efeito de restrição idêntica, isto é, que uma deliberação simples da assembleia possa *conformar* e *limitar* o conteúdo das deliberações eletivas de uma instituição de crédito. Com certeza que este problema já não se colocará caso se entenda que a deliberação da assembleia, estabelecendo "requisitos de adequação", não limita a liberdade de propor e de eleger membros para a administração e/ou o órgão de fiscalização que não correspondam aos "requisitos de adequação" estabelecidos pela assembleia (ao abrigo do disposto no art. 30º-A, nº 2).

Tudo está, pois, em saber se a deliberação tomada ao abrigo do art. 30º-A, nº 2, interfere com os direitos e a liberdade dos sócios de apresentarem propostas de eleição para os órgãos sociais (de administração e de fiscalização). Se interferir, isto é, se for atribuído a tal deliberação um efeito material constrangedor do poder e da liberdade deliberativa dos sócios, então tal deliberação não poderá deixar de se sujeitar ao regime das deliberações de alteração estatutária. Ao invés, se tal deliberação não projetar os seus efeitos nessa sede, não condicionando a liberdade de proposta dos sócios e a validade das respectivas deliberações eletivas, então a deliberação prevista no art. 30º-A, nº 2, estará sujeita ao regime regra das deliberações.

Pois bem. A deliberação prevista no art. 30º-A, nº 2, projecta-se, no que toca à política de avaliação da adequauação, em *dois planos distintos*, que, tendo em conta não só a *ratio* do regime bancário, mas também, como não pode deixar de ser, o direito das sociedades, justificam soluções diferenciadas.

Um plano é *meramente organizacional interno* e, nessa medida, nenhuma questão se coloca: por *maioria simples*, nos termos gerais, a assembleia geral pode aprovar a "identificação dos responsáveis na instituição de crédito

---

[34] Cfr., por exemplo, ANTÓNIO MENEZES CORDEIRO, in *Código das Sociedades Comerciais Anotado* 2ª ed., Almedina, Coimbra, 2011, p. 1047, e RICARDO COSTA, in *Código das Sociedades...* cit., pp. 208ss.

pela avaliação da adequação", "os procedimentos de avaliação adotados", as "regras sobre prevenção, comunicação e sanação de conflitos de interesses e os meios de formação profissional" (art. 30º-A, nº 2).

Diferente é o caso dos "requisitos de adequação exigidos". Quanto a estes, duas hipóteses se colocam:

(i) ou a sociedade se mantém dentro dos requisitos que *decorrem da própria lei*, caso em que a deliberação não gera nenhum *constrangimento* ou *limitação adicional* ao exercício dos direitos e à liberdade de os accionistas proporem e elegerem membros dos corpos sociais – e, a ser assim, a deliberação permanece ao abrigo do regime geral das deliberações (comuns), designadamente para efeitos do respectivo quorum deliberativo (art. 386º, nº 1, CSC);

(ii) ou, ao invés, os "requisitos de adequação exigidos" acrescentam exigências que *não decorrem da lei*, caso em que, tratando-se de um *plus* que restringe o exercício dos direitos e da liberdade de propor e de eleger os membros dos corpos sociais, a deliberação deverá ficar sujeita ao regime das deliberações estatutárias (art. 386º, nº 3, CSC).

3.2. O relatório de avaliação e a eleição

Noutro plano coloca-se o disposto no art. 30º-A, nº 6: "caso a instituição de crédito conclua que as pessoas avaliadas não reúnem os requisitos de adequação exigidos para o desempenho do cargo, não podem ser designadas (...)".

Os requisitos de adequação aqui tidos em vista são os inscritos na *lei*. Mas está longe de ser inequívoco o regime jurídico em que, concretamente, se traduz a estatuição do preceito "não podem ser designados"; e, sobretudo, este preceito suscita uma reflexão adicional sobre o regime.

Uma vez que, patentemente, a exigência de adequação não é imposta para tutela de interesses (muito menos interesses *disponíveis*) dos sócios, mas sim, essencialmente, para tutela do interesse público na salvaguarda do sistema financeiro, dos clientes, dos depositantes, investidores e demais credores (art. 30º, nº 2), parece evidente que a violação da exigência de adequação, *no seu conteúdo legal*, tem de afectar a validade da deliberação eletiva.

Aqui reside, sublinhe-se, uma importante alteração do regime introduzido em 2015, desde logo ao impor, "em primeira linha", a verificação

ESTUDOS DE DIREITO BANCÁRIO I

da adequação às próprias instituições de crédito (art. 30º-A, nº 1). Uma vez que, *logo no momento da eleição* – em rigor, ao longo de todo o procedimento electivo –, a adequação há-de estar a ser avaliada e verificada pela instituição de crédito, parece forçoso concluir que a ausência de adequação afecta a *validade* da deliberação eletiva. De outro modo, aliás, a consequência cominada pelo art. 30º-A, nº 6 – "não podem ser designados" – não teria nenhum conteúdo jurídico: não poder ser designado significaria, afinal, ser *validamente designado*, apesar da violação da lei.

Não era assim, sublinhe-se, na arquitectura anterior do regime, em que a avaliação da "idoneidade" e da "experiência profissional" se diferia para a intervenção do Banco de Portugal, em regra num momento *posterior* ao da eleição. Na medida em que a avaliação da "idoneidade" e da "experiência profissional" era não só *externa à sociedade* e ao processo deliberativo, como *posterior* a este, compreendia-se que a avaliação se repercutisse, apenas, sobre o *registo* – e sobre a autorização para exercer as funções –, mas já não sobre a *validade* da própria eleição. E, justamente porque recusar a autorização não envolvia um juízo no plano da *validade* da eleição, a sociedade, uma vez recusada a autorização, devia, conforme referimos antes, tomar medidas destinadas a *cessar os efeitos da (válida) eleição*.

A nova arquitectura do regime, impondo à própria instituição de crédito, num momento *prévio* à deliberação electiva, que verifique o cumprimento dos requisitos de adequação, introduziu uma alteração sensível no regime: em vez de a "adequação" – ou os aspectos isolados em que ela pudesse assentar, como no regime anterior – ser apreciada apenas *posteriormente* à eleição e *externamente* à sociedade e ao processo deliberativo respectivo, passou a ser *previamente* apreciada, *pela própria sociedade* no decurso do procedimento deliberativo.

Com esta nova arquitectura, aos dois pólos, em cuja sede se verifica a adequação – em primeiro lugar, a instituição de crédito, em seguida, o Banco de Portugal – estão associadas pelo legislador efeitos distintos:

(i) a instituição de crédito, quando conclua pela falta de adequação, deve obstar à eleição (art. 30º-A, nº 6) – pelo que, caso esta venha ainda assim a ocorrer, será *inválida*;

(ii) o Banco de Portugal, chamado a intervir *após a eleição*, caso recuse a autorização, já não determina a *invalidade* da eleição, mas apenas obsta ao registo – desencadeando também a cessação do mandato (com efeitos *ex nunc*) se este já se tiver iniciado (art. 30º-C, nº 3).

A invalidade da deliberação (em caso de violação do disposto no art. 30º-A, nº 6), estando em causa o desrespeito pelos *critérios legais* de adequação, parece consistir na sua *nulidade*: tendo em conta os interesses em causa e o facto de o vício residir no próprio conteúdo deliberativo, será aplicável o art. 56º, nº 1, al. *d*), CSC.

Importa esclarecer que, conforme dispõe o referido preceito, a proibição de designação surge nos casos em que a "instituição de crédito conclua que as pessoas avaliadas não reúnem os requisitos de adequação exigidos". Embora a lei não o refira expressamente, esta "conclusão" da instituição de crédito há-de constar do relatório de avaliação, que vem referido no art. 30º-A, nº 7. Tal relatório deve ser *prévio* à eleição – posto que tem de ser disponibilizado no "âmbito das respectivas informações preparatórias" (art. 30º-A, nº 7).

O legislador não curou de articular o procedimento deliberativo societário com estas exigências. Na verdade, o regime das informações preparatórias de assembleia geral (art. 289º CSC) determina que, nos quinze dias anteriores à data da assembleia geral, devem estar facultados para consulta dos accionistas informações relativas aos candidatos a órgãos sociais. Mas não se estabelece um prazo limite para a apresentação de propostas.

Ora, mesmo admitindo que tais propostas devem ser apresentadas, no máximo, com os referidos quinze dias de antecedência, não é certo que a instituição de crédito tenha condições de apreciar, tendo em conta a grande complexidade de que a tarefa hoje se reveste, a adequação de todos os membros, a *tempo da eleição*. Isto, admitindo que a referência do 30º-A, nº 7, ao "âmbito das informações preparatórias" não implica que o próprio relatório esteja disponível, para consulta, com a antecedência dos quinze dias – o que tornaria absolutamente inconciliáveis os dois regimes.

Porém, tratando-se de sociedade emitente de acções admitidas à negociação em mercado regulamentado, a dificuldade de articulação de regimes pode ser acrescida. Por força do disposto no art. 23º-B, nº 1, CVM, podem ser apresentadas propostas de deliberação – e, portanto, também no âmbito de eleição de corpos sociais – até cinco dias após a publicação da convocatória. E, sendo permitido, nestas sociedades, que o aviso convocatório anteceda em apenas 21 dias a realização da assembleia geral (art. 21º-B, nº 1, CVM), então pode ser muito curto o período de tempo de que a instituição de crédito irá dispor para preparar o relatório de avaliação.

ESTUDOS DE DIREITO BANCÁRIO I

Parece que a compatibilização de regimes impõe que, não estando ainda disponível o relatório – em virtude de a sociedade não ter gozado do tempo necessário para o efeito –, o presidente da mesa prorrogue, para nova data, a realização da assembleia. É que a ausência do relatório de avaliação deve ser equiparada à existência de um relatório de não adequação para efeitos de aplicação do regime: não podem ser designadas nem as pessoas sobre as quais um relatório conclua pela não adequação, nem as pessoas sobre as quais não seja emitido relatório. É que sendo obrigatória, por lei, a elaboração de tal relatório previamente à eleição, a sua ausência tem de inquinar a deliberação *tal como uma avaliação já relatada de não adequação inquinaria.*

E, tendo o presidente da mesa o dever de não permitir que a assembleia geral tome deliberações nulas[35] – como seria o caso –, então compete ao presidente da mesa remarcar, para outra data, a assembleia em causa.

Ao entendimento de que a deliberação de eleição é nula quando exista violação do disposto no art. 30º-A, nº 6, pode contrapor-se que se trata de uma solução *excessiva*, que os interesses em causa não reclamam. Na verdade, uma vez que o Banco de Portugal terá ainda de pronunciar-se posteriormente, aferindo a adequação dos membros eleitos, ficaria salvaguardada por essa via a tutela dos interesses que a lei pretende proteger:

(i) se não forem adequados, os membros não entrarão em funções – ainda que a deliberação seja válida –, porque a lei assim o impõe;

(ii) e, ao invés, se o Banco de Portugal concluir – diferentemente do que havia sido o entendimento da instituição de crédito – que são adequados, então deveria prevalecer a avaliação do supervisor e não se vislumbra razão para que a deliberação não pudesse produzir efeitos.

Esse poderia, com certeza, ser o regime. Porém, ao proibir a designação de pessoas avaliadas como não adequadas pela instituição (art. 30º-A, nº 6), o legislador determinou a invalidade da deliberação que, violando aquela proibição, eleja tais pessoas. E talvez se possa criticar o regime, neste ponto de vista, por ser excessivo.

Tanto mais que sempre existirá o risco de a avaliação da instituição de crédito ser *indevida, errada.* O que coloca a questão da necessidade de tutela

---

[35] Cfr. PEDRO MAIA, *"O presidente das assembleias de sócios", in Problemas do Direito das Sociedades,* 2002, p. 460, ANTÓNIO MENEZES CORDEIRO, *SA: assembleia geral e deliberações sociais,* Almedina, Coimbra, 2009, p. 76.

do acionista proponente, que em tais casos será atingido no exercício dos seus direitos sociais (de propor e fazer eleger membros dos corpos sociais).

Também este aspecto torna criticável o regime, que remete o acionista lesado no exercício dos seus direitos para a necessidade de propor uma acção de invalidade da deliberação que tenha sido tomada – mediante a aprovação de outra proposta, diferente da sua.

Parece-nos que a avaliação da instituição de crédito, mesmo de não adequação, não deveria obstar, por si só, à eleição, posto que a necessária tutela dos interesses subjacentes ao regime legal sempre resultará da intervenção do supervisor, em sede de autorização. A avaliação pela instituição de crédito da adequação dos membros do órgão de administração e de fiscalização deveria cingir-se a uma função de *informação* e, implicitamente, de *aconselhamento aos sócios* – da não eleição, em virtude de um juízo de não adequação formado pela própria instituição de crédito –, até por tornar provável que também o supervisor venha a recusar a autorização. Mas não deveria sobrepor-se tal juízo da instituição de crédito à decisão dos accionistas.

Esta reflexão suscita uma outra, relativa à *intervenção do comité de nomeações* (art. 115º-B).

O comité de nomeações – que a lei admite ser composto por administradores não executivos ou por membros do órgão de fiscalização – deve "identificar e recomendar os candidatos a cargos naqueles órgãos" (art. 115º-B, nº 1). Afigura-se mais ou menos evidente que, no caso de o comité ser composto por *administradores não executivos*, este não deva ter a competência para "recomendar os candidatos" ao órgão de fiscalização, a quem irá competir fiscalizar esses mesmos membros (administradores). Esta competência pode ser entregue ao comité de nomeações *quando seja composto por membros do órgão de fiscalização* – que tanto poderá recomendar membros para a administração como para a fiscalização –, mas não deveria ser entregue a tal comité *quando este seja composto por administradores não executivos*.

3.3. O pedido prévio de autorização

A instituição de crédito ou qualquer interessado pode solicitar ao Banco de Portugal autorização para o exercício de funções *previamente* à designação dos membros[36].

---

[36] A respeito do controlo prévio, no novo regime, *vide* Luís Guilherme Catarino, *"Fit and..."* cit., pp. 61ss.

ESTUDOS DE DIREITO BANCÁRIO I

Algumas dificuldades podem ser suscitadas. A primeira reside em saber se, existindo mais do que uma lista – mais do que um pedido – o Banco de Portugal deve pronunciar-se sobre qual é *mais adequada*. Parece que não: o juízo não é comparativo.

A segunda questão é saber se os membros que venham a apresentar--se às eleições (numa mesma lista) podem ter sido uns, mas não outros, objecto de autorização prévia. A lei não proíbe expressamente esta possibilidade e dir-se-ia que, tratando-se de uma faculdade, nada impede que os interessados a usem apenas parcialmente. Porém, uma vez que a avaliação da adequação tem uma componente *colectiva*, relativa ao *conjunto*, parece evidente que o Banco de Portugal não pode conceder autorizações meramente *parciais* – que, por definição, não consideram o conjunto.

Uma outra questão, ainda, é a de saber que implicação tem a prévia autorização sobre a aplicação do art. 30º-A, mormente sobre o *relatório* e a *avaliação*, pela própria instituição de crédito, da adequação.

Tendo em conta o disposto no art. 30º-A, nº 6, parece existir uma prevalência da avaliação *positiva* do Banco de Portugal, que inutiliza os efeitos de uma avaliação negativa pela instituição de crédito.

O teor da norma não pode, com certeza, ser levado *à letra*. Se, como é admissível, a instituição de crédito tiver fixado requisitos estatutários mais exigentes do que o Banco de Portugal, não é a avaliação que este venha a fazer – à luz dos critérios legais de adequação, os únicos que pode considerar – a determinar a desconsideração do regime estatutário. Portanto, o preceito só pode aplicar-se aos casos em que o juízo sobre a adequação tenha sido efectuado pelo Banco de Portugal à luz dos mesmos requisitos que a avaliação da instituição de crédito aplicou.

Mas da norma parece resultar que, na ausência de requisitos estatutários adicionais que a avaliação prévia do Banco de Portugal não tenha considerado, uma vez concedida previamente autorização pelo Banco de Portugal, torna-se *inútil* (e, eventualmente, gerador de *confusão*) que a instituição de crédito venha a produzir um relatório de avaliação sobre os membros já autorizados. É que esse relatório pode aportar a conclusões diferentes das do Banco de Portugal, caso em que, sendo embora inútil – visto prevalecer a decisão do supervisor –, não deixará de gerar perplexidade.

3.4. A recusa de uma parte dos membros do órgão

Um outro aspecto – ainda em sede de avaliação prévia ao início de funções – em que se suscitam significativas dificuldades de articulação com o direito das sociedades reside na relação entre a *recusa parcial da autorização* e o início de funções dos restantes membros do órgão.

De facto, a lei apresenta um regime que, em sede de recusa da autorização (art. 30º-C), tem um pendor *atomístico* ou *individualizado*. Se apenas um membro for considerado desadequado, prevê-se que esse membro (e apenas esse membro) cesse funções, *se já tiver iniciado o mandato* (art. 30º-C, nº 3).

Caso ainda não tenha havido início de funções, a lei não apresenta uma consequência expressa.

Deve entender-se que a eleição do membro recusado *caduca*.

Mais complexa é a questão de saber em que situação fica a deliberação relativamente *aos restantes membros*: produz efeitos sem o membro a quem tiver sido recusada a autorização?

A resposta depende de vários factores.

Num plano *estritamente societário*, tudo depende de a eleição do órgão poder subsistir sem uma parte dos seus membros, o que tanto pode ser vedado pela lei como pelos estatutos. Note-se que a resposta *não deve ser procurada* no regime aplicável aos casos em que o órgão, após ter sido eleito e iniciado funções, perde algum ou alguns dos seus membros – isto é, caos em que ocorre uma vicissitude *posterior* ao início das suas funções –, mas sim no regime da *composição* do órgão – isto é, nos requisitos da sua *formação inicial*.

Assim, se, por exemplo, o órgão de fiscalização ficar, por força da recusa de autorização de algum dos seus membros, composto por um número inferior ao mínimo legal, a eleição não poderá subsistir sem o membro recusado.

E o mesmo resultado pode decorrer da existência de uma cláusula estatutária que estabeleça um número mínimo de membros.

Esta é, note-se, uma implicação da nova arquitectura do regime. Uma vez que a autorização é *condição do exercício de funções*, quando a autorização não chegue a ocorrer, mesmo estando em causa uma parte apenas dos membros, impede-se a *formação do órgão*. No mesmo sentido depõe, aliás, a nova abordagem da adequação num plano *coletivo*: se a adequação do órgão tem ser apreciada, desde logo pela própria instituição de crédito, numa perspectiva do conjunto, *colectiva*, não pode, em sede de recusa da autori-

ESTUDOS DE DIREITO BANCÁRIO I

zação, assumir-se uma perspectiva *estritamente individual*. Isto é, se o órgão é avaliado e autorizado no seu conjunto, não deve admitir-se que entre em funções parcelarmente, sem que esteja ainda completo. Com certeza que, *tendo já ocorrido o início de funções*, se justifica uma solução diferente, para evitar que a recusa de autorização de um membro *interrompa* o exercício de funções (já iniciado) de todos os outros. Nestes casos, mas apenas nestes casos, deve seguir-se o regime aplicável à *cessação de funções* de parte dos membros no decurso do mandato.

3.5. A aplicação do regime do RGICSF às eleições sujeitas a regras especiais (art. 392º CSC)

A nova arquitectura do regime coloca ainda, como se depreende de várias considerações já avançadas anteriormente, assinaláveis dificuldades de conciliação com as *regras especiais de eleição*, consagradas no art. 392º CSC. Na verdade, qualquer dos sistemas de eleição aí previstos (no nº 1 e no nº 6) implica que a composição do órgão de administração não resulte de uma *lista*, um *bloco*, mas sim de eleições *separadas*[37].

Ora, em qualquer dos casos, estará prejudicada a avaliação, pela instituição de crédito, da adequação *coletiva* do órgão, uma vez que, antes de concluído o processo deliberativo, não se sabe qual será o *conjunto* resultante da eleição. E, sublinhe-se, a consagração destas regras especiais de eleição, além de não ser proibida nas instituições de crédito, é aliás obrigatória em todas as que tenham *subscrição pública* (art. 392º, nº 8, CSC)[38].

Deste modo, o relatório previsto no art. 30º-A, nº 7, que deverá ser *prévio* à eleição – até para se divulgar, conforme a lei exige, aos accionistas

---

[37] Em geral, sobre o regime de eleição previsto no art. 392º CSC, cfr. RAÚL VENTURA, *Estudos vários sobre sociedades anónimas*, Almedina, Coimbra, 1992, pp. 516ss., PEDRO MAIA, *Função e funcionamento do conselho de administração da sociedade anónima*, Coimbra Editora, Coimbra, 2002, pp. 308ss., ANTÓNIO MENEZES CORDEIRO, in *Código das... cit.*, pp. 1049ss., J. COUTINHO DE ABREU, in *Código das Sociedades... cit.*, pp. 248ss., PAULO CÂMARA, *"Os modelos de governo das sociedades anónimas"*, in *Reformas do Código das Sociedades*, nº 3, Almedina, Coimbra, 2007, pp. 179ss.

[38] Este conceito foi, por expressa determinação legal (art. 7º do Decreto-Lei nº 486/99), substituído: "As expressões «sociedade de subscrição pública» e «sociedade com subscrição pública», utilizadas em qualquer lei ou regulamento, consideram-se substituídas pela expressão «sociedade com o capital aberto ao investimento do público» com o sentido que lhe atribui o artigo 13º do Código dos Valores Mobiliários". Isto é, a sociedade com subscrição pública a que o art. 392º, nº 8, CSC se refere é a *sociedade aberta*, definida no art. 13º CVM.

no âmbito das informações preparatórias – estará *necessariamente prejudicado nesta componente.*

As dificuldades podem aumentar nos casos em que regra especial de eleição seja a prevista no nº 6 do art. 392º. É que, aparentemente, o ou os administradores a eleger nesta circunstância não têm de ser prévios candidatos (vencidos) na primeira eleição. O que traz a questão do cumprimento de todo o art. 30º-A.

Deve entender-se que, justamente por força deste preceito, a eleição especial não dispensa a *prévia preparação da candidatura* e cumprimento, desde logo, da obrigação prevista no nº 5 (apresentação de declaração escrita).

Mas não pode ignorar-se a difícil compatibilização de um regime que (também) exige a adequação colectiva do órgão e um outro regime societário de eleição que ignora em absoluto *o conjunto*. Basta, aliás, atentar no critério fixado para a *substituição*, isto é, para a entrada do membro eleito ao abrigo do regime especial: substitui a pessoa menos votada ou, em caso de igualdade de votos, aquela que figurar em último lugar da mesma (art. 392º, nº 7). O que permite que a substituição conduza à entrada de um membro cujo perfil é totalmente distinto do daquele que saiu. No limite, pode sair o único financeiro, ou o único membro com experiência e conhecimentos em matéria digital, para entrar um novo membro cujo perfil é redundante com o de outro membro que tenha permanecido no órgão.

Em suma: é evidente que o regime não está adaptado.

3.6. A aplicação do regime do RGICSF à substituição de administradores (art. 393º CSC)

O regime previsto no CSC para a substituição de membros da administração também coloca problemas à aplicação do RGICSF. Nos casos em que tenham sido eleitos suplentes, a substituição faz-se pela chamada destes, pela respectiva ordem. A questão está em saber se a avaliação da adequação deverá ter sido efectuada pelo Banco de Portugal aquando da deliberação de eleição e se, sendo esse o caso, pode dispensar-se uma nova avaliação.

Comecemos por esclarecer que os "suplentes", apesar de integrarem a lista vencedora não passam a integrar os órgãos sociais. A qualidade de suplente sujeita a eleição do membro a uma condição suspensiva: virá a ser membro se, tendo faltado definitivamente um administrador, vier a ser chamado para a respectiva substituição. O suplente é um "pré-eleito", uma forma de, desde logo, eleger quem irá exercer o cargo no caso de faltar definitivamente um dos membros que ocupavam o órgão.

Neste sentido, e tendo também em conta que a adequação assenta também num juízo do colectivo, o Banco de Portugal terá de proceder à avaliação *se* e *quando* o suplente tiver sido chamado. Só nesse momento será possível ponderar e apreciar o conjunto, pois só nesse momento se saberá para o lugar de quem é que o suplente ou suplentes irá entrar.

Podemos, por isso, concluir que a avaliação e a autorização terão de ocorrer no *âmbito da substituição* e *nesse momento*.

Daqui não decorre, contudo, que os suplentes fiquem isentos da avaliação e do relatório que a instituição de crédito deve elaborar no âmbito do art. 30º-A. Nem deve excluir-se que o Banco de Portugal, que nesse momento, enquanto meros suplentes, não poderá pronunciar-se no sentido da autorização, possa, ao invés, pronunciar-se no sentido da recusa – imagine-se que se trata de um caso de manifesta falta de idoneidade, que permite formular, desde logo, um juízo negativo sobre a adequação do sujeito.

O caso de substituição por *cooptação* ou por *designação do órgão de fiscalização* (art. 393º, nº 3, alíneas *b)* e *c)*) não suscita especiais dificuldades: naturalmente, o Banco de Portugal terá de autorizar, avaliando nesse momento da adequação. A instituição de crédito estará, igualmente, obrigada ao cumprimento dos deveres que decorrem do art. 30º-A, mormente no que toca à elaboração do relatório (nº 7). Este relatório deverá ser disponibilizado à assembleia em que o membro cooptado ou designada venha a ser ratificado (nos termos do art. 393º, nº 4, CSC).

3.7. O regime da revogação da autorização

Já concluímos que, no actual regime, a recusa da autorização implica a caducidade da respectiva eleição ou designação.

E constatámos que, por força do disposto no art. 30º-C, nº 3, caso o mandato do membro em causa já se tenha iniciado, a recusa de autorização tem como efeito a "cessação daquele mandato".

Sucede, porém, que a respeito de uma situação inteiramente paralela – de revogação da autorização, em virtude de facto superveniente –, o mesmo artigo 30º-C, dispõe, no seu nº 6, que a revogação "tem como efeito a cessação imediata de funções do membro em causa".

A diferente redacção dada a este número impõe que se pergunte se, ao invés do sucede no caso de *recusa* de autorização, a *revogação* da autorização não determina a "cessação do mandato". E, ainda, em que consiste a "cessação de funções" (do nº 6) e o que é que a distingue da "cessação de mandato" (do nº 3).

Parece-nos que a diferente expressão só pode ficar a dever-se a *falta de rigor* da lei. Aliás, basta ler o nº 6 por inteiro para se tornar muito evidente a falta de rigor do enunciado do art. 30º-A. Na verdade, depois de, na 1ª parte, cominar que a revogação "tem como efeito a cessação imediata de funções", a parte final do mesmo número acrescenta que a instituição de crédito "adota as medidas adequadas para que aquela cessação [de funções] ocorra de imediato"! Se, conforme o preceito começa por prescrever, a cessação imediata de funções é um *efeito da própria revogação da autorização*, como pode pretender-se que a sociedade adopte medidas para que tal cessação – que é um efeito *jurídico*, *automático*, *ope legis* da revogação de autorização e que já se produziu com a decisão do banco de Portugal – ocorra depois com a actuação da instituição de crédito? Então o legislador não acabara de estatuir que essa cessação de funções já decorria, instantânea e automática, por força da revoação?

Parece-nos evidente que a lei usa, com *imprecisão* e *conteúdo instável*, o conceito de "cessação de funções": num caso, com o sentido de *cessação da qualidade (jurídica) de membro do órgão*; noutro caso, com o sentido de exercício *de facto* dos poderes inerentes ao cargo social.

Quando se escreve, na primeira parte do nº 6, que a revogação tem como "efeito a cessação imediata de funções", usa-se o primeiro dos sentidos: com a revogação pelo Banco de Portugal, extingue-se, *juridicamente*, a sua qualidade de membro do órgão – e, com este sentido, o sujeito deixa de "exercer funções", porque, muito simplesmente, deixa de ser membro do órgão.

Quando, na parte final do mesmo nº 6 do art. 30º-A, se determina que a instituição de crédito "adota as medidas adequadas para que aquela cessação [de funções] ocorra de imediato", usa-se o segundo dos sentidos acima apontados: após a revogação, a instituição de crédito deve assegurar que o membro deixa de exercer os poderes (as "funções") inerentes à qualidade de membro do órgão, isto é, a instituição de crédito deve garantir que ele deixa de agir e de comportar-se, *de facto*, como membro do órgão – membro que, de *direito*, já não é.

3.8. Aplicação do art. 391º, nº 4, CSC após a eleição dos membros, mas antes da autorização pelo Banco de Portugal

A nova arquitectura – que determina que o início de funções só ocorra após a autorização – deve entender-se que a aplicação do disposto no art. 391º, nº 4, CSC[39], não assenta numa "nova designação" – os administradores não terminam as suas funções com a designação de nova administração na assembleia geral –, mas sim num "novo exercício de funções" – que, em regra, só pode iniciar-se em momento posterior àquela designação –, posto que a *ratio* da norma é salvaguardar que a sociedade mantenha sempre administradores em funções, sem qualquer hiato entre um mandato e outro.

4. Brevíssima referência final

O regime legal de *adequação* dos membros dos órgãos de administração e de fiscalização das instituições de crédito trouxe para o ordenamento jurídico um paradigma *inteiramente novo*, que pode dizer-se *estranho* ao direito das sociedades: seja pelo quadro de *interesses* que, ao menos implicitamente, têm de prosseguir; seja pelos *deveres* que, a respeito da *selecção*, *avaliação* e *composição* dos membros dos seus órgãos, a própria sociedade assume; seja pelos *deveres dos membros dos órgãos de administração e de fiscalização*, no que toca à sua própria adequação, isto é, à adequação de cada um, mas também à adequação dos restantes.

As alterações introduzidas no RGICSF não se esgotam, muito longe disso, nuns quantos aspectos destinados a lidar, de modo mais adequado, com as especificidades da administração e da fiscalização das instituições de crédito, ou a aprofundar o direito societário *geral*: as alterações têm *relevantes implicações dogmáticas no plano societário*, que certamente exigem a reponderação de vários aspectos como o do *interesse social*, o do quadro dos *deveres dos administradores* e *membros do órgão de fiscalização, bem como da respectiva responsabilidade*, dos *poderes* e dos *direitos dos sócios*, senão mesmo o *fim* (lucrativo) da sociedade.

Matérias e questões cuja análise terá de ficar para outra oportunidade.

---

[39] Aplicável, por remissão, também aos membros do conselho geral e de supervisão (art. 435º, nº 2, CSC). Para o conselho de administração executivo existe norma expressa de conteúdo idêntico (art. 425º, nº 3, CSC).

5. Referências

ANTÓNIO MENEZES CORDEIRO, *Direito Bancário*, 6ª ed., Almedina, Coimbra, 2016

Schwintowski Bankrecht, 4. Auflage, Carl Heymanns, Köln, 2016

Kümpel/Wittig Bank- und Kapitalmarktrecht, 4. Auflage, Otto Schmidt, Köln, 2011

PETER O. MÜLBERT, *"Corporate Governance of Banks after the financial Crisis – Theory, Evidence, Reforms"*, in *European corporate governance institute – law working paper nº 130/2019*, 2010

KLAUS J. HOPT, *"Better Governance of Financial Institutions"*, in *ECGI – European Corporate Governance Institute*, nº 207, 2013

KLAUS J. HOPT/MAX PLANCK, *"Corporate Governance of Banks and Other Financial Institutions After the Financial Crisis: Regulation in the Light of Empiry and Theory"*, in *Journal of Corporate Law Studies*, vol. 13, 2013

GOTTFRIED WOHLMANNSTETTER, *"Corporate Governance von Banken"*, in *Handbuch Corporate Governance*, 2. Auflage, Schäffer-Poeschel, Stuttgart, 2009

MEHRAN; ALAN HAMID, D. MORRISON; JOEL, D. SHAPIRO *"Corporate Governance and Banks: What Have We Learned from the Financial Crisis?"*, in 2011

ANTÓNIO PEDRO A. FERREIRA, *O Governo das Sociedades e a Supervisão Bancária – Interacções e Complementaridades*, Quid Juris, Lisboa, 2009

PAULO CÂMARA, *"O governo societário dos bancos – em particular novas regras e recomendações sobre a remuneração na banca"*, in *O novo direito bancário*, Almedina, Coimbra, 2012

PAULO CÂMARA, *"O Governo dos Bancos: Uma Introdução"*, in *A Governação de Bancos nos Sistemas Jurídicos Lusófonos*, 2016

FRANCESCO CAPRIGLIONE, *"Fonti Normative"*, in *Manuale di Diritto Bancario e Finanziario*, CEDAM, Padova, 2015

DALVINDER SINGH, *"Corporate Governance and Banking Supervision"*, in *Corporate governance post-enron : comparative and international perspectives*, 2006

LUCA ENRIQUES/DIRK ZETZSCHE, *"Quack Corporate Governance, Round III? Bank Board Regulation Under the New European Capital Requirement Directive"*, in *Theoretical Inquiries in Law*, vol. 16, 2015

LUÍS GUILHERME CATARINO, *""Fit and Proper": o controlo administrativo da idoneidade no sector financeiro"*, in *Revista de Concorrência e Regulação*, Ano VI, nº 23-24, Almedina, 2015

MARGARIDA REIS, *"A idoneidade dos membros dos órgãos de administração e fiscalização das instituições de crédito"*, in *Revista de Concorrência e Regulação*, Ano VI, nº 23-24, Almedina, 2015

M. NOGUEIRA SERENS/PEDRO AZEVEDO MAIA, *"O art. 428º, N.os 1 e 2 do Código das Sociedades Comerciais – Análise da sua natureza jurídica"*, in *Revista da Banca*, nº 38, 1996

CARLOS ALBERTO DA MOTA PINTO, *Teoria Geral do Direito Civil*, 4ª ed., Coimbra Editora, Coimbra, 2005

ALEXANDRE SOVERAL MARTINS, *"Algumas notas sobre o regime da publicidade dos actos sociais no Código das Sociedades Comerciais"*, in *Estudos de direito do consumidor Doutrina*, nº 1, Centro de Direito do Consumo Faculdade de Direito da Universidade de Coimbra, Coimbra, 1999

Código das Sociedades Comerciais em Comentário, VI (Artigos 373º a 480º), Jorge Manuel Coutinho de Abreu (coord.), Almedina, Coimbra, 2011

ESTUDOS DE DIREITO BANCÁRIO I

Rui Cardona Ferreira, *"Impedimentos na designação de administradores das sociedades comerciais", in A Designação de Administradores*, Almedina, Coimbra, 2015

Filipe Cassiano dos Santos, *"Governo de sociedades bancárias, deveres dos administradores e supervisão"*, in *II Congresso Direito das sociedades em revista*, 2012

Pedro Maia, *"Deliberações dos sócios", in Estudos de Direito das Sociedades*, 12ª ed., Almedina, Coimbra, 2015

Ricardo Costa, *"A cláusula "simul stabunt simul cadent" e a relação de aministração com a sociedades "*, in *Congresso Direito das sociedades em revista*, Vol.11, 2014

Jorge Manuel Coutinho de Abreu, *Curso de Direito Comercial*, vol. II, 5ª ed., Almedina, Coimbra, 2015

António Menezes Cordeiro, *Direito das sociedades I – Parte Geral*, vol. I, 3ª ed., Almedina, Coimbra, 2011

Raúl Ventura, *Sociedades por quotas*, vol. III, 2ª ed. (reimpressão da 1ª edição de 1991), Almedina, Coimbra, 1999

João Labareda, *"A cessação da relação de administração", in Direito societário português – Algumas questões*, Quid Juris? Sociedade editora, Lisboa, 1998

António Menezes Cordeiro, *Manual de Direito Bancário*, 4ª ed., Almedina, Coimbra, 2010

Bruno Ferreira, *"As Novas Regras de Adequação dos Membros do Órgão de Administração"*, in *A Governação de Bancos nos Sistemas Jurídicos Lusófonos*, Almedina, Coimbra, 2016

Banco Central Europeu, *Guia para as avaliações da adequação e idoneidade*, 2017

EBA, *Join ESMA and EBA Guidelines on the assessment of the suitability of members of the management body and key function holders under Directive 2013/36/EU and Directive 2014/65/EU*, 2016

Peter O. Mülbert/Alexander Wilhelm, *"CRD IV Framework for Banks' Corporate Governance"*, in *European Banking Union*, 2015

Jaap Winter, *"The Financial Crisis: Does Good Corporate Governance Matter and How to Achieve it?"*, in *Financial Regulation and Supervision*, 2012

Código das Sociedades Comerciais Anotado 2ª ed., Almedina, Coimbra, 2011

Pedro Maia, *"O presidente das assembleias de sócios", in Problemas do Direito das Sociedades*, 2002

António Menezes Cordeiro, *SA: assembleia geral e deliberações sociais*, Almedina, Coimbra, 2009

Raúl Ventura, *Estudos vários sobre sociedades anónimas*, Almedina, Coimbra, 1992

Pedro Maia, *Função e funcionamento do conselho de administração da sociedade anónima*, Coimbra Editora, Coimbra, 2002

Paulo Câmara, *"Os modelos de governo das sociedades anónimas", in Reformas do Código das Sociedades*, nº 3, Almedina, Coimbra, 2007

Gestão de Risco, Compliance e Auditoria Interna[1]

Diogo Pereira Duarte[2]/Francisco Passaradas[3]

Sumário: *1. Noção de controlo interno, objetivos e paradigmas da regulação; 2. Governo das sociedades e controlo interno; 3. Cultura organizacional, códigos de conduta e controlo interno; 4. As funções do controlo interno: três linhas de defesa; 5. A função de gestão de risco: (i) O âmbito de responsabilidades; (ii) Requisitos do responsável da gestão de risco; (iii) A posição na organização da função de gestão de risco; (iv) Mecanismos de reporte e responsabilização; 6. A função de* compliance: *(i) O âmbito de responsabilidades; (ii) A responsabilidade especial em matéria de prevenção do branqueamento de capitais e financiamento do terrorismo; a) Noção de branqueamento de capitais e financiamento do terrorismo; b) As Diretivas; c) A legislação em vigor; d) A prática da função de* compliance; *(iii) Requisitos do* compliance officer; *(iv) A posição na organização da função de* compliance; *(v) Mecanismos de reporte e responsabilização. 7. A função de auditoria interna: (i) O âmbito de responsabilidades; (ii) Requisitos do responsável da auditoria interna; (iii) A posição na organização da função de auditoria interna; (iv) Mecanismos de reporte e de responsabilização; 8. As recentes tendências regulatórias e de supervisão com vista a um sistema de controlo interno eficaz; 9. Reforço do profissionalismo nas funções de controlo interno.*

---

[1] O presente texto corresponde, no essencial, à apresentação efetuada no seminário sobre "Gestão de Risco, *Compliance* e Auditoria Interna" da II Pós-Graduação Avançada em Direito Bancário promovido pelo Centro de Investigação de Direito Privado (CIDP), da Faculdade de Direito da Universidade de Lisboa. Agradece-se ao CIDP o convite efetuado para a participação no curso.

[2] Professor Auxiliar da Faculdade de Direito da Universidade de Lisboa e *General Counsel* do Banco de Investimento Global, S.A.

[3] Diretor Coordenador do Departamento de Controlo Interno e *Compliance* do Banco de Investimento Global, S.A.

1. Noção de controlo interno, objetivos e paradigmas da regulação

O tema do controlo interno de instituições de crédito e sociedades financeiras tem sido alvo de atenção crescente, já que no contexto da crise económica e financeira de 2008 as práticas insuficientes nesta matéria ficaram associadas à própria crise, o que implicou a necessidade de harmonização e de correção dessas insuficiências por intervenção legislativa. É um dos temas estruturais da Diretiva 2013/36/UE (doravante "CRD IV").

A adoção de um sistema de controlo interno é obrigatório para instituições de crédito e sociedades financeiras, como resulta do disposto no artigo 14º, nº 1, als. *g)* e *h)* e 115º-A, nº 2, al. a), do Regime Geral das Instituições de Crédito e Sociedades Financeiras (doravante "RGICSF"), em linha com o artigo 74º, nº 1, da CRD IV e do artigo 1º, nº 1, do Aviso do Banco de Portugal nº 5/2008, de 25 de junho (doravante "Aviso nº 5/2008"), que é a principal base normativa em matéria de controlo interno das instituições de crédito e sociedades financeiras. O Aviso nº 5/2008 é complementado pelas Orientações da Autoridade Bancária Europeia (EBA – *European Banking Authority*) sobre a governação interna das instituições (de ora em diante referidas abreviadamente como "Orientações da EBA")[4], emitidas em conformidade com o artigo 16º do Regulamento (UE) nº 1093/2010, do Parlamento Europeu e do Conselho, pelo que as autoridades competentes, as instituições financeiras e as entidades envolvidas no mercado financeiro devem desenvolver todos os esforços para dar cumprimento às referidas Orientações.

De acordo com os normativos citados, as instituições devem dispor de dispositivos de governo sólidos que incluam uma estrutura organizativa clara, com linhas de responsabilidade bem definidas, transparentes e coerentes, processos eficazes para identificar, gerir, controlar e comunicar os riscos a que estão ou podem vir a estar expostas, mecanismos adequados de controlo interno, incluindo procedimentos administrativos e contabilísticos sólidos, e políticas e práticas de remuneração consentâneas com uma gestão sólida e eficaz do risco e que promovam esse tipo de gestão.

---

[4] GL 44, em https://www.eba.europa.eu/regulation-and-policy/internal-governance/guidelines-on-internal-governance-revised-, onde é possível encontrar também o documento submetido a consulta pública para a sua revisão: *Consultation paper on guidelines on internal governance* (EBA-CP-2016-16) e o *final report* (EBA/GL/2017/11).

Esta imposição é transversal a todo o setor financeiro. No que se refere aos intermediários financeiros, que podem também ser instituições de crédito e sociedades financeiras, será necessário contar ainda com o disposto nos artigos 305º a 305º-E, do Código dos Valores Mobiliários (doravante referido por "CVM") e, entre outros relevantes, com o artigo 16º, nº 2 (sobre a função de *compliance*), e 5 (sobre as funções de gestão de risco e auditoria interna), da Diretiva 2014/65/EU do Parlamento e do Conselho, de 15 de maio de 2014 (doravante "DMIF II"), e os artigos 21º e ss. do Regulamento de execução, de 25 de abril de 2015, no que respeita aos requisitos de organização e condições operativas para empresas de investimento.

A base normativa do sistema de controlo interno na atividade seguradora resulta do artigo 74º do Regime Jurídico de Acesso e Exercício da Atividade Seguradora, complementado pela Norma Regulamentar do Instituto de Seguros de Portugal (ISP) nº 8/2009-R, de 2 de julho.

O sistema de controlo interno define-se como o conjunto das estratégias, sistemas, processos, políticas e procedimentos definidos pelo órgão de administração, bem como das ações empreendidas por este órgão e pelos restantes colaboradores da instituição, com vista a garantir: a) um desempenho eficiente e rentável da atividade, no médio e longo prazo, que assegure a utilização eficaz dos ativos e recursos, a continuidade do negócio e a própria sobrevivência da instituição, através, nomeadamente, de uma adequada gestão e controlo dos riscos da atividade, da prudente e adequada avaliação dos ativos e responsabilidades, bem como da implementação de mecanismos de proteção contra utilizações não autorizadas, intencionais ou negligentes (são os objetivos de desempenho do sistema de controlo interno, cfr. artigo 2º, al. *a)*, do Aviso nº 5/2008); b) a existência de informação financeira e de gestão, completa, pertinente, fiável e tempestiva, que suporte as tomadas de decisão e processos de controlo, tanto a nível interno como externo (são os objetivos de informação do sistema de controlo interno, cfr. artigo 2º, al. *b)*, do Aviso nº 5/2008); c) o respeito pelas disposições legais e regulamentares aplicáveis, incluindo as relativas à prevenção do branqueamento de capitais (doravante "BC") e do financiamento do terrorismo (doravante "FT"), bem como das normas e usos profissionais e deontológicos, das regras internas e estatutárias, das regras de conduta e de relacionamento com clientes, das orientações dos órgãos sociais e das recomendações do Comité de Supervisão Bancária de Basileia

ESTUDOS DE DIREITO BANCÁRIO I

e da EBA, de modo a proteger a reputação da instituição e a evitar que esta seja alvo de sanções (são os objetivos de *compliance* do sistema de controlo interno, cfr. artigo 2º, al. *c)*, do Aviso nº 5/2008)[5].

O sistema de controlo interno deve promover: a) um adequado ambiente de controlo; b) um sólido sistema de gestão de riscos; c) um eficiente sistema de informação e comunicação; e d) um efetivo processo de monitorização (artigo 3º do Aviso nº 5/2008).

A *ratio* pela qual se consagra a obrigatoriedade da adoção de um sistema de controlo interno é intuitiva: ela visa impor uma estrutura interna nas instituições que funcione como *gatekeeper* relativamente a riscos mais significativos, para colaborar com a atuação das autoridades de supervisão na promoção da confiança e fiabilidade do sistema bancário[6]. Desenvolve-se, no entanto, num paradoxo: tendo em conta a função do sistema de controlo interno, surgem situações em que o controlo interno deve assegurar um interesse que é exterior à instituição e que, no limite, pode mesmo ser contraditório com o interesse dessa mesma instituição, tal como definido pela governação dos seus órgãos internos. Este paradoxo não é simples de resolver, razão pela qual a regulação e a descoberta da extensão do regime aplicável através da interpretação terá de ter sensibilidade bastante para o problema.

2. Governo das sociedades e controlo interno

O objetivo do governo das sociedades é ajudar a construir um ambiente de confiança, transparência e responsabilidade[7]. Dadas as responsabilidades legalmente atribuídas aos órgãos das instituições quanto à estrutu-

---

[5] O *Commitee of Sponsoring Organizations of the Tradeway Commission* (COSO) define o controlo interno como um processo executado pelo órgão de administração, direção, e demais pessoal concebido para providenciar uma garantia razoável sobre o cumprimento de objetivos relacionados com operações, relato e cumprimento, *Internal control: Integrated framework (2013), executive summary*. Sobre estas definições, cfr. támbém *Banking Internal Auditing in Europe: Overview and Recommendations by the Banking Advisory Group* (Ed. *European Confederation of Institutes of Internal Auditing*), 2009, p. 33. Sobre este ponto, cfr. JOÃO PEDRO CASTRO MENDES, *Estabilidade Financeira, Princípio da Proporcionalidade e Supervisão Microprudencial*, neste volume, na secção sobre "estruturas de governo, sistema de controlo interno e procedimentos internos".

[6] Ver sobre este ponto a introdução de PEDRO MAIA a *O regime de controlo da adequação de titulares de órgãos sociais de instituições de crédito e o direito das sociedades anónimas*, neste volume.

[7] OCDE (2016), *Princípios de Governo das Sociedades do G20 e da OCDE*, Éditions OCDE, Paris, em <http://dx.doi.org/10.1787/9789264259195-pt>.

ração e acompanhamento do sistema de controlo interno, a temática do controlo interno e a do governo das sociedades[8] estão indissociavelmente interligadas. Pode dizer-se, sem qualquer dúvida, que a eficiência do sistema de controlo interno depende, em primeira linha, dos aspetos estruturais de governo societário e da eficiência do próprio sistema de governo da sociedade[9].

De facto, a própria lei estabelece competências específicas na estrutura de *governance* sobre o controlo interno.

Nessa matéria, a responsabilidade principal é, sem dúvida, do órgão de administração das instituições de crédito, por imposição do artigo 88º, nº 1, da CRD IV[10]. Nos termos do artigo 115º-A, nº 2, al. *a)*, do RGICSF e dos artigos 2º e 4º, do Aviso nº 5/2008, o órgão de administração é responsável pela implementação e manutenção de um sistema de controlo interno adequado e eficaz (que assegure um ambiente de controlo; um sólido sistema de gestão de riscos; um eficiente sistema de informação e comunicação; um efetivo processo de monitorização, como referido anteriormente), devendo detalhar os objetivos e princípios subjacentes ao sistema de controlo interno, incorporando-os na estratégia e políticas da instituição, assegurar o seu cumprimento pelos colaboradores da instituição, garantir a existência de recursos materiais e humanos suficientes e adequados para a execução das funções e tarefas inerentes ao sistema de controlo interno, e promover as necessárias ações de formação em matéria de controlo interno.

As responsabilidades do órgão de administração são muito vastas e abarcam, entre outras: a) a definição e implementação geral de todo o sistema de controlo interno, modelação do ambiente de controlo, e consagração das suas funções; b) definição do *"risk appetite/risk tolerance"* da instituição; c) *"know your structure"* em matéria de riscos[11]; d) definição dos processos

---

[8] O sistema pelo qual as sociedades são geridas e controladas" de acordo com a definição do relatório *Cadbury*. Sobre este conceito, cfr. ANA PERESTRELO DE OLIVEIRA, *Manual de governo das sociedades*, Coimbra, 2017, pp. 11-17.

[9] Cfr. IRIS H-Y CHIU, *Regulating (from) the inside*, cit., pp. 181 e ss.. Segundo o Comité de Basileia em Supervisão Bancária, *Corporate governance principles for banks*, julho, 2015, p. 3, em <http://www.bis.org/bcbs/publ/d328.htm>, o sistema de governo determina a alocação de autoridade e responsabilidades pela qual os assunto e negócios são prosseguidos pela administração e direção sénior, incluindo a forma pela qual são estabelecidas as funções de controlo.

[10] Cfr. *final guidelines on internal governance* (EBA/GL/2017/11), parágrafo 20.

[11] A administração deve compreender, de forma completa e integrada, a estrutura organizativa e operacional da instituição e assegurar que está em linha com a estratégia de risco

de informação e reporte; e) definição dos processos de monitorização, aprovando um regulamento de auditoria interna; f) avaliação do sistema de controlo interno e correção de deficiências; g) identificação, avaliação e contratação dos titulares de funções essenciais, entre as quais as funções de controlo interno; h) a interação com o regulador relativamente ao relatório de controlo interno; e i) a implementação de meios (independentes e autónomos) de receção, tratamento e arquivo de participação de irregularidades[12]. Essas responsabilidades decorrem das competências genéricas do órgão de administração das sociedades comerciais, mas também são enunciadas em diversas disposições, das quais podemos destacar os artigos 33º-A, 115º-A, nº 2, al. *a*), 115º-K, nºs 1 e 2, todos do RGICSF, e os artigos 2º, 4º, 5º, nº 2, 9º, 10º, nº 2, 18º, 20º, 23º, 25º, nº 3, 25º, nº 9, todos do Aviso nº 5/2008.

Por outro lado, nos termos do artigo 115º-C, nº 5, do RGICSF, cabe à Administração aprovar e rever periodicamente a política de remunerações dos responsáveis das funções de controlo. A política de remunerações deve estabelecer que a remuneração dos colaboradores que desempenham funções de gestão do risco e controlo é fiscalizada diretamente pelo comité de remunerações ou, na falta deste, pelo órgão de fiscalização, nos termos do artigo 115º-C, nº 3, al. *d*), do RGICSF.

Sem prejuízo deste papel central do órgão de administração, a lei compromete no sistema de controlo interno outros órgãos societários, ao mais alto nível. O artigo 30º-A, nº 2, *ex vi* artigo 33º-A, nº 3, do RGICSF esclarece caber à Assembleia Geral a aprovação da política interna de seleção e avaliação da adequação dos titulares de funções essenciais, entre as quais as do controlo interno. É à Assembleia Geral que cabe também aprovar, por maioria qualificada, um nível máximo mais elevado da componente variável da remuneração dos titulares de funções essenciais, em excesso daquele que se define no artigo 115.º-F, n.º 2, do RGICSF.

O órgão de fiscalização, sempre que não exista um comité de riscos, deve funcionar, nos termos do artigo 115º-L, nº 2, do RGICSF, como um órgão auxiliar da administração na definição da apetência ao risco e elaboração e supervisão da estratégia de risco da instituição. Este órgão deve também emitir um parecer anual, do qual conste opinião detalhada sobre a adequação e a eficácia do sistema de controlo interno face aos requisitos

---

aprovada e o seu *risk appetite*. Sobre este ponto, cfr. *final guidelines on internal governance* (EBA/GL/2017/11), parágrafo 70 e *Corporate governance principles for banks*, julho, 2015, princípio 1.

[12] Cfr. *Guidelines on internal governance* (EBA/GL/2017/11), parágrafo 23.

definidos pelo artigo 25º, nº 5, al. *a)*, do Aviso nº 5/2008; deve emitir parecer sobre a destituição do responsável de gestão de risco (artigo 115º-M, nº 3, do RGICSF); e proceder à análise de participações feitas pelos titulares de funções de controlo interno e elaboração de relatório sobre as mesmas (artigo 116º-AA, nº 3 e 4, do RGICSF). Este órgão é ainda responsável, nos termos do Aviso nº 9/2012, do Banco de Portugal, pela emissão de um parecer, expressando de forma clara, detalhada e fundamentada a sua opinião sobre a qualidade do sistema de controlo interno para a prevenção do BC e FT.

O revisor oficial de contas deve emitir parecer sobre a adequação e a eficácia da parte do sistema de controlo interno subjacente ao processo de preparação e de divulgação de informação financeira (relato financeiro), incluindo a verificação: (i) da regularidade dos livros, registos contabilísticos e documentos que lhe servem de suporte; (ii) da extensão da caixa e das existências de qualquer espécie dos bens ou valores pertencentes à sociedade ou por ela recebidos em garantia, depósito ou outro título; (iii) da exatidão dos documentos de prestação de contas; e (iv) se as políticas contabilísticas e os critérios valorimétricos adotados pela sociedade conduzem a uma correta avaliação do património e dos resultados (artigo 25º, nº 5, al. *b)*, do Aviso nº 5/2008).

3. Cultura organizacional, códigos de conduta e controlo interno

A cultura organizacional pode ser definida como um plasma omnipresente de perceções conjuntas numa organização, ou convicções subjacentes às práticas de trabalho organizativo na empresa e nas suas unidades. Da mesma forma que o modelo de governo societário traduz o quadro estrutural essencial, no qual se executa o sistema de controlo interno em termos decisórios, as perceções conjuntas existentes na organização sobre honestidade, integridade, independência, respeito mútuo, cultura de risco, entre outros valores, vão ditar os termos concretos em que essas decisões vão ser implementadas[13]. Fala-se, por vezes, do governo societário como

---

[13] Sobre o conceito de cultura organizacional, cfr. MATS ALVESON, *Understanding organizational culture*, 2ª edição, Londres, 2012 [e-book], p. 1-2. Cfr. para uma análise comparativa de definições, POWER-ASHBY-PALERMO, *Risk culture in financial organizations: a research report*, 2013, em http://www.lse.ac.uk/accounting/CARR/Research-Projects/Risk-Culture-in-Financial-Organisations.aspx, p. 17. Sobre a interação entre a cultura organizacional e os valores, perceções e atitudes em relação ao risco ou seja, a cultura de risco, p. 17 e ss. Cfr. sobre este ponto, JOÃO PEDRO CASTRO MENDES, *Estabilidade Financeira...ob. cit.*, na secção IV. *As*

ESTUDOS DE DIREITO BANCÁRIO I

o *hardware* e a cultura organizacional como o *software* essenciais à eficácia do sistema de controlo interno[14].

A lei refere-se também à questão da cultura organizacional. Nos termos da lei, a cultura organizacional deve alicerçar-se em elevados padrões de ética e integridade e profissionalismo, os quais devem ser formalizados em códigos de conduta[15], aprovados pelo órgão de administração (artigo 9º, nº 1, al. *c*), do Aviso nº 5/2008) aplicáveis a todos os colaboradores da instituição.

Nos termos do artigo 77º-B, do RGICSF, as instituições de crédito, ou as suas associações representativas, devem adotar códigos de conduta e divulgá-los junto dos clientes, designadamente através de página na *internet*, devendo desses códigos constar os princípios e as normas de conduta que regem os vários aspetos das suas relações com os clientes, incluindo os mecanismos e os procedimentos internos por si adotados no âmbito da apreciação de reclamações.

4. As funções do controlo interno: três linhas de defesa

Nos termos do Aviso nº 5/2008, em linha com os instrumentos internacionais relevantes na matéria, a *Framework for Internal Control Systems in Banking Organizations*[16] e as Orientações da EBA anteriormente referidas, as funções de gestão de risco, *compliance* e auditoria interna são as funções do sistema de controlo interno das instituições de crédito.

Este modelo é conhecido como o modelo de três linhas de defesa. A primeira linha de defesa assegura que a instituição de crédito tenha implementados processos efetivos de identificar, medir, vigiar, mitigar e reportar riscos (função de gestão de riscos). Uma segunda linha de defesa implica que a instituição de crédito tenha um enquadramento para desenvolver e manter sistemas que assegurem operações efetivas e eficientes, adequado controlo de riscos, prudente condução de negócios, fiabilidade da informação (financeira e não financeira) reportada e divulgada, e que

---

instituições financeiras e a preservação da estabilidade financeira: Cultura organizacional adequada e gestão sã e prudente.

[14] G-30, *Toward effective governance of financial institutions*, em http://group30.org/publications/detail/155, pp. 13, 19 e 29 e ss. Em especial sobre a cultura organizacional, cfr. pp. 75 e ss..

[15] Sobre os códigos de conduta no domínio bancário, cfr. ANTÓNIO MENEZES CORDEIRO, *Direito Bancário*, 5ª edição, Coimbra, 2014, pp. 218-222.

[16] Cfr. http://www.bis.org/publ/bcbs40.htm.

assegurem o cumprimento das leis, regulação, e imposições de autoridades de supervisão (função de *compliance*). Finalmente, uma terceira linha de defesa deve assegurar acompanhamento e verificação independentes da atuação das primeiras linhas de defesa (função de auditoria interna)[17].

Este modelo é de geometria variável. Embora o Aviso nº 5/2008 e as Orientações da EBA estabeleçam este modelo e estas funções, a sua aplicação concreta pode variar de caso para caso, uma vez que se consagra um princípio de proporcionalidade. Admite-se que uma instituição possa demonstrar de que forma a sua abordagem, tendo em conta a natureza, escala e complexidade das suas atividades, assegura os resultados impostos pelo enquadramento legal. Essa regra de proporcionalidade está prevista relativamente a cada uma das funções do controlo interno nos artigos 11º, nº 2, 16º, nº 4, 22º, nº 8, do Aviso nº 5/2008 e está claramente consagrada no parágrafo 4 das Orientações da EBA.

Vamos agora analisar, com maior desenvolvimento, cada uma dessas funções do sistema de controlo interno.

5. A função de gestão de risco

(i) O âmbito de responsabilidades

O risco está no cerne da atividade bancária, e pode mesmo dizer-se que a principal tarefa a desenvolver pelo órgão de administração de uma instituição de crédito é decidir sobre a tomada e gestão de risco, uma vez que este é inerente à atividade que as instituições de crédito prosseguem. Para que as decisões sejam sustentadas e, mais importante, compatíveis com o perfil de risco da instituição (isto é, o seu apetite e tolerância ao risco) é essencial que existam estratégias, procedimentos e políticas integrados e compreensivos que permitam a identificação da natureza e dos riscos implicados na atividade. Essas estratégias, procedimentos e políticas são o sistema de gestão de riscos, como resulta do artigo 10º, nº 1, do Aviso nº 5/2008, e do artigo 115º-K, nº 1, al. *a)*, do RGICSF.

Nos termos do artigo 10º, nº 1, do Aviso nº 5/2008, o sistema de gestão de riscos deve corresponder a um conjunto integrado de processos de carácter permanente que assegurem uma compreensão apropriada da natureza e da magnitude dos riscos subjacentes à atividade desenvolvida,

---

[17] Cfr. Orientações da EBA, pp. 10-11.

ESTUDOS DE DIREITO BANCÁRIO I

possibilitando, assim, uma implementação adequada da estratégia e o cumprimento dos objetivos da instituição. Do nº 2 do citado preceito decorre que o sistema de gestão de risco deve permitir a identificação, avaliação, acompanhamento e controlo de todos os riscos materiais, para assegurar que aqueles se mantêm ao nível previamente definido pelo órgão de administração e que não afetarão significativamente a situação financeira da instituição. O sistema de gestão de risco deve permitir, pois, uma visão holística e integrada de todos os riscos da instituição, independentemente do tipo de risco.

Como sucede genericamente com todo o controlo interno, nos termos do artigo 115º-K, do RGICSF, o órgão de administração é globalmente responsável pela estruturação do sistema de gestão de riscos.

A lei faculta, no nº 4 do artigo 11º, do Aviso nº 5/2008, uma tipologia de riscos a serem identificados, medidos, acompanhados e controlados pela função de gestão de risco: (i) o risco de crédito e de contraparte, sendo a probabilidade de ocorrência de impactos negativos nos resultados ou no capital, devido à incapacidade de uma contraparte cumprir os seus compromissos financeiros perante a instituição, incluindo possíveis restrições à transferência de pagamentos do exterior; (ii) o risco de mercado, sendo a probabilidade de ocorrência de impactos negativos nos resultados ou no capital devido a movimentos desfavoráveis no preço de mercado dos instrumentos da carteira de negociação provocados, nomeadamente, por flutuações em taxas de juro, taxas de câmbio, cotações de ações ou preços de mercadorias; (iii) o risco de taxa de juro, sendo a probabilidade de ocorrência de impactos negativos nos resultados ou no capital devido a movimentos adversos nas taxas de juro de elementos da carteira bancária, por via de desfasamentos de maturidades ou de prazos de re-fixação das taxas de juro, da ausência de correlação perfeita entre as taxas recebidas e pagas nos diferentes instrumentos, ou da existência de opções embutidas em instrumentos financeiros do balanço ou elementos extrapatrimoniais; (iv) o risco de taxa de câmbio, sendo a probabilidade de ocorrência de impactos negativos nos resultados ou no capital, devido a movimentos adversos nas taxas de câmbio de elementos da carteira bancária, provocados por alterações nas taxas de câmbio utilizadas na conversão para a moeda funcional ou pela alteração da posição competitiva da instituição devido a variações significativas das taxas de câmbio; (v) o risco de liquidez, sendo a probabilidade de ocorrência de impactos negativos nos resultados ou no capital, decorrentes da incapacidade da instituição dispor de fundos líquidos, para cumprir as suas obrigações financeiras, à medida que as mesmas se vencem; (vi) o risco de "compliance", sendo a probabilidade de ocorrência de impactos negativos nos resultados ou no capital, decorrentes de violações ou da não conformidade relativamente a leis, regulamentos, determinações específicas, contratos, regras de conduta e de relacionamento com clientes, práticas instituídas ou princípios éticos, que se materializem em sanções de carácter legal, na limitação das oportunidades de negócio, na redução do potencial de expansão ou na impossibilidade de exigir o cumprimento de obrigações contratuais; (vii) o risco operacional, sendo a probabilidade de ocorrência de impactos negativos nos resultados ou no capital, decorrentes de falhas na análise, processamento ou liquidação das operações, de fraudes internas e externas, da utilização de recursos em regime de subcontratação, de processos de decisão internos ineficazes, de recursos humanos insuficientes ou inadequados ou da inoperacionalidade das infraestruturas; (viii) o risco dos sistemas de informação, sendo a probabilidade de ocorrência de impactos negativos nos resultados ou no capital, em resultado da inadaptabilidade dos sistemas de informação a novas necessidades, da sua incapacidade para impedir acessos não autorizados, para garantir a integridade dos dados ou para assegurar a continuidade do negócio em casos de falha, bem como devido ao prosseguimento de uma estratégia desajustada nesta área; (ix) o risco de estratégia, sendo a probabilidade de ocorrência de impactos negativos nos resultados ou no capital, decorrentes de decisões estratégicas inadequadas, da deficiente implementação das decisões ou da incapacidade de resposta a alterações do meio envolvente ou a alterações no ambiente de negócios da instituição; (x) o risco de reputação, sendo a probabilidade de ocorrência de impactos negativos nos resultados ou no capital, decorrentes de uma perceção negativa da imagem pública da instituição, fundamentada ou não, por parte de clientes, fornecedores, analistas financeiros, colaboradores, investidores, órgãos de imprensa ou pela opinião pública em geral. O elenco dos riscos relevantes é complementado pelos artigos 115º-N a 115º-V, do RGICSF.

Para instituições de crédito significativas, o artigo 115º-L, do RGICSF, contempla a existência de um Comité de Riscos ao qual compete (i) aconselhar o órgão de administração sobre a apetência para o risco e a estratégia de risco gerais, atuais e futuras, da instituição de crédito; (ii) auxiliar o órgão de administração na supervisao da execução da estratégia de risco da instituição de crédito pela direção de topo; (iii) analisar se as condições dos produtos e serviços oferecidos aos clientes têm em consideração o modelo de negócio e a estratégia de risco da instituição de crédito e apresentar ao órgão de administração um plano de correção quando daquela análise resulte que as referidas condições não refletem adequadamente os riscos; e (iv) examinar se os incentivos estabelecidos na política de remuneração da instituição de crédito têm em consideração o risco, o capital, a liquidez e as expectativas quanto aos resultados, incluindo as datas das receitas. Nas instituições em que, pela sua dimensão, organização interna e natureza, tal não se justifique, essas funções podem ser exercidas pelo órgão de fiscalização, como se referiu anteriormente.

Nos termos dos artigos 115º-M, do RGICSF e 16º, nº 1, do Aviso nº 5/2008, as instituições devem estabelecer e manter uma função de gestão de risco, função esta que visa assegurar a aplicação efetiva do sistema de gestão de risco através do acompanhamento contínuo da sua adequação e eficácia, bem como da adequação e da eficácia das medidas tomadas para corrigir eventuais deficiências desse sistema e prestar aconselhamento ao órgão de administração. A função de gestão de risco deve garantir que todos os riscos materiais da instituição de crédito são identificados, avaliados e reportados adequadamente. Deve, ainda, participar na definição da estratégia de risco da instituição de crédito e participar nas decisões relativas à gestão de riscos materiais.

A função de gestão de risco tem de desempenhar um papel importante na realização de testes (processos de avaliação de risco) relativamente a cada categoria de risco suportada por análises, qualitativas e/ou quantitativas, baseadas em metodologias com um grau de fiabilidade e de sofisticação adequado à natureza e magnitude do risco e à complexidade e dimensão da atividade desenvolvida pela instituição, incluindo *stress-tests* (artigo 13º, do Aviso nº 5/2008).

Nesse ponto é importante referir o processo de análise e avaliação pelo supervisor (SREP – *supervisory review and evaluation process*) instituído pelo artigo 97º, da CRD IV, que implica que as autoridades de supervisão procedam à revisão das disposições, as estratégias, os processos e os mecanismos aplicados pelas instituições de crédito para dar cumprimento à própria Diretiva e ao Regulamento (UE) nº 575/2013 e para avaliar: (i) os riscos a que as instituições estão ou podem vir a estar expostas; (ii) os riscos que uma instituição coloca ao sistema financeiro, tendo em conta a identificação e quantificação do risco sistémico; (iii) os riscos revelados pelos testes de esforço, tendo em conta a natureza, escala e complexidade das atividades da instituição. O processo de análise e avaliação é conduzido anualmente pelo Banco Central Europeu em conjunto com o Banco de Portugal e segue as orientações da EBA[18] e as metodologias do SREP *Methodology Booklet* do Mecanismo Único de Supervisão[19].

Uma palavra final deve ser dada quanto às funções a desempenhar em matéria de transações com partes relacionadas: nos termos do parágrafo 26, das Orientações da EBA, a função de gestão de risco deve assegurar que as transações com partes relacionadas são revistas e os riscos que implicam para as instituições, atuais ou potenciais, adequadamente analisados.

(ii) Requisitos do responsável da gestão de risco

Decorre do artigo 115º-M, nº 2, do RGICSF, e do artigo 16º, nº 2, do Aviso nº 5/2008, que a função de gestão de risco deve ter um responsável nomeado pela instituição.

Nos termos dos artigos 30º-D, nº 1, e 31º, nº 1, do RGICSF, *ex vi* artigo 33º-A, nº 3, o responsável da função de gestão de risco deve observar padrões de idoneidade e qualificação profissional necessários ao desempenho das funções, adquiridos através de habilitação académica ou formação especializada e através de experiência profissional. Decorre do nº 2 do mesmo preceito que a formação e a experiência prévias devem possuir relevância suficiente para permitir ao titular daquele cargo compreender o funcionamento e a atividade da instituição de crédito, avaliar os riscos a que a mesma se encontra exposta e analisar criticamente as decisões tomadas[20]. Do nº 4 do artigo 33º-A resulta ainda um requisito de disponibilidade.

---

[18] *Guidelines on common procedures and methodologies for the supervisory review and evaluation process (SREP)* (EBA/GL/2014/13).

[19] *https://www.bankingsupervision.europa.eu/.../srep_methodology_booklet_ 2016.en.pdf.*

[20] Nesse processo será necessário levar em linha de conta as *Guidelines on the assessment of the suitability of members of the management body and key function holders* (EBA/GL/2012/06), disponível em https://www.eba.europa.eu/regulation-and-policy/internal-governance/guidelines-on-the-assessment-of-the-suitability-of-members-of-the-management-body-and-key-function-holders.

A necessidade crescente de análises quantitativas, baseadas em metodologias adequadas, não deixará de se refletir, em grande medida, nas habilitações académicas e profissionais que deve ter o responsável pela gestão de risco que devem pressupor o domínio dos instrumentos de análise quantitativa.

Nos termos do artigo 33º-A, n.ᵒˢ 1 a 3, do RGICSF, as instituições de crédito devem avaliar a adequação[21] para o exercício das respetivas funções dos titulares de funções de controlo e gestão de riscos da instituição de crédito, devendo essa avaliação constar de relatório elaborado nos termos do artigo 30º-A, nº 7, do RGICSF (cfr. artigo 33º-A, nº 4, do RGICSF).

A especialização própria do exercício da função com altos padrões de profissionalismo deve pressupor uma atualização permanente, que pode resultar, por exemplo, da integração em associações de natureza profissional, de que o *Institute of Risk Management* é um exemplo[22].

(iii) A posição na organização da função de gestão de risco

Nos termos do artigo 16º, nº 2, do Aviso nº 5/2008, o responsável pela gestão de risco deve ter os poderes necessários ao desempenho das funções, designadamente quanto ao acesso à informação. A função deve estar dotada de recursos materiais e humanos adequados ao desempenho eficaz das suas responsabilidades.

Nos termos do artigo 115º-M, nº 2, do RGICSF, o responsável da função deve desempenhar as suas competências objetivamente e de forma independente relativamente às áreas funcionais sujeitas a avaliação, e em exclusividade, devendo pertencer à direção de topo. Se a natureza e o nível de atividades não o justificarem, a função pode ser exercida por um quadro superior da instituição, salvaguardando-se a inexistência de conflito de interesses e a aplicação efetiva do sistema de gestão de riscos, nos termos do artigo 16º, nº 3, do Aviso nº 5/2008.

Também no artigo 16º, nº 6, do Aviso nº 5/2008, se consagrou que a função de gestão de risco deve ser exercida com total autonomia e liberdade, com acesso pleno a todas as atividades da instituição e a toda a informação necessária ao desempenho das suas competências.

---

[21] Sobre a avaliação da adequação, cfr. PEDRO MAIA, *O regime de controlo da adequação de titulares de órgãos sociais de instituições de crédito e o direito das sociedades anónimas*, neste volume, em especial a partir do número 2.3..

[22] Cfr. em https://www.theirm.org/.

Os métodos de remuneração do responsável da gestão de risco não devem comprometer a necessária objetividade no exercício das suas funções (artigo 16º, nº 7, do Aviso nº 5/2008).

(iv) Mecanismos de reporte e responsabilização

O responsável da função de gestão de risco pode reportar diretamente ao órgão de fiscalização, tal como decorre do artigo 115º-M, nº 3, do RGICSF. O responsável não pode ser destituído sem parecer favorável do órgão de fiscalização. A identificação do responsável pela função de gestão de riscos tem de ser comunicada no relatório de controlo interno, como decorre do artigo 25º, nº 2, al. *a*), do Aviso nº 5/2008.

O responsável da função de gestão de risco deve elaborar e apresentar ao órgão de administração e ao órgão de fiscalização um relatório relativo à gestão de riscos com uma periodicidade pelo menos anual, indicando se foram tomadas as medidas adequadas para corrigir eventuais deficiências (artigo 16º, nº 2, al. *b*), do Aviso nº 5/2008).

6. A função de *compliance*

(i) O âmbito de responsabilidades

A função de *compliance* foi imposta pela Diretiva 2004/39/CE do Parlamento Europeu e do Conselho, de 21 de abril de 2004 (abreviadamente "DMIF I") para entidades que prestassem serviços e atividades de investimento e, nessa medida, aplicava-se a instituições de crédito que desenvolvessem essa atividade. A regulação existente no Aviso nº 5/2008 não diverge, no essencial, da que encontrávamos na DMIF I e depois no CVM, que a transpôs.

A principal missão da função de *compliance* é evitar o *"risco de compliance"*[23]:, ou seja,*"a probabilidade de ocorrência de impactos negativos nos resultados ou no capital, decorrentes de violações ou da não conformidade relativamente a leis, regulamentos, determinações específicas, contratos, regras de conduta e*

---

[23] O Comité de Basileia em Supervisão Bancária, de 2005, no documento *Compliance function in banks*, em http://www.bis.org/list/bcbs/tid_138/index.htm, p. 13 (princípio 7) estabelece que a função de *compliance* é responsável por assistir a administração em gerir adequadamente o risco de *compliance*. Cfr., por todos, sobre a função de *compliance*, João Labareda, *Contributo para o estudo do sistema de controlo e da função de cumprimento*, cit., p. 298 e ss..

de relacionamento com clientes, práticas instituídas ou princípios éticos, que se materializem em sanções de carácter legal, na limitação das oportunidades de negócio, na redução do potencial de expansão ou na impossibilidade de exigir o cumprimento de obrigações contratuais."

As razões subjacentes à necessidade de assegurar o *compliance* prendem-se com a importância de evitar prejuízos reputacionais, num setor em que a confiança é fundamental, mas também com a necessidade de evitar danos financeiros diretamente imputáveis ao incumprimento de obrigações[24].

O Comité de Basileia de 2005 providencia, com detalhe, sobre o âmbito das funções de *compliance*: aconselhamento; orientação e educação; identificação, medição e avaliação do risco de *compliance*; monitorização, teste e reporte; consagração de um programa de *compliance*; e, finalmente, uma responsabilidade especial em matéria de prevenção de branqueamento de capitais[25].

Nessa linha, o artigo 17, nº 1, do Aviso nº 5/2008, desenvolve que a função de *compliance* é responsável: a) pelo acompanhamento e avaliação regular da adequação e da eficácia das medidas e procedimentos adotados para detetar qualquer risco de incumprimento das obrigações legais e deveres a que a instituição se encontra sujeita, bem como das medidas tomadas para corrigir eventuais deficiências no respetivo cumprimento; b) pela prestação de aconselhamento aos órgãos de administração e de gestão, para efeitos do cumprimento das obrigações legais e dos deveres a que a instituição se encontra sujeita; c) pelo acompanhamento e avaliação dos procedimentos de controlo interno em matéria de prevenção do BC e do FT, bem como pela centralização da informação e respetiva comunicação às autoridades competentes; d) pela prestação imediata ao órgão de administração de informação sobre quaisquer indícios de violação de obrigações legais, de regras de conduta e de relacionamento com clientes ou de outros deveres que possam fazer incorrer a instituição ou os seus colaboradores num ilícito de natureza contraordenacional; e e) pela manutenção de um registo dos incumprimentos e das medidas propostas e adotadas nos termos da alínea anterior.

---

[24] Cfr. *Orientações*, parágrafo 28.2.
[25] Cfr. *Compliance function in banks*, parágrafos 34-41.

(ii) A responsabilidade especial em matéria de prevenção do branqueamento de capitais e financiamento do terrorismo

a) Noção de branqueamento de capitais e financiamento do terrorismo

Vamos agora analisar, em especial, o âmbito da responsabilidade de acompanhamento e avaliação dos procedimentos de controlo interno em matéria de prevenção do BC[26] e FT e centralização da informação e comunicação às autoridades competentes, prevista na al. *c)* do nº 1 do artigo 17º, do Aviso nº 5/2008.

O BC e o FT representam atividades de natureza criminal que, em virtude da sua dimensão transnacional, constituem uma grave ameaça do ponto de vista económico e social. O branqueamento de bens e capitais oriundos de atividades ilícitas gera graves distorções na economia real, uma vez que pode eventualmente alterar as condições de concorrência, o correto funcionamento dos mercados e a eficiente alocação de recursos, com reflexos na estabilidade geral do sistema financeiro e económico.

Nos termos do nº 2 do artigo 368º-A do Código Penal, "*Quem converter, transferir, auxiliar ou facilitar alguma operação de conversão ou transferência de vantagens, obtidas por si ou por terceiro, direta ou indiretamente, com o fim de dissimular a sua origem ilícita, ou de evitar que o autor ou participante dessas infrações seja criminalmente perseguido ou submetido a uma reação criminal (...)*" está a cometer um crime de branqueamento de capitais. Nos termos do nº 1 do mesmo artigo, consideram-se vantagens "(...) *os bens provenientes da prática, sob qualquer forma de comparticipação, dos factos ilícitos típicos de lenocínio, abuso sexual de crianças ou de menores dependentes, extorsão, tráfico de estupefacientes e substâncias psicotrópicas, tráfico de armas, tráfico de órgãos ou tecidos humanos, tráfico de espécies protegidas, fraude fiscal, tráfico de influência, corrupção (...) e dos factos ilícitos típicos puníveis com pena de prisão de duração mínima superior a seis meses ou de duração máxima superior a cinco anos, assim como os bens que com eles se obtenham*".

---

[26] ROBIN BOOTH, *Money laundering law and regulation: a practical guide*, Oxford, 2011. Para uma introdução, na perspetiva de *compliance officers*, veja-se ABDULLAHI USMANN BELLO, *Improving anti-money laundering compliance: self-protecting theory and money laundering reporting officers*, Nigéria, 2017; EDUARDO PAZ FERREIRA, *O branqueamento de capitais, Estudos de Direito Bancário*, (coord. António Menezes Cordeiro), Coimbra: Coimbra Editora, 1999, pp. 303-319. Em especial, também pela atualidade, MIGUEL DA CÂMARA MACHADO, *4G na prevenção do branqueamento de capitais: problemas, paradoxos e principais deveres*, neste volume.

ESTUDOS DE DIREITO BANCÁRIO I

A Lei nº 52/2003, de 22 de Agosto, especificamente o seu artigo 5º-A, aditado pela Lei nº 25/2008, relativo ao FT, veio também criminalizar quem direta ou indiretamente, fornecer, recolher ou deter fundos ou bens de qualquer tipo com a intenção de serem utilizados, total ou parcialmente, no planeamento, na preparação ou para a prática de atos de terrorismo ou para o apoio e financiamento de grupos e organizações terroristas.

A função de *compliance* nesta matéria tem de partir, pois, destas condutas tal como definidas na legislação penal e tipificadas como crimes.

b) As Diretivas

O quadro normativo de Direito Europeu em matéria de prevenção ao BC conheceu um desenvolvimento muito significativo nos últimos anos, procurando adequar a sua abrangência e efetividade relativamente aos riscos de BC, assim como alargando o seu espectro de ação aos riscos relacionados com o FT.

Em 10 de junho de 1991 foi publicada a Diretiva 91/308/CEE[27] do Conselho relativa à prevenção da utilização do sistema financeiro para efeitos de branqueamento de capitais. A União Europeia dava o primeiro passo na luta contra este fenómeno, assumindo como objetivo principal evitar a utilização do sistema financeiro europeu para efeitos de branqueamento de capitais, procurando, contudo, não ferir ou restringir as liberdades de cada Estado-Membro decorrentes do tratado que instituiu a Comunidade Económica Europeia. Esta Diretiva limitava o BC a infrações relacionadas com o tráfico de estupefacientes e impunha obrigações exclusivamente para o setor financeiro.

Em 4 de dezembro de 2001 foi publicada a Diretiva 2001/97/CE[28], do Parlamento Europeu e do Conselho, que veio alterar a Diretiva 91/308/CEE e cuja principal inovação consistiu na extensão dos deveres preconizados na I Diretiva a entidades não financeiras, alargando o seu âmbito também em termos de crimes abrangidos.

Posteriormente, em 26 de outubro de 2005, foi publicada a Diretiva 2005/60/CE, do Parlamento Europeu e do Conselho[29], relativa à prevenção da utilização do sistema financeiro para efeitos de BC e FT. No rescaldo

---

[27] Também designada por I Diretiva Europeia de AML (*Anti Money Laundering*).
[28] Também designada por II Diretiva Europeia de AML.
[29] Também designada por III Diretiva Europeia de AML.

das tragédias provocadas pelos atentados terroristas nas torres gémeas em Nova Iorque e na estação de Atocha em Madrid, este diploma veio introduzir um conjunto de medidas para prevenir, combater e reprimir o financiamento do terrorismo. Estes acontecimentos marcantes significaram um ponto de inflexão no escopo e abrangência destes diplomas, senão veja-se: as medidas e diligências preconizadas na III Diretiva visam não só prevenir o BC, mas também combater o FT, o que significa, numa analogia simples, que se pretende evitar não apenas a "lavagem de dinheiro sujo" (proveniente de atividades ilícitas), mas também a possibilidade de "sujar dinheiro limpo" (utilizar fundos já no sistema financeiro para financiar atividades terroristas). Esta Diretiva veio ainda integrar a revisão das recomendações do FATF/GAFI (*Financial Action Task Force*)[30] realizada em Junho de 2003 e que, designadamente, passaram a abranger o FT.

Em 20 de maio de 2015 foi publicada a Diretiva (UE) 2015/849[31], do Parlamento Europeu e do Conselho relativa à prevenção da utilização do sistema financeiro para efeitos de BC ou de FT, que veio alterar um conjunto relevante de diplomas e revogou a III Diretiva. Esta Diretiva, e alterações subsequentes, constitui atualmente o principal instrumento normativo da União Europeia em matéria de prevenção ao BC e combate ao FT.

A Comissão Europeia aprovou já, em 5 de julho de 2016, uma proposta de alterações à IV Diretiva COM(2016) que permite antever uma rápida alteração no atual enquadramento normativo europeu em matéria de prevenção ao BC e FT. Sucintamente, as principais alterações projetadas para a IV Diretiva abordam os seguintes temas, que em parte retomam algumas questões centrais da IV Diretiva:

- <u>Beneficiário Efetivo (*Ultimate Beneficial Owner – UBO*) e qualidade da informação</u>: preveem-se regras mais apertadas na identificação do UBO de pessoas coletivas, independentemente da sua natureza, e com especial enfoque em entidades jurídicas de maior risco em termos de transparência, como *Trusts*, Fundações ou entidades semelhantes. A própria definição de UBO será ampliada, procurando uniformizar o conceito com os recentes diplomas de natureza fiscal e acordos de troca multilateral de informações introduzidos pelo governo norte-americano, o

---

[30] Cfr. em https:// www.fatf-gafi.org/.
[31] Também designada por IV Directiva Europeia de AML.

FATCA – *Foreign Account Tax Compliance Act*, e pela OCDE, o CRS – *Common Reporting Standard*. Ainda neste âmbito, realce para o reforço e clarificação das obrigações no âmbito do registo central de UBO's, a ser estabelecido por cada um dos Estados-Membros, no âmbito da IV Diretiva, e passível de ser consultado por todos os intervenientes relevantes sujeitos a deveres de identificação. O objetivo será de um maior escrutínio e transparência, reforçando igualmente os mecanismos de cooperação através da interligação, ao nível europeu, dos diferentes registos centralizados.

- <u>Países terceiros de risco elevado</u>: projetam-se medidas de harmonização da abordagem na UE relativamente a relações de negócio e operações envolvendo países de risco elevado, ou seja países que apresentam lacunas e carências na luta contra o BC e o FT. A aplicação destas medidas suplementares (consideradas de diligência reforçada), podem passar pela obtenção de informação adicional sobre o cliente (finalidade da relação de negócio, património, etc.) ou sobre determinada operação (origem dos fundos, enquadramento, motivo, etc.), na exigência de documentação de suporte completa, na exigência de realização da primeira transferência para a conta a partir de uma instituição de crédito com sede no espaço europeu e podem culminar na suspensão da operação ou na cessação/recusa da relação de negócio.

- <u>Moeda eletrónica e moeda virtual</u>: em linha com a maior abrangência já referida anteriormente, preve-se a inclusão como entidades obrigadas as plataformas de câmbio de moeda virtual. Em linha com os novos desafios decorrentes da era digital, estas disposições procuram acompanhar o crescimento das transações com recurso a este tipo de moeda e visam combater o favorecimento ao anonimato dos seus intervenientes. Por outro lado, reforçam-se as exigências em matéria de pagamentos com moeda eletrónica.

c) A legislação em vigor

A IV Diretiva deveria ter sido transposta para o ordenamento jurídico dos Estados-Membros até 31 de dezembro de 2016, de acordo com o plano de ação estabelecido pela Comissão para o combate ao financiamento do terrorismo. Contudo, a dificuldade em encontrar soluções consensuais sobre matérias mais sensíveis abordadas na Diretiva, condicionaram o cumprimento do prazo de transposição inicialmente estabelecido.

É a Lei nº 83/2017, de 18 de agosto, que transpõe parcialmente as Diretivas 2015/849/UE, do Parlamento Europeu e do Conselho, de 20 de maio de 2015, e 2016/2258/UE, do Conselho, de 6 de dezembro de 2016, e que revoga a Lei nº 25/2008, de 5 de junho e o Decreto-Lei nº 125/2008, de 21 de julho que, a partir da sua entrada em vigor, em 18 de setembro de 2017, estabelece o quadro jurídico das medidas de combate ao BC e ao FT.

A Lei nº 83/2017, de 18 de agosto, será um diploma determinante nesta matéria, uma vez que introduziu alterações significativas aos mecanismos de prevenção e controlo do BC e do FT e impôs um conjunto relevante de deveres às entidades financeiras e não financeiras.

d) A prática da função de compliance

Neste enquadramento, temos assistido a um interesse crescente dos clientes e do público em geral relativamente à fiabilidade e resiliência das instituições financeiras, fenómeno que teve início ainda antes da eclosão da crise financeira de 2008, motivado pela falta de transparência de alguns processos e pelas lacunas ao nível de cultura e ética empresarial nestas instituições que foram alvo de escrutínio e divulgação pública. Para contrariar esta tendência, foi feito um esforço significativo, em termos normativos e de *corporate governance*, com o intuito de reforçar a cultura organizacional e a estrutura de controlo interno das instituições, e simultaneamente incentivar a criação de valores éticos e princípios de transparência.

Nas entidades financeiras, a prevenção e o combate ao BC e FT é um processo adstrito à função de *compliance*, parte integrante do sistema de controlo interno e responsável pelo controlo do cumprimento das obrigações legais e dos deveres a que estas entidades se encontram sujeitas. O Aviso nº 5/2008 que, como referido, estabelece, para as entidades financeiras, os requisitos para a existência de um sistema de controlo interno adequado e eficaz, menciona especificamente que a função de *compliance* é responsável pelo acompanhamento e avaliação dos procedimentos de controlo interno em matéria de prevenção do BC e do FT, bem como pela centralização da informação e respetiva comunicação às autoridades competentes. Mais tarde, através da publicação do Aviso nº 9/2012, de 18 de dezembro, o Banco de Portugal veio definir, em concreto, as condições, mecanismos e procedimentos necessários ao efetivo cumprimento dos deveres preventivos de BC e FT pelas entidades sujeitas à sua supervisão na prestação de serviços financeiros.

Em linha com as recomendações do FATF-GAFI, organismo intergovernamental que tem como objetivo desenvolver e promover políticas, nacionais e internacionais, de combate ao BC e ao FT, as entidades financeiras têm vindo a adotar uma abordagem baseada no risco (*Risk Based Approach*) e no estabelecimento de procedimentos e mecanismos de controlo efetivos e adequados nesta matéria. Esta abordagem tem como pressuposto a identificação e prioritização de análise a operações, jurisdições e clientes de maior risco, sem prejuízo do estrito cumprimento das obrigações legais. O objetivo deste tipo de abordagem é garantir que as medidas e controlos desenhados em matéria de BC e FT são adequados aos riscos identificados nas diferentes instituições financeiras, tendo em consideração as especificidades dos respetivos modelos de negócio. Esta mensuração permite a afetação eficiente de recursos em função das prioridades definidas para os diferentes níveis de risco. As operações, as jurisdições e os clientes têm um grau de risco de BC e FT calculado de acordo com metodologias de classificação e gestão de risco, baseadas em variáveis endógenas e exógenas à própria instituição. A adoção desta abordagem implica a definição de um processo – dinâmico – de identificação e mensuração do risco de BC e FT, de forma a desenvolver controlos que permitam uma mitigação ou eliminação dos mesmos.

Existem orientações para consolidar esta abordagem baseada no risco, como é exemplo o documento *"The Risk Factors Guidelines"*[32] emitido pelas três *European Supervisory Authorities,* que agrega não apenas os fatores de risco relacionados com clientes e países ou áreas geográficas, mas também os fatores de riscos inerentes a produtos, serviços, operações e canais de distribuição, reforçando a necessidade do modelo de gestão do risco de BC e FT ser abrangente e robusto. Adicionalmente, temos assistido à consolidação desta abordagem também por via da adoção e aplicação de modelos quantitativos para tratamento da informação de clientes e operações, que conferem maior sustentabilidade aos critérios assumidos e análises efetu-

---

[32] Cfr. *Joint Guidelines under Articles 17 and 18(4) of Directive (EU) 2015/849 on simplified and enhanced customer due diligence and the factors credit and financial institutions should consider when assessing the money laundering and terrorist financing risk associated with individual business relationships and occasional transactions* – 26/06/2017.

adas, não descurando o pleno cumprimento dos deveres normativos que impendem sobre as instituições.

Em suma, a prática da função de *compliance* na prevenção do BC e FT tem procurado acompanhar a crescente sofisticação das operações e dos clientes e as alterações vertiginosas que temos vindo a assistir em termos sociais, económicos e geográficos, procurando a melhor forma de incorporar estes fenómenos no seu sistema de controlo. As disputas geoestratégicas e o risco associado a determinadas jurisdições, a aplicação (e diversidade) de sanções económicas ou outras por organismos internacionais, a ameaça de utilização de armas de destruição de massa ou a divulgação dos denominados *"Panama Papers"*, pelo *International Consortium of Investigative Journalists*[33], entre outros, trazem desafios significativos à resiliência, abrangência e capacidade dos sistemas de controlo de riscos de BC e FT das entidades financeiras.

(iii) Requisitos do compliance officer

Tal como o responsável pela função de gestão de risco, também o responsável da função de *compliance* deve observar padrões de idoneidade, qualificação profissional e disponibilidade necessários ao desempenho das suas funções.

Nos termos do artigo 33º-A, nº 1, do RGICSF, as instituições de crédito devem identificar os cargos cujos titulares, não pertencendo aos órgãos de administração ou fiscalização, exerçam funções que lhes confiram influência significativa na gestão da instituição de crédito. Os cargos referidos no número anterior compreendem o responsável pelas funções de *compliance* da instituição de crédito (nº 2 do artigo 33º-A, do RGICSF).

Nos termos do nº 3, do citado preceito, para o exercício das respetivas funções, a adequação dos titulares de funções essenciais das instituições de crédito está sujeita a avaliação, que é feita através da elaboração de um relatório. Ora, a função de *compliance officer* é considerada uma função essencial, pelo que também está sujeita a essa avaliação.

Apesar de presentemente a avaliação da adequação estar sujeita a intervenção do Banco de Portugal, nos termos do artigo 33º-A, nº 5, podendo levar à adoção de medidas corretivas previstas no artigo 32º, nº 4, do RGICSF, no futuro a contratação pode mesmo vir a ser sujeita a aprova-

---

[33] Cfr. em https:// https://www.icij.org/.

ção, por regulamento do Banco de Portugal, à semelhança do que sucede no Reino Unido onde esta contratação está sujeita a aprovação e essas pessoas estão sujeitas aos *Statements of Principle and Code of Practice for Approved Persons* (cfr. nº 12 do artigo 30º-B do RGICSF).

As funções que o *compliance officer* deve desempenhar circunscrevem, de alguma forma, as qualificações académicas e profissionais que deve ter o encarregado da função. As crescentes exigências regulatórias podem apontar para uma formação jurídica, embora a utilização de metodologias quantitativas no setor financeiro, por exemplo em matéria de testes de risco, possa aconselhar a contratação na área da auditoria.

(iv) A posição na organização da função de compliance

Nos termos do artigo 17º, nº 2, al. *a)*, do Aviso nº 5/2008 a função de *compliance* deve ser constituída, através de um processo formal, e deve ser dotada de suficiente autonomia e responsabilidade. O responsável da função deve ter os poderes necessários para o desempenho das suas funções, designadamente quanto ao acesso à informação (al. *b)*).

A função deve estar dotada de recursos materiais e humanos adequados ao desempenho eficaz das suas responsabilidades. As pessoas que desempenham funções de *compliance* não devem ter ligação direta às áreas funcionais sujeitas a avaliação, no sentido de evitar conflitos de interesses (al. *d)*).

Os métodos de remuneração das pessoas que desempenhem as funções de *compliance* não devem comprometer a necessária objetividade no exercício das suas funções (al. *f)*).

(v) Mecanismos de reporte e responsabilização

O papel de aconselhamento ao órgão de administração e a independência exigida pelo exercício de funções parece implicar que o *compliance* reporte diretamente ao órgão de administração e não a outra estrutura interna da instituição, embora a lei não o refira expressamente. As *Guidelines on common procedures and methodologies for the supervisory review and evaluation process*[34], parece partir do pressuposto de que o *compliance officer* deve reportar diretamente, de facto, ao órgão de administração e de fiscalização.

---

[34] Página 10.

A identificação do responsável pela função de *compliance* tem de ser comunicada no relatório de controlo interno, como decorre do artigo 25º, nº 2, al *a)*, do Aviso nº 5/2008. Nos termos do nº 8 do artigo 25º do referido Aviso, a substituição, definitiva ou prolongada, ou a alteração dos dados de contacto do responsável pela função de *compliance* indicado ao abrigo da alínea *a)* do nº 2 do artigo 25º, devem ser, de imediato, comunicadas ao Banco de Portugal.

Nos termos do 17º, nº 1, al. *f)*, do Aviso nº 5/2008, o *compliance* deve elaborar um relatório, de periodicidade pelo menos anual, identificando os incumprimentos verificados pelo *compliance* e as medidas adotadas para corrigir eventuais deficiências.

7. A função de auditoria interna

(i) O âmbito de responsabilidades

Como resulta do documento final do Comité de Basileia sobre supervisão bancária, de 2012, a auditoria interna[35] deve proceder a um exame e avaliação da efetividade de todo o sistema de controlo interno, incluindo *compliance* e gestão de risco e, em termos mais genéricos, dos processos e sistema de governação das instituições de crédito[36]. Já se disse que pode ser vista como um mecanismo interno de verificação dos problemas de agência em todo o nível de operações da empresa[37].

Nos termos do artigo 22º, nº 1, do Aviso nº 5/2008, a função da auditoria interna é responsável por: (i) elaborar e manter atualizado um plano de auditoria para examinar e avaliar a adequação e a eficácia das diversas componentes do sistema de controlo interno da instituição, bem como do sistema de controlo interno como um todo, e (ii) emitir recomendações baseadas nos resultados das avaliações realizadas e verificar a sua observância.

O plano de auditoria deve assegurar um exame abrangente, orientado para o risco, das atividades, sistemas e processos da instituição que per-

---

[35] O *Institute of Internal Auditors* define a auditoria interna como um meio de ajudar uma organização a alcançar os seus objetivos por recurso a uma abordagem disciplinada e sistemática para avaliar a eficiência dos processos de governo, controlo e gestão do risco, em https://na.theiia.org/standards-guidance/mandatory-guidance/Pages/Definition-of-Internal-Auditing.aspx.

[36] Cfr. *The internal audit function in Banks*, 2012, disponível em http://www.bis.org/publ/bcbs223.htm, parágrafo 29, p. 30.

[37] Cfr. IRIS H-Y CHIU, *Regulation (from) the inside*, cit., p. 121.

mita avaliar a adequação e a eficácia do sistema de controlo interno. Para cada avaliação deve ser delineado um programa que defina os objetivos da auditoria, identifique as atividades e os procedimentos de controlo interno objeto de revisão e estabeleça os recursos necessários para a sua execução. Devem ser claramente definidos os critérios para avaliar a adequação de políticas, procedimentos e controlos específicos implementados pela instituição. O pessoal que executa a auditoria interna deve ter acesso pleno a todas as atividades da instituição, incluindo sucursais, bem como a toda a informação necessária à realização de uma adequada avaliação.

A realização de uma ação de auditoria deve compreender a elaboração ou atualização do *dossier* permanente da atividade de risco alvo de avaliação. As deficiências identificadas pela auditoria interna, assim como as consequentes recomendações, devem ser oportunamente registadas, documentadas e reportadas diretamente ao órgão de administração, quando sejam materiais, ou ao órgão de gestão apropriado, nos restantes casos, de modo a garantir que a avaliação não é enviesada e que as questões identificadas são prontamente tomadas em consideração. Deve ser previsto um acompanhamento contínuo por parte da função de auditoria interna das situações identificadas, no sentido de garantir que as medidas necessárias são tomadas e que as mesmas são geridas adequadamente.

A função de auditoria interna deve desenvolver a sua atividade em conformidade com os princípios de auditoria interna reconhecidos e aceites a nível internacional. O *Institute of Internal Auditors* tem publicadas normas internacionais para a prática profissional de auditoria interna[38] que devem ser observadas, como decorre do parágrafo 56 do documento do Comité de Basileia, de 2012.

(ii) Requisitos do responsável da auditoria interna

Tal como sucede com o responsável de gestão de risco e de *compliance,* o responsável da função de auditoria interna deve observar padrões de idoneidade, qualificação profissional, adquiridos através de habilitação académica ou formação especializada e através de experiência profissional, e disponibilidade necessários ao desempenho das funções.

À semelhança do que sucede com a função de gestão de risco e no *compliance,* nos termos do artigo 33º-A, n.ºs 1 a 3, do RGICSF, as instituições

---

[38] Disponíveis em https://na.theiia.org/Pages/IIAHome.aspx.

GESTÃO DE RISCO, COMPLIANCE E AUDITORIA INTERNA

de crédito devem avaliar a adequação, para o exercício das respetivas funções, dos titulares de funções de auditoria interna da instituição de crédito.

Em matéria de qualificações académicas e profissionais, as responsabilidades principais da função residem na instituição de procedimentos e sistemas, revendo e ajustando procedimentos, mas também revendo políticas dos departamentos auditados e procedendo ao registo de dados. Estas tarefas reclamam uma abordagem tecnocrática e científica de procedimentalização, o que parece aproximar a função de áreas técnicas de abordagem quantitativa como de auditoria ou gestão.

(iii) A posição na organização da função de auditoria interna

Tal como sucede com as demais funções de controlo interno, decorre do artigo 22º, nº 4, do Aviso nº 5/2008, que deve ser nomeado um responsável da função de auditoria interna que deve ter os poderes necessários para o desempenho das suas funções, designadamente quanto ao acesso a informação relevante. A função deve estar dotada de recursos humanos suficientes, competentes, qualificados e experientes, com uma clara compreensão do seu papel e responsabilidades.

Nos termos do nº 7 do citado preceito, a auditoria interna deve ter autoridade suficiente para desempenhar as suas competências com carácter de permanência, objetivamente e de forma independente, devendo, neste sentido, estar suportada por um regulamento de auditoria formalmente aprovado pelo órgão de administração, deter uma posição adequada na estrutura organizacional e ser independente das restantes áreas funcionais da instituição.

(iv) Mecanismos de reporte e de responsabilização

Decorre do artigo 22º, nº 7, do Aviso nº 5/2008 e do parágrafo 29.6 das Orientações da EBA que a função de auditoria interna deve reportar diretamente ao órgão de administração e ao órgão de fiscalização, o que é essencial para prevenir a interferência e intimidação por parte da direção de topo da instituição.

Nos termos do artigo 22º, nº 1, al. c), do Aviso, a função de auditoria interna deve elaborar e apresentar ao órgão de administração e ao órgão de fiscalização um relatório, de periodicidade pelo menos anual, sobre questões de auditoria, com uma síntese das principais deficiências detetadas

ESTUDOS DE DIREITO BANCÁRIO I

nas ações de controlo, indicando se foram tomadas as medidas adequadas para corrigir eventuais deficiências e quais a recomendações que foram seguidas.

8. As recentes tendências regulatórias e de supervisão com vista a um sistema de controlo interno eficaz

Vamos agora passar em revista algumas tendências regulatórias que têm em vista tornar eficaz o sistema de controlo internos das instituições de crédito. Foi já referida a importante intervenção legislativa operada pelo Decreto-Lei, nº 157/2014, de 24 de outubro, que associa inevitavelmente as funções de controlo interno a funções que conferem influência significativa na gestão das instituições de crédito e que, portanto, sujeita os seus titulares à avaliação de adequação para o exercício de funções. Não vamos retomar esse ponto.

Uma primeira tendência, também em resultado do diploma referido anteriormente, reside numa profunda intervenção ao nível dos pacotes remuneratórios dos responsáveis pelas funções de controlo, à semelhança do que sucede com os membros do órgão de administração e fiscalização (cfr. artigo 115º-C, nº 2, als. *a)* e *d)*, do RGICSF). Embora desde o Aviso nº 5/2008 o tema da remuneração dos titulares das funções de controlo interno fosse tratado, essencialmente com o objetivo de assegurar a objetividade do responsável no exercício de funções (cfr. artigo 16º, nº 7, para a função de risco, e o artigo 17º, nº 2, al. *f)*, para a função de *compliance*) os responsáveis das funções de controlo são incluídos na reforma operada pelo Decreto-Lei, nº 157/2014, de 24 de outubro, com o objetivo declarado de assegurar condições de independência dos titulares das funções de controlo (artigo 115º-C, nº 3, al. *c)*, do RGICSF) e de intervir nos incentivos à adoção de comportamentos de risco[39] (artigo 115º-C, nº 3, als. *a)* e *b)*, do RGICSF).

Uma segunda recente tendência regulatória reside na imposição de canais de *whistleblowing.* A ideia é a de que as funções de controlo

---

[39] Veja-se no documento do Comité de Basileia em Supervisão Bancária, *Corporate governance principles for banks,* julho, 2015, p. 34, princípio 11, onde se pode ler *"Remuneration systems form a key component of the governance and incentive structure through which the board and senior management promote good performance, convey acceptable risktaking behaviour and reinforce the bank's operating and risk culture /.../.*

interno e, reflexamente, as funções de supervisão podem beneficiar pelo reforço dos fluxos de informação e conhecimento no interior das instituições.

Decorre do artigo 116º-AA, do RGICSF, aditado pela Lei nº 23-A/2015, de 26 de março, que as instituições de crédito devem implementar os meios específicos, independentes e autónomos adequados de receção, tratamento e arquivo das participações de irregularidades graves relacionadas com a sua administração, organização contabilística e fiscalização interna e de indícios sérios de infrações a deveres previstos no presente Regime Geral ou no Regulamento (UE) nº 575/2013, do Parlamento Europeu e do Conselho, de 26 de junho.

Por outro lado, nos termos do nº 2, as pessoas que, por virtude das funções que exerçam na instituição de crédito, nomeadamente nas áreas de auditoria interna, de gestão de risco ou de *compliance*, tomem conhecimento de qualquer irregularidade grave relacionada com o órgão de administração, organização contabilística e fiscalização interna da instituição de crédito ou de indícios de infração a deveres previstos no presente RGICSF ou no Regulamento (UE) nº 575/2013, do Parlamento Europeu e do Conselho, de 26 de junho, que seja suscetível de a colocar em situação de desequilíbrio financeiro, têm o dever de as participar ao órgão de fiscalização. Para proteção do participante estabelece-se que as participações efetuadas ao abrigo do artigo 116º-AA, do RGICSF, não podem, por si só, servir de fundamento à instauração pela instituição de crédito de qualquer procedimento disciplinar, civil ou criminal relativamente ao autor da participação, exceto se as mesmas forem deliberada e manifestamente infundadas.

Finalmente, como resulta do artigo 116º-AB, nº 1, do RGICSF, qualquer pessoa que tenha conhecimento de indícios sérios de infrações a deveres previstos no presente Regime Geral ou no Regulamento (UE) nº 575/2013, do Parlamento Europeu e do Conselho, de 26 de junho, pode fazer uma participação ao Banco de Portugal.

Um terceiro aspeto que importa sublinhar respeita à imposição de participação das funções de controlo interno na *governance* de produtos e serviços bancários de retalho. Pela Carta Circular 69/2016/DSC, de 1 de setembro, o Banco de Portugal veio recomendar às instituições de crédito, às sociedades financeiras, às instituições de pagamento e às instituições de moeda eletrónica a observância das "Orientações relativas aos procedimentos de governação e monitorização de produtos bancários de retalho (EBA/GL/2015/18)" da EBA em 22 de março de 2016[40].

No âmbito da orientação 2, o criador de produtos deve assegurar que, sempre que aplicável, os procedimentos de governação e monitorização de produtos sejam parte integrante da sua estrutura de governação, gestão de riscos e controlo interno, em conformidade com as Orientações da EBA sobre controlo interno. Para o efeito, o órgão de administração do criador deve apoiar a implementação dos procedimentos e as respetivas revisões subsequentes.

As funções de gestão de risco e *compliance* do criador dos produtos, em conjunto com a direção de topo, devem assumir responsabilidade pela conformidade interna contínua com os procedimentos de governação e monitorização de produtos. Devem verificar periodicamente se os procedimentos de governação e monitorização de produtos se mantêm adequados e continuam a cumprir os objetivos nas Orientações e, caso tal não se verifique, propor ao órgão de administração a alteração desses procedimentos.

As responsabilidades pela supervisão deste processo, pela função de gestão de risco e *compliance* devem, sempre que aplicável, ser integradas nas respetivas descrições de funções, em conformidade com o descrito nas Orientações 25, 26 e 28 das Orientações sobre controlo interno. Por outro lado, será necessário assegurar que o pessoal que participa na conceção de um produto está familiarizado com os procedimentos de governação e monitorização de produtos do criador do produto.

Também no anteprojeto submetido a consulta pública pelo Conselho Nacional de Supervisores Financeiros, relativo à transposição da DMIF II/RMIF se prevê, no projetado nº 5 do artigo 115º-A, do RGICSF, que a aplicação dos procedimentos de governação e monitorização dos produtos e serviços bancários de retalho deva ser acompanhada pelo *compliance*, cabendo-lhe desenvolver análises periódicas aos referidos procedimentos com vista a aferir da existência de eventuais riscos de incumprimento das obrigações das instituições de crédito no contexto da criação e comercialização de produtos e serviços bancários de retalho.

---

[40] Disponível em https://www.eba.europa.eu/regulation-and-policy/consumer-protection-and-financial-innovation/guidelines-on-product-oversight-and-governance-arrangements-for-retail-banking-products.

GESTÃO DE RISCO, COMPLIANCE E AUDITORIA INTERNA

Em quarto lugar, importa sublinhar a implementação do SREP, já referido a propósito da avaliação do risco. As orientações da EBA sobre o SREP estabelecem que, para além dos aspetos de avaliação de riscos *supra* referidos, respeita em termos mais genéricos à avaliação de todo o sistema de controlo interno[41]. Assim, as autoridades de supervisão devem conduzir uma avaliação anual sobre se as instituições de crédito têm uma estrutura de controlo interno adequada. Em linha com as Orientações da EBA, essa avaliação deve analisar: (i) em que medida a instituição dispõe de um quadro de controlo interno com funções de controlo independentes, estabelecidas e a operar no âmbito de processos de decisão transparentes, com uma clara atribuição de responsabilidades pela implementação do quadro de controlo interno e das suas componentes; (ii) se o quadro de controlo interno é aplicado a todos as áreas da instituição, sendo as unidades de negócio e de apoio responsáveis, em primeira instância, pelo estabelecimento e pela manutenção de políticas e procedimentos adequados em matéria de controlo interno; (iii) se a instituição implementou políticas e procedimentos com vista a identificar, medir, monitorizar, reduzir e comunicar os riscos e as concentrações de riscos associados e se essas políticas e procedimentos foram aprovados pelo órgão de administração e fiscalização; (iv) se a instituição estabeleceu uma função independente de controlo de riscos que esteja ativamente envolvida na elaboração da estratégia de risco da instituição e em todas as decisões importantes em matéria de gestão de riscos e que preste ao órgão de administração e fiscalização e à direção de topo informações relevantes relacionadas com o risco; (v) se a função independente de controlo de riscos garante que os processos de medição, avaliação e monitorização dos riscos são adequados; (vi) se a instituição nomeou um *chief risk officer* que possua um mandato suficientemente amplo, seja independente da assunção de riscos e exclusivamente responsável pela função de controlo de riscos e pela monitorização do modelo de gestão de riscos; (vii) se a instituição dispõe de uma política em matéria de *compliance* e de uma efetiva função de *compliance* que responda perante o órgão de administração e fiscalização; (viii) se a instituição dispõe de um processo e de uma política de aprovação de novos produtos, que preveja uma função independente de controlo de riscos, cujo papel esteja clara-

---

[41] Cfr. as *Guidelines on common procedures and methodologies for the supervisory review and evaluation process (SREP)* (EBA/GL/2014/13), p. 10.

mente definido e que tenha sido aprovada pelo órgão de administração e fiscalização; e (ix) se a instituição tem capacidade para produzir relatórios sobre o risco e os utiliza para fins de gestão, e se esses relatórios sobre o risco são a) precisos, abrangentes, claros e úteis e b) elaborados e comunicados às partes interessadas com a devida frequência.

Já no que respeita à auditoria interna, em especial, as orientações da EBA sobre o SREP estabelecem que as autoridades competentes devem avaliar se a instituição estabeleceu uma função de auditoria interna independente e eficaz: (i) que tenha sido constituída em conformidade com as normas profissionais nacionais e internacionais; (ii) cujos objetivos, autoridade e responsabilidade tenham sido definidos num estatuto que reconheça as normas profissionais e tenha sido aprovado pelo órgão de administração e fiscalização; (iii) cuja independência organizativa e objetividade dos auditores internos esteja assegurada pelo reporte direto ao órgão de administração e fiscalização; (iv) que possua recursos adequados ao desempenho das suas tarefas; (v) que cubra todos os domínios necessários do plano de auditoria baseado no risco, incluindo as áreas de gestão de riscos, de controlo interno, do processo de avaliação da adequação do capital interno e do processo de avaliação da adequação da liquidez interna; e (vi) que seja eficaz na determinação da aderência às políticas internas e à legislação nacional e da União Europeia relevante e identifique eventuais desvios a essa legislação.

Em último lugar, assinalamos que se constata uma tendência, sobretudo nos EUA e Reino Unido, de responsabilização pessoal dos titulares das funções de controlo interno, e que incide essencialmente sobre os responsáveis pelas funções de *compliance* e auditoria interna, por falhas na adoção de adequados mecanismos de *compliance*; pelo incumprimento de obrigações em matéria de branqueamento de capitais; por falhas de exercício da atividade com zelo e diligência, designadamente por não investigar óbvias *red flags*; ou por instruírem colaboradores a prestarem falsas informações a reguladores sobre a existência de códigos de conduta.

Nessas decisões, as entidades de supervisão pretendem claramente deixar uma mensagem de que esperam que os titulares de funções essenciais, em particular a de controlo interno nas instituições de crédito, desempenhem uma missão de controlo, não só para as suas próprias instituições, mas também para os beneficiários do sistema financeiro globalmente considerado. Embora possam existir pressões internas, as autoridades de supervisão sublinham que esperam dos responsáveis das funções de controlo que possam desafiar e ripostar a essas funções, ainda que no limite possa estar em risco o seu respetivo posto de trabalho[42].

Esta tendência recente vem pôr de forma bastante evidente o paradoxo sublinhado no início deste texto entre as expectativas regulatórias na atuação dos responsáveis das funções de controlo e os deveres inerentes ao vínculo contratual dos responsáveis pela função de controlo, que é um vínculo que implica subordinação jurídica, não podendo a possibilidade de responsabilidade pessoal deixar de ser analisada com muitas reservas.

9. Reforço do profissionalismo nas funções de controlo interno

Várias sugestões têm sido feitas para contribuir para a eficácia dos sistemas de controlo interno. Uma das mais interessantes reside na dinamização do conceito de *expert power* ou, numa tradução livre, do "poder do especialista", que não é mais do que a consagração de estratégias que pro-

---

[42] Na realidade, a possibilidade de responsabilização dos responsáveis pelas funções de controlo das sociedades comerciais não é privativa do setor financeiro nem dos ordenamentos norte-americano e do Reino Unido. No julgamento de 17.07.2009, o *Bundesgerichtshof*, em BGH, 09.06.2009 – 5 StR 394/08 foi decidido que o *compliance officer* tinha um dever de garante para efeitos da § 13 do *Strafgesetzbuch*,pelo que poderia ser responsabilizado pela omissão de denunciar uma fraude relacionada com a notificação excessiva de multas. No que respeita ao setor financeiro, a decisão da FCA, de 4.03.2015 (Anthony Wills e Michael John Allin) Anthony Wills e Michael John Allin foram responsabilizados porque, na sua qualidade de responsável de *compliance* e auditor interno do Banco de Beirute, não cooperaram com a FCA de uma forma aberta e colaborativa, e não divulgarem informação em seu poder que se esperaria que revelasse, no contexto de execução de um plano de correção de deficiências no seu plano de prevenção do branqueamento de capitais e financiamento de terrorismo. Na decisão da FCA, de 19.05.2016 (Peter Francis Johnson), Peter Francis Johnson, que desempenhava as funções de responsável de *compliance*, foi alvo de uma sanção por ter ignorado os avisos de consultores externos de que os produtos distribuídos a clientes de retalho continham informações obscuras e incorretas, e por ter prestado informações falsas à *Financial Conduct Authority*. Nos EUA, em 4.01.2008 (Ronald Pellegrino), numa decisão relacionada com a venda de produtos inapropriados a clientes com pouca tolerância ao risco, Ronald Pellegrino, que era *compliance officer*, foi acusado de falhar na obrigação de manter sistemas adequados de supervisão e de exercer uma supervisão razoável sobre a questão apesar de existirem evidentes alertas. Também perante a *securities and exchange commission*, em 20,04.2015, Bartholomeu A. Battista, *compliance officer*, provocou por omissão que a sociedade BlackRock não tivesse adotado e implementado políticas e procedimentos desenhados para evitar situações de conflitos de interesses causados por atividades externas dos seus colaboradores.

movam o profissionalismo no exercício de funções. Este poder do especialista consiste numa fonte de legitimação de poder nas organizações a par de outras fontes de origem mais formal, mas não menos relevante.

O conceito de *expert power* traduz a suscetibilidade de influenciar o comportamento de uma organização na base da confiança que é suscitada pelo domínio e conhecimento especializado de uma determinada área do saber. O incentivo ao profissionalismo dos titulares de funções essenciais, como as do controlo interno, são um forte meio de moldar processos na organização e influenciar a cultura organizacional.

Este incentivo ao profissionalismo deve constar essencialmente da política interna de seleção e avaliação da adequação dos titulares de funções essenciais e dos códigos de conduta aplicáveis a todos os trabalhadores. A capacidade do *expert power* como instrumento de eficácia do sistema de controlo interno dependerá da modelação da cultura organizacional e da importância que se lhe queira dar. Nesta matéria, a posição do órgão de administração será essencial, ou seja, *the tone from the top.*

Na definição de condições[43] para que o poder dos especialistas possa prosperar será importante assegurar que o conhecimento especializado e aptidões requeridas para o exercício da função de controlo interno devem ser adquiridos através de um treino formal ou educação através de estudos avançados, e não essencialmente através da experiência resultante da prática profissional.

Por outro lado, o conhecimento especializado deve possibilitar definir uma área de trabalho que se exerce em exclusividade, permitindo o controlo de processos de trabalho, seus sistemas e prioridades, e o exercício de decisões discricionárias que fomentem a confiança.

A função deve ser integrada em associações profissionais, nacionais ou internacionais, que disciplinem processos de trabalho, estabeleçam qualificações, formação contínua, certificações, ou mesmo em ordens profissionais que estabeleçam requisitos mínimos para o acesso à profissão e tenham competências disciplinares.

Finalmente, a cultura organizacional deve promover-se na organização e caracterização da atividade profissional de controlo interno como algo que está além do interesse próprio, mas que é parte de um processo ideo-

---

[43] Segue-se, no essencial, os pressupostos do "profissionalismo" constantes da compilação de IRIS H-Y CHIU, *Regulating (from) the inside,* cit., pp. 274-275.

lógico comprometido com o interesse social e enquadrado por uma ética própria da profissão.

É que, na realidade, a eficácia do sistema do controlo interno reside nas pessoas que o concretizam: a sua eficácia, mais do que na bondade dos sistemas e procedimentos, dependerá sempre essencialmente da ética e profissionalismo dos seus executantes e da capacidade que eles próprios tenham de moldar a organização à sua imagem.

Concessão de crédito, normas de protecção e responsabilidade bancária[1]

ADELAIDE MENEZES LEITÃO[2]

SUMÁRIO: *1. Introdução. 2. Enquadramento jurisprudencial e doutrinário. 3. Responsabilidade bancária e normas de protecção. 4. Conclusão*

1. Introdução

A responsabilidade bancária respeita a situações em que os bancos e as entidades financeiras em geral podem ser responsabilizadas relativamente a danos produzidos[3]. Porém, não é toda a área da actividade profissional dos bancos que vai ser objecto do presente estudo, mas apenas a que se relaciona com a recusa, o corte e a concessão de crédito bancário. De referir que a responsabilidade bancária deve, actualmente, ser também inserida num quartel pré-insolvencial.

Com efeito, esta matéria pode relacionar-se com o saneamento financeiro[4] que, segundo MENEZES CORDEIRO, abrange as medidas destinadas

---

[1] O presente texto corresponde, com ligeiras alterações, às conferências intituladas *Concessão de crédito e responsabilidade civil: responsabilidade pela recusa, pelo corte e pela concessão de crédito* leccionadas no I e II Cursos de Pós-Graduação Avançada em Direito Bancário nos dias 9 de Março de 2016 e 8 de Março de 2017.

[2] Professora Associada da Faculdade de Direito da Universidade de Lisboa

[3] MENEZES CORDEIRO, *Direito Bancário*, 6ª ed., Almedina, Coimbra, 2016, 420-421.

[4] KLAUS SIEMON, *Das Konzept für ein vorinsolvenzliches Sanierungsverfahren*, NZI, 3, 2016, 19. Jahrgang, 3 Februar 2016, 57-104.

a promover a viabilidade duradoura das empresas de acordo com critérios económicos e financeiros[5]. A recuperação de empresas é um núcleo temático emergente, o que coloca, desde logo, a necessidade de equacionar a sua abrangência[6] relativamente ao sobreendividamento das empresas e dos consumidores. Com efeito, fazem parte desta área pré-insolvencial novos alargamentos deverais por parte das instituições financeiras, que deverão ser integralmente cumpridos, orientados essencialmente para o sobreendividamento dos consumidores, mas que, no futuro, poderão ser igualmente destinados a empresas[7]. Falamos do Plano Especial de Regularização de Situações de Incumprimento (PERSI) e do Plano de Acção para o Risco de Incumprimento (PARI), aprovados pelo Decreto-Lei nº 227/2012, de 25 de outubro. Esta legislação permite reequacionar a responsabilidade bancária num contexto pré-insolvencial de forma mais detalhada.

No preâmbulo do Decreto-Lei nº 227/2012, de 25 de outubro, estabelecem-se os princípios e as regras a observar pelas instituições de crédito em caso de sobreendividamento, encontrando-se devidamente explicadas as razões que conduziram à adoção do PERSI. Segundo o referido preâmbulo, a concessão responsável de crédito constitui um dos mais importantes princípios de conduta para a atuação das instituições de crédito, tendo a crise económica e financeira reforçado a importância de uma atuação prudente, correcta e transparente destas instituições nas relações de crédito estabelecidas com os seus clientes enquanto consumidores. Por outro lado, salienta-se que a degradação das condições económicas e financeiras sentidas em vários países e o aumento do incumprimento dos contratos

---

[5] Menezes Cordeiro, *Saneamento financeiro: os deveres de viabilização das empresas e a autonomia privada*, Novas Perspectivas do Direito Comercial, Almedina, Coimbra, 1988, 61 e ss, defendendo a possibilidade da boa fé ter um papel nesta área ainda que recusando um direito ao saneamento financeiro (p. 99).

[6] Com desenvolvimentos na recuperação a salientar, na doutrina alemã, Beck/Möhlmann, *Sanierung und Abwicklung in der Insolvenz*, NWB, Herne/Berlin, 2000, 133 e ss e Wolgang Ritter, *Unternehmenssanierung im neuen Insolvenzrecht*, Verlag Wissenschaft & Praxit, Kaiserlautern, 1999, 237 ss. Cfr. o nosso *Direito da Insolvência*, AAFDL, 2017, 96-97.

[7] Neste sentido, os nossos *Contributos sobre a Proposta de Directiva do Parlamento Europeu e do Conselho relativa a meios preventivos de reestruturação, segunda oportunidade e medidas de melhoramento da eficiência dos processos de reestruturação, insolvência e exoneração do passivo restante e à alteração da Directiva 2012/30/UE*, RDS, VIII, (2016), 1037-1043.

de crédito impõem a necessidade de um acompanhamento permanente e sistemático da execução destes contratos[8].

Desta forma, sublinha-se um vector de responsabilidade na concessão de crédito bancário, que precisa de devido acompanhamento. Ora, esta legislação é potenciadora de incumprimento por parte das instituições financeiras, justificando, por isso, que toda a temática das operações de crédito bancário exorbite uma análise restrita, baseada apenas no prisma da liberdade de iniciativa económica[9].

Assim sendo, torna-se necessário desenvolver medidas e procedimentos que impulsionem a regularização das situações de incumprimento daqueles contratos e que promovam a adoção de comportamentos responsáveis por parte das instituições de crédito e dos clientes bancários e a redução dos níveis de endividamento das famílias. Neste âmbito, o Decreto-Lei nº 227/2012, de 25 de outubro, procura estabelecer um conjunto de medidas que tem como objectivo promover a prevenção do incumprimento e regularizar as situações de incumprimento de contratos celebrados com os consumidores[10].

De salientar ainda, neste âmbito, o papel do Mediador do Crédito. Nos termos do artigo 22º do Decreto-Lei nº 227/2012, se não houver acordo entre a instituição de crédito e o cliente bancário, este pode solicitar a intervenção do Mediador do Crédito, cuja figura foi introduzida na ordem jurídica portuguesa pelo Decreto-Lei nº 144/2009, de 17 de junho. A intervenção do Mediador do Crédito pode ser solicitada por qualquer cliente bancário, quando a sua pretensão relativamente a determinado produto ou situação creditícia não tiver sido atendida pela instituição de crédito. Deste modo, cabe ao cliente bancário o primeiro contacto e/ou negociação com a instituição de crédito. A mediação pode recair sobre a obtenção de crédito; a renovação de crédito já existente; a reestruturação de crédito previamente concedido; e a consolidação de créditos contraídos[11].

---

[8] ADELAIDE MENEZES LEITÃO, *Soluções Jurídicas para o sobreendividamento dos consumidores*, Estudos de Direito do Consumo, vol. IV, (coordenação Adelaide Menezes Leitão), Almedina, Coimbra, 2014, 259.

[9] Com desenvolvimento, MENEZES CORDEIRO, *Concessão de crédito e responsabilidade civil*, BMJ nº 357 (1986), 46, SIMÕES PATRÍCIO, *Recusa de crédito bancário*, Estudos em Homenagem ao Prof. Doutor A. Ferrer Correia, vol. II, Coimbra, 1989, 1071 e ss, e ALMENO DE SÁ, *Responsabilidade bancária*, Coimbra Ed, 1998, 113 e ss.

[10] ADELAIDE MENEZES LEITÃO, *Soluções Jurídicas para o sobreendividamento*, 259.

[11] ADELAIDE MENEZES LEITÃO, *Soluções Jurídicas para o sobreendividamento*, 261 e *Direito da Insolvência*, AAFDL, Lisboa, 2017, 104.

Para além desta nova área da responsabilidade bancária pré-insolvencial e insolvencial, cumpre delimitar a responsabilidade bancária de áreas como os acidentes de trabalho, os acidentes de viação, as situações estranhas ao exercício concreto da profissão e ao incumprimento de contratos extra-bancários[12]. O âmago da responsabilidade bancária corresponde ao não cumprimento pelos bancos dos seus específicos deveres, seja no plano legal seja no plano contratual[13]. A responsabilidade pode ocorrer em áreas muito variadas, em geral em relação a todas as actividades bancárias desenvolvidas.

2. Enquadramento jurisprudencial e doutrinário

Uma breve consulta da jurisprudência portuguesa das últimas décadas evidencia que as áreas do cheque, em especial no caso da sua revogação e falsificação, e das livranças e letras têm sido aquelas em que surgem com mais frequência litígios que chegam às instâncias judiciais[14]. Mais recentemente, operações de *phishing*[15] e *pharming*[16] no domínio do *homebanking* têm igualmente alcançado estas instâncias. O problema da responsabilidade do banco por incumprimento de ordens de transferência, bem como a possibilidade da cumulação de danos morais por esse incumprimento, foram igualmente analisadas na jurisprudência portuguesa[17]. O mesmo já não se verifica relativamente à área específica da concessão, corte[18] ou

---

[12] MENEZES CORDEIRO, *Direito Bancário*, 420.

[13] MENEZES CORDEIRO, *Direito Bancário*, 421.

[14] ALBERTO LUÍS, *O problema da responssabilidade civil dos bancos por problemas que causem a direitos de crédito*, ROA, Ano 59, 908 e ss. Cfr. ainda Ac. STJ 21-Mar-2013 (ABRANTES GERALDES), disponível www.dgsi.pt, como a restante jurisprudência citada no presente artigo.

[15] O *phishing* pressupõe uma fraude electrónica caracterizada pela tentativa de obtenção de dados pessoais e/ou elementos confidenciais, como o número de conta bancária, com vista a proporcionar o furto de informações bancárias e utilizações subsequentes. Cfr. Ac. STJ de 18-Dez-2013 (ANA PAULA BOULAROT).

[16] O *pharming* visa colocar o usuário a aceder a uma página falsa (pensando que está na página da sua entidade bancária) e a introduzir os códigos de acesso que serão posteriormente utilizados por terceiros para obtenção fraudulenta de fundos. Cfr. Ac. STJ de 18-Dez-2013 (ANA PAULA BOULAROT).

[17] Ac. TRel Cb 26-02-2013 (LUÍS CRAVO).

[18] Sobre o corte de crédito, de salientar o Ac. STJ 14-Mar.-1995, publicado na Colectânea de Jurisprudência, Acórdãos do Supremo Tribunal de Justiça, Ano II, 1995, tomo II, 21 e ss, e respectivos pareceres (ALMENO DE SÁ, *Responsabilidade bancária*, Coimbra Ed, 1998).

recusa do crédito bancário, na qual a jurisprudência portuguesa ainda é diminuta[19]/[20].

Nestes termos, vamos ater-nos apenas à responsabilidade das operações de crédito que podem ser causadoras de prejuízos quer aos clientes bancários quer aos credores de clientes bancários. Acresce que a concessão ou recusa de crédito pode conduzir empresas e consumidores à precipitação ou retardamento da insolvência. É neste contexto dos clientes bancários, da sua insolvência e dos seus credores que deve ser equacionada a responsabilidade bancária no âmbito das operações de crédito.

Esta matéria não é recente, dado que há muito que o problema se tem colocado noutros ordenamentos jurídicos, pelo que se impõe uma leitura histórica desta temática[21]. Em França recorreu-se à ideia de que os bancos cumprem um serviço público, pelo que não estariam abrangidos por uma lógica estrita de direito privado, encontrando-se adstritos a servir o público[22]. A tese do serviço público bancário foi subscrita por Roger Houin, mas recusada por Roger Prat, para quem a banca estaria sujeita a parâmetros de eficiência, rendibilidade e dinamismo, que não são os que devem presidir aos serviços públicos. Roger Prat concluiu pela inconveniência de onerar a banca com especiais responsabilidades, as quais em última instância, acabariam por se reflectir nos respectivos clientes bancários. Neste sentido, aplicando genericamente os vectores do direito privado à actividade bancária, não deveria surgir qualquer responsabilidade bancária nas hipóteses de corte e recusa de crédito, sendo as operações de crédito abrangidas por um horizonte de liberdade de iniciativa económica[23].

---

[19] Cfr. MENEZES CORDEIRO, *Direito Bancário*, 443-444.

[20] ROSS CRANSTON, *Principles of Banking Law*, Oxford, 1997, 237-245, na *common law*, a *lenders' liability* é um instituto elástico que pode cobrir casos muito variados desde a imprudente concessão de crédito, ao seu corte, aos casos de retardamento da insolvência e até, em alguns casos, como no EUA (*Fleet Factors case*), à responsabilidade ambiental. Esta responsabilidade aumentou significativamente a partir dos anos oitenta do século passado em que os bancos se envolveram, cada vez mais, em empréstimos arriscados, ainda que muitos destes casos não alcancem as instâncias judiciais *"it is not uncommun in England for important banking cases which do not go on appeal, not to be reported"*.

[21] Para este enquadramento, segue-se de perto MENEZES CORDEIRO, *Direito Bancário*, 420 ss.

[22] MENEZES CORDEIRO, *Direito Bancário*, 421. Cfr. igualmente ALMENO DE SÁ, *Responsabilidade bancária*, 116, e MARGARIDA AZEVEDO DE ALMEIDA, *A responsabilidade civil do banqueiro perante os credores da empresa financiada*, BFDUC, 2003, 23 e ss.

[23] MENEZES CORDEIRO, *Direito Bancário*, 422-423.

ESTUDOS DE DIREITO BANCÁRIO I

A jurisprudência francesa em 7 de janeiro de 1976, em decisão do Tribunal de Cassação (secção comercial), admitiu a competência de um síndico da falência para interpor uma acção contra um banco, credor do falido[24]. A acção destinava-se a responsabilizar o banco por prejuízos causados aos demais credores da massa em consequência de créditos bancários que o banco tinha concedido. O falido piorara consideravelmente a sua situação patrimonial, sendo que, se a apresentação à falência tivesse ocorrido mais cedo, os danos para os credores teriam certamente sido menores. No caso referido, a concessão de crédito foi alcançada através de manobras fraudulentas que acabaram por prejudicar outros credores, tendo o tribunal entendido ter havido conivência do Banco ou, pelo menos, negligência grosseira. Neste caso admitiu-se responsabilizar o banco, ao abrigo do artigo 1382º do Código Civil Francês, que prevê que todo o acto humano que cause dano a outrem obriga aquele que por cuja falta tenha ocorrido a repará-lo[25]. A *faute* francesa corresponde a um misto de ilicitude e culpa.

Por sua vez, a jurisprudência belga, na sentença da 12ª Câmara do Tribunal Comercial de Bruxelas, de 3 de maio de 1976, defendeu que o banqueiro deveria abster-se de, pela concessão de crédito, prejudicar terceiros. Porém, o mesmo tribunal, na 4ª Câmara, em sentença de 29 de outubro de 1976, defendeu que, ainda que os bancos possam ser responsabilizados pela concessão de crédito abusivo, permitindo a continuação de actividades ilícitas a empresas, para os responsabilizar é necessário que eles tenham conhecimento das referidas actividades[26].

Jean Stouffet defende, assim, na linha da jurisprudência assinalada, que a responsabilidade bancária só existiria no caso em que os bancos conscientemente prejudicassem terceiros. Outros autores admitiram que a

---

[24] MENEZES CORDEIRO, *Direito Bancário*, 424.

[25] Em consequência da experiência francesa, também em Itália, a concessão abusiva de crédito susceptível de prejudicar terceiros por retardamento da insolvência, foi enquadrada no âmbito da responsabilidade delitual *ex art.* 2043º do Código Civil italiano, sendo alguma doutrina contra esta responsabilidade nos casos em que a concessão do crédito tenha sido feita de acordo com avaliações exigidas legalmente – o que afastaria a "injustiça" do dano – e atendendo ao facto de o banco não ter qualquer controlo sobre a aplicação do crédito, o que implicaria a falta do nexo de causalidade. Cfr. CESARO VENTO E STEFANO MARIA ZAPPALÀ, *Bankers' Liability: Risk and Remedies in Italy, Bankers Liability: Risks and Remedies*, (Dennis Campbell, Rudolf Meroni), Kluwer, Deventer, Boston, 1993, 239-240.

[26] CHRIS SUNT, *The Belgian Bankers' Contractual Liability: An evolution from Lenders' Liability to Consumer Liability*, 393-417.

responsabilidade bancária assentaria na violação de deveres de discernimento, informação e de vigilância, ainda que estes deveres específicos da actividade bancária protejam, em primeira linha, os bancos e os clientes bancários e só reflexamente terceiros[27].

A experiência alemã relativamente à responsabilidade bancária é bastante diferenciada da francesa. A jurisprudência alemã, em decisão do *Reichsgericht*, de 9 de abril de 1932, admitiu a responsabilidade bancária pela concessão de créditos a devedor inadimplente em cinco casos: dilação da falência com o fito de obter garantias próprias mais vantajosas em detrimento de outros credores; exploração do devedor fortemente dependente do banco e em situação de aceitar todas as condições impostas pelo banco; apropriação fáctica do negócio, ficando o devedor reduzido a um espécie de homem de palha; crédito-burla, crédito concedido ao devedor para fazer acreditar terceiros numa boa situação patrimonial do devedor; e atentado aos credores, através da obtenção de garantias a tanto destinadas[28]. Entendia-se que em todas estas constelações fácticas se atentava contra os bons costumes (§ 826 BGB) e poderia haver responsabilidade bancária[29]. Admitiu-se ainda que, para além da responsabilidade civil eventual, os negócios de concessão de crédito pudessem ser considerados nulos por contrariedade aos bons costumes. Dado que o § 826 do BGB exige o dolo, a responsabilidade bancária seria relativamente delimitada[30].

No direito português, a doutrina francesa do serviço público bancário não teve acolhimento. Na linha de MENEZES CORDEIRO, defende-se que o sistema de responsabilidade delitual português apresenta maior proximidade com o alemão de separação entre a ilicitude e a culpa e de separação entre a violação de direitos subjectivos e de normas de protecção, pelo que poderá justificar-se alguma importação dos esquemas alemães a propósito da responsabilidade bancária.

---

[27] MENEZES CORDEIRO, *Direito Bancário*, 428.
[28] MENEZES CORDEIRO, *Direito Bancário*, 429.
[29] ROLAND HOFMANN, *Bankers' Liability under German Law, Bankers Liability: Risks and Remedies*, 221-230, defendendo um enquadramento da responsabilidade bancária essencialmente no domínio contratual ou paracontraual através da violação do *Bankvertrag* ou do *Allgemeiner Bankvertrag*, das *Positive Forderungsverletzung* ou da *culpa in contrahendo* e admitindo a possibilidade de uma limitação da responsabilidade bancária através de cláusulas contratuais gerais.
[30] MENEZES CORDEIRO, *Direito Bancário*, 430-431.

Na averiguação da responsabilidade bancária cabe contrapor a responsabilidade delitual e obrigacional. O esquema da responsabilidade civil português é misto: na responsabilidade obrigacional domina a orientação napoleónica em que a *faute* traduz elementos de ilicitude, culpa e nexo de causalidade; e na responsabilidade delitual vigora o esquema germânico de separação entre ilicitude e culpa. Este sistema misto tem consequências na responsabilidade bancária. Pode haver responsabilidade bancária por incumprimento de contratos e acordos bancários prévios, presumindo-se a culpa nos termos do artigo 799º do Código Civil. Porém, se faltar uma obrigação prévia, a regra é a da liberdade e só poderá haver responsabilidade bancária delitual se o lesado provar a conduta ilícita e culposa do banco, bem como o dano e o nexo de causalidade[31].

Seguindo este esquema, MENEZES CORDEIRO defende uma tese restritiva da responsabilidade bancária nos seguintes termos: não há dever de saneamento das empresas ou dos consumidores, pelo que, em princípio, não pode haver responsabilidade pela recusa ou corte do crédito; apenas pode haver responsabilidade pelo corte de crédito se houver um contrato anterior em que o banco tenha assumido uma obrigação de conceder crédito, ou ter sido criada a confiança legítima de conceder crédito ou de continuar a conceder crédito; e apenas haveria responsabilidade pela concessão de crédito se o banco procurasse directamente prejudicar terceiros, sendo, nesse caso, o crédito abusivo. Portanto, faltando obrigações em que o banco seja parte, a responsabilidade só surgiria através da figura do abuso de direito (art. 334º do Código Civil). Acrescem ainda à elegância e simplicidade do esquema antes descrito coordenadas relevantes, como o dever de informar e a problemática dos danos morais na responsabilidade bancária[32].

3. Responsabilidade bancária e normas de protecção

Para além do largo continente da responsabilidade obrigacional bancária, que, aliás, resulta com meridiana clareza na jurisprudência portuguesa, que privilegia a presunção de culpa, o esquema de MENEZES CORDEIRO poderá porventura beneficiar, além disso, de um enquadramento no âmbito

---

[31] MENEZES CORDEIRO, *Direito Bancário*, 436-437.

[32] MENEZES CORDEIRO, *Direito Bancário*, 437-450 e *Direito Bancário – Relatório*, Lisboa 1996, 135 e ss.

da responsabilidade delitual por violação de normas de protecção[33], a fim de colmatar espaços não cobertos pela responsabilidade obrigacional, pré-contratual ou, ainda, para justificar situações de eventual concurso de pretensões[34].

Para tal exige-se, no entanto, uma análise da responsabilidade bancária pela concessão de crédito que, fora dos parâmetros prudenciais da banca, possa levar ao sobreendividamento de empresários e consumidores, e que exista a possibilidade de, através da concessão de crédito ou da sua recusa, os bancos poderem precipitar ou diferir a insolvência dos seus clientes. Com efeito, o aumento da regulação das actividades bancárias, o surgimento de legislação protectora dos consumidores bancários, e o estabelecimento de critérios mais exigentes para a solvabilidade das instituições bancárias, alargou a esfera deveral bancária, o que não pode deixar de se reflectir na respectiva responsabilidade obrigacional e delitual[35].

Neste contexto, uma outra via de encontrar soluções para os casos concretos de responsabilidade bancária fora do esquema anteriormente referido, será através das normas de protecção[36], cuja previsão se encontra no artigo 483º, nº 1, 2ª parte, do Código Civil. Neste quadrante impõe-se analisar não apenas o Regime Geral das Instituições de Crédito e Sociedades Financeiras (RGICSF), mas também outra legislação avulsa do domínio bancário, para procurar disposições que possam servir de normas de protecção, cuja violação pelo banco implique responsabilidade bancária para com clientes ou terceiros.

No Regime Geral das Instituições de Crédito e Sociedades Financeiras, o título IV respeita à supervisão comportamental, estabelecendo

---

[33] MENEZES CORDEIRO, *Direito Bancário Privado, Actas do Congresso Comemorativo do 150º Aniversário do Banco de Portugal*, RFDUL, Coimbra Ed., 1997, 26, *"a particular natureza sancionatória da responsabilidade civil leva-nos a reclamar a presença de uma norma cuja violação possa acarretar responsabilidade"*.

[34] MIGUEL TEIXEIRA DE SOUSA, *O concurso de Títulos de Aquisição da Prestação – Estudo sobre a Dogmática da Pretensão e do Concurso de Pretensões*, Almedina, Coimbra, 1988, 313-330.

[35] ARMINDO SARAIVA MATIAS, *Direito Bancário*, Coimbra Editora, 1998, 92, defendo uma tendência de incremento da responsabilidade bancária devido às instituições de crédito disporem de meios técnicos adequados ao rigoroso controlo dos actos que praticam, à remuneração dos seus actos já terem em conta o risco que correm, à confiança dos seus clientes e à força económica e financeira que dispõem em relação aos seus clientes.

[36] Cfr., quanto ao direito alemão, SCHIMANSKY/BUNTE/LWOWSKI, *Bankrechthandbuch*, Band I, 4. Auflage, C. H. Beck, München, 2011, 1064.

ESTUDOS DE DIREITO BANCÁRIO I

uma série de regras de conduta que adstringem as instituições de crédito. O artigo 73º regula a competência técnica. O artigo 74º enuncia os deveres de conduta, estabelecendo que os administradores e empregados das instituições de crédito devem proceder, tanto nas relações com os clientes como nas relações com outras instituições, com diligência, neutralidade, lealdade e discrição e respeito consciencioso dos interesses que lhes estão confiados. Por sua vez, o artigo 75º impõe aos membros dos órgãos de administração das instituições de crédito, bem como às pessoas que neles exerçam cargos de direcção, gerência, chefia ou similares, o dever de procederem nas suas funções com a diligência de um gestor criterioso e ordenado, de acordo com o princípio de repartição de riscos e segurança das aplicações e de terem em conta os interesses de depositantes, dos investidores, dos demais credores e de todos os clientes em geral. Acresce, ainda, um conjunto de outros deveres em matéria de relação com os clientes por parte das instituições de crédito. Com efeito, o artigo 77º, nº 1 do RGICSF estabelece o dever de informação e assistência, enquanto que, o artigo 77º, nº 2 do RGICSF, no domínio da concessão de crédito ao consumo, consagra deveres acrescidos de informação sobre as condições e o custo total do crédito, as suas obrigações e os riscos associados à falta de pagamento.

Em relação às referidas disposições, cumpre referir que, na maior parte dos casos, as normas primárias que se desenham em certos sectores do ordenamento jurídico, *in casu* no direito bancário, não visam fundamentar pretensões indemnizatórias, mas tão-só a proibição e repressão de comportamentos para defesa de um determinado modelo arquitectado em nome do interesse público[37]. Ora, a responsabilidade delitual não está em primeira linha ao serviço do interesse público, mas antes ao serviço de interesses particulares. Nestes termos, impõe-se encontrar o trama valorativo que permita passar de um patamar de interesse público a um de interesse particular, sendo necessário ainda lançar pontes para o sistema da responsabilidade delitual[38].

---

[37] ADELAIDE MENEZES LEITÃO, *Normas de Protecção e Danos Puramente Patrimoniais*, 97. Cfr, neste domínio, os seguintes estudos alemães: ROBERT KNÖPFLE, *Zur Problematik des Beurteilung einer Norm als Schutzgesetz im Sinne des § 823 Abs. 2 BGB*, NJW, (1967), 697-702, THOMAS HONSELL, *Der Verstoß gegen Schutzgesetz im Sinne des § 823 Abs. 2 BGB*, JA, 15 Jahrgang, März (1983), Heft 3, 102-109, CLAUS-WILHELM CANARIS, *Schutzgesetze-Verkehrspflichten-Schutzpflichten*, Festschrift für Karl Larenz, 1983 e ANDREAS SPICKHOFF, *Gesetzesverstoß und Haftung*, Carl Heymmans, 1998.

[38] ROBERT KNÖPFLE, *Zur Problematik des Beurteilung einer Norm als Schutzgesetz im Sinne des § 823 Abs. 2 BGB*, NJW, (1967), 697-702, , 702

Considera-se essencial para determinar se as referidas disposições têm carácter protectivo, a identificação do que seja visar a protecção de interesses alheios. Uma afirmação sobre essa protecção depende sobretudo da perspectiva do intérprete e da opção entre considerar no fim da norma a mera protecção de interesses colectivos ou a tutela concomitante de interesses individuais, impondo-se, assim, a presença de uma protecção individual para além da protecção institucional, *in casu*, uma protecção dos clientes bancários para além da protecção do mercado[39]. Com efeito, a protecção de interesses alheios individuais tem de ser um objectivo da norma, sob pena de qualquer tutela indirecta ou reflexa de tais interesses, mesmo que ocasional ou totalmente secundária segundo o escopo da norma, dotar os clientes bancários de uma pretensão indemnizatória[40].

As normas dos artigos 73º e 74º protegem *prima facie* o eficiente funcionamento do mercado bancário[41]. Deve aceitar-se neste âmbito uma directriz interpretativa no sentido de que, sempre que se registem dúvidas sobre o fim de protecção da disposição, se deve presumir que a norma tutela o interesse geral, não funcionando como norma de protecção *stricto sensu*[42].

---

[39] BISTRITZTKI, *Voraussetzungen für die Qualifikation einer Norm als Schutzgesetz im Sinne des § 823 Abs. 2 BGB*, Diss. München, 1981, 44,

[40] O nosso *Normas de Protecção e Danos Puramente Patrimoniais*, 254.

[41] Tem sida discutida doutrinaria e jurisprudencialmente a eficácia das disposições dos arts. 74º e 75º do RGICSF, tendo MENEZES CORDEIRO defendido que se trata de normas programáticas e de enquadramento. Contra esta posição, pronunciou-se o Ac. TRel Lx 13-Jul.-2016 (MARIA JOSÉ MOURO) no sentido de que não se trata de meras normas programáticas reconduzindo-as a verdadeiros deveres jurídicos que configuram o princípio da boa fé relativamente à actividade bancária.

[42] Contra este entendimento, o Ac. T Rel Pt 3-Abr.-2017 (JORGE SEABRA) que considera que os referidos deveres devem ser enquadrados na responsabilidade obrigacional. "*Com efeito, à luz dos deveres (acessórios) de diligência e cuidado, previstos nos arts. 73º e 74º do RGICSF, aprovado pelo DL nº 298/92 de 31.12. (com as suas sucessivas alterações), «as instituições de crédito devem assegurar, em todas as actividades que exerçam, elevados níveis de competência técnica, garantindo que a sua organização empresarial funcione com os meios humanos e materiais adequados a assegurar condições apropriadas de qualidade e eficiência» ou, ainda, que «os administradores e os empregados das instituições de crédito devem proceder, tanto nas relações com os clientes como nas relações com outras instituições, com diligência, neutralidade, lealdade e discrição e respeito consciencioso dos interesses que lhe estão confiados.» Ora, tendo presentes os comandos normativos antes expostos e o seu âmbito de protecção, estando em causa transferências de valores monetários significativos (entre 2.500,00 a 5.000,00), estando em causa transferências bancárias efectuadas presencialmente (isto é, perante o funcionário bancário e ao balcão) e sendo elas efectuadas por um pessoa que invoca ser co-titular de uma determinada conta bancária (mas que o funcionário, no acto, não está em condições de identificar pessoalmente como seja a*

De referir que o artigo 74º elenca os deveres que adstringem a actividade bancária e que delimitam a ilicitude juridicamente relevante, ainda que se admita que outra legislação concretize e até amplie os referidos deveres de conduta. Aliás, no domínio bancário o artigo 76º atribui uma competência paralegislativa ao próprio Banco de Portugal, que poderá estabelecer, por aviso, regras de conduta que considere necessárias para complementar e desenvolver as regras de conduta que se encontram no regime em análise, bem como emitir recomendações e determinações específicas e aplicar coimas e respetivas sanções acessórias. Estes avisos do Banco de Portugal dificilmente podem servir de normas de protecção para efeitos da responsabilidade das entidades financeiras.

O artigo 75º, segundo a posição que temos seguido, enuncia o critério da culpa do banqueiro e respectivos auxiliares nesta área específica das operações bancárias, critério mais exigente do que o do homem médio, aliás aproximado do critério da culpa dos administradores das sociedades comerciais, que se encontra no artigo 64º/1 do CSC[43].

---

pessoa que diz ser), os aludidos deveres de cuidado, diligência e respeito consciencioso pelos interesses do cliente que estão confiados ao Banco réu – por meio dos seus funcionários – impunham, sem qualquer margem de dúvida, que o funcionário bancário exigisse ao emitente de tais ordens de transferência um documento de identificação (BI ou outro que contivesse uma fotografia – passaporte, carta de condução ou outro...), por forma a assegurar-se, como lhe competia, de um ponto de vista técnico e profissional, e segundo os critérios de um profissional bancário medianamente cauteloso e prudente, que o emitente de tais ordens de transferências era, de facto, quem dizia ser, ou seja a aqui autora B....Não o tendo feito, actuou, pois, com culpa, à luz do critério de um bom profissional, diligente, prudente e cuidadoso, perante as ditas circunstâncias – art. 487º, nº 2 do Cód. Civil. E a circunstância aventada pelo banco réu de que a conta de destino era também co-titulada pela autora B... (alegada emitente das ordens) em nada releva, pois que, como bem se vê da situação que retratam os autos, nenhuma das co-titulares da conta de origem (B... e C...) tinham, de facto, autorizado ou solicitado a transferência em causa, incumbindo, ao invés, ao banco réu, por meio dos seus funcionários, assegurar-se da conformidade e veracidade das ordens de transferência em causa, sob pena de ter de responder pela violação dos deveres de diligência e cuidado que lhe eram (e são) exigíveis, actuando, como lhe é exigível, com um elevado nível técnico e por meio de funcionários devidamente habilitados. Destarte, é, a nosso ver, seguro que o banco réu deverá responder pela actuação negligente do seu funcionário, ressarcindo os danos causados pela sua aludida conduta, responsabilidade esta que é de afirmar à luz do preceituado nos arts. 73º, 74º do RGICSF e, ainda, do preceituado nos arts. 798º e 799º, nºs 1 e 2 do Cód. Civil. Dito isto, a questão jurídica suscitada nos autos não se encontra, porém, integralmente resolvida, em especial quanto à responsabilidade civil (contratual) do banco réu perante a autora B".

[43] Com efeito, na medida em que a ilicitude, na versão actual do artigo 64º, nº 1 do CSC, se recorta pela configuração dos deveres que adstringem os administradores e que visam a protecção da sociedade, a diligência do gestor criterioso e ordenado deve inserir-se na culpa.

Em relação aos números 1, 2 e 3 do artigo 77º podemos admitir, ainda que sujeito a escrutínio mais exigente, que as referidas normas possam configurar-se como de protecção. A operação jurídica de qualificação de uma disposição de protecção não se reduz à mera interpretação do âmbito da norma e à autonomização de uma protecção individual, evidenciando-se a necessidade de uma ponderação da compatibilização com o sistema de responsabilidade civil e da sua praticabilidade. A protecção de interesses tem de ser um objectivo da norma. As normas de protecção não podem, assim, ser reconduzidas à tutela reflexa de interesses, sob pena de se desequilibrar todo o edifício delitual e de se concederem pretensões indemnizatórias sem qualquer cobertura normativa e justificação valorativa em termos de adequação axiológica e funcional[44].

O carácter protector de uma norma depende de a sua tutela abranger não só a generalidade dos indivíduos, mas também um determinado núcleo de sujeitos contra ofensas a determinados bens jurídicos, mesmo que o estabeleça em simultâneo com a mencionada tutela da generalidade dos indivíduos. Esta característica não decorre do efeito da norma, mas sim do seu conteúdo e dos seus objectivos e, bem assim, da circunstância de o legislador, aquando a sua elaboração, ter tomado em linha de conta a protecção jurídica de um determinado núcleo de pessoas. A finalidade da norma jurídica violada torna-se, deste modo, um elemento decisivo. Não é exigível que a protecção individual seja o único escopo da norma de protecção. No entanto, se não for possível reconhecer a finalidade de protecção individual, então será de recusar qualquer pretensão indemni-

---

A culpa, numa concepção normativa, corresponde à omissão da diligência que seria exigível ao administrador que causou danos à sociedade pela violação dos deveres de cuidado e de lealdade, de acordo com o padrão de conduta que a lei impõe. A ilicitude cobre a desconformidade com o ordenamento e a culpa a censurabilidade. No caso do artigo 64º, a epígrafe *deveres fundamentais* revela-se insuficiente para descrever o respectivo âmbito normativo, porquanto o legislador não se limita a recortar a ilicitude pela violação de deveres, recortando igualmente a culpa. O que deve ser salientado, neste ponto, é que não são os critérios de Direito Civil que definem *in casu* a culpa do administrador, mas uma bitola de diligência mais exigente do que a que se encontra no art. 487º, nº 2 do CC. Neste sentido ADELAIDE MENEZES LEITÃO, *Responsabilidade dos administradores para com a sociedades e os credores sociais por violação de normas de protecção*, RDS, Ano I (2009) – número 3, 668. Contra esta leitura de salientar, MENEZES CORDEIRO, *Direito das Sociedades,* I, Parte Geral, 3ª ed. revista e ampliada, 2016, 982, abrangendo a ilicitude e a culpa no critério do gestor criterioso e ordenado.

[44] O nosso *Normas de Protecção e Danos Puramente Patrimoniais*, 618.

zatória. A finalidade de protecção individual da norma pode ser colocada no âmbito da protecção pessoal, da protecção de interesses ou do tipo de lesão. Ou seja, não se trata apenas da finalidade indemnizatória dos danos sofridos inerente à norma de protecção, terá de ser efectuada uma análise mais rigorosa no sentido de aferir se a norma de protecção se encontra inserida num conjunto normativo em que o ressarcimento de danos é, ou não, conforme ao ordenamento jurídico. Ora, os nºs 1, 2 e 3 do artigo 77º parecem-nos ter concretização suficiente para a sua qualificação como normas de protecção dos clientes bancários.

Segundo a doutrina do fim de protecção da norma, se se afirmar positivamente a qualidade de norma de protecção, impõe-se analisar se o dano sofrido pelo lesado é do tipo daquele para cuja prevenção surgiu a norma violada: a infracção de uma norma jurídica só fundamenta uma obrigação de indemnização quando tiver em vista a protecção daquele círculo de pessoas ao qual pertence o prejudicado (área de protecção pessoal); quando o prejuízo pelo qual se exige uma indemnização for do tipo que a norma de protecção queria impedir (área de protecção objectiva); e quando o prejuízo for causado precisamente daquela maneira a que a norma de protecção se queria opor (área de protecção pelo modo de lesão)[45].

É fundamental tomar em consideração que o direito português assenta numa imagem restritiva quanto à ressarcibilidade dos danos puramente patrimoniais, dado que a norma central da responsabilidade delitual pressupõe a violação de um direito subjectivo, e que vigora ainda uma regra geral da irrelevância de informações, conselhos e recomendações, que se encontra no artigo 485º, nº 1 do Código Civil (CC), configurando o Código Civil, nestes termos, um tratamento de desfavor em relação a interesses patrimoniais exteriores ao círculo de protecção dos direitos subjectivos, cujo melindre de protecção delitual resulta precisamente da necessidade de encontrar um equilíbrio entre liberdade e risco. O princípio-regra é que apenas se indemniza o dano patrimonial que seja reflexo de um dano real sobre a situação patrimonial do lesado, princípio que se apoia no facto de historicamente o direito delitual se encontrar funcionalizado à protecção da vida, da integridade física e da propriedade, o que se justifica pela necessidade de tutela da liberdade de actuação das pessoas, que exige um equilíbrio aceitável entre a protecção dos interesses patrimoniais do lesado

---

[45] O nosso *Normas de Protecção e Danos Puramente Patrimoniais*, 633.

e a liberdade de acção do lesante, bem como pela existência do perigo de surgimento de *espirais de responsabilidade*[46].

A justificação do carácter restritivo da indemnização de danos puramente patrimoniais centra-se na necessidade de se estabelecer um número limitado de pessoas com direito à indemnização com base na notoriedade social dos bens protegidos. Ora, a especificidade dos interesses puramente patrimoniais – assente na falta de notoriedade social típica – justificaria a sua não protecção indemnizatória, por constituir um limite excessivo à liberdade de acção a indemnização da violação de interesses desconhecidos na sua existência e no seu conteúdo. As normas de protecção servem para conceder protecção a interesses patrimoniais dignos dessa tutela, sendo que cabe ao legislador essa opção. A ampliação do artigo 483º, nº 1 do CC pode, assim, advir paulatinamente da aprovação de normas de protecção externas ao sistema delitual que permitam a indemnização de interesses puramente patrimonais, o que justifica o estudo das áreas de Direito privado especial em que essa solução legislativa tenha lugar, muito em especial do Direito bancário.

Assim, de acordo com princípios que norteiam a responsabilidade delitual, a afirmação de que os nºs 1, 2 e 3 do artigo 77º do RGICSF configuram normas de protecção terá de resultar de interpretação jurídica que privilegie o recurso ao fim da norma, procurando sopesar simultaneamente se o resultado que a norma tem em vista pode ser alcançado também com a atribuição de uma indemnização aos investidores lesados e se tal é compatível com o sistema de responsabilidade delitual. Surgem, deste modo, pressupostos específicos e complementares para a configuração de normas de protecção, designadamente a necessidade de proteger interesses particulares, para além do interesse público, e não haver uma contradição valorativa no sistema de responsabilidade civil. Por conseguinte, o que é relevante é a forma como a norma descreve a conduta: proibições genéricas devem ser consideradas mais dificilmente normas de protecção do que proibições específicas, na medida em que limitam com maior amplitude e ambiguidade o campo da liberdade individual; regras típicas, como as normas penais, ajudam a fixar com maior clareza o fim de protecção da norma, o que não significa que as normas de protecção tenham de possuir necessariamente uma sanção penal.

---

[46] O nosso *Normas de Protecção e Danos Puramente Patrimoniais*, 263.

ESTUDOS DE DIREITO BANCÁRIO I

Canaris preconiza o *modelo da norma penal*, que, na dúvida, faz depender o reconhecimento da qualidade de normas de protecção da existência de uma protecção penal. De outro modo, deixar-se-ia amplamente ao arbítrio do intérprete o alcance e os limites da protecção de interesses puramente patrimoniais, uma vez que, fora do campo do Direito penal, o facto de uma norma protectora do património existir, ou não, depende mais ou menos do acaso[47].

A violação do artigo 77º encerra apenas um ilícito contra-ordenacional, como resulta do seu nº 7, pelo que não nos parece que a distinção entre protecção penal e contra-ordenacional seja relevante, não se querendo afirmar com isto que todos os preceitos que prevêem a aplicação de uma coima devam ser vistos como normas de protecção. Deve assim apurar-se, de acordo com os critérios gerais e com a *ratio legis*, se a norma violada protege o património do lesado. A norma não penal ou contra-ordenacional que seja qualificada como norma de protecção decide sobre os pressupostos subjectivos necessários para a responsabilidade civil.

Ora, nos termos do artigo 210º, h) do RGICSF, a violação dos deveres de informação e assistência constantes do artigo 77º implica um ilícito contra-ordenacional punível com uma coima de 3000 euros a 1500000 euros se se tratar de pessoa colectiva e de 1000 euros a 500000 euros se se tratar de pessoa singular. Acresce que o artigo 205º regula a tentativa e a negligência em termos de redução do montante da coima. Estando assim o ilícito contra-ordenacional previsto na modalidade dolosa e negligente, também a negligência fundamentará a constituição da obrigação de indemnizar. Com efeito, quando a ilicitude penal ou contra-ordenacional preveja dolo e negligência, basta a negligência para dar origem à indemnização.

Nestes termos, as normas que se encontram no artigo 77º do RGICSF oferecem potencial para a sua qualificação como normas de protecção, na medida em que possuem uma concretização acrescida relativamente aos deveres de conduta, especificando que se trata de deveres de protecção dos clientes, *in casu* deveres de informação e assistência nas relações com os clientes, como resulta da epígrafe do capítulo II. Note-se que nem sempre a lei concede ao cliente bancário uma protecção a ele individualmente dirigida, sendo a sua protecção um mero reflexo da tutela da eficiência do mercado ou da regulação da actividade bancária. Há, porém,

---

[47] Canaris, *Schutzgesetze-Verkehrspflichten-Schutzpflichten*, 50.

situações, como as decorrentes do artigo 77º, em que o legislador não se satisfaz com o simples reconhecimento ao cliente bancário de uma protecção reflexa da tutela dirigida à eficiência do mercado, atribuindo-lhe uma posição jurídica susceptível de ser convertida num direito ao ressarcimento dos danos. Nas normas que se limitam a reger a actividade das instituições bancária, mas que não atribuem uma protecção jurídica individual – *v.g.* um interesse juridicamente protegido – susceptível de fundar uma pretensão indemnizatória, o legislador admite que os clientes bancários possam actuar directamente contra as instituições bancárias através das reclamações ao Banco de Portugal (art. 77º-A do RGICSF)[48].

As normas do artigo 77º do regime *sub iudice* podem ser enquadradas como normas de protecção dos clientes que permitem fundamentar a responsabilidade bancária, designadamente dos administradores, gerentes, directores e outros titulares de cargos por concessão, corte ou recusa de crédito, quando se registem violações de deveres de informação ou de assistência que adstringem a actividade bancária nas relações com os clientes. Já nos parece mais discutível defender que estas normas protegem terceiros, designadamente credores em caso de insolvência do devedor. Podemos, assim, afirmar que as normas do artigo 77º do RGICSF são normas de protecção, porque para além de visarem a protecção, em geral, do sistema bancário, protegem directamente os clientes bancários. Tal surge como resultado de as referidas normas descreverem de forma concreta os deveres de conduta que adstringem as instituições financeiras.

No entanto, impõe-se referir que a violação destas normas, que consubstancia ilicitude do comportamento dos bancos, não é suficiente para afirmar a responsabilidade bancária, sendo igualmente necessário que a conduta possa ser caracterizada como culposa, o que pressupõe um juízo de censura com base no critério da culpa enunciado no artigo 75º, bem como a existência de dano e de nexo de causalidade entre a actuação do banco e o dano sofrido pelo cliente bancário. Há ainda que admitir um espaço de responsabilidade bancária objectiva pela actuação ilícita e culposa de funcionários bancários que actuem como auxiliares no domínio do

---

[48] ADELAIDE MENEZES LEITÃO, *As reclamações no Direito do Consumo. Análise da actual legislação e apreciação do Código do Consumidor,* Estudos em Honra do Professor Doutor José de Oliveira Ascensão, vol. II, Almedina, Coimbra, Outubro 2008, 1473 e ss.

artigo 500º do Código Civil[49], bem como uma área de co-responsabilidade do lesado, nos termos do artigo 570º do mesmo Código[50].

A ilicitude na violação de normas de protecção comporta-se como um pressuposto dominante em relação aos demais, em especial à culpa e ao nexo de causalidade. Esta função dominante da ilicitude contribui para que a culpa e o nexo de causalidade, na resolução de casos concretos, funcionem essencialmente como pressupostos negativos, assistindo-se a uma maior dificuldade em autonomizá-los da ilicitude sobre a qual vão incidir.

Para além do âmbito subjectivo das normas de protecção, cumpre ainda saber quais os danos que estão cobertos pelo escopo da norma. Com efeito, apenas os danos que se encontrem no âmbito de protecção, ou seja, aqueles que não derivam directamente do corte, recusa ou concessão de crédito, mas os que se originaram em resultado da violação de deveres de informação associados a operações de crédito, é que poderão ser indemnizados e, mesmo assim, só se houver causalidade em relação aos danos causados[51].

O nexo de causalidade cumpre, deste modo, uma função negativa na imputação delitual, muito em especial nas normas de protecção, na medida em que, aferido o carácter ilícito e culposo de um determinado comportamento, lhe caberá recusar a imputação através de novas ponderações jurídicas, como a probabilidade ou a previsibilidade do dano.

A teoria do fim de protecção da norma também recorta negativamente a imputação em relação a danos que sejam exteriores ao âmbito de protecção normativo, ainda que esta função seja igualmente assegurada pelo pressuposto da ilicitude na violação das normas de protecção através da delimitação do âmbito de protecção. Os danos abrangidos pelo âmbito de

---

[49] Cfr. Ac. STJ 12-Mai.-2016 (ABRANTES GERALDES).

[50] Cfr. Ac. do STJ de 9-Set.-2008 (FONSECA RAMOS) e Ac. STJ de 6-Set.-2011 (FERNANDES DO VALE).

[51] Cfr., nesse sentido, o Ac. TRel Lx 13-Jul.-2016 (MARIA JOSÉ MOURO) *"No âmbito da actividade bancária é indiscutível a relevância do dever de informar, tanto mais intenso quanto maior for a complexidade do contrato e da realidade, por ele envolvida e, também, tanto mais intenso e extenso quanto mais inexperiente e ignorante for a contraparte; tal dever poderá recair sobre o objecto do contrato, sobre aspectos materiais conexos com esse objecto, sobre a problemática jurídica envolvida, sobre perspectivas contratuais, sobre a conduta do próprio obrigado. Todavia, não demonstrando o A. que tenha perdido a quantia de 187.500,00 € por si reclamada em consequência da menos boa informação – e, logo, da infração do inerente dever de informação e esclarecimento – por parte do R., nem mesmo resultando dos factos apurados qual seria a situação do A. se este não tivesse procedido à mobilização antecipada do depósito, apesar da menos completa ou imperfeita informação dada ao A. não está a r. obrigada a indemnizá-lo".*

protecção não serão imputados se se inserirem na esfera geral de risco, na qual o risco de mercado se encontra compreendido, já o podendo ser se contribuírem para o aumento do risco e houver probabilidade e previsibilidade, o que significa que, mesmo nos casos de normas de perigo abstracto, processos causais completamente atípicos não devem justificar a imputação. As teorias do fim de protecção da norma, da causalidade adequada e do aumento do risco devem combinar-se para alcançar a melhor solução no caso concreto.

Fora dos casos abrangidos pelas normas de protecção, terá de ser através da figura do abuso de direito, ou do exercício inadmissível de posições jurídicas, que será possível avaliar os actos de concessão, recusa ou corte de crédito, designadamente através das figuras do *venire contra factum proprium* e do exercício em desequilíbrio. Os bancos estão sujeitos a análise do crédito que concedem e não podem deliberadamente correr riscos excessivos sob pena de violação das respectivas normas. Se a recusa de concessão de crédito for justificada, não há abuso de direito, se for injustificada, repentina e violadora de uma confiança legítima, pode haver responsabilidade[52]. Também em relação a terceiros, credores do devedor, que confiem na solvabilidade do devedor por força do crédito imprudente dos bancos, apenas se admite a responsabilidade bancária, à semelhança do defendido por MENEZES CORDEIRO, quando o financiamento é abusivo por falta de prudência ou quando vise directamente prejudicar terceiros.

Actualmente, a matéria da responsabilidade bancária pela concessão de crédito tem uma íntima ligação com o sobreendividamento do consumidor. Cabe, por isso, proteger o consumidor da publicidade agressiva em relação ao crédito ao consumo. Assim se explicam as regras especiais em matéria de publicidade, que se encontram no artigo 77º-C, nº 2 do RGICSF, limitando a publicidade à informação e restringindo a publicidade comparativa. Estas regras que estabelecem limitações ao conteúdo da

---

[52] ALMENO DE SÁ, *Responsabilidade bancária*, 97 e ss, referindo-se a condutas abruptas e inesperadas, interrupção inapropriada, confiança gorada, admitindo exclusivamente abuso quando o banco não pratica uma medida norma de prudência bancária, mas pura e simplesmente pretende liquidar a empresa como retaliação contra atitudes desta ou que vise deliberadamente a asfixia mortal das empresas ou situações de "desígnio tenebroso" do banco. Cfr., no mesmo sentido, MARGARIDA AZEVEDO DE ALMEIDA, *A responsabilidade civil do banqueiro perante os credores da empresa financiada*, 140 ss, exigindo, ao nível da culpa, uma negligência grosseira do banco.

ESTUDOS DE DIREITO BANCÁRIO I

publicidade podem também ser utilizadas como normas de protecção de clientes bancários em caso de existência de danos por publicidade superlativa, enganosa ou comparativa ilícita.

A má concessão de crédito pode levar ao sobreendividamento e à insolvência do cliente bancário. Por isso, justifica-se que o sistema, nos casos de violação ilícita e culposa de regras legais, protectores de clientes e consumidores, possa consagrar a responsabilização dos bancos. É o que acontece em situações de publicidade enganosa promovidas por instituições de crédito ou sociedades financeiras em que estas podem ser responsabilizadas pelos danos causados aos consumidores sobreendividados.

4. Conclusão

Sumariando o esquema de responsabilidade bancária pela recusa, corte e concessão de crédito podemos afirmar que tal responsabilidade postula uma leitura exigente do sistema de responsabilidade civil e dos respectivos pressupostos.

A responsabilidade bancária pode surgir no contexto da culpa na formação do contrato por violação de deveres pré-contratuais ou por incumprimento de obrigações prévias. Neste caso, presume-se a culpa nos termos do artigo 799º do Código Civil. No âmbito das operações de concessão, corte e recusa do crédito poderá ainda verificar-se violação das normas de protecção e a consequente indemnização de danos a clientes bancários que se encontrem abrangidos pelo âmbito de protecção da norma, situação que pode igualmente ocorrer no caso de violação das regras que condicionam a actividade publicitária. Nestes casos a ilicitude da conduta bancária indicia a respectiva culpa.

Finalmente, na ausência de normas de protecção, poder-se-à recorrer ao abuso de direito, quando os bancos visem directamente prejudicar terceiros através da concessão de crédito abusivo. Cumpre, porém, acrescentar que, na linha da jurisprudência portuguesa, não só os bancos podem ser responsabilizados, como também os clientes bancários que compactuarem com os bancos, podem ser co-responsabilizados. De referir, ainda, uma linha jurisprudencial de inclusão da actuação dos gerentes e outros funcionários bancários no âmbito da responsabilidade do comitente (art. 500º do Código Civil), visando a responsabilização das instituições de crédito.

A concessão de crédito
para o saneamento de empresas

MADALENA PERESTRELO DE OLIVEIRA

§1. Coordenadas gerais

1.1. Insolvência de sociedades comerciais: liquidar ou recuperar?

Costuma dizer-se que o financiamento de empresas em crise levanta mais desafios do que um normal financiamento[1], atento o risco de, em caso de posterior declaração de insolvência, os credores não virem a recuperar o investimento. O que pretendemos, neste breve estudo, é avaliar a atuação dos *players* no mercado potencialmente interessados no saneamento das finanças societárias – *v.g.*, banca, investidores de capital de risco ou outros sócios da empresa – e problematizar algumas das principias questões que se levantam no momento de encetar as providências de recuperação, *i.e.*, aquelas providências que visam revitalizar o devedor ou recuperar a empresa integrada na massa insolvente.

Esclareça-se, antes de mais, que o direito das sociedades em crise, ou seja, o direito falimentar e o direito das sociedades comerciais aplicado às empresas em dificuldades, assume uma nítida preferência pela recuperação do devedor insolvente, ao invés da sua liquidação. De facto, o Código da Insolvência e da Recuperação de Empresas (CIRE) surge como resul-

---

[1] Cf. ANA PERESTRELO DE OLIVEIRA, *Manual de* corporate finance, 2ª ed., Coimbra, 2015, 312.

ESTUDOS DE DIREITO BANCÁRIO I

tado de uma "vantajos(a)"[2] influência da *Insolvenzordnung* alemã[3], que não se esgotou no momento da génese do CIRE nem se perdeu com o passar dos anos. A lei portuguesa sofreu um processo equivalente ao da lei alemã. No ordenamento tudesco, foi publicada a 13 de dezembro de 2011 e entrou em vigor a 1 de março de 2012 a *Gesetz zur weiteren Erleichterung der Sanierung von Unternehmen* (ESUG), que modificou a *InsolvenzOrdnung* (InsO), ao mesmo tempo que em Portugal se operou a primeira alteração estrutural do CIRE. Se o objetivo comum aos dois regimes é claro, o regime português reflete uma tendência geral europeia, mais do que apenas uma *direta* influência alemã: a alteração do direito insolvencial português resultou do compromisso assumido no Memorando de Entendimento celebrado com a "Troika" e foi operada em conformidade com o "Memorando de enquadramento das propostas de alteração ao Código da Insolvência e da Recuperação de Empresas"[4], com o objetivo essencial de reorientar o código para a promoção da recuperação, privilegiando-se a manutenção do devedor no giro comercial. O reconhecimento que a situação económica do país exigia soluções dirigidas a evitar a liquidação de agentes económicos determinou, como melhor veremos, uma (pelo menos aparente) reorientação do CIRE para a revitalização e para o plano de insolvência, preferencialmente de recuperação, contanto que esta seja possível[5]-[6].

---

[2] Cf. MENEZES CORDEIRO, *Introdução ao direito da insolvência*, O Direito, ano 137, III, 2005, 465-506 (469).

[3] Ainda que (bem ou mal) não tenha sido transposta – pelo menos em toda a sua extensão – a ideia de fundo subjacente ao processo de insolvência nesta ordem jurídica, que é a concessão da máxima autonomia aos credores. Cf. ROLF RATTUNDE, *Das neue Insolvezplanverfahren nach dem ESUG*, GmbHR, 8, 15.04.2012, 455-461.

[4] De 31 de agosto de 2011. Cf. CATARINA SERRA, *Emendas à (lei da insolvência) portuguesa – primeiras impressões*, DSR, março 2012, ano 4, vol. 7, 97-132 (98).

[5] Cf. exposição de motivos da Proposta de Lei nº 39/XII, de 30 de dezembro de 2011, onde se pode ler que cada agente que desaparece do mercado representa um custo para a economia, trazendo consigo desemprego, extinção de oportunidades comerciais e um generalizado empobrecimento do tecido económico português, dificilmente recuperável com o surgimento de novas empresas.

[6] A preocupação com a recuperação não é, todavia, uma absoluta novidade entre nós. Para uma perspetiva histórica, no direito português, cf. ABÍLIO MANUEL DE MORGADO, *Processos especiais de recuperação da empresa e de falência – uma apreciação do novo regime*, Ciência e técnica fiscal, nº 370, abril- junho, 1993, 51-113 (57 e ss.), que explica a tradicional visão da "falência como liquidação de património" e os primeiros passos para a "falência-saneamento", antes do CPEREF. Cf., posteriormente, LUÍS CARVALHO FERNANDES, *O Código da Insolvência e da*

Em 2012, uma das grandes novidades do regime insolvencial foi a introdução do Processo Especial de Revitalização (PER), anterior e autónomo face ao processo de insolvência[7]. Este regime, embora aparentemente inovador, encontrava a sua origem noutros ordenamentos jurídicos, como o espanhol e o alemão. A grande especificidade – mas não a única – do regime português é a inserção sistemática e cronológica deste mecanismo: em Portugal, o PER é prévio ao processo de insolvência e autónomo face aos tradicionais instrumentos de recuperação, ao contrário do que acontece em Espanha e na Alemanha, onde existem regimes similares, mas integrados no próprio processo[8]. Na Alemanha, em resultado da ESUG, o devedor em insolvência iminente pode apresentar-se ao tribunal e obter um período de três meses de "escudo protetor" (*"Schutzschirm"*) para apresentar um plano de insolvência. Embora a reação da doutrina alemã à ESUG tenha sido heterogénea[9], foi unanimemente aplaudido o aumento da autonomia dos credores na recuperação da empresa insolvente, sem prejuízo de algumas críticas que foram apontadas[10]. Quatro anos antes da entrada em vigor desta lei, a doutrina alemã ainda questionava se o plano de insolvência era uma "criatura desconhecida" ou antes um "fato feito à medida do processo de insolvência"[11]. A pergunta era devida: no período entre 1999 e 2005, dos

---

Recuperação de Empresas na evolução do regime da falência no direito português, Estudos em Memória do Professor Doutor António Marques dos Santos, vol. I, LUÍS DE LIMA PINHEIRO/ DÁRIO MOURA VICENTE/ JORGE MIRANDA (orgs.), Coimbra, 2005, 1183- 1221 (1185 ss.), que trata também dos sistemas de "falência-liquidação" e de "falência-saneamento".

[7] A propósito de regime similar na Alemanha, diz-se que estas características são essenciais para criar uma "Insolvenzkultur" e promover a apresentação à insolvência. Cf. ROBERT BUCHALIK, *Das Schutzschirmverfahren nach §270b InsO (incl. Musteranträge). Ein überzeugender Schritt des Gesetzgebers, der Sanierung durch Insolvenz nachhaltig zum Durchbruch zu verhelfen*, ZInsO, 9/2012, 339-357 (349, 356).

[8] Sobre os regimes estrangeiros que serviram de inspiração à introdução do PER em Portugal, cf. MADALENA PERESTRELO DE OLIVEIRA, *Limites da autonomia dos credores na recuperação da empresa insolvente*, Coimbra, 2013, 44 ss.

[9] Assinalando as diferentes reações, cf. ACHTIM FRANK / JENS HEINRICH, *Ein Plädoyer für einen Wirksamen Beitrag zur Gläubigerautonomie im Insolvenzplanverfahren*, ZInsO, 20, 2011, pp. 858-860 (858).

[10] Para além das críticas relevantes para o tema que tratamos, cf., ainda a extensa crítica feita por MARTIN JUNGCLAUS, *Zu einem dogmatischen Grungfehler des § 108a InsO-E in der Referententwurfs des BMJ v. 18.1.2012*, ZInsO 17/2012, 724-726 (725). No fundo, o autor defende que o § 180a não deveria existir, sendo suficiente o § 130 *InsO*.

[11] Cf. ERWIN GERSTER, *Insolvenzplan, "das unbekannte Wesen" oder "der Maßanzug des Insolvenzrechts"?"*, ZInsO, 8, 2008, pp. 437-445.

ESTUDOS DE DIREITO BANCÁRIO I

127.600 processos de insolvência, apenas 767 terão terminado, na Alemanha, com a aprovação de um plano. O insucesso do plano era, então, atribuído essencialmente ao desconhecimento deste instrumento pelas partes no processo, bem como à desconfiança dos credores no seu potencial e ao preconceito existente quanto à sua utilização, especialmente no caso das grandes empresas[12]. Apontava-se, igualmente, alguma desadequação do procedimento[13]-[14]. Apesar disso, utilizando a analogia de GERSTER, este instrumento já era visto como o "fato" do processo de insolvência, que apenas precisava de um bom "alfaiate" para se tornar mais forte e eficiente[15]. No entanto, é certo que, até à entrada em vigor da ESUG, o direito da insolvência surgia, exclusivamente, como um direito de responsabilidade patrimonial, orientado para a satisfação, da melhor forma possível, dos direitos dos credores, sem que outras finalidades devessem ser tomadas em consideração. Conquanto a recuperação da empresa pudesse ser, já então, um dos fins do processo, nem sempre deveria aparecer como primeira linha, conforme se sublinhava, então, nas obras sobre a matéria[16]. Desde a altura em que foram tecidas semelhantes considerações, o cenário alterou-se, colocando-se agora a questão de saber se a ESUG terá sido um bom "alfaiate" do plano de insolvência.

Também em Portugal o regime insolvencial traçou o mesmo percurso: passou-se de um direito de responsabilidade patrimonial para um regime que favorece e potencia a manutenção do devedor no giro comercial, por via da sua revitalização ou recuperação. Facilmente se vê, portanto, que as

[12] Este preconceito foi, em parte, eliminado perante a situação da *Herlitz AG,* em cuja restruturação foi utilizado, pela primeira vez, um plano de insolvência para uma grande empresa alemã. Também a *Senator Entertainment AG* foi reestruturada com recurso a um plano que, de forma pioneira, implicou uma redução de capital acompanhada de um subsequente aumento. No fundo, a conhecida operação "harmónio".

[13] Salientando e desenvolvendo cada um destes fatores, cf. GERSTER, *Insolvenzplan* cit., 438-440. Para o autor, estes inconvenientes deveriam ser solucionados com o desenvolvimento de regras de maior transparência e comunicação entre credores, para que fosse eliminada a desconfiança face ao "novo" instrumento processual.

[14] MÁRIO JOÃO COUTINHO DOS SANTOS, *Algumas notas sobre os aspectos económicos da insolvência da empresa, Direito e Justiça,* vol. 19, tomo 2, 2005, 181-189 (186 e ss.) apresenta as características que, do ponto de vista económico, deve apresentar "um *bom procedimento* falimentar", com diversas referências.

[15] Cf. GERSTER, *Insolvenzplan* cit., 445.

[16] Cf. STEFAN SMID / ROLF RATTUNDE, *Der Insolvenzplan,* 2ª ed., Stuttgart, Berlin, Köln, 2005, 3.

A CONCESSÃO DE CRÉDITO PARA O SANEAMENTO DE EMPRESAS

mudanças que ocorreram no direito português e as questões que se levantam não são exclusivamente nacionais, antes refletem problemas de âmbito mais geral que têm sido objeto de estudo e reflexão noutros âmbitos.

A segunda alteração de fundo no regime falimentar português surgiu no âmbito do Programa Capitalizar[17], em 2017, cinco anos depois da primeira grande alteração do CIRE e com pouco tempo para o anterior regime se consolidar, quer na prática empresarial, quer na doutrina especializada. As alterações introduzidas no regime insolvencial e societário foram diversas e, em alguns casos, profundas. Ainda assim, a reforma de 2017 não representou uma mudança estrutural no direito insolvencial, ao contrário do que defendemos a propósito da alteração de 2012[18]. Mantém-se o mesmo paradigma: preferência da recuperação sobre a liquidação do devedor (recuperável) que esteja insolvente ou em situação económica difícil. O legislador foi, inclusivamente, mais longe na criação de novos mecanismos de recuperação: pense-se na Proposta de Lei 84/XIII, que, a ser aprovada, introduzirá o Regime Extrajudicial de Recuperação de Empresas (RERE), um processo extrajudicial de natureza exclusivamente negocial, baseado num acordo entre o devedor e todos ou alguns credores, dispensado qualquer intervenção judicial, administrativa ou de mediador[19] e que

---

[17] O Programa Capitalizar foi aprovado pela Resolução do Conselho de Ministros nº 42/2016, de 18 de agosto, com os objetivos de apoio à capitalização das empresas, à retoma do investimento e ao relançamento da economia.

[18] Cf. MADALENA PERESTRELO DE OLIVEIRA, *Limites da autonomia* cit., 18 ss. Defendendo que a própria aprovação do CIRE já tinha sido considerada revolucionária, cf. NUNO MARIA PINHEIRO TORRES, *O pressuposto objectivo do processo de insolvência*, Direito e Justiça, vol. 19, tomo 2, 2005, 165-177 (166), que afirma que o CIRE veio "revolucionar" o processo concursal, enfatizando que a escolha do termo não é excessiva: " é toda uma filosofia que perpassa pelo *iter* processual e que se encontra subjacente aos impulsos, às opções e às decisões que determinam a sorte do património do devedor", que consiste na satisfação dos direitos dos credores, acima de tudo. Em tom crítico a respeito da modificação sofrida pelo processo de insolvência em 2004, cf. JOSÉ DE OLIVEIRA ASCENSÃO, *Insolvência: efeitos sobre os negócios em curso*, Direito e Justiça, vol. 19, tomo 2, 2005, 233-261 (= *Estudos jurídicos e económicos em homenagem ao Prof. Doutor António de Sousa Franco*, vol. II, PAULO PITTA E CUNHA (coord.), Coimbra, 2006, 255-280 (255)), que fala num "terramoto no sistema em vigor", escrevendo: "o domínio da falência e insolvência sofre de novo um grande abalo. Já nos habituámos a isto: o mal é começar a mudar. As leis fazem-se para ser efémeras e descartáveis, como os maravilhosos e caros produtos tecnológicos que nos são constantemente oferecidos como inovadores e logo ficam obsoletos".

[19] Sobre os traços gerais do RERE, cf. MARIA DE LURDES PEREIRA/ FRANCISCO MENDES CORREIA/ DIOGO PEREIRA DUARTE, *Resposta à consulta pública relativa ao projeto de lei que*

ESTUDOS DE DIREITO BANCÁRIO I

eliminará o Sistema de Recuperação de Empresas por Via Extrajudicial (SIREVE)[20], bem como na introdução de novos incentivos – por vezes de legalidade duvidosa[21] – à injeção de novos capitais na empresa insolvente ou à manutenção da sua atividade.

As diversas medidas tomadas no âmbito do Programa Capitalizar vieram confirmar a radical alteração de paradigma notada no CIRE em 2012. Não restam hoje dúvidas sobre o redireccionamento da finalidade do processo de insolvência: da liquidação como regime-regra criaram-se verdadeiras condições para se afirmar que passámos para um regime assente na recuperação como regra[22]. Como vetores orientadores das novidades legislativas encontramos dois pilares estratégicos: a capitalização e a reestruturação. Por um lado, visa-se promover alternativas ao crédito bancário no financiamento e, por outro lado, pretende-se a criação de instrumentos financeiros vocacionados para a reestruturação e relançamento de empresas viáveis e com potencial de expansão[23].

---

aprova o Regime Extrajudicial de Recuperação de Empresas. Considerações gerais sobre o projeto, RDS IX (2017), 1, 167 e 168 (167).

[20] Por via da revogação do Decreto-Lei nº 178/2012, de 3 de Agosto, com alterações subsequentes.

[21] A ser aprovado o RERE nos termos que constam da Proposta de lei 84/XIII, a norma do artigo 12º não permitirá que os credores pela prestação de serviços essenciais interrompam o fornecimento, no prazo de três meses, com fundamento em dívidas relativas a serviços prestados em momento anterior ao depósito do protocolo de negociação. Ora, essa norma priva esses credores dos mecanismos obrigacionais de tutela do sinalagma, *v.g.*, exceção de não cumprimento ou resolução por não cumprimento. Francisco Mendes Correia (*Comentário aos artigos 18º a 30º do projeto: negociações do acordo de reestruturação*, RDS IX (2017), 1, 186-190 (189)) nota, por isso, que estes credores ficam sujeitos a um risco acrescido de insolvência/ incumprimento, sendo os restantes credores livres de recorrer à generalidade dos meios de reação a perturbações no cumprimento das relações obrigacionais o que será de legalidade duvidosa.

[22] Sendo certo que o primado da recuperação não é absoluto, estando, antes, sujeito a um princípio de recuperabilidade. Ou seja, a empresa apenas deve ser recuperada quando a sua situação o justifique. A opção pela recuperação quando a empresa não seja viável contraria os interesses públicos que estão na base dos regimes de resolução da crise da empresa. Assim, Catarina Serra, *Entre o princípio e os princípios da recuperação de empresas (um* work in progress), II Congresso de Direito da Insolvência, Coimbra, 2014, 71-100 (80-82).

[23] Cf. nota de enquadramento do Programa Capitalizar, *Capitalizar: medidas de reestruturação empresarial*, 16 de março de 2017, http://www.portugal.gov.pt/media/26218493/20170316-mj-meco-capitalizar.pdf [ligação consultada a 11.08.2017].

Nesta linha, as últimas alterações do CIRE e legislação conexa pretendem afastar o regime português da lógica continental tradicional e tornar o plano – *latu sensu*, incluindo-se o protocolo de negociação, o plano de recuperação e o plano de revitalização – o centro do regime, aproximando-se, em certo sentido, do regime norte-americano, não obstante o grande fosso que ainda permanece entre os regimes. De facto, nos Estados Unidos o objetivo do processo de insolvência visa o *"fresh start"* e a proteção do devedor contra atuações dos seus credores[24]. Este ponto de partida diferente tem uma razão histórica, assente nas dificuldades financeiras que, no século XIX, abalaram as companhias rodoviárias em virtude da indispensabilidade dos caminhos de ferro para a abertura dos Estados Unidos ao ocidente. Por isso se compreende a aposta na recuperação das empresas e na sua inerente proteção[25]. O condicionalismo económico americano influenciaria, inevitavelmente, o *Bankruptcy Act* de 1898 e encontraria continuidade, quanto aos seus fins, no capitulo 11 do *Bankruptcy Code*. Também o condicionalismo económico português e as marcas deixadas pela crise financeira, nomeadamente o enfraquecimento do tecido económico, particularmente manifesto no universo das micro, pequenas e médias empresas, influenciaram, de forma irremediável, a legislação insolvencial vigente. Foi esse condicionalismo que levou o legislador português a ir mais longe na (re)valorização da recuperação, como via de assegurar a satisfação dos credores.

---

[24] Esta diferença de perspetiva fez com que, essencialmente a propósito da insolvência de pessoas singulares e da exoneração do passivo restante (*discharge* na lei norte-americana, *Restschuldbefreiung* na Alemanha ou *esdebitazione* em Itália), a lei norte-americana tenha sido qualificada como *debtor friendly* enquanto a *InsO* foi apelidada como *schuldnerfreundlich*. Cf. RÖMERMANN, em NERLICH/ RÖMERMANN (orgs.), *Insolvenzordnung: InsO. Kommentar*, 22ª ed., München, 2012, §§ 286-303; entre nós, cf. CATARINA SERRA, *O novo regime português da insolvência. Uma introdução*, 4ª ed., Coimbra, 2010, 132-134. Porém, tem-se questionado "quão *creditor friendly* a lei alemã realmente é". Assim, VOLKER BEISSENHIRTZ, *Creditor's rights in german insolvency proceedings – how effective are the procedural rules?*, International corporate rescue, vol. 3, 2006, 6, 316-321.

[25] Cf. HERWEG, *Das Obstruktionsverbot* cit., 31; MICHAEL JAFFÉ, *Restruktierung nach der InsO: Gesetzesplan, Fehlstellen und Reformansätze innerhalb einer umfassenden InsO-Novellierung aus Sicht eines Insolvenzpraktikers*, ZGR, 2-3, 2010, 248-263 (253).

1.2. *Bias* legislativo ainda a favor da liquidação? Proposta de Diretiva e a necessidade de repensar os incentivos para a recuperação da empresa insolvente

Embora não exista um dever de sanear empresas[26], há que reconhecer a existência de especiais deveres de cooperação entre os participantes num processo de insolvência ou de reorganização extrajudicial[27]. Os credores encontram-se vinculados por deveres de lealdade, cujo fundamento assenta no poder de influência ou de ingerência nos interesses alheios (mais até do que na identificação de uma relação de confiança real entre os sujeitos) e na existência de uma "ligação especial" (*Sonderverbindung*) entre os sujeitos[28]. Por outro lado, pode também ser reconhecida a existência de um dever de financiar a sociedade ou, mais limitadamente, um dever do sócio de consentir em medidas que permitam a angariação de capitais próprios[29].

No entanto, apesar destas constatações, a promoção da recuperação de empresas insolventes ou em situação económica difícil é ainda imperfeitamente realizada e, em particular, a proteção concedida ao *fresh money* é insuficiente. Emprestar dinheiro a empresas em situação económica difícil apresenta um risco elevado. Embora o mutuante e o devedor possam convencionar garantias, estas poderão, nos dois anos seguintes, ser resolvidas em benefício da massa (artigos 120º a 122º do CIRE). As garantias

---

[26] Cf. MENEZES CORDEIRO, *Saneamento financeiro: os deveres de viabilização das empresas e a autonomia privada*, Novas Perspectivas do Direito Comercial, Coimbra, 1988, 61-100. O Autor, ainda que em análise ao regime do contrato de viabilização introduzido pelo Decreto-Lei nº 124/77, de 1 de abril, conclui pela inexistência de uma obrigação de sanear empresas (88), ainda que os institutos da *culpa in contrahendo* e do *venire contra factum proprio* possam servir como tópicos coadjuvantes na determinação das obrigações a cargo da banca nacionalizada ao abrigo do citado regime (99 e 100).

[27] Assim, cf. BRUNO FERREIRA, *Mecanismos de alerta e prevenção da crise do devedor: em especial a recuperação extrajudicial*, II Congresso DSR (2012), 243-256 (252). Esses deveres seriam de duas ordens: deveres relacionados com a negociação da reorganização e deveres de aceitação de determinadas medidas de reorganização.

[28] Assim, ANA PERESTRELO DE OLIVEIRA, *Grupos de sociedades e deveres de lealdade. Por um critério unitário de solução do "conflito de grupo"*, Coimbra, 2012, 236. No mesmo sentido cf. o nosso *Limites da autonomia* cit., 75 ss.

[29] Neste sentido, cf. ANA PERESTRELO DE OLIVEIRA, *Manual de corporate finance* cit., 106-113. A autora parte da análise do caso Girmes na Alemanha e conclui que, excepcionalmente, pode ser defendida a existência de obrigações positivas de voto, desde que exista uma urgente necessidade da medida e a exigência seja razoável face aos interesses individuais do sócio.

reais constituídas pelo devedor em simultâneo com a criação das obrigações garantidas, dentro dos 60 dia anteriores à data do início do processo de insolvência, podem ser resolvidas em benefício da massa insolvente sem dependência de quaisquer outros requisitos. E mesmo quando a resolução depende da má fé do terceiro, o próprio conceito de má fé torna a concessão de garantias particularmente arriscada[30].

Os investidores não encontram incentivos económicos para injetar dinheiro para recuperação da empresa, porque o legislador português protegeu de forma insuficiente os créditos constituídos na pendência do processo, ficando aquém da tendência de outros ordenamentos europeus e promovendo o *fórum shopping* para ordenamentos jurídicos mais protetores do *fresh money*[31]. A consagração de um privilégio mobiliário geral a favor dos créditos de financiamento da atividade do devedor – mesmo que graduado antes do privilégio dos trabalhadores – não é um incentivo ao financiamento de que tanto depende a recuperação daquele. Por outro lado, o legislador poderia ter, quer em 2011/2012, quer em 2017, aproveitado a oportunidade para regular o financiamento interno das sociedade, pré e pós insolvencial, reforçando a posição dos sócios através da suspensão do caráter subordinado dos créditos por suprimentos[32]. Na verdade, alterou-se o artigo 1º do CIRE mas não se criou, em simultâneo, qualquer modificação substancial do plano de insolvência que o transforme na solução mais imediata, mais fácil ou apetecível para os credores. Parece, pois, que o primado da recuperação não encontra concretização fora do processo especial de revitalização[33]. Também em 2017 as alterações operadas no regime do PER foram de pormenor e o regime do plano de insolvência manteve-se inalterado. Embora o Programa Capitalizar se anunciasse com

---

[30] Este enquadramento é apresentado por NUNO SALAZAR CASANOVA/ DAVID SEQUEIRA DINIS, *PER. O Processo Especial de Revitalização. Comentários aos artigos 17º-A a 17º-I do Código da Insolvência e da Recuperação de Empresas,* Coimbra, 2014, 176.

[31] Assim, MARIA DO ROSÁRIO EPIFÂNIO, *O processo especial de revitalização,* II Congresso DSR (2012), 257-264 (264); *O Processo Especial de Revitalização,* Coimbra, 2015, 89.

[32] Cf. MARIA DO ROSÁRIO EPIFÂNIO, *O processo* cit., 262 e 263.

[33] Considerações e conclusão de CATARINA SERRA, *Emendas* cit., 117. Também MARIA DO ROSÁRIO EPIFÂNIO, *Manual de Direito da Insolvência,* 6ª ed., Coimbra, 2014, 297 refere que se a intenção do legislador era dar prioridade à recuperação, não o conseguiu porque o plano de insolvência não tem necessariamente de ter finalidade de recuperação e, também, porque não há mecanismos judiciais ou legais especificamente criados para garantir a prioridade da aprovação do plano de insolvência.

o propósito de promover a recuperação de empresas, encetou esse propósito por outra via que não pela melhoria dos regimes já vigentes.

A discussão a nível europeu foi, no entanto, alterada pela Proposta de Diretiva do Parlamento Europeu e do Conselho relativa aos quadros jurídicos em matéria de reestruturação preventiva, à concessão de uma segunda oportunidade e às medidas destinadas a aumentar a eficiência dos processos de reestruturação, insolvência e quitação, e que altera a Diretiva 2012/30/EU[34]. A Proposta *"visa reforçar a cultura de recuperação das empresas na UE"*, ajudando as empresas viáveis a reestruturar-se e a continuar em atividade, ao mesmo tempo que se encaminha as empresas sem possibilidade de sobrevivência para uma liquidação rápida e que dê uma segunda oportunidade aos empresários honestos em dificuldades[35]. Os artigos 16º e 17º da Diretiva preveem a proteção mínima do novo financiamento necessário para executar um plano de reestruturação, do financiamento intercalar obtido para assegurar a continuidade da empresa durante as negociações da reestruturação e das restantes transações concluídas em estreita ligação com o plano de reestruturação[36]. Assim, os Estados-Membros devem assegurar que o novo financiamento e o financiamento intercalar sejam devidamente incentivados e protegidos. Mais concretamente, estes financiamentos não devem ser declarados nulos, anuláveis ou inaplicáveis enquanto atos prejudiciais para o conjunto dos credores no âmbito de processos de insolvência posteriores, exceto se essas transações tiverem sido realizadas de forma fraudulenta ou de má fé (artigo 16º/1 da Proposta de Diretiva). Adicionalmente, os Estados-Membros poderão conceder aos mutuantes o direito à prioridade no pagamento, no âmbito de processos de liquidação posteriores, em relação a outros credores que, de outro modo, teriam créditos iguais ou superiores sobre dinheiro ou ativos. A prioridade deverá ser pelo menos superior aos créditos de credores não garantidos (artigo 16º/2 da Proposta de Diretiva). Também as transações realizadas para prosseguir com a negociação de um plano de reestruturação confirmado por uma autoridade judicial ou administrativa ou estreitamente relacionadas com essa negociação deverão estar bloqueados

---

[34] De 22.11.2016, COM(2016) 723 final.

[35] Exposição de motivos da Proposta de Diretiva, 7.

[36] Cf. Proposta de Diretiva, explicação pormenorizada das disposições específicas da proposta, 25.

da resolução em benefício da massa. Entre essas transações contam-se os novos créditos, contribuições financeiras ou transferências parciais de ativos fora do decurso normal da atividade, tendo em vista e estreitamente relacionados com negociações de um plano de reestruturação (artigo 17º da Proposta de Diretiva).

Em Portugal, o ensejo de promover a revitalização de empresas tem sido prosseguido, embora o enquadramento normativo de proteção do *fresh money* esteja ainda imperfeitamente delineado[37]. Assim, a concessão de crédito para saneamento de empresas afigura-se particularmente problemática. Embora a concessão fora do processo de insolvência apresente algumas vantagens, como a menor morosidade e inferiores custos da negociação extrajudicial[38], o momento preferencial para a concessão de crédito para saneamento deverá ser o PER ou o plano de insolvência, por serem os procedimentos em que, apesar das suas falhas, a proteção dos novos credores é melhor conseguida. É questão que analisamos de seguida.

§2. Enquadramento legal das providências de revitalização/ recuperação e proteção do *fresh money*

I. Proteção das garantias prestadas

O artigo 17º-H do CIRE introduz um regime de proteção do denominado *fresh money*, ou seja, de incentivo à injeção de capitais no devedor insolvente. Sem esta proteção, os credores tipicamente não estariam dispostos a correr o risco de conceder um financiamento, uma vez que o devedor se encontra numa situação de particular fragilidade económica e corre o risco de não dispor de meios financeiros para a devolução do capital.

Assim, o artigo 17º-H/1 do CIRE protege do regime da resolução em benefício da massa as garantias convencionadas entre o devedor e os seus credores durante o PER, com a finalidade de proporcionar àquele os neces-

---

[37] ADELAIDE MENEZES LEITÃO (*Contributos sobre a Proposta de Diretiva do Parlamento Europeu e do Conselho relativa a meios preventivos de reestruturação, segunda oportunidade e medidas de melhoramento da eficiência dos processos de reestruturação, insolvência e exoneração do passivo restante e à alteração da Diretiva 2012/30/UE,* RDS VIII (2016), 4, 1019-1043 (1036)) afirma que as disposições da legislação nacional que conferem proteção ao dinheiro novo "só de forma incompleta" contêm o regime da Proposta de Diretiva.

[38] Assim, DRUKARCZYK/ SCHÖNTAG, *§3,* em GOTTWALD (org.), *Insolvenzrechts-Handbuch,* 5ª ed., 2015, Rn. 42.

sários meios financeiros para o desenvolvimento da sua atividade[39]. A aplicabilidade limitada às garantias é, de imediato, negada pelo artigo 120º/6 do CIRE que esclarece que são insuscetíveis de resolução todos os negócios jurídicos celebrados no âmbito do PER cuja finalidade seja prover o devedor com meios de financiamento suficientes para viabilizar a sua recuperação. Diga-se, porém, que a norma do artigo 17º-H/1 do CIRE limita, em absoluto, a resolução (seja condicional ou incondicional), ao passo que a do artigo 120º/6 do CIRE tem de ser interpretada de forma mais cuidada, como veremos *infra*. Também as garantias prestadas a favor de pessoa especialmente relacionada com o devedor, *v.g.*, um acionista, que se destinem a proporcionar os meios financeiros necessários ao desenvolvimento da atividade do devedor conservam as garantias convencionadas[40].

II. Concessão de um privilégio mobiliário geral aos credores para revitalização

O nº 2 do artigo 17º-H do CIRE concede um privilégio creditório mobiliário geral, graduado antes do privilégio concedido aos trabalhadores, aos credores que, no decurso do processo, financiem a atividade do devedor, disponibilizando-lhe capital para a sua revitalização[41]. Esta garantia abrange tanto novos créditos, como aqueles preexistentes que sejam objeto de qualquer modificação ou a favor dos quais seja prestada garantia[42]. O

---

[39] Do regime resulta que a garantia não tem de ser concedida a quem proporciona os meios financeiros, mas basta que a garantia vise a obtenção de meios financeiros. Assim, SALAZAR CASANOVA/ SEQUEIRA DINIS, *PER* cit., 179.

[40] Não lhes são, portanto, aplicáveis os artigos 47º/4, *b*) e 97º/1 *e*), do CIRE. Cf. MARIA DO ROSÁRIO EPIFÂNIO, *O Processo Especial de Revitalização*, Coimbra, 2015, 88.

[41] Os meios financeiros não têm de ser disponibilizados durante o processo, bastando que sejam negociados na sua pendência. Assim, se a concessão de crédito for negociada durante o PER, mas este apenas for concedido após a homologação do plano ainda deverá beneficiar do privilégio mobiliário geral. Cf. PESTANA DE VASCONCELOS, *Recuperação de empresas: o processo especial de revitalização*, Coimbra, 2017, 97-101.

[42] Cf. CATARINA SERRA, *O regime português da insolvência*, 5ª ed., Coimbra, 2012, 186. Em sentido contrário, ANA MARIA PERALTA, *Os "novos créditos" no PER e SIREVE: conceito e regime,* III Congresso de Direito da Insolvência, Coimbra, 2015, 279-312 (304 e 305), considera que o privilégio apenas deve ser concedido aos novos financiamentos e não aos já existentes que tenham sido modificados. Nesse sentido apontariam os Princípios Orientadores da Recuperação Extrajudicial de Devedores e a exposição de motivos da Proposta de Lei nº 39/XII. Noutra questão, ALEXANDRE SOVERAL MARTINS, *Um curso de Direito da Insolvência,* Coimbra, 2015, 478 defende que o privilégio apenas pode ser concedido aos financiamentos

A CONCESSÃO DE CRÉDITO PARA O SANEAMENTO DE EMPRESAS

privilégio deve abranger todo o crédito constituído com a disponibiliza-ção de capital, incluindo os juros e outros acessórios do crédito: só assim se assegura a finalidade da norma[43].

Note-se que a estes atos não se aplica a exigência constante do artigo 17º-E/2, do CIRE, ou seja, o devedor não fica dependente da autorização do administrador judicial provisório para praticar atos de especial relevo (entre os quais se contam a constituição de garantias: artigo 161º/3, *e*) – a contra-ção de empréstimos deve ser enquadrada nesta alínea – e *f*), do CIRE)[44]. A proteção conferida pela norma em apreço depende da aprovação de um plano de recuperação conducente à revitalização[45].

Pergunta-se, adicionalmente, se a norma do artigo 17º-H se dirige ape-nas à proteção da posição dos credores financeiros, *i.e.*, daqueles credores que injetem dinheiro na sociedade ou se, pelo contrário, se deve estender também a fornecedores que disponibilizem matéria-prima para a conti-nuação da atividade do devedor, trabalhadores que se disponham a pres-tar trabalho ou, inclusivamente, credores que aceitem a reestruturação do passivo, nomeadamente, por redução das dívidas, extensão dos prazos ou redução do valor das amortizações de empréstimos, sem que a obrigação em si sofra qualquer redução. Uma interpretação teleológica da norma, conjugada com os resultados iníquos e ineficientes[46] a que se chegaria por

---

negociados no âmbito do PER, porque apenas estes podem ser considerados disponibilização de capital *para revitalização*. Porém, diga-se que a duração do PER pode dificultar a celebração de contratos de financiamento, pelo que, para que lhes seja aplicável o regime do artigo 17º-H do CIRE, deverá bastar que estejam previstos no plano com um grau de pormenorização suficiente para que possa sobre eles recair um juízo de valor dos credores e do tribunal.

[43] Assim, SALAZAR CASANOVA/ SEQUEIRA DINIS, *PER* cit., 184 e 185.

[44] Cf. SOVERAL MARTINS, *Um curso* cit., 479. Mas a contração do empréstimo e a concessão de garantias poderá estar sujeita ao controlo do administrador judicial provisório, que deve reconhecer e confirmar a verificação dos pressupostos do 17º-H do CIRE (cf. ANA MARIA PERALTA, *Os "novos créditos"* cit., 292).

[45] Acompanhamos SOVERAL MARTINS, *Um curso* cit., 478. O autor acentua que, na medida em que o artigo 17º-G/2, do CIRE prevê que o encerramento do PER sem acordo ou ultrapassado o prazo e não havendo insolvência conduz à extinção de todos os seus efeitos, então, também os efeitos que constam do artigo 17º-H se devem considerar extintos. No mesmo sentido, cf. ANA MARIA PERALTA, *Os "novos créditos"* cit., 289.

[46] Neste sentido, quer a respeito da norma do artigo 17º-H/1, quer do nº 2 do CIRE, cf. CATARINA SERRA, *O regime* cit., 185. A autora defende que uma interpretação meramente literal conduziria a resultados iníquos, porque haveria garantias para um banco que concede crédito, mas não para um fornecedor que disponibiliza matéria-prima ou para os trabalhadores

via de uma interpretação literal conduzem-nos a uma resposta afirmativa[47]. Naturalmente, os credores que concedam moratórias ou que reduzam o valor nominal dos seus créditos só o farão mediante a concessão de uma contrapartida, em especial se for convencionada uma garantia a seu favor, que não possa ser incondicionalmente resolvida em benefício da massa em caso de vir a ser declarada a insolvência do devedor.

O regime não é inovador. Já ao abrigo do CPEREF era atribuído um privilégio mobiliário geral, graduado antes de quaisquer outros, aos créditos constituídos no âmbito das providências de recuperação, entre o despacho de prosseguimento da ação e o fim do período de observação[48].

O legislador ficou, no entanto, aquém do objetivo de promover a concessão ao devedor de meios para desenvolver a sua atividade. Os credores que tenham financiado o devedor são credores da insolvência e não são os mais graduados, sendo ultrapassados, nomeadamente, pelos titulares de créditos com garantias reais[49].

---

que se dispõem a prestar trabalho. Por outro lado, a solução seria ineficiente na medida em que obrigaria o devedor a obter primeiros os meios financeiros para posteriormente adquirir os restantes meios, como o trabalho e matérias-primas necessárias à continuação da sua atividade empresarial.

[47] Em sentido parcialmente diferente, cf. ANA MARIA PERALTA, Os "novos créditos" cit., 300 e 305, distinguindo consoante estejamos no domínio do artigo 17º-H/1 ou 2 do CIRE. No primeiro caso admitir-se-ia qualquer tipo de financiamento, ao passo que o número 2, em virtude do elemento literal (ao referir credores que "disponibilizem capital") deve abranger apenas credores que injetem dinheiro na sociedade. Ainda em sentido diferente, a propósito do artigo 17º-H/1 do CIRE, cf. PESTANA DE VASCONCELOS, Recuperação de empresas cit., 81. O autor reconhece que, em rigor, nos casos de extensão de prazo de pagamentos ou redução de dívida não existe introdução de novo capital. Embora o artigo se afaste do regime espanhol, no qual se distingue entre concessão de crédito e criação de outras condições financeiras que permitam a recuperação do devedor, a norma do 17º-H poderá ser interpretada no sentido de abranger estes casos na sua teleologia. Pelo contrário, no domínio do artigo 17º-H/2 do CIRE apenas se deverá enquadrar o dinheiro novo que seja disponibilizado à empresa (95 a 97). No mesmo sentido, cf. FÁTIMA REIS SILVA, Processo especial de revitalização. Notas práticas e jurisprudência recente, Porto, 2014, 76.

[48] Para a comparação entre o atual regime e aquele que resultava do CPEREF, cf. ANA MARIA PERALTA, Os "novos créditos" cit., 302.

[49] Cf. CATARINA SERRA, O regime cit., 188 e 189. A autora propõe a qualificação como dívidas da massa insolvente, tal como acontece relativamente às dívidas emergentes dos atos de administração da massa no âmbito do processo de insolvência. Também SALAZAR CASANOVA/ SEQUEIRA DINIS, PER cit., 184 notam a insuficiência da norma como incentivo à recuperação. Os autores sugerem que teria sido mais interessante para atingir o desiderato

III. Proibição de resolução dos negócios no âmbito do PER

O artigo 120º/6 do CIRE determina que são insuscetíveis de resolução em benefício da massa os negócios jurídicos celebrados no âmbito de processo especial de revitalização regulado no CIRE ou de outro procedimento equivalente previsto em legislação especial, cuja finalidade seja prover o devedor com meios de financiamento suficientes para viabilizar a empresa.

Note-se, em primeiro lugar, que esta norma, apesar de não contemplar qualquer exceção, deve ser interpretada de forma a impedir apenas a resolução incondicional em benefício da massa, bem como o regime geral da resolução previsto no artigo 120º do CIRE[50]. Não se deve considerar como impedindo a resolução daqueles negócios que visem, intencionalmente, prejudicar os outros credores, à semelhança daquilo que se encontra previsto no regime dos contratos de garantia financeira (Decreto-Lei nº 105/2004, de 8 de maio)[51]. Simplesmente não deverá ser admitida a resolução condicional uma vez que esta contempla todos os negócios jurídicos que tenham sido praticados nos dois anos anteriores à data do início do processo de insolvência, que diminuam, frustrem, dificultem, ponham em perigo ou retardem a satisfação dos credores da insolvência e em que o terceiro esteja de má fé. Ora, na medida em que se entende por má fé o conhecimento, à data da celebração do negócio jurídico, de que o devedor se encontrava em situação de insolvência ou do caráter prejudicial do ato e de que o devedor se encontrava à data em situação de insolvência iminente ou do início do processo de insolvência (artigo 120º/5 do CIRE), seria difícil que a concessão de garantias, ainda que acoplada a uma redução de dívida, passasse no teste da prejudicialidade e má fé. Não se deve considerar, em absoluto, bloqueada a resolução em benefício da massa, mas apenas a aplicação do regime geral. Ainda assim, todos os negócios jurídicos praticados com o intuito de prejudicar os restantes credores devem ser resolúveis. Já o

---

da recuperação a permissão, no âmbito do PER, da alienação fiduciária em garantia de bens moveis e imóveis.

[50] CATARINA SERRA, *O regime* cit., 186 e 187 considera que a norma do artigo 120º/6 do CIRE apenas impede a resolução incondicional em benefício da massa, mas não a resolução condicional, sob pena de serem admitidos, em PER, negócios jurídicos usurários ou a concessão de financiamento abusivo.

[51] Aderimos, sem reservas, à posição de PESTANA DE VASCONCELOS, *Recuperação de empresas* cit., 88-90.

regime do artigo 17º-H/1 do CIRE, como escrito *supra,* deve ser entendido como precludindo toda e qualquer resolução em benefício da massa, seja condicional ou incondicional. Na medida em que o plano de revitalização é homologado pelo juiz, qualquer credor que, à data, se sinta prejudicado pelas providências deliberadas no plano poderá requerer a sua não homologação, com os fundamentos previstos no artigo 216º do CIRE, aplicável por remissão do artigo 17º-F/5 do CIRE.

Em segundo lugar, importa questionar se os negócios jurídicos celebrados no âmbito de um processo de revitalização, para além de se encontrarem tendencialmente protegidos da possibilidade de resolução em benefício da massa, se encontram também blindados contra a possibilidade de impugnação pauliana nos termos civis gerais.

É verdade que já foi considerado por uma parte da doutrina que os atos se mantêm suscetíveis de impugnação pauliana[52]. Consideramos, porém, que uma interpretação teleológica das normas em causa – bem como do sistema como um todo – nos conduz a conclusão diferente[53]. Seria visceralmente contrário à lógica da aprovação do plano de revitalização por unanimidade ou maioria e da sua homologação judicial admitir-se que os negócios jurídicos prejudiciais a outros credores pudessem ser paulianamente impugnados.

Vejamos: atingida a maioria necessária para aprovar o plano de revitalização, o plano, depois de homologado pelo juiz, torna-se vinculativo mesmo para os credores que não tenham participado nas negociações, tenham votado contra o plano ou que nem sequer tenham reclamado os créditos. Se admitíssemos que os atos aprovados no plano de revitalização fossem paulianamente impugnados estaríamos, na prática, a inviabilizar a aprovação do plano ou, pelo menos, a colocar em causa a sua eficácia perante todos os credores. De facto, a parte dispositiva do plano pode implicar a celebração de diversos negócios jurídicos, nomeadamente a concessão de garantias, de moratórias, a cessão de bens aos credores, entre outras providências com incidência no passivo, que constam a título exemplificativo do artigo 196º do CIRE. Naturalmente, qualquer um destes negócios jurídicos

---

[52] Neste sentido, cf. PESTANA DE VASCONCELOS, *Recuperação de empresas* cit., 90; CATARINA SERRA, *O regime* cit., 187; NUNO SALAZAR CASANOVA / DAVID SEQUEIRA DINIS, *PER* cit., 185.

[53] No mesmo sentido, ainda que não fazendo a distinção entre o regime do artigo 17º-H e do 120º/6 do CIRE, ANA MARIA PERALTA, *Os "novos créditos"* cit., 297 e 298.

implica algum prejuízo para os restantes credores, na medida em que pode impossibilitar – ou agravar a impossibilidade – de cumprimento dos seus créditos. Porém, o facto de este acordo ser feito em sede de PER escuda- -o contra potenciais ataques à eficácia do ato, como é o caso da impugnação pauliana. Admitir a impugnação pauliana de negócios jurídicos cuja finalidade seja prover o devedor com meios financeiros suficientes para viabilizar a sua recuperação seria admitir que, afinal, o plano de revitalização não garante a estabilidade e eficácia destes negócios e, por isso, não é um meio propício para alcançar a revitalização societária. A blindagem justifica-se porque estes negócios estão sujeitos a uma finalidade especial e são avaliados pelo crivo da homologação judicial[54]. A letra do artigo 127º do CIRE não joga contra a posição que assumimos. Embora o nº 2 do artigo se refira a ações de impugnação pauliana propostas depois da data da declaração de insolvência, parecendo, assim, que estas ações são genericamente admitidas depois dessa data, a verdade é que o aparentemente genérico âmbito de aplicação do artigo esconde a desconsideração pelos negócios jurídicos tendentes à revitalização do devedor. De facto, a Lei nº 16/2012, de 20 de abril, que introduziu o PER e alterou a redação do artigo 120º/1 e 6 do CIRE não alterou o artigo 127º. A norma deste último artigo ficou presa, ainda, a uma lógica anterior àquela que subjaz ao atual CIRE de proteção do "novo dinheiro".

Apesar de o CIRE após 2012 já contemplar várias providências de revitalização e de proteção do *fresh money* estas permanecem, no entanto, "infelizes na sua redação e pouco claras"[55]. Há, portanto, que interpretar estes mecanismos, tendo em atenção as suas inspirações (regime espanhol e italiano) e outros ordenamentos jurídicos de referência, sempre atendendo à posição particular dos fundos de capital de risco no processo de insolvência.

§3. Financiamento concedido pelos bancos para recuperação da empresa insolvente

O financiamento da empresa em crise pode ser feito mediante a concessão, por uma instituição financeira, de crédito especificamente dirigido

---

[54] Assim, ANA MARIA PERALTA, *Os "novos créditos"* cit., 311. Adicionalmente, considera a autora que a impugnação pauliana é um *minus* face à resolução em benefício da massa, pelo que não se encontraria justificação em afastar a segunda, mantendo o acesso à impugnação pauliana.
[55] Expressão de PESTANA DE VASCONCELOS, *Recuperação de empresas* cit., 87.

ao saneamento da empresa (*Sanierungskredit*)[56]. Embora seja questão que tem arrecadado maior atenção na Alemanha do que em Portugal, existem situações em que a concessão de crédito para saneamento pode ser considerada abusiva. A *case law* germânica tem sido unânime da definição de alguns critérios para aferir a legitimidade da concessão de crédito para saneamento. São eles[57]:

- Nos casos em que uma instituição financeira conceda crédito para saneamento a uma sociedade em relação à qual ainda não era credor, o empréstimo é considerado "altruísta", na medida em que o banco não retira vantagens desse negócio, para além da normal remuneração do crédito. Tirando casos excecionais, a concessão de crédito nestes termos não é abusiva.
- A concessão de crédito para saneamento será, também, considerada lícita caso seja acompanhada de um parecer técnico e independente em que se assegure a recuperabilidade do devedor. É certo que, nestes casos, os credores terceiros poderão inferir da concessão de crédito a saúde financeira da empresa, mas é um risco que faz parte da sua posição creditícia e que será despiciendo face à avaliação de recuperabilidade do devedor.
- O empréstimo será considerado "egoísta" ("*eigensüchtig*") se for concedido a um devedor que não seja recuperável, em prejuízo dos restantes credores. Nestes casos, o empréstimo será considerado abusivo.
- A concessão de crédito será igualmente considerada abusiva caso seja utilizada de forma estratégica para deslocar a data da abertura do processo de insolvência e para obter vantagens face aos restantes credores.

No fundo, a chave para determinar a legitimidade da concessão de crédito para saneamento será a avaliação da recuperabilidade da empresa[58].

---

[56] Na doutrina portuguesa, cf. ANA PERESTRELO DE OLIVEIRA, *Manual de* corporate finance, cit., 325.

[57] A descrição mais detalhada destes critérios pode ser encontrada em DRUKARCZYK/ SCHÖNTAG, §3 cit., Rn. 43 ss.

[58] ANA PERESTRELO DE OLIVEIRA, *Manual de* corporate finance cit., 325. De acordo com DRUKARCZYK/ SCHÖNTAG, §3 cit., Rn. 50, a forma de o BGH julgar as perspetivas de recuperação de uma empresa alterou-se com o tempo. Em 1953, o BGH considerava que a instituição financeira tinha de estar convicta das perspetivas de recuperação da empresa, após

A CONCESSÃO DE CRÉDITO PARA O SANEAMENTO DE EMPRESAS

Note-se, de qualquer forma, que a concessão de crédito para saneamento não vincula o banco à divulgação, junto dos restantes credores, da situação financeira da sociedade devedora[59]. Ainda que a falta de divulgação por parte do banco (*"Stillhalten"*) induza terceiros a crer na viabilidade da empresa, esse será um risco inerente à posição de credores. Aliás, a não comunicação da situação de fragilidade é inclusivamente imposta pelas regras sobre sigilo bancário e pelos deveres de lealdade que emergem do contrato de crédito, cuja violação acarretará responsabilidade civil[60]. Pelo contrário, caso a instituição financeira se envolva ativamente nos esforços para atrair investidores, já existirá um dever de informar os restantes credores sobre a situação económica da empresa[61], exceto se essa informação for de conhecimento geral no mercado. A jurisprudência alemã é clara. Embora o BGH reconheça as assimetrias informativas existentes entre credores, bem como a posição privilegiada em que se encontram as instituições financeiras, considera, também, que estas não têm o dever de utilizar a sua informação a favor de credores terceiros. Desde que não estejam envolvidos nos esforços de reestruturação, é legítimo que os bancos protejam a sua posição antes que esta se deteriore. A potencial desvalorização da posição dos restantes credores faz parte do risco de mercado.

§4. Financiamento concedido pelo sócio de capital de risco para recuperação da empresa insolvente.

4.1. Delimitação de conceitos. Atividades permitidas e proibidas aos fundos de capital de risco

Impõe-se questionar se, para além do setor bancário, serão os fundos de capital de risco uma boa aposta na recuperação ou revitalização da empresa insolvente ou se, pelo contrário, a sua natureza muitas vezes predatória faz com que estes não sejam os investidores ideais quando se pretende recuperar uma empresa em situação económica difícil. Para esta avaliação é neces-

---

análise por um perito. Só uma elevada probabilidade de recuperação afastaria a ilicitude da concessão do crédito. No entanto, julgamentos posteriores enfatizaram a possibilidade de existir um risco de insucesso da recuperação e reconhece-se que a análise deverá ser feita caso a caso, de acordo com o juízo de um banqueiro consciente e diligente.

[59] Nesse sentido, Drukarczyk/ Schöntag, §3 cit., Rn. 43; BGH 18.09.1963, WM (1963), 10 93-1084; BGH 9.02.1965, WM (1965) 475-476; BGH 9.12.1969, WM (1970), 399-402.

[60] Assim, Ana Perestrelo de Oliveira, *Manual de* corporate finance cit., 325 e 326.

[61] BGH 29.05.1978, WM (1978), 896-897.

ESTUDOS DE DIREITO BANCÁRIO I

sário, em primeiro lugar, delimitar conceitos, esclarecendo o que devemos entender por investidores de capital de risco. Posteriormente, analisaremos algumas das principais providências de recuperação de empresas – sem pretensões de exaustividade – e qual o concreto papel dos fundos de capital de risco na recuperação empresarial.

"Nem tudo o que reluz é ouro!". Esta é a primeira frase de uma dissertação de doutoramento alemã sobre o papel da *private equity* no saneamento da empresa insolvente[62]. O investimento em capital de risco, embora reluza com a promessa de avultados ganhos, já foi equiparado a uma praga de gafanhotos[63] ou a abutres. É desnecessário, nesta sede, apontar os custos – diretos e indiretos – associados a um processo de insolvência[64], mas retome-se a constatação que a falência societária torna patentes as falhas na *corporate governance* da empresa. Por isso, a recuperação societária implica, não raras vezes, uma drástica reorganização da sua estrutura. Os custos associados às medidas que devem ser tomadas não são tipicamente cobertos por empréstimos bancários. Estudos demonstram que a maioria das instituições financeiras – cerca de 64% – não encetam esforços de recuperação e que em 76% das situações económicas difíceis os bancos não estão dispostos a financiar as empresas em dificuldades[65]. Perante este cenário, há que questionar se o investimento em capital de risco é uma alternativa viável para as empresas *distressed*, quais as principais características dessa modalidade de financiamento, quais as estratégias adotadas pelos fundos e se o nosso sistema jurídico deverá ser adaptado para melhor promover o investimento em capital de risco[66]. Porém, a desconfiança em relação a estes investidores continua a ser muita. Os encontros anuais de adminis-

---

[62] Cf. CARMEN HOHLBEIN, *Sanierung insolventer Unternehmen durch Private Equity. Eine rechtspolitische Untersuchung auf empirischen Grundlagen mit rechtspolitischen Empfehlungen*, München, 210, 37.

[63] Também já houve quem pedisse para não se equiparar o investimento em capital de risco aos gafanhotos, que, na Alemanha, são uma espécie em vias de extinção. Cf. CARMEN HOHLBEIN, *Sanierung insolventer Unternehmen* cit., 37.

[64] Cf. o nosso *Limites da autonomia* cit., 49 e 50.

[65] Estudos referidos em CARMEN HOHLBEIN, *Sanierung insolventer Unternehmen* cit., 39.

[66] Atualmente, na Alemanha, estima-se que metade das sociedades do índice DAX-30 são maioritariamente detidas por estes investidores. Em 2007, os fundos de capital de risco financiaram 6.000 sociedades, que empregavam, à data, 2,4% dos trabalhadores desse país. Sociedades como a Deutsche Telekon, a Hugo Boss, a Volkswagen ou a Gardena são ou já foram financiadas por capital de risco. Cf. CARMEN HOHLBEIN, *Sanierung insolventer Unternhemen* cit., 39.

tradores das sociedades de capital de risco num evento denominado *Super Return* e os seus investimentos por vezes nebulosos não contribuem para a reputação deste método de financiamento[67].

O que caracteriza o investimento em capital de risco é a limitação do tempo do investimento sendo o retorno decorrente do ganho ou mais valia da participação no desinvestimento[68]. O investidor em capital de risco fornece à empresa *target* capitais e gestão, com o propósito de melhorar a sociedade no seu todo e, consequentemente, a valorizar a sua participação. No momento do desinvestimento, o investidor é remunerado por eventuais acréscimos de cotação da sociedade[69]. A principal característica dos investidores de capital de risco é que se tornam sócios da empresa investida, pelo que a rendibilidade do seu investimento está diretamente dependente do sucesso da empresa. Ainda assim, há que não esquecer que os investidores de capital de risco "não atuam por filantropia e o intuito é lucrativo"[70] o que por vezes conduz ao aparecimento de conflitos de interesses e de alguns comportamentos ilícitos, que devem ser controlados[71].

Os fundos de capital de risco são utilizados enquanto veículo de financiamento de *takeovers*, principalmente na subscrição de obrigações, valores mobiliários, quotas e papel comercial[72], mas também se apresentam como investidores em momentos de *distress* financeiro das empresas. Ape-

---

[67] CARMEN HOHLBEIN, *Sanierung insolventer Unternehmen* cit., 40. Na Alemanha já se identificou este investimento como um potencial criador de risco sistémico, que se pretendeu controlar por via da *Gesetz zur Begrenzung der mit Finanzinvestoren verbundenen Risiken (Risikobegrenzungsgesetz)*, de 2007.

[68] Sobre o investimento em capital de risco, cf. ANA PERESTRELO DE OLIVEIRA, *Manual de corporate finance*, cit., 71 ss.

[69] Cf. PAIS DE VASCONCELOS, *O acionista de capital de risco – dever de gestão*, II Congresso DSR (2012), 157-170 (158). JOSÉ ENGRÁCIA ANTUNES, *Os "hedge funds" e o governo das sociedades*, Direito dos Valores Mobiliários, volume IX, 2009, 9-70 (22) afirma que as fronteiras entre *hedge funds* e fundos de capital de risco se têm vindo a esbater com o tempo. Cada vez mais os gestores dos fundos de retorno absoluto perseguem estratégias de investimento ilíquido em posições acionistas longas no capital das sociedades, inclusive fechadas ou não cotadas, a fim de intervir ativamente na gestão destas e operar reorganizações societárias de modo a valorizar as suas posições, comportamento típico da *private equity*.

[70] PAIS DE VASCONCELOS, *O acionista* cit., 165.

[71] PAIS DE VASCONCELOS, *O acionista* cit., 165-168 aponta como comportamentos ilícitos típicos de investidores em capital de risco a canibalização ou *asset striping,* o oportunismo, a concorrência perversa, a predação, a usura e a má gestão.

[72] Cf. HORTA OSÓRIO, *Da tomada de controlo de sociedades (takeovers) por Leveraged Buy-Out e sua harmonização com o direito português*, Coimbra, 2001, 100 e 101.

sar de o investimento em capital de risco ser caracterizado como a aquisição, por período de tempo limitado, de instrumentos de capital próprio e de instrumentos de capital alheio em sociedades com elevado potencial de desenvolvimento, como forma de beneficiar da respetiva valorização[73], nada impede que invistam, também, em dívida, possibilidade, aliás, muito utilizada nos Estados Unidos. Apesar das dúvidas que podem resultar do regime jurídico, julgamos que o nosso ordenamento não limita esta faculdade. Os fundos de capital de risco são patrimónios autónomos, sem personalidade jurídica, que pertencem aos participantes no regime geral de comunhão regulado na lei (artigo 2º, *alínea u)*, RJCRES). Mais especificamente, podem ser qualificados como organismos de investimento alternativo fechados, ou seja, são considerados organismos de investimento coletivo (artigos 1º/2, *alínea a)*, 2º, *alínea aa)*, *(ii)*, e 3º/2, do RGOIC). O seu funcionamento encontra-se, nessa medida, sujeito a um princípio de repartição de risco e à prossecução do exclusivo interesse dos participantes (proémio do artigo 2º, *alínea aa)*, RGOIC). A circunstância específica de os fundos de capital de risco não serem dotados de personalidade jurídica, justifica que quando *"se imponham deveres ou imputem atuações a organismos de investimento coletivo, devem entender-se como sujeitos do dever as entidades responsáveis pela gestão, salvo se outro sentido resultar da disposição em causa"* (artigo 1º/6, do RJCRES). Assim, todas as operações autorizadas pela lei – ainda que imputadas ao fundo de capital de risco – deverão ser realizadas pela sua entidade gestora[74]. As operações *permitidas* elencadas no artigo 9º/1 do RJCRES não são taxativas, pelo que nada impede que os fundos de capital de risco invistam em dívida. É nesse sentido que depõe uma interpretação sistemática e teleológica do regime de capital de risco. O artigo 10º enu-

---

[73] Cf. a definição consagrada no artigo 3º/1 do Regime Jurídico do Capital de Risco, Empreendedorismo Social e Investimento Especializado (RJCRES) aprovado pela Lei nº 18/2015, de 4 de março. Noutros ordenamentos jurídicos, o conceito é similar. Na Alemanha, o regime jurídico do capital de risco pode ser encontrado na *Gesetz zur Modernisierung der Rahmenbedingungen für Kapitalbeteiligungen (MoRaKG)*, aprovou a *Gesetz zur Förderung von Wagniskapitalbeteiligungen (Wagniskapitalbeteiligungsgesetz – WKBG)*.

[74] É, aliás, esta circunstância que justifica que as operações autorizadas, por via do artigo 9º/1 da lei 18/2015, de 4 de março, às sociedades de capital de risco e aos investidores em capital de risco apenas sejam aplicáveis aos fundos de capital de risco por remissão expressa do nº 5 do mesmo artigo. A verdade é que estas operações são, materialmente, praticadas pelas entidades gestoras e só esse facto explica que se utilize a técnica legislativa remissiva, ao invés de se consagrar de forma direta quais as operações proibidas aos fundos.

mera um conjunto de operações vedadas aos fundos de capital de risco. Se o elenco de atividades autorizadas aos fundos de capital de risco fosse taxativo então não haveria necessidade de explicitar quais as atividades proibidas, uma vez que todas as restantes o seriam. O mesmo se diga no sentido oposto da questão: se apenas existisse um elenco de atividades proibidas, concluir-se-ia que todas as restantes atividades seriam permitidas. Aliás, essa solução seria, em absoluto, consentânea com o sistema. O direito comercial e, em particular, o regime dos fundos de investimento é, ainda e sempre, direito privado, dominado pelo vetor estrutural da autonomia privada. Porém, não tendo sido essa a opção legislativa consagrada, os elencos de atividades (permitidas e proibidas) contidos na lei devem ser cuidadosamente interpretados e nunca tidos como taxativos. Não basta a constatação que o artigo 9º do RJCRES não autoriza o investimento em direitos de crédito para se concluir, liminar e genericamente, pela sua proibição em absoluto. É necessário interpretar a lei, com apoio no direito europeu e comparado, bem como no elemento sistemático e teleológico da interpretação. A nível europeu não existe qualquer elenco de operações proibidas aos fundos de capital de risco[75]. Na Alemanha, prevê-se, de forma expressa, a admissibilidade de outras transações não elencadas na lei, desde que se relacionem com o objeto social da SCR ou do FCR. O §8, (1), WKBG elenca um conjunto de operações que as sociedades de capital de risco podem realizar e o §8, (6), WKBG admite expressamente outras transações para além das elencadas na lei, desde que relacionadas com o objeto social. Não é de admirar a referência a *"objeto social"*, uma vez que na Alemanha, embora existam fundos de *private equity* e de *venture capital*, a par de sociedades de capital de risco (tal como acontece em Portugal), estes assumem a forma de GmbH & Co., KG[76], pelo que a referência ao objeto social – e não à política de investimento do fundo – é perfeitamente natural. Se o

---

[75] Cf. Diretiva 2006/49/CE do Parlamento Europeu e do Conselho, de 14 de Junho de 2006; Diretiva nº 2011/61/CE do Parlamento Europeu e do Conselho, de 8 de junho de 2011; Diretiva nº 2013/14/UE, do Parlamento Europeu e do Conselho, de 21 de Maio de 2013; Diretiva nº 2013/36/UE do Parlamento Europeu e do Conselho, de 26 de junho de 2013; Regulamento (UE) nº 575/2013 do Parlamento Europeu e do Conselho, de 26 de junho de 2013; Regulamento (UE) nº 345/2013 do Parlamento Europeu e do Conselho de 17 de abril de 2013

[76] Cf. HESS, *Wagniskapital*, em JÜRGEN PAUL BIRLE (org.), *Beck'sches Steuer- und Bilanzrechtslexikon*, 4ª ed., München, 2015, Rn. 2; BERND SAGASSER, *§27 – Die Besteuerung von Kapitalanlagevermögen*, em HEINZ-DIETER ASSMANN / ROLF A. SCHÜTZE, *Handbuch des Kapitalanlagerechts*, 4ª ed., München, 2015, Rn. 394, 400.

legislador português pretendesse diferente solução tê-lo-ia tornado claro, com recurso, por exemplo, a uma norma paralela àquela da lei espanhola que regula o investimento em capital de risco. O artigo 10º/2 da *Ley 22/2014, de 12 de* noviembre determina que as SCR, dentro do seu objeto social, e os FCR, dentro do seu objeto principal, não poderão desenvolver atividades não previstas na lei. O regime português, pelo contrário, não é tão restritivo, apenas proibindo as atividades não relacionadas com a política de investimento do fundo. Assim sendo, o investimento em dívida por parte de fundos de capital de risco pode ser reconduzido aos gerais problemas de objeto social, na medida em que a atuação do fundo deve ser imputada à sua entidade gestora. O aparente obstáculo que o regime legal português levanta a esse investimento, deve ser rapidamente ultrapassado e devemos reconhecer que os investidores de capital de risco são uma adequada alternativa para a recuperação da empresa insolvente. Há, então, que analisar algumas das estratégias típicas deste tipo de investimento, *v.g.,* esquemas de *loan to own*, e assegurar que o quadro legislativo falimentar português é aquele que melhor se adequa à promoção deste tipo de investimento.

A possibilidade de os fundos de capital de risco, para além de adquirem participações sociais de empresas com vista à sua valorização futura, poderem investir em dívida da sociedade participada torna-os particularmente aptos a uma intervenção num momento de dificuldades financeiras. Por isso, não é de espantar que, de acordo com o relatório anual da CMVM sobre a atividade de capital de risco, referente a 2015[77], o *venture capital* e o *private equity* apresentem um peso muito distinto: 19,3% e 80,7% respetivamente. Ao nível do *private equity*, nota o relatório, é de salientar o papel das empresas que pretendem reorientar a sua estratégia *(turnaround)*. No final de 2015, o investimento direcionado ao *turnaround* representava 51,3% (€ 1,9 mil milhões) do valor investido pelo capital de risco, o que significa um aumento de importância face ao ano anterior (35,3% em 2014).

4.2. Os fundos de capital de risco como pessoa especialmente relacionada com o devedor?

Como é acentuado pela CMVM[78], o investimento em capital de risco tanto pode desempenhar um papel financiador, de aconselhamento téc-

---

[77] Disponível em www.cmvm.pt, no separador "publicações periódicas".
[78] *Relatório anual sobre a atividade de capital de risco* (2015), 18.

nico e de envolvimento na gestão (abordagem *"hands-on"*), como pode limitar-se à alocação de fundos às empresas intervencionadas por parte dos operadores (*"hands-off"*). O fundo de capital de risco que financie a sociedade devedora com recurso a dívida com a finalidade de lhe proporcionar os meios financeiros para a sua recuperação tanto pode fazê-lo na sua qualidade de sócio, caso em que, verificados outros pressupostos, o crédito será qualificado como suprimento para revitalização (cf. *infra*) ou como qualquer terceiro. Neste último caso, é preciso considerar que, por exemplo, no final de 2015 os investidores de capital de risco detinham uma posição maioritária em cerca de 20,3% das sociedades investidas, assumindo em muitos casos uma perspetiva *hands-on*[79]. Ora, essa posição acionista poderá ter implicações a nível da graduação de créditos no processo de insolvência. De facto, o artigo 48º, *a)*, do CIRE qualifica como créditos subordinados aqueles que sejam detidos por pessoas especialmente relacionadas com o devedor, desde que a relação especial existisse já aquando da respetiva aquisição e por aqueles a quem os créditos tenham sido transmitidos nos dois anos anteriores ao início do processo de insolvência. Esclarece o artigo 49º/2, *b)*, do CIRE que se consideram pessoas especialmente relacionadas com o devedor aquelas que tenham estado com a sociedade insolvente em relação de domínio ou de grupo, nos termos do artigo 21º do CVM, em período situado dentro dos dois anos anteriores ao início do processo de insolvência. A *ratio* da subordinação destes créditos pode ser encontrada na suscetibilidade de as pessoas especialmente relacionadas com o devedor poderem influenciar a sua atuação e serem, tendencialmente, beneficiadas[80]. Por isso, se dessa relação resultarem créditos, em situação de insolvência, deverão ficar sujeitos a um tratamento menos favorável do que os restantes[81-82].

Há, no entanto, que questionar se este enquadramento legal se aplica também àqueles créditos detidos por fundos de capital de risco, mesmo que detentores de uma participação social de controlo. Como explicado

---

[79] *Relatório CMVM* cit., 19.
[80] Cf. SOVERAL MARTINS, *Um curso* cit., 248.
[81] Cf. CARVALHO FERNANDES/ LABAREDA, *Código da Insolvência e da Recuperação de Empresas anotado*, Lisboa, 2008, 228.
[82] Note-se que na Alemanha a *ratio* subjacente à relação especial deverá ser a suscetibilidade de o credor se aperceber das condições financeiras do devedor. É esse o sentido que parece resultar do §138 Abs. 2 Nr. 2 InsO.

supra, os fundos de capital de risco são patrimónios autónomos sem personalidade jurídica, pelo que, em termos literais, não deveriam ser qualificados como pessoas especialmente relacionadas com o devedor. De facto, o artigo 49º/2, *b),* do CIRE remete para o Código dos Valores Mobiliários a qualificação de uma relação como sendo de domínio ou de grupo. O artigo 21º desse Código, por seu turno, estabelece os critérios de existência de relação de domínio ou de grupo por referência a uma relação existente entre uma pessoa singular ou coletiva e uma sociedade[83]. Parecem, assim, ficar de fora os patrimónios autónomos.

Julgamos, porém, que a solução deve ser outra. Uma interpretação literal das normas, sem atenção ao sistema global de regulação dos fundos de capital de risco, implicaria resultados em desarmonia com o sistema. Como escrito *supra,* a *ratio* da subordinação destes créditos é o risco de que o vínculo de controlo tenha determinado ou condicionado o relacionamento entre a sociedade devedora e o credor ou de que do relacionamento tenham resultado benefícios para o credor. Ora, o mesmo risco encontra-se presente quer seja uma pessoa coletiva, singular ou património titular de uma participação social que lhe confere o controlo da sociedade. Assim, apesar do caráter taxativo do elenco dos créditos e relações contidos nos artigos 48º e 49º do CIRE[84], uma interpretação teleológica do regime esclarece que, apesar da falha do elemento literal, a suscetibilidade de exercício do poder de influência dominante por um património autónomo é suficiente para fundamentar a subordinação. De facto, a remissão operada pelo artigo 49º/2, *b),* do CIRE para o CVM, e não para o CSC, visa, precisamente, não limitar as relações de domínio ou de grupo àquelas existentes entre pessoas coletivas, mas abranger, também, outras entidades. É certo que o artigo 21º do CVM apenas faz referência às pessoas singulares ou coletivas, mas dois traços do enquadramento normativo dos fundos de capital de risco levam-nos a concluir pela sua aplicabilidade também a estas situações. Por um lado, as atuações dos fundos de capital de risco, na medida em que estes não são dotados de personalidade jurídica, devem ser imputadas às suas sociedades gestoras, que são, necessariamente, sociedades anónimas. Por outro lado, como se sabe, o enquadramento dos fundos de capital de

---

[83] A remissão operada para o CVM, que, por seu turno, remete ainda para o CSC, visa o alargamento do conceito de relações de domínio ou de grupo, de forma a ter-se em conta o local da sede da sociedade dominante e, ainda, que a entidade dominante seja uma pessoa singular.
[84] Neste sentido, Carvalho Fernandes/ Labareda, *Código* cit., 227 e 232.

risco é ainda imperfeito e nem sempre é clara a sua relação com o regime societário pelo que cabe ao legislador concluir qual deve ser o regime concretamente aplicável. Não existindo motivos para não serem subordinados os créditos de que seja titular um investidor de capital de risco com uma participação controladora, então, deve ser-lhe esse regime aplicável.

§5. Financiamento através dos sócios. Suprimentos para revitalização

Questão central é saber se a proteção conferida ao *fresh money,* nomeadamente a concessão de um privilégio creditório mobiliário geral, também abrange o financiamento por suprimentos ou se, pelo contrário, a estes se deverá aplicar o regime geral. Segundo este, os suprimentos são considerados subordinados (artigos 47º/4, *b)* e 48º, *g),* do CIRE e artigo 245º/3 do CSC) e o seu reembolso no ano anterior à data do início do processo de insolvência pode ser incondicionalmente resolvido em benefício da massa (artigo 121º/1 *i),* do CIRE).

Trata-se de enquadramento legal altamente penalizador dos sócios que queiram capitalizar a sociedade em situação económica difícil, insolvência iminente ou efetiva. Neste ponto, pelo menos na aparência, a proteção do *fresh money* é imperfeitamente conseguida e o regime é estruturalmente avesso à recuperação de empresas. De facto, um fundo de capital de risco, um banco ou qualquer outro investidor que queira sanear uma empresa através da concessão de crédito, mas participe no capital social da devedora, verá os seus créditos qualificados como suprimentos e, consequentemente, o seu pagamento será subordinado. Veremos, porém, *infra,* que uma adequada interpretação do sistema como um todo nos pode conduzir a um quadro mais adequado de tutela dos sócios financiadores da empresa. A comparação com o regime vigente em ordenamentos estrangeiros será essencial para alcançar essa interpretação.

5.1. Créditos subordinados ou privilegiados? O *Sanierungsprivileg* alemão, o regime italiano e o *privilegio del dinero nuevo* espanhol

O ordenamento jurídico português, pelo menos por contraste com os países que lhe serviram de inspiração, é aquele cujo regime de proteção do financiamento por suprimentos é menos claro, o que gera entraves injustificados à capitalização societária em momentos de situação económica difícil.

ESTUDOS DE DIREITO BANCÁRIO I

I. Assim, por exemplo, na Alemanha, vigora o chamado *privilégio de saneamento (Sanierungsprivileg)* [85]. Embora o §39 (1) InsO considere subordinados os créditos de suprimentos ou outros economicamente equivalentes[86], é o próprio §39 InsO que excepciona três situação, nas quais os suprimentos não deverão ser considerados subordinados[87]:

- naqueles casos em que um credor adquira ações de sociedade insolvente, em insolvência iminente ou sobre-endividamento com o propósito de reorganização societária (§39 (4) 2 InsO)[88];
- quando prestados a favor de pessoas coletivas por cujas dívidas responda uma pessoa singular pessoal e ilimitadamente, de forma direta ou indireta (§39 (4) 1 InsO)[89]-[90];

[85] Sobre o regime alemão (ainda que já desatualizado), na doutrina portuguesa, cf. ALEXANDRE MOTA PINTO, *Do contrato de suprimento. O financiamento da sociedade entre capital próprio e capital alheio,* Coimbra, 2002, 262 ss.

[86] É prática frequente financiar as GmbH com recurso a suprimentos, mas o BGH já considerou que o pagamento de suprimentos em alturas de crise da empresa constitui violação do dever de os administradores protegerem o capital social. Por isso, o crédito por suprimentos era considerado subordinado nos termos do §32a GmbHG. A norma foi revogada pela *Gesetz zur Modernisierung des GmbH-Rechts und zur Bekämpfung von Missbräuchen (MoMiG),* que entrou em vigor a 1.11.2008. Na verdade, apesar da popularidade das GmbH na Alemanha, a legislação que as regulava não tinha sofrido grandes alterações desde a sua implementação no final do século XIX, com evidentes complicações para a jurisprudência. Por isso, a MoMiG foi um ponto de viragem, reformando o regime e transpondo para a lei algumas soluções que já resultavam da *case law.* Após a sua entrada em vigor, a previsão de subordinação e correspondentes exceções passaram a constar da *InsO.* Cf. MICHAEL BEURSKENS/ ULRICH NOACK, *The reform of German Private Limited Company:* is the *GmbH ready for the 21st century,* 9 German Law Journal, 2008, 1069-1092 (1087).

[87] Ao abrigo da anterior redação da lei, em vez de se fazer referência genérica aos suprimentos, existia a figura dos *suprimentos substitutivos do capital (Kapitalersetzenden Gesellschafterdarlehens).* Atualmente, todos os créditos por suprimentos, salvo as mencionadas exceções, deverão ser indistintamente considerados subordinados. Cf. BRAUN, *Insolvenzordnung,* 7ª ed., 2017, §39, Rn. 21.

[88] Na redação original: *"Erwirbt ein Gläubiger bei drohender oder eingetretener Zahlungsunfähigkeit der Gesellschaft oder bei Überschuldung Anteile zum Zweck ihrer Sanierung, führt dies bis zur nachhaltigen Sanierung nicht zur Anwendung von Absatz 1 Nr. 5 auf seine Forderungen aus bestehenden oder neu gewährten Darlehen oder auf Forderungen aus Rechtshandlungen, die einem solchen Darlehen wirtschaftlich entsprechen".*

[89] Na redação original *"Absatz 1 Nr. 5 gilt für Gesellschaften, die weder eine natürliche Person noch eine Gesellschaft als persönlich haftenden Gesellschafter haben, bei der ein persönlich haftender Gesellschafter eine natürliche Person ist".*

[90] A norma do §39 (4) 1 InsO aplica-se, também, a todas as sociedades estrangeiras de responsabilidade limitada com sucursais na Alemanha, desde que a sua insolvência seja

A CONCESSÃO DE CRÉDITO PARA O SANEAMENTO DE EMPRESAS

- prestados por sócios (tal como definido no §39 (4) 1 InsO) que detenham 10% ou menos do capital social (§39 (5) InsO)[91].

Foquemo-nos no primeiro ponto. De acordo com a lei, o privilégio não diz respeito a suprimentos para revitalização societária, mas, sim, à aquisição de participações por credores com esse propósito, seja num aumento de capital, seja por compra a antigo sócio. Ou seja, apenas os novos sócios que escolham entrar na sociedade em momento de *distress* poderão beneficiar do privilégio. A lei não clarifica se a entrada na sociedade se pode realizar por intermédio de *debt for equity swaps*. Porém, o projeto de lei da ESUG respondia à questão no sentido afirmativo[92] e a mesma resposta tem sido assumido pela maioria da doutrina que discute o tema[93].

Note-se que, de acordo com a lei, o benefício apenas é concedido em caso de aquisição de ações por credores da sociedade[94]. No entanto, apesar de a lei não o referir, esta ordem cronológica não tem necessariamente de ser respeitada, *i.e.*, se um investidor adquirir, primeiro, participações sociais e apenas posteriormente se tornar credor poderá, ainda, beneficiar do privilégio, desde que exista uma ligação funcional entre a participação acionista e a concessão do empréstimo. O elemento essencial será que a aquisição das ações sirva o propósito de revitalização societária. Ou seja, para que o empréstimo não seja considerado subordinado terão de estar, cumulativamente, preenchidos os seguintes requisitos:

(i) O adquirente tem de ser motivado pela intenção de reabilitar a sociedade, que deve ser assumida num documento de recuperação;

---

julgada ao abrigo da lei alemã. Ou seja, nestes casos, os suprimentos devem ser considerados subordinados. Cf. BRAUN, *Insolvenzordnung* cit., Rn. 19. Em geral, estas normas também se devem aplicar a insolvências decididas na Alemanha, mas de sociedade com sede noutro estado membro da União Europeia (Rn. 20).

[91] Na redação original: *"Absatz 1 Nr. 5 gilt nicht für den nicht geschäftsführenden Gesellschafter einer Gesellschaft um Sinne des Absatzes 4 Satz 1, der mit 10 Prozent oder weniger am Haftkapital beteiligt ist"*.

[92] RegE-ESUG, B Art. 1 a Nr. 17.

[93] Cf. BRAUN, *Insolvenzordnung* cit., 29.

[94] GERALD SPINDLER (*Trading in the vicinity of insolvency*, European Business Organization Law Review 2006, 7(1), 339-352 (345)) nota que a concessão de um privilégio de saneamento é uma forma de solucionar o dilema com que se confrontam os bancos, sociedades mães ou qualquer outro investidor *fresh money* que queiram investir numa sociedade insolvente e não queiram ser prejudicados por via da subordinação.

ESTUDOS DE DIREITO BANCÁRIO I

(ii) Recuperabilidade: é necessário que, de acordo com um juízo *prima facie*, um terceiro que julgue à data da aquisição das ações, com base num juízo *ex ante*, considere que a sociedade é objetivamente recuperável e que as medidas concretamente encetadas são objetivamente aptas para atingir essa finalidade[95].

O privilégio não depende de um efetivo sucesso da reestruturação empresarial, mas apenas da concreta recuperabilidade da empresa julgada caso a caso[96].

II. Em Itália, também a regra geral é a da subordinação dos créditos por suprimentos (artigo 2467º (1) do *Codice Civile*). Porém, o artigo 182º *quater*, parágrafo 3, da *legge fallimentare* exceciona a subordinação naquelas situações em que o financiamento seja concedido em execução de um acordo de reestruturação de débitos (*accordi di ristrutturazione dei debiti*) homologado. Nesse caso, 80% do valor do crédito é pré-deduzível, *i.e.*, aplica-se o regime do artigo 111º da *legge fallimentare*, segundo o qual devem ser satisfeitos com o produto da liquidação dos bens, posteriormente ao pagamento dos créditos que beneficiem de hipoteca ou penhor[97].

III. Em Espanha, pelo contrário, o legislador considerou que os credores por suprimentos não deveriam merecer a mesma proteção que os terceiros credores. Em geral, os credores que promovam a revitalização societária beneficiam de um *privilegio del dinero nuevo*, ou seja, os créditos relativos a entradas de tesouraria realizadas no âmbito de um acordo de refinanciamento nos termos da *Ley Concursal (LC)* beneficiam, em 50% do seu montante, de um privilégio geral (artigo 91.6 da *LC*), ao passo que o valor remanescente é considerado dívida da massa (artigo 84.11 da *LC*). A *Ley Concursal* não deixa margem para dúvidas quanto à qualificação da contribuição dos sócios realizada em sede de acordos de refinanciamento: *"a classificação não se aplica aos ingressos de tesouraria realizados pelo próprio devedor ou por pessoas especialmente relacionadas através de operações de aumento de*

---

[95] Cf. BGHZ 165, 106, ainda que a propósito do revogado §32a (3) S. 3 GmbHG.

[96] Martin Gogger, *Insolvenzgläubiger-Handbuch*, 3ª ed., Munique, 2011, §3, Rn. 683-688 (686).

[97] Em créditos pré-deduzíveis até 80% do seu montante. A descrição do regime italiano pode ser encontrada em Pestana de Vasconcelos, *Recuperação de empresas* cit., 104.

capital, empréstimos ou outros atos com finalidade análoga" (artigo 84.11, 2º parágrafo, da *LC*). O legislador espanhol afastou-se aqui, claramente, da tendência alemã e italiana.

5.2. Proteção do *fresh money*. Compatibilização do regime legal: suprimentos para revitalização como créditos privilegiados

I. O enquadramento legal dos suprimentos para revitalização em ordenamentos jurídicos estrangeiros leva a que a doutrina portuguesa que discute o tema estranhe que o legislador não tenha tomado uma posição clara sobre este ponto[98]. Ou seja, que o legislador não esclareça se o regime do artigo 17º-H/2 abrange, também, os credores que prestem suprimentos ou se apenas beneficia os restantes credores.

Apesar de opinião contrária já ter sido defendida na doutrina portuguesa[99], julgamos que os créditos por suprimentos devem ser considerados privilegiados. Apesar de reconhecermos o risco – ou mesmo o incentivo – de os sócios deixarem a sociedade chegar a uma situação económica difícil para prestarem o suprimento no decurso do processo especial de revitalização, ao invés de concederem o empréstimo num momento prévio[100], julgamos que, ainda assim, os suprimentos estão abrangidos pela especial proteção do regime do PER.

O desajustamento entre o regime do contrato de suprimento e o objetivo de recuperar as empresas em situação económica difícil ou em insolvência iminente carece de especial justificação desde 2012, data em que existiu uma geral reorientação do processo de insolvência para a revitali-

---

[98] Assim, Pestana de Vasconcelos, *Recuperação de empresas* cit., 104.

[99] Pestana de Vasconcelos, *Recuperação de empresas* cit., 103-114. O autor distingue consoante o suprimento seja prestado a favor de uma sociedade por quotas ou numa sociedade anónima. No primeiro caso, na medida em que o PER não excepciona as regras gerais sobre a subordinação de créditos, como sucede noutros ordenamentos jurídicos, pressupõe-se que os créditos decorrentes do financiamento são créditos comuns a que se concede um privilégio e não créditos subordinados que passam a privilegiado (109). Aceitar a aplicação do regime especial do PER alteraria radicalmente a posição dos sócios, que passariam de uma posição bastante frágil para outra bastante forte. Já nas sociedades anónimas, defende o autor que o sócio financiador, no que diz respeito a empréstimos pecuniários, age, regra geral, como se fosse um terceiro, pelo que os seus créditos devem ser protegidos tanto pela concessão do privilégio como pela tutela das garantias (111). Defende também que o PER não impõe uma maior exigência na qualificação de um sócio como sócio empresário (113 e ss.)

[100] O risco é notado por Pestana de Vasconcelos, *Recuperação de empresas* cit., 110.

zação societária. O objetivo da recuperação é económico-social: evitar o empobrecimento do tecido empresarial e o desemprego crescente fomentado pela liquidação de empresas com modelos de negócios eram solventes.

Assim, a questão que colocamos é a seguinte: deve o privilégio creditório concedido aos *"credores que, no decurso do processo, financiem a atividade do devedor disponibilizando-lhe capital para a sua revitalização"* beneficiar todo e qualquer credor ou deve, pelo contrário, excluir os credores por suprimentos?

Em primeiro lugar, há que notar que o elemento literal aponta no sentido da posição que ora assumimos. A lei, no artigo 17º-H do CIRE, refere apenas credores, não distinguido consoante o tipo de créditos. A não distinção justifica-se, parece-nos, precisamente porque o legislador pretendeu conferir um tratamento unitário às duas situações[101].

Mas, mais importante, a *ratio* da subordinação dos créditos por suprimentos fica plenamente assegurada mesmo que os suprimentos prestados num plano de revitalização homologado sejam privilegiados. O objetivo essencial do legislador ao regular o contrato de suprimento é a proteção dos credores sociais. Esse objetivo não é contrariado pela concessão de um incentivo para a prestação de suprimentos com a finalidade de recuperar a sociedade, uma vez que a revitalização societária implica que, não só o crédito para revitalização seja pago, mas que também o sejam os restantes créditos[102].

Por último, diga-se que o objetivo transversal a toda a regulamentação do PER é a recuperação do devedor insolvente. Não existindo qualquer justificação para se dizer que esse objetivo não pode ser alcançado por via da

---

[101] Nem se diga que a não distinção no artigo 17º-H/2 se prenderia com a necessidade de interpretar o sistema como um todo, que levaria a que a subordinação prevista no artigo 49º do CIRE prevalecesse sobre a norma do PER. Não é assim. A criação do PER em 2012, por oposição às restantes normas que remontam a 2004 é um forte indício do caráter de especialidade da primeira norma, que deve, portanto, prevalecer sobre a segunda.

[102] Assim, ALEXANDRE MOTA PINTO, *Do contrato* cit., 264. A outro propósito, ANA PERESTRELO DE OLIVEIRA, *Grupos* cit., 645 admite a não subordinação – ainda que a título excecional – de alguns créditos da sociedade controlada, que *prima facie*, seriam subordinados por aplicação do artigo 49º do CIRE. É o caso do artigo 502º do CSC: o crédito correspondente à obrigação de compensação das perdas quando se verifica a cessação da relação de grupo não pode ser considerado como crédito subordinado, na medida em que isso implicaria anular o intuito de tutela da sociedade-filha e, indiretamente, dos seus sócios e credores.

prestação de suprimentos, então há que equiparar plenamente – ou melhor, há que não distinguir – o financiamento por sócios ou qualquer terceiro.

Aliás, não deixa de ser curioso notar que o próprio conceito de créditos subordinados, previsto no artigo 47º/4, *b*), do CIRE, os define como todos os créditos mencionados no artigo seguinte (onde estão elencados os suprimentos) desde que não beneficiem de privilégio creditório geral. Ou seja, é o próprio legislador que abre a hipótese de existirem créditos *prima facie* qualificados como subordinados mas que, pelo facto de beneficiarem de um privilégio, perdem essa característica.

Assim se abre caminho a que os investidores participem em sociedades em situação económica difícil e prestem suprimentos a seu favor, sem que existam barreiras nos incentivos económicos a essa atuação[103].

II. Aqui chegados, há que indagar como devem ser normativamente enquadrados os suprimentos dirigidos à recuperação da empresa, mas realizados fora do PER e do plano de insolvência. Serão, simplesmente, créditos subordinados de acordo com o regime geral ou será que o princípio subjacente ao artigo 17º-H apresenta amplitude suficiente para fundamentar a não subordinação dos suprimentos para revitalização, mesmo quando prestados fora do PER?

A resposta à questão enunciada dependerá de ponderar o motivo pelo qual o *fresh money* – onde, já vimos, se devem incluir os suprimentos – é privilegiado em sede de PER. Julgamos que a proteção conferida ao *dinheiro novo* encontra uma *ratio* dupla:

(i) Por um lado, os suprimentos abrangidos pela norma do 17º-H/2 do CIRE são apenas aqueles dirigidos à revitalização da empresa insolvente, o que faz com que, numa lógica de evitar liquidações

---

[103] A nossa opinião valerá também para os suprimentos para recuperação prestados em sede de plano de recuperação. Note-se que defendemos a aplicabilidade do artigo 17º-H do CIRE ao plano de recuperação, ao contrário daquilo que é costume ser discutido, que é a aplicabilidade das disposições que regulam o plano de insolvência ao PER. A propósito desta última questão, em sentido afirmativo, cf. MARIA DO ROSÁRIO EPIFÂNIO, *O processo especial* cit., 98. Em sentido contrário, BERTHA PARENTE ESTEVES, *Da aplicação das normas relativas ao plano de insolvência ao plano de recuperação conducente à revitalização,* II Congresso de Direito da Insolvência, Coimbra, 2014, 277 e 278. O fundamento desta posição seria que, ao passo que o PER se destina à recuperação do devedor, o plano de insolvência visa primacialmente satisfazer os interesses dos credores.

desnecessárias, se tente incentivar estes negócios numa fase da vida societária em que estes se apresentam com particulares riscos.

(ii) Por outro lado, o privilégio resulta também do facto de o plano de revitalização ser aprovado por maioria em assembleia de credores e homologado pelo juiz, sendo que os credores que votem contra o plano podem pedir a sua não homologação quando ao abrigo do plano fiquem numa situação previsivelmente pior do que aquela em que estariam sem o plano de insolvência. Ou seja, o controlo do novo financiamento, operado por parte dos restantes credores e do juiz, assegura a inexistência de prejuízo para os credores sociais.

Se esta for a *ratio* da concessão de um privilégio mobiliário creditório geral aos novos financiadores em sede de PER, perguntar-se-á se não se encontram justificações equivalentes para injeções de dinheiro realizadas fora deste processo especial de revitalização.

A primeira motivação – promover a recuperação empresarial e evitar o empobrecimento do tecido económico-social – é igualmente intensa num momento pré insolvencial ou de situação económica difícil. Não seria consentâneo com o sistema considerar que o processo especial de recuperação visa a revitalização empresarial, mas que esse objetivo não é prosseguido numa fase prévia. Não existem motivos que justifiquem a diferenciação entre os dois momentos, além de que quanto mais tempo uma empresa passa em situação económica difícil menor será a probabilidade de recuperação. Ou seja, por esta via, não encontramos motivação para que os suprimentos sejam tratados de forma diferente consoante sejam prestados em PER ou não.

A segunda diferença enunciada – o controlo pelos credores e pelo juiz – não é despicienda. De facto, os créditos resultantes de suprimentos não são subordinados se a sociedade for declarada insolvente porque os motivos da subordinação (que são na essência a tutela dos credores) já foram assegurados por via do consentimento maioritário dos credores e da homologação judicial, que torna o plano vinculativo para todos os credores, incluindo para aqueles que tenham votado contra a sua aprovação ou que nem tenham reclamado o crédito. Perante esta diferença fundamental entre um suprimento prestado em sede de PER e outro fora do processo de insolvência, podíamos ser levados a concluir pela não subordinação dos suprimentos prestados fora do cenário do artigo 17º-H do CIRE.

No entanto, a conclusão não deve ser essa. Se basta o facto de existir um consentimento dos credores e a homologação judicial para que os suprimentos percam o caráter subordinado, então, bastará assegurar a tutela dos credores em condições equivalentes a estas para que os créditos sejam comuns.

Devemos considerar que essa tutela se encontra alcançada e que os créditos podem ser qualificados como comuns quando:

1. O suprimento seja prestado num momento em que a sociedade se encontre em situação económica difícil[104];
2. O suprimento deve ter o propósito de recuperação da empresa[105];
3. Haja uma avaliação imparcial e objetiva em que se avalie se (i) a empresa é efetivamente recuperável e (ii) se as medidas são idóneas para alcançar esse objetivo[106].

Verificadas estas condições, os contratos devem continuar a ser qualificados como suprimentos, mas conceder-se-ia o *plus* de não serem considerados subordinados[107].

---

[104] Para ALEXANDRE MOTA PINTO, *Do contrato* cit., 266, os suprimentos, para não serem considerados subordinados, teriam de ser prestados por novos sócios que adquiram participações sociais com o intuito de recuperar a empresa em situação económica difícil. Os antigos sócios, mesmo que quisessem participar no saneamento financeiro, já não beneficiariam deste regime, porque apenas os novos sócios não assumiram, até à data, qualquer responsabilidade pelo financiamento da sociedade (nota 266).

[105] Caso esse propósito não seja alcançado, não fica o suprimento para revitalização descaracterizado e prejudicado no seu regime. Aliás, o privilégio de saneamento é concebido precisamente para as hipóteses em que o saneamento não tem sucesso e a empresa acaba por se apresentar, ainda assim, à insolvência. Só nesses casos a não subordinação encontra utilidade. Fora da situação de insolvência manter-se-á o regime geral aplicável aos restantes suprimentos, nomeadamente, quanto à nulidade das garantias que lhes sejam apostas. Assim, ALEXANDRE MOTA PINTO, *Do contrato* cit., 267.

[106] ALEXANDRE MOTA PINTO, *Do contrato* cit., 267 apresenta um requisito similar, mas apenas exige que o sócio apresente um plano ou projeto de saneamento da sociedade, no qual se possa basear um juízo de prognose sobre a recuperabilidade da sociedade.

[107] Não chegamos ao ponto de defender que estes suprimentos devem beneficiar de privilégio mobiliário creditório geral à semelhança daquilo que ocorre no PER, uma vez que não existe fundamento legal para essa posição nem motivos para que seja aplicado analogicamente a norma cdo artigo 17º-H do CIRE.

§6. *Debt-equity swaps*. Estratégias de *loan to own* no processo de insolvência

As estratégias de *loan to own* podem ser enquadradas em esquemas predatórios de gestão, ou seja, dirigidos à aquisição da sociedade pelo investidor. É comum o investidor de capital de risco apropriar-se da sociedade *target*, estratégia essa por vezes relacionada com o seu *asset striping* (o investidor em capital de risco apropria-se, *v.g.*, de equipamento, clientela ou patentes da sociedade investida). As práticas predatórias devem ser consideradas ilícitas, por violação do artigo 64º/1, *b)*, do CSC[108], e podem ser conseguidas com recurso à utilização de *debt-equity-swaps*.

Em termos simples, o esquema inicia-se com a compra, pelo investidor de capital de risco, da chamada *distressed debt*, seguida pela sua conversão em capital e pela recuperação da empresa em situação difícil. O crédito convertido resulta, tipicamente, de um *non performing loan* (NPL), ou seja, um empréstimo em relação ao qual o devedor se encontra em *default* há mais de 90 dias e cuja probabilidade de reembolso é muito reduzida, ou resultante de *sub-performing loans*. O facto de comprarem dívida *distressed* a um preço mais baixo do que o seu valor facial e do que o preço de aquisição da sociedade *target*, tem merecido a estes investidores a alcunha de "abutres" e a operação, por ser feita longe do olhar do público e de forma agressiva, já tem sido equiparada a uma OPA hostil[109].

Na Alemanha, a figura do *debt-for-equity* swap foi introduzida pela primeira vez na ESUG e tem sido utilizada em grandes reestruturações, como o caso *Borussia Dortmund* ou *Stabilus*[110]. Tal como em Portugal, a conversão de créditos em capital vem prevista na legislação insolvencial e não na societária, o que, à primeira vista, pode espantar. De facto, o *debt-equity--swap* é um instrumento tipicamente societário que pode desempenhar um importante papel na prevenção de situações de insolvência, pelo que seria de esperar a sua previsão num diploma legal mais abrangente[111].

---

[108] PAIS DE VASCONCELOS, *O acionista* cit., 167.

[109] Cf. CARMEN HOHLBEIN, *Sanierung insolventer Unternehmen* cit.182.

[110] Cf. ANDREAS BAUER/ ANDREAS DIMMLING, *Endlich im Gesetz (entwurf): Der Debt-Equity-Swap*, NZI 2011, 517 ss.

[111] Neste sentido, BAUER/ DIMMLING, *Endlich im Gesetz* cit., 518. Existem, porém, motivos para que o mecanismo da conversão de créditos em capital esteja previsto no regime insolvencial, em particular, a propósito do plano de insolvência. O Governo Federal pretendeu que a ESUG fosse uma forma de ultrapassar as insuficiências da lei insolvencial e para fortalecer a relação

A CONCESSÃO DE CRÉDITO PARA O SANEAMENTO DE EMPRESAS

Na medida em que a conversão de créditos em capital implica, tipicamente, um aumento do capital social, a sua consagração legal na Alemanha foi acompanhada pela possibilidade de os sócios do devedor insolvente participaram na discussão e votação do plano de insolvência (§217 InsO-E). Em Portugal, pelo contrário, a lei não admite que os *stakeholders* que não sejam credores da sociedade devedora tenham direito de voto no plano, o que pode gerar situações particularmente sensíveis quando as medidas aprovadas conflituem com os interesses de outras partes, como sucederá no caso da conversão de créditos em capital. Pensamos, em particular, nos sócios e acionistas de sociedades comerciais, cuja intervenção no processo não se encontra contemplada no regime português da insolvência. A solução não encontra justificação no objetivo de satisfação dos credores, o que explicaria que só a eles fosse atribuído um papel no processo[112]. Este fim principal indiscutível não esconde o impacto do processo na posição dos sócios, no que toca, em primeiro lugar, à própria decisão de reestruturaçao/ liquidação e, em segundo lugar, às medidas concretas previstas pelo plano.

Não é de estranhar, por isso, que a solução de manter os sócios arredados do processo constitua uma (infeliz) originalidade do direito português, que – já defendemos noutra sede[113] – uma correta interpretação do regime legal, conjugada com o regime jus-societário, só em parte consegue evitar[114].

---

entre o direito da insolvência e o direito das sociedades. Por outro lado, a introdução do *debt-equity-swap* na InsO pretendeu fortalecer a competitividade da Alemanha face a outros estados membros da União Europeia, onde a utilização deste mecanismo é um importante instrumento de reestruturação.

[112] A propósito da posição jurídica de terceiros que contrataram com o insolvente (art. 102º CIRE), MENEZES CORDEIRO, *Introdução ao direito da insolvência*, O Direito, 137 III, 2005, 465-506 (500), refere que a primazia do interesse dos credores exige o sacrifício dos terceiros. Não podemos, no entanto, servirmo-nos desta ideia e tentar generalizá-la: o autor recorre, nesta sede, a um conceito de terceiro diferente daquele por nós utilizado. Falamos do *terceiro interessado, i.e.,* de uma pessoa (singular ou coletiva) não interveniente no plano, mas em cuja esfera jurídica este se repercutirá. Resulta, assim, evidente que do artigo 102º CIRE não se retira qualquer princípio geral quanto à posição jurídica dos terceiros.

[113] MADALENA PERESTRELO DE OLIVEIRA, *Limites da autonomia dos credores* cit., 51-55.

[114] Perguntar-se-á se, no direito português, não existindo, sequer, votação por grupos, há margem, *de jure condito,* para uma intervenção dos sócios da empresa insolvente. Julgamos que, apesar de digna de crítica, não é sustentável, no seio do processo, tal intervenção, perante a falta de base legal expressa. O mesmo não se dirá ao abrigo do regime legal de direito das sociedades, quando se trate da apresentação do plano pelo próprio devedor. Neste

ESTUDOS DE DIREITO BANCÁRIO I

O *Bankruptcy Code*, hoje integrado no *United States Code*, foi o primeiro
código a fundamentar legalmente a formação de um grupo[115] constituído

caso, apesar da falta de direta previsão legal, é seguro sustentar a insuscetibilidade de a
administração submeter um plano que afeta a posição dos sócios na sociedade sem prévia
submissão da matéria a deliberação destes. Recorde-se que, em conformidade com o art. 198º
CIRE, o plano pode envolver medidas estruturais que, nos termos do Código das Sociedades
Comerciais, implicam naturalmente o consentimento da assembleia geral, incluindo nas
próprias sociedades anónimas, onde a competência da assembleia geral é mais reduzida (art.
373º/1 e 3, CSC): pensamos, paradigmaticamente, no aumento e redução do capital, noutras
alterações estatutárias, na transformação da sociedade ou na própria alteração dos órgãos
sociais. Independentemente da posição de base que se tenha quanto ao problema de saber
qual deve ser, *de jure condendo*, o grau de intervenção dos sócios na sociedade, o certo é que
o nosso sistema societário tomou claramente partido no sentido da necessidade de todas
estas medidas serem submetidas aos sócios, nunca podendo ser tomadas autonomamente
pela administração. Julgamos que solução diferente não pode vigorar em caso de insolvência
da sociedade, sobretudo considerando que a própria decisão de dissolução e liquidação é
também, em geral, da competência dos sócios (artigo 142º CSC). Tanto basta, segundo cremos,
para sustentar um dever legal de submissão do plano a deliberação social previamente à sua
apresentação no processo: a solução é exigência, não das regras jus-insolvenciais, mas antes
das próprias regras de direito societário. VERSE, *Anteilseigner im Insolvenzverfahren. Überlegungen
zur Reform des Insolvenzplanverfahrens aus gesellschaftsrechtlicher Sicht*, ZGR, 2010, 299-324 (301-
304) acentua que a intervenção dos sócios é particularmente importante quando a empresa
esteja a ser recuperada e não tanto quando do plano de insolvência resulte a criação de uma
nova sociedade destinada à exploração do estabelecimento insolvente.
Se dúvidas houvesse, sempre poderíamos convocar, para este âmbito, o princípio da boa fé e
os deveres que deste decorrem para os administradores perante os próprios sócios, matéria
que hoje já se encontra consolidada no ordenamento português (cf. MENEZES CORDEIRO,
Direito das sociedades, I, 3ª ed., Coimbra, 2011, 850-888; *Os deveres fundamentais dos administradores das sociedades*, ROA, II, ano 66 (2006), 443-448; ANA PERESTRELO DE OLIVEIRA,
Grupos cit., 305 ss.), à semelhança de outros direitos: recorde-se, a este respeito, a controversa
decisão *Holzmüller* do BGH, bem como as outras decisões que a seguiram. A sentença *Holzmüller* (BGH 25-fev.-1982, BGHZ 83 (1982), pp. 123-144) determinou que na alienação do
estabelecimento de uma sociedade a direção deve convocar a assembleia geral. Sobre esta
sentença e outras apelando para os mesmos princípios, cf. MENEZES CORDEIRO, *A lealdade
no direito das sociedades*, ROA, III, ano 66 (2006), 1033-1065 (1049). Esta forma de recuperação
da empresa – saneamento por transmissão (artigo 199º CIRE) – tem a vantagem de captar
novos sócios. É certo que na conversão de créditos em capital também se verifica este fenómeno. No entanto, os novos sócios eram credores da sociedade, enquanto no saneamento
por transmissão os sócios são estranhos à empresa, o que lhes será mais benéfico. Cf. RUI
SIMÕES, *A aquisição de empresas insolventes, em* PAULO CÂMARA (coord.) *Aquisição de empresas,*
Coimbra, 2011, 371-399 (390-392).
[115] A votação do plano, tanto no espaço germânico como no norte-americano, é feita por grupos
de credores e de terceiros. Existe, porém, uma diferença pontual entre estes ordenamentos. No

por terceiros interessados, como os sócios não credores da empresa insolvente (§1123 (b) (1) BC). Na Alemanha, apesar de só em 2012 ter sido introduzida a intervenção dos sócios, sempre se defendeu, embora *de lege ferenda*, que os sócios da empresa devedora deviam formar um grupo e ser considerados parte do processo de insolvência, à semelhança do que acontece nos Estados Unidos[116]. Notava-se então que a impossibilidade de terceiros com interesses afetados pelo plano de insolvência intervirem na formação do plano diminuía a sua eficácia[117]. Ainda assim, reconhecia-se que a falta de regulamentação era provavelmente intencional, considerando que o primeiro relatório da *Kommission für Insolvenzrecht* salientava a importância da reestruturação empresarial e a necessidade de intervenção dos sócios, chegando a sugerir-se, em concreto, que, quando fosse necessário o consentimento destes para a tomada de medidas de recuperação da empresa, o tribunal se poderia substituir às maiorias necessárias. A *Diskussionsentwurf* viria a abandonar estas propostas, permitindo, no entanto, que o plano de insolvência regulasse a posição dos sócios da empresa insolvente[118]. A ESUG fez, finalmente, face a este *"Geburtsfehler"*[119] (erro de nascimento)

que respeita às maiorias para a aprovação do plano as regras são similares: tanto o § 1126 (b) *BC*, como o § 244, (1), *InsO* dispõem que, para que se considere que um grupo de credores aceitou o plano, basta que a maioria dos credores com direito de voto assuma uma posição favorável, tendo essa maioria de representar mais de metade dos créditos dos credores com direito de voto. Na Alemanha, é necessário o consentimento de *todos* os grupos para que o plano seja aprovado, mas, dentro de cada um, o consentimento é obtido por maioria simples – ainda que com o requisito extra no § 244, (1), nº 2, *InsO* –, o que faz com que, na prática, possa ser aprovado um plano contra a vontade de um elevado número de credores. Pelo contrário, nos Estados Unidos bastará o consentimento de um único grupo para que o plano seja aprovado, com recurso à aplicação do § 1129 (b) *BC*, cuja norma não requer uma ficção legal de vontade, ao contrário da alemã. A intervenção do grupo de terceiros implica a aprovação do plano com a maioria de dois terços do valor total de interesses detidos pelo grupo.

[116] Cf., *v.g.*, Sassenrath, *Der Eingriff in Anteilseignerrechte durch den Insolvenzplan*, ZIP, 2003, 1517-1530 (1528); Madaus, *Der Insolvenzplan* cit., 51.

[117] Apontando, também, a falta da participação dos sócios no processo como uma falha do plano de insolvência e como a grande responsável pela falta de sucesso na sua aplicação, cf. Jaffé, *Restrukturierung nach der InsO: Gesetzesplan, Fehlstellen und Reformansätze innerhalb einer umfassenden InsO-Novellierung aus Sicht eines Insolvenzpraktikers*, ZGR, 2-3, 2010, 251 e 258.

[118] Cf. BT-Drucks. 12/2443, disponível em http://www.insolvenzrecht.de/inhalte/materialien/rege-inso-1992/. Sobre esta evolução, embora ainda antes da entrada em vigor da ESUG, cf. Madaus, *Der Insolvenzplan* cit., 50 ss.

[119] A expressão é de Obermüller, *Das ESUG und seine Auswirkungen auf das Bankgeschäft*, ZInsO, 41/2011, 1809-1821 (1819).

da *InsO*, ao alterar o § 222, (1), acrescentando-lhe o nº 4. À semelhança do que já acontecia para os credores, também os sócios da empresa devedora e outros sujeitos com interesses afetados pelo plano de insolvência passam a formar um grupo, com direito de voto relativamente ao plano[120].

Assim, no ordenamento jurídico alemão, de acordo com o §225a II InsO, o plano de insolvência pode delinear as regras básicas de um *debt-quity-swap*, *i.e.*, se existe ou não um aumento do capital social, se os anteriores acionistas devem ser compensados pelas alterações deliberadas, entre outros aspetos[121]. A conversão de créditos em capital tem apresentado cada vez mais utilização no ordenamento jurídico tudesco, onde é encarada como um essencial instrumento de reestruturação empresarial. Ainda assim, nesse ordenamento, existem alguns riscos que devem ser acautelados, como, por exemplo, a ultrapassagem de um limiar de detenção de participações sociais relevante para obrigatoriedade de lançamento de oferta pública de aquisição. Em Portugal, exceciona-se expressamente o dever de lançamento de OPA quando o capital social seja adquirido em sede de processo de insolvência (artigo 205º, *c*), CIRE). Na Alemanha, ainda que não se encontre disposição semelhante, é ideia assente na *praxis* jurídica[122].

No ordenamento jurídico nacional, não existindo – por enquanto – intervenção dos sócios no plano de insolvência ou de revitalização, há que analisar qual o procedimento para serem convertidos créditos sobre o devedor em participações sociais.

---

[120] Em consonância com esta alteração, todos os §§ da *InsO* dedicados ao plano de insolvência que previam a participação e direitos dos credores passam a falar em direitos dos "participantes", de forma a abranger também os sócios.

[121] Note-se, porém, que a ESUG presumiu que as participações sociais dos anteriores acionistas não decrescem de valor ao ponto de a conversão de créditos em capital ter de ser acompanhada de uma compensação monetária. Ainda assim, se os sócios considerarem que esta é justificada, podem requerê-la no processo de insolvência, nos termos do §251 III 2 InsO. Cf. BAUER/ DIMMLING, *Endlich im Gesetz* cit., 518. É por esse motivo que o § 245 III InsO estende a *Obstruktionsverbot* ao grupo de voto dos antigos acionistas.

[122] Cf. BAUER/ DIMMLING, *Endlich im Gesetz* cit., 519. É importante, igualmente, ter em consideração o impacto fiscal desta operação, da maior importância em particular em cenários de insolvência. Esta é questão pela qual não enveredamos. Diga-se, apenas, que quando um crédito é convertido em capital e o credor abdica do excedente do valor do crédito, que não considera ser recuperável, reduz o crédito ao seu valor real. Ora, essa redução de valor corresponde a um ganho para a sociedade que deve, em princípio, ser sujeito a imposto sobre o rendimento.

A CONCESSÃO DE CRÉDITO PARA O SANEAMENTO DE EMPRESAS

No plano de insolvência, admite-se a conversão de créditos em capital com e sem o consentimento dos seus titulares. No primeiro caso, o *debt--equity-swap* dependente da anuência dos titulares dos créditos em causa (seja da própria entidade devedora, seja de outra constituída ou utlizada para continuar a atividade da insolvente), prestada por escrito, e que se considera tacitamente prestada no caso de voto favorável (artigos 202º/2 e 194º/2, *in fine,* do CIRE)[123]. Já no segundo caso, a conversão só poderá respeitar a créditos comuns ou subordinados[124] e não carece do consentimento dos seus titulares desde que, cumulativamente, (i) a sociedade emitente revista a forma de sociedade anónima; (ii) dos seus estatutos não constem restrições à transmissibilidade das ações (iii) nem a obrigatoriedade de ser requerida a admissão imediata das ações à cotação a mercado regulamentado, ou logo que verificados os requisitos exigidos; e (iv) não conste dos estatutos a insusceptibilidade de uma alteração que contrarie o disposto em (ii) e (iii), exceto por unanimidade, enquanto a sociedade mantiver a qualidade de sociedade aberta (artigo 203º/1, do CIRE). A sociedade emitente de ações em que sejam convertidos créditos sobre a insolvência independentemente do consentimento dos seus titulares é considerada sociedade com o capital aberto ao investimento do público (artigo 204º do CIRE). A *ratio* da norma é clara: assegurar uma maior tutela dos acionistas cuja posição resulte da conversão compulsiva de créditos em capital. As sociedades abertas asseguram de forma mais intensa a tutela dos seus sócios, em particular dos minoritários, pelo que a opção legislativa é justificada. Os titulares dos créditos convertidos não consentiram no *swap*, mas a sua posição encontra-se tutelada por duas vias. Em primeiro lugar, constituem-se, automaticamente, como titulares das participações sociais,

---

[123] ANA PRATA/ JORGE MORAIS CARVALHO/ RUI SIMÕES, *Código da Insolvência e da Recuperação de Empresas anotado,* Coimbra, 2013, 571 consideram que "esta conclusão não é inequívoca face ao regime geral das declarações tácitas formais, resultante do nº 2 do artigo 217º do Código Civil. É que, exigindo esta norma forma escrita para o consentimento, não pode considerar-se satisfeita essa exigência com o voto favorável à deliberação". Julgamos, no entanto, que o regime civil geral não é obstáculo. Não houve dúvidas que o regime insolvencial se lhe pretendeu sobrepor.

[124] Os créditos privilegiados encontram-se excluídos do âmbito de aplicação da norma, já que o seu caráter garantido aumenta a expetativa que os seus titulares sejam satisfeitos pela via comum da liquidação do património. Neste sentido, CARVALHO FERNANDES/ JOÃO LABAREDA, *Código* cit., 676; ANA PRATA/ JORGE MORAIS CARVALHO/ RUI SIMÕES, *Código* cit., 571.

ESTUDOS DE DIREITO BANCÁRIO I

cujo valor podem concretizar mediante venda e, em segundo lugar, tornam-se acionistas de uma sociedade que garante uma proteção acrescida da sua posição jurídica[125]. A dispensa do consentimento dos titulares dos créditos convertidos não é de espantar. Para além da correlativa proteção que é concedida à sua posição jurídica, o plano de insolvência é uma convenção ou negócio jurídico, mas com características próprias do Direito da Insolvência, pelo que o legislador lhe atribui uma força jurídica especial de afetação dos direitos[126]. Adicionalmente, podemos também afirmar que a

---

[125] Cf. CARVALHO FERNANDES/ JOÃO LABAREDA, *Código* cit., 680.

[126] Neste sentido cf. CATARINA SERRA, *O regime* cit., 147. A mesma Autora em *A contratualização da insolvência:* hybrid procedures *e* pre-packs *(A insolvência entre a lei e a autonomia privada)*, II Congresso DSR (2012) 265-290 refere o caráter contratualizado da insolvência, mas reconhece ainda a importância da lei na promoção e sustento das vias contratuais e também no seu controlo e limitação (289 e 290). MADAUS, *Der Insolvenzplan* cit., *passim*, é, talvez, o autor que mais desenvolvimento confere ao problema da natureza jurídica do plano de insolvência, qualificando-o como contrato de direito civil entre os credores da insolvência e os devedores. Esta natureza jurídica corresponde à sua função de instrumento de gestão de negócios: não é mais do que uma continuação das negociações para reestruturar a empresa, com a ajuda de instrumentos legais que evitam, por exemplo, o bloqueio das negociações (*Obstrukionsverbot*). A sua natureza de contrato apenas se encontraria "disfarçada" com algumas particularidades de regime. A situação especial de insolvência exige uma regulamentação rápida e eficaz do processo de restruturação. Daí a regulação judicial da formação do plano de insolvência. O facto de haver regras legais que regulam a formação do plano não joga, como aponta, com razão, o autor, contra a afirmação do plano como um contrato de direito civil. Estas regras garantem que o contrato foi validamente formado, o que é essencial para a segurança dos operadores económicos no processo de restruturação. Havendo certeza de que este contrato foi validamente celebrado, então, haverá certeza quanto à possibilidade da sua aplicação coerciva, o que aumenta a confiança e, consequentemente, as hipóteses de sucesso da restruturação. Por isso é que mesmo um plano de insolvência aprovado por unanimidade tem de ser homologado pelo juiz. MADAUS aponta também que o plano de insolvência é um contrato "ditado" no seu sentido. Se o plano de insolvência não foi votado positivamente por todos os participantes, então isso significa que a homologação judicial do plano tem ainda uma outra função. Tem a função de controlar a formação de vontade dos credores. Por exemplo, é possível que um credor tenha votado desfavoravelmente, sendo pressionado para tal, e esteja apenas a mediar a vontade de outra pessoa. Pode acontecer que um credor, por estar inserido num grupo de credores que vai votar positivamente seja coagido a votar no mesmo sentido. Ora, os princípios gerais quanto a vícios da vontade na formação do contrato também encontrarão aqui aplicabilidade. O facto de o plano estar integrado num processo judicial de insolvência em nada obsta à sua natureza de contrato. Pelo contrário, as disposições que regulam a atuação do tribunal devem ser interpretadas tendo em conta os princípios contratuais. Isto porque se parte do regime para a qualificação, caso contrário incorreríamos numa inversão metodológica. Ora, temos de ver qual a forma mais adequada de interpretar a proibição de obstrução. Se é mais adequado conjugá-la com as disposições que se aplicam

dispensa do consentimento dos sócios assegura que um mecanismo que se tornara frequente nos processos de recuperação é legalmente legitimado e a sua utilização facilitada. Esclareça-se, no entanto, que os titulares dos créditos convertidos em capital independentemente do seu consentimento não ficam absolutamente desprotegidos no processo. O artigo 194º do CIRE assegura que, sem consentimento, não podem credores em idêntica posição ser tratados de forma diferente[127] e, adicionalmente, os credores cuja situação ao abrigo do acordado seja previsivelmente menos favorável do que a que existiria na ausência de qualquer plano podem requerer ao juiz a não homologação do plano[128].

Quando se pretenda converter créditos em participações sociais no âmbito de um processo de revitalização, o primeiro aspeto a ter em consideração é a inaplicabilidade do regime especificamente previsto para o plano de insolvência e *supra* analisado. Assim, há que deliberar um aumento do capital social, sendo as entradas dos credores realizadas em espécie,

---

à formação da vontade no contrato, então a sua qualificação será feita de acordo com esta ideia. Note-se, também acompanhando MADAUS, que o tribunal não influencia a formação do plano e é obrigado a homologá-lo se não existirem motivos para a sua recusa. Não tem, na verdade, margem de discricionariedade na decisão de homologação, nem pode alterar o plano que foi aprovado. O estatuto legal dos participantes neste procedimento resulta do plano convencionado e não de qualquer decisão judicial. Mesmo em relação aos participantes que tinham "obstruído" o plano, o seu estatuto resulta de uma ficção legal de vontade e não no julgamento discricionário do tribunal. Assim, o plano de insolvência não pode ser um negócio processual, porque não implica uma formação de vontade pelo julgador. Aliás, a homologação do plano de insolvência não tem as consequências processuais de uma sentença judicial, não constituindo sequer título executivo. Chega-se, portanto, à conclusão de que nos deparamos com um negócio jurídico de direito civil. Não se trata, porém, de qualquer negócio típico previamente conhecido, até porque o seu conteúdo pode variar acentuadamente, razão pela qual, de resto, nenhuma utilidade teria uma qualificação generalizadora. Basta, por isso, afirmar, como, por exemplo, CATARINA SERRA, *O novo* cit., 128, que estamos face a uma convenção ou negócio jurídico próprio do direito da insolvência, ao qual o legislador atribui uma força jurídica especial de afetação dos direitos. Sobre a natureza jurídica dos convénios falimentares entre nós, cf., também, GISELA TEIXEIRA JORGE FONSECA, *A natureza jurídica do plano de insolvência*, Direito da insolvência. Estudos, coord. RUI PINTO, 65-129 (79 e ss.)

[127] Assinale-se, porém, com MENEZES LEITÃO, *Direito da Insolvência,* 6ª ed., Coimbra, 2015, 265-266 (e nota 400 com indicações jurisprudenciais) que a jurisprudência tem interpretado latamente o artigo 194º, admitindo que o plano de insolvência estabeleça diferenciações entre classes de credores e altere a sua situação jurídica sem consentimento destes.

[128] Enfatizando estes meios de tutela, cf. CARVALHO FERNANDES/ JOÃO LABAREDA, *Código* cit., 2008, 676.

através da cessão de créditos pelo devedor[129]. A apreciação do valor do crédito é feita por um ROC (artigo 89º/1 e 28º do CSC) e depende não do seu valor nominal, mas, sim, económico, no qual será contabilizada, entre outros aspetos, a probabilidade de o crédito ser efetivamente pago. A cessão implica a reunião na mesma pessoa (sociedade cessionária) da qualidade de credora e devedora, o que resulta na extinção da obrigação por confusão (artigo 868º do CC)[130].

Um mesmo resultado pode ser alcançado por via de uma conhecida operação harmónio ou de um *saneamento por transmissão*. No primeiro caso verifica-se uma redução do capital social acompanhada pelo seu posterior aumento com novas entradas. Necessariamente, os sócios que não subscrevam o aumento de capital serão exonerados da sociedade. A solução não é de estranhar: a recomposição pessoal da empresa – a par da recomposição financeira – é um elemento essencial para alcançar a revitalização societária[131]. No plano de insolvência, esta possibilidade encontra-se contemplada pelo artigo 198º/2, *a)*, do CIRE, onde se refere a possibilidade de existir uma redução do capital social para cobertura de prejuízos, incluindo para zero ou outro montante inferior ao mínimo estabelecido na lei para o respetivo tipo de sociedade, desde que, neste caso, a redução seja acompanhada de aumento do capital para montante igual ou superior àquele mínimo. O *azzeramento* só é admissível se for de presumir que, em liquidação integral do património da sociedade, não subsistiria qualquer remanescente a distribuir pelos sócios (artigo 198º/3, do CIRE). O direito de preferência dos sócios poderá ser excluído caso o capital da sociedade seja reduzido a zero e a medida não acarrete desvalorização das participações que os sócios conservem (artigo 198º/4, do CIRE).

Também o esquema do *saneamento por transmissão* poderá ocorrer tanto no plano de insolvência (artigo 199º do CIRE) como no processo de revitalização, caso em que seguirá os trâmites gerais. Especificamente no caso do plano de insolvência, pode ser prevista a constituição de uma ou mais sociedades destinadas à exploração de um ou mais estabelecimentos adqui-

---

[129] Cf. L. MIGUEL PESTANA DE VASCONCELOS, *Recuperação de empresas* cit., 83 e 84.

[130] Note-se que, embora o valor da entrada seja o valor económico do crédito e não o seu valor facial, o passivo da sociedade diminui neste último montante. Cf. PESTANA DE VASCONCELOS, *Recuperação de empresas* cit., 84.

[131] Cf. PEDRO PAIS DE VASCONCELOS, *A participação social nas sociedades comerciais,* 2ª ed., Coimbra, 2006, 288 ss.; PESTANA DE VASCONCELOS, *Recuperação de empresas* cit., 84 e 86.

ridos à massa insolvente mediante contrapartida adequada. Em sede de PER, o saneamento por transmissão terá de seguir as regras gerais[132]. Ou seja, deve ser constituída uma nova sociedade mediante entradas em espécie dos novos sócio (com créditos sobre a sociedade insolvente), para a qual é transmitido – por trespasse – um dos estabelecimentos da empresa. Esta passa a ser devedora da sociedade insolvente (crédito decorrente da venda do estabelecimento) e credora (créditos cedidos pelos sócios como entrada em espécie), sendo que a dívida e o crédito poderão ser extintos por compensação nos termos gerais (artigos 847º e ss. do CC)[133].

Em sede do Programa Capitalizar espera-se que seja aprovado um, inteiramente novo, regime jurídico da conversão de créditos em capital[134] e já foi alterado o Código das Sociedades Comerciais, de forma a introduzir um regime simplificado com o mesmo propósito[135]. Neste ponto, não nos situamos no domínio da recuperação de empresas insolventes, mas, sim, na prevenção de situações desse tipo. Alterou-se a redação dos artigos 87º a 89º do CSC, de forma a que o sócio de sociedade por quotas que por si ou juntamente com outros reunir a maioria de votos necessária para deliberar a alteração do contrato de sociedade possa comunicar aos gerentes ou administradores o aumento do capital social por conversão de suprimentos, registados no último balanço aprovado, de que seja titular. Na essência, a alteração legal resulta numa preterição do processo deliberativo, a favor de uma decisão do sócio maioritário, de forma a que (aparentemente) seja encurtado o tempo necessário para o saneamento da situação finan-

---

[132] Repare-se na posição de Paulo Olavo Cunha, *A recuperação de sociedades no contexto do PER e da insolvência: âmbito e especificidades resultantes da situação da crise da empresa*, Estudos em Homenagem ao Professor Doutor Carlos Pamplona Corte-Real, Coimbra, 2016, 833-850 (849) para quem o disposto no artigo 198º do CIRE não é aplicável ao PER. O Autor defende a excecionalidade da norma, que permite a deliberação pelos credores de providências cuja decisão, em situação de normalidade, caberia aos sócios. A desconsideração da vontade dos sócios só se justifica na situação excecional de insolvência declarada. Estas medidas apenas poderão ser deliberadas naqueles casos em que os sócios sejam chamados à negociação do plano de recuperação (o que raramente acontece).

[133] Cf. Pestana de Vasconcelos, *Recuperação de empresas* cit., 86 e 87.

[134] Cf. Proposta de Lei nº 85/XIII. As críticas e propostas de alterações a este regime já foram apresentadas em sede de resposta à consulta pública, por José Ferreira Gomes e Catarina Monteiro Pires, *Resposta à consulta pública relativa ao projeto de proposta de lei que aprova o Regime Jurídico de Conversão de Créditos em Capital*, RDS IX (2017), 1, 145-156.

[135] Cf. Decreto-Lei nº 79/2017 de 30 de junho.

ceira da sociedade. Este ganho de tempo, porém, não é real, pelo que não representa uma efetiva agilização do processo de saneamento financeiro[136].

O mecanismo do *debt-equity-swap* e dos seus equivalentes funcionais é tipicamente utilizado por investidores que procuram adquirir a empresa insolvente. Apesar da sua vertente coadjuvante de estratégias predatórias, não deixa de ser um importante instrumento no saneamento da empresa.

§5. Conclusão

Os bancos, fundos de capital de risco ou outros investidores que participem numa empresa insolvente ou em situação económica difícil, com o objetivo de *turnaround*, encontram na legislação insolvencial alguns obstáculos e muitas dúvidas quanto ao enquadramento normativo das suas estratégias de revitalização. Seja por via da injeção de meios financeiros, seja pela conversão de créditos em capital são muitos os traços de regime que se apresentam nebulosos e carecem de revisão e ponderação atenta dos aplicadores do direito.

No panorama europeu, é cada mais reconhecida a importância da proteção do *fresh money, i.e.,* dos financiamentos concedidos num momento em que a empresa já se encontra em dificuldades financeiras. É disso exemplo a Proposta de Diretiva relativa aos quadros jurídicos em matéria de reestruturação preventiva, à concessão de uma segunda oportunidade e às medidas destinadas a aumentar a eficiência dos processos de reestruturação, insolvência e quitação.

O exercício que encetámos, de interpretação do regime insolvencial e societário, permite construir um quadro de proteção do "dinheiro novo", seja na modalidade de suprimentos ou, em geral, de qualquer empréstimo, ao mesmo tempo que se esclarece de que forma se poderão concretizar os *debt-equity swaps* num momento de dificuldade financeira. Simultaneamente, permite-nos reconhecer o importante papel dos bancos na concessão de crédito para saneamento, delimitando-se as situações consideradas abusivas daquelas que devem ser aceites pelo sistema, ao mesmo tempo que se esclarece quais os deveres informativos a cargo destas instituições. Também se salienta que os fundos de capital de risco desempenham um importante papel na recuperação da empresa insolvente, na medida em

---

[136] Cf. os comentários e críticas de José Ferreira Gomes, *Alterações ao Código das Sociedades Comerciais (artigo 2º do projeto de decreto-lei)*, RDS IX (2017), 1, 25-31.

que são investidores com capacidade financeira para investir na sociedade ou adquirir *non-performing loans* que posteriormente convertem em capital. Naturalmente, tal como qualquer outro investidor, só conseguirão revitalizar as empresas que efetivamente sejam recuperáveis e, mesmo assim, apenas se existirem adequados incentivos jurídico-económicos para a operação. Neste campo, muitas questões permanecem em aberto. Na ausência de uma intervenção legislativa, caberá ao intérprete aplicar a lei em consonância com o sistema.

Lisboa, 11 de agosto de 2017

Crédito ao Consumo e Crédito à Habitação

JORGE MORAIS CARVALHO[1]

1. Introdução

O primeiro regime português sobre crédito ao consumo foi adotado pelo DL 359/91, que transpôs para o nosso ordenamento jurídico a Diretiva 87/102/CEE. Esta Diretiva foi revogada pela Diretiva 2008/48/CE, transposta pelo DL 133/2009. A Diretiva é de harmonização máxima, pelo que a lei portuguesa reproduz, no essencial, as suas disposições, embora regulando alguns aspetos que aquela não abrange.

No que respeita ao crédito à habitação, a Diretiva 2014/17/UE foi transposta para a ordem jurídica portuguesa, no essencial, pelo DL 74-A/2017, que regula os principais aspetos do contrato de crédito à habitação, com entrada em vigor no dia 1 de janeiro de 2018, e pelo DL 81-C/2017, que regula a atividade de intermediário de crédito e de prestação de serviços de consultoria relativamente a contratos de crédito. O DL 74-A/2017 é o primeiro diploma a regular, em Portugal, de forma organizada e sistemática, os principais aspetos relacionados com o contrato de crédito à habitação. Até aqui o regime encontrava-se fragmentado em vários diplomas legais e regulamentares. Com a aprovação do DL 74-A/2017, verifica-se um grande paralelismo na regulação do crédito ao consumo e do crédito à habitação.

Este texto aborda essencialmente as principais questões colocadas pelo regime do crédito ao consumo, procedendo-se depois a uma breve referência a alguns aspetos do novo regime do crédito à habitação.

---

[1] Professor da Faculdade de Direito da Universidade Nova de Lisboa. Investigador do CEDIS – Centro de Investigação & Desenvolvimento sobre Direito e Sociedade. Mais informações: www.jorgemoraiscarvalho.com.

2. Crédito ao consumo

2.1. Conceito de contrato de crédito ao consumo

O art. 4º-1-c) do DL 133/2009 define contrato de crédito, para efeito do diploma.

Em primeiro lugar, pressupõe-se a existência de uma relação jurídica de consumo, devendo as partes ser, por um lado, o consumidor e, por outro lado, o profissional, denominado credor[2]. No crédito ao consumo, apenas estão em causa os contratos de mútuo em que o mutuante é um profissional. Não se encontram, portanto, abrangidos os contratos em que o profissional é o mutuário, em especial os contratos de depósito bancário.

Em segundo lugar, a lei recorre a uma noção ampla para caraterizar o contrato de crédito, bastando a concessão ou a promessa de concessão de um crédito[3].

Procede-se na definição a uma enumeração de situações em que se considera verificada a concessão ou a promessa de concessão do crédito, também ela aberta, pela referência a outros acordos de financiamento semelhantes[4], aludindo a norma expressamente ao diferimento de pagamento, ao mútuo e à utilização de cartão de crédito.

O diferimento de pagamento constituiu, em termos históricos, a primeira forma de crédito ao consumo[5]. O diferimento de pagamento pressupõe o pagamento do preço de alguma coisa, ou seja, que o consumidor assumiu uma obrigação de entrega de um preço. Não releva, no entanto, nem de que coisa se trata – bem, serviço ou até direito – nem o tipo ou categoria de contrato que está na base dessa obrigação de pagamento do preço[6].

No que respeita ao mútuo, trata-se de um contrato previsto no Código Civil (art. 1142º). No crédito ao consumo, além de o contrato não poder ser qualificado como contrato real *quoad constitutionem* (ou quanto à

---

[2] Sobre o conceito de consumidor, v. JORGE MORAIS CARVALHO, *Manual de Direito do Consumo*, 2017, pp. 21 a 31.

[3] FERNANDO DE GRAVATO MORAIS, "União de Contratos de Crédito e de Venda para Consumo", 2005, p. 282; PAULO DUARTE, "Algumas Questões sobre o ALD", 2001, p. 316.

[4] FERNANDO DE GRAVATO MORAIS, *Contratos de Crédito ao Consumo*, 2007, p. 45; PAULO DUARTE, "Algumas Questões sobre o ALD", 2001, p. 317.

[5] PAULO DUARTE, "A Posição Jurídica do Consumidor na Compra e Venda Financiada", 2005, p. 380.

[6] HIGINA ORVALHO CASTELO, "Crédito ao Consumo e Diversidade de Tipos Contratuais", 2014, p. 109.

constituição)[7], a letra e o espírito do diploma apenas abarcam o empréstimo de dinheiro e não o de outra coisa fungível e encontram-se abrangidos pelo diploma unicamente os contratos de mútuo onerosos [art. 2º-1-*f*)]. O mútuo pode, em primeiro lugar, ser concedido pelo fornecedor de um bem ou prestador de um serviço no caso de se destinar ao pagamento do preço de um bem ou de um serviço, distinguindo-se do diferimento de pagamento por, no caso do mútuo, se celebrarem dois contratos, embora continue a existir uma relação apenas entre duas partes. O mútuo pode, em segundo lugar, ser concedido por uma instituição de crédito ou sociedade financeira. Neste caso, pode ou não existir uma ligação a um outro contrato celebrado com um terceiro (fornecedor de um bem, prestador de um serviço, etc.). Se existir, o dinheiro mutuado destina-se à aquisição do bem ou do serviço, sendo que, na generalidade dos contratos que têm esta caraterística, o dinheiro é diretamente entregue pela instituição de crédito ou sociedade financeira ao fornecedor do bem ou prestador do serviço[8]; em qualquer caso, é inadmissível a inclusão de uma cláusula de reserva de propriedade a favor do mutuante[9], por ser legalmente impossível, nos termos do art. 280º-1 do Código Civil (CC)[10]. Se não existir, o consumidor pode utilizar o dinheiro com tendencial liberdade, tratando-se então de uma relação bilateral, neste caso entre instituição de crédito ou sociedade financeira e consumidor.

Ao contrário do que sucede com o diferimento de pagamento e com o mútuo, os contratos relativos à utilização de cartão de crédito não se encon-

---

[7] FERNANDO DE GRAVATO MORAIS, *Contratos de Crédito ao Consumo*, 2007, p. 50.

[8] FERNANDO DE GRAVATO MORAIS, *Contratos de Crédito ao Consumo*, 2007, pp. 49 e 50.

[9] JOÃO MARQUES BERNARDO, "A Cláusula de Reserva de Propriedade a Favor do Financiador", 2017, p. 406; ALEXANDRE MOTA PINTO, "Venda de Bens de Consumo e Garantias", 2016, p. 196. Jurisprudência: Ac. do TRL, de 12/8/2013; Ac. do TRL, de 7/11/2013; Ac. do TRC, de 17/12/2014; Ac. do TRE, de 26/2/2015; Ac. do TRC, de 8/3/2016; Ac. do TRP, de 10/10/2016. Contra: Ac. do STJ, de 30/9/2014; Ac. do TRL, de 14/11/2013. Parecendo admitir a figura, embora como mera garantia, sem efeito translativo para o financiador: Ac. do TRG, de 2/5/2016. As posições em sentido contrário ao do texto parecem não ter em conta, além dos limites lógicos do direito, a natureza desequilibrada da relação de consumo, em especial de crédito ao consumo, desprotegendo em concreto, de forma pouco razoável, o consumidor. Ou seja, poderíamos admitir uma interpretação atualista das normas (e dos conceitos) em causa se a solução fosse equilibrada, mas, sendo a justiça um objetivo que deve ser tendencialmente procurado pelo aplicador do direito, não nos parece adequado fazê-lo nestes casos.

[10] Sobre esta questão, v. JORGE MORAIS CARVALHO, *Os Limites à Liberdade Contratual*, 2016, pp. 45 a 48.

tram referidos no diploma europeu, tratando-se, assim, de uma inovação introduzida pela lei de transposição portuguesa, embora o efeito desta inovação se resuma ao esclarecimento de que tais contratos se encontram abrangidos pelo âmbito de aplicação do diploma[11]. A expressão utilizada na lei é pouco rigorosa, uma vez que o que está em causa não são os contratos relativos à utilização de cartão de crédito, mas os contratos de emissão de cartão de crédito[12].

Na noção de "qualquer outro acordo de financiamento semelhante" pode caber qualquer contrato que tenha por finalidade a concessão de crédito ao consumo[13], mas não a fiança[14]. É o caso do contrato de locação financeira[15] e dos designados aluguer de longa duração[16] e locação (financeira) restitutiva, que se encontram abrangidos pela exceção à exclusão prevista no art. 2º-1-*d*) do DL 133/2009.

O art. 2º-1 exceciona alguns contratos do âmbito de aplicação do diploma. Realçamos algumas das exceções previstas. As alíneas *a*) e *b*) excluem a aplicação do regime aos contratos de crédito hipotecário e de crédito à habitação, regulados por legislação própria[17], que também confere proteção aos consumidores[18]. A alínea *c*) exclui os contratos em que o "montante total de crédito seja inferior a € 200 ou superior a € 75 000"[19]. O elemento determinante é o montante do crédito; portanto, por um lado,

---

[11] Joana Vasconcelos, "Emissão de Cartões de Crédito", 2002, p. 167, n. 6; Fernando de Gravato Morais, *Crédito aos Consumidores*, 2009, p. 28.

[12] Fernando de Gravato Morais, *Contratos de Crédito ao Consumo*, 2007, p. 47.

[13] Paulo Duarte, "O Direito do Consumidor ao Cumprimento Antecipado", 2012, pp. 420 e 421 ("instrumento técnico-jurídico idóneo para realizar a função económica de conceder temporariamente poder de compra").

[14] Fernando de Gravato Morais, *União de Contratos de Crédito e de Venda para o Consumo*, 2004, p. 320, n. 591. Jurisprudência: Ac. do TJUE, de 23/3/2000.

[15] Ricardo Munhoz, "Contrato de *Leasing* (Locação Financeira)", 1997, p. 16; Fernando de Gravato Morais, *Crédito aos Consumidores*, 2009, p. 28.

[16] Paulo Duarte, "Algumas Questões sobre o ALD", 2001, p. 317; Fernando de Gravato Morais, *Crédito aos Consumidores*, 2009, p. 28; Marco de Oliveira Prazeres, "Breves Notas sobre o ALD", 2013, p. 18. Só quando se "preveja o direito ou a obrigação de compra da coisa locada são havidos como contratos de crédito": Ac. do STJ, de 25/10/2011.

[17] Isabel Menéres Campos, "Crédito à Habitação", 2016; Ana Taveira da Fonseca, "O Contrato de Crédito para Aquisição de Habitação Permanente Garantido por Hipoteca à Luz dos Princípios de *Life Time Contracts*", 2016.

[18] V. *infra* ponto 3.

[19] Note-se que o DL 74-A/2017 aditou um nº 5 ao art. 2º, que determina que o diploma se aplica "aos contratos de crédito sem garantia hipotecária ou outro direito sobre coisa imóvel,

não é relevante o preço do bem ou do serviço para a aquisição do qual o crédito é concedido e, por outro lado, não importa o custo total do contrato para o consumidor, incluindo juros ou outros encargos[20]. A alínea *f*) exclui os contratos em que "o crédito seja concedido sem juros ou outros encargos". Não podem ser como tal considerados os contratos em que a gratuitidade é ilusória, por o preço proposto para a venda do bem ou para a prestação do serviço já incluir o montante previsto dos juros.

2.2. Deveres pré-contratuais

Na transposição da Diretiva 2008/48/CE, o DL 133/2009 criou um regime jurídico bastante sólido no que respeita aos deveres pré-contratuais que incumbem ao profissional que pretenda celebrar um contrato de crédito ao consumo.

Os três momentos mais importantes do *iter* do contrato de crédito ao consumo, numa perspetiva do regime jurídico aplicável, são a publicidade, a informação pré-contratual (que consiste no conteúdo da declaração do profissional) e o dever de avaliar a solvabilidade do consumidor.

Tendo em conta as limitações de espaço deste texto, opta-se por remeter a análise destas figuras para outra sede[21].

2.3. Formação do contrato

Nos termos do art. 12º-1, "os contratos de crédito devem ser exarados em papel ou noutro suporte duradouro, em condições de inteira legibilidade", exigindo-se ainda a entrega de um exemplar do contrato de crédito a todos os contraentes (art. 12º-2).

Embora a norma aluda a contratos "exarados em papel ou noutro suporte duradouro", dificilmente a forma pode não ser a escrita, na medida em que o próprio nº 1 se refere a "condições de inteira legibilidade".

A forma de celebração do contrato apenas se encontra implícita, uma vez que não faz sentido referir que o contrato se celebra através de um suporte duradouro ou durável; o suporte, por definição, é o local onde a informação é armazenada, exigindo-se apenas no preceito citado que o

---

cuja finalidade seja a realização de obras em imóveis e com um montante total de crédito superior a € 75 000".

[20] Fernando de Gravato Morais, *Crédito aos Consumidores*, 2009, p. 16.

[21] Jorge Morais Carvalho, *Manual de Direito do Consumo*, 2017, pp. 360 a 373.

ESTUDOS DE DIREITO BANCÁRIO I

documento contratual – físico ou eletrónico – esteja contido num suporte que ofereça determinadas garantias de durabilidade no que respeita ao acesso à informação nele contida.

Quer a legibilidade quer a existência de um exemplar implicam a exigência de forma escrita, forma que já se encontrava prevista no regime anterior, nos termos do art. 6º-1 do DL 359/91.

Impõe-se assim uma forma especial para a celebração do contrato, o documento escrito, exigindo-se ainda o cumprimento de duas formalidades: a assinatura do documento pelos contraentes (implícita no nº 2)[22] e a entrega ao consumidor de um exemplar desse documento (expressa nesse mesmo preceito).

Quanto ao momento da entrega do documento, distingue-se, com a redação dada ao nº 2 pelo DL 42-A/2013, entre os contratos celebrados presencialmente e os contratos celebrados à distância. Nos primeiros, o exemplar deve ser entregue imediatamente após a celebração do contrato[23]. Nos segundos, pode ser entregue mais tarde; apesar de a lei, nesta infeliz intervenção legislativa, não prever quando é que o exemplar deve ser entregue, entendemos que este deve ser remetido ao consumidor logo que tal se revelar possível, após a celebração do contrato. Não nos parece admissível a hipótese, aparentemente admitida na doutrina[24], de o exemplar não ter de ser entregue nos contratos celebrados à distância.

Exclui-se a regra geral de liberdade de forma prevista no art. 219º do CC, entendendo-se que, como noutros contratos de consumo, é necessária a existência de um documento para que o consumidor tome consciência da celebração do contrato e tenha a possibilidade de refletir sobre o seu conteúdo. A existência de um documento escrito permite, ainda, a

---

[22] O Tribunal de Justiça da União Europeia – TJUE (Ac. de 9/11/2016) já se pronunciou no sentido de que o direito europeu "não se opõe a que o Estado-Membro preveja, na sua regulamentação nacional, por um lado, que o contrato de crédito abrangido pelo âmbito de aplicação da Diretiva 2008/48 e estabelecido em papel ou noutro suporte duradouro tenha de ser assinado pelas partes e, por outro, que esta exigência de assinatura se aplique a toda a informação desse contrato mencionada no artigo 10.º, nº 2, desta diretiva". Note-se que, nesta decisão, o TJUE concluiu também que "o contrato de crédito não tem necessariamente de ser estabelecido num único documento, mas toda a informação mencionada no artigo 10.º, nº 2, da referida diretiva deve ser estabelecida em papel ou noutro suporte duradouro".

[23] Ac. do TRP, de 14/11/2011; Ac. do TRL, de 22/11/2012.

[24] FERNANDO DE GRAVATO MORAIS, "Proteção do Consumidor a Crédito na Celebração e na Execução do Contrato", 2014, p. 6, n. 4.

CRÉDITO AO CONSUMO E CRÉDITO À HABITAÇÃO

prova da celebração do contrato. A questão da prova pode ser muito relevante para o financiador, especialmente nos casos, infelizmente bastante comuns, em que o consumidor, apesar de assinar o documento contratual, não tem consciência de celebrar o contrato de crédito.

Ao contrário do que já defendemos[25], consideramos que a prova da entrega do exemplar do contrato de crédito cabe ao credor, não porque a primeira parte do art. 13º-5 isente o consumidor de provar que não lhe foi entregue uma cópia do contrato[26], mas porque, aplicando a teoria da distribuição dinâmica do ónus da prova[27], é para o credor muito mais fácil fazer prova da entrega do que ao consumidor provar o contrário[28]. Segue--se, por esta via, a orientação da jurisprudência[29].

Não vale, naturalmente, como reconhecimento de entrega do exemplar por parte do consumidor a inserção de uma cláusula contratual geral com esse conteúdo no documento contratual[30]. O esclarecimento (oral) do conteúdo do contrato também não supre a falta de entrega do exemplar[31].

Se o contrato de crédito for celebrado simultaneamente por dois ou mais consumidores, exige-se naturalmente a assinatura de todos e a entrega a todos de um exemplar do contrato[32]. Exige-se, ainda, a entrega do exemplar do contrato a qualquer garante, incluindo o cônjuge do consumidor, mesmo que não seja (ou, melhor, se não for, porque se for recebe como contraente) parte no contrato[33], e o seu fiador[34].

---

[25] JORGE MORAIS CARVALHO, *Os Contratos de Consumo – Reflexão sobre a Autonomia Privada no Direito do Consumo*, 2012, p. 379.

[26] FERNANDO DE GRAVATO MORAIS, *Contratos de Crédito ao Consumo*, 2007, p. 101. Jurisprudência: Ac. do TRC, de 12/2/2008; Ac. do TRP, de 26/1/2009; Ac. do TRL, de 15/10/2009.

[27] MICAEL MARTINS TEIXEIRA, "Por uma Distribuição Dinâmica do Ónus da Prova", 2014.

[28] JORGE MORAIS CARVALHO e MICAEL TEIXEIRA, "Crédito ao Consumo – Ónus da Prova da Entrega de Exemplar do Contrato e Abuso do Direito de Invocar a Nulidade", 2013, p. 49. Jurisprudência (com preocupação semelhante, embora fundamentação diversa): Ac. do TRP, de 10/5/2010. Aceitando a tese defendida no texto (embora a considere, neste caso, desnecessária, por a solução corresponder à da regra geral): Ac. do TRL, de 27/3/2014.

[29] Ac. do STJ, de 2/6/1999; Ac. do STJ, de 7/1/2010; Ac. do TRP, de 8/7/2004; Ac. do TRL, de 9/11/2006; Ac. do TRE, de 25/10/2007; Ac. do TRL, de 14/3/2013.

[30] Ac. do TRC, de 10/9/2013.

[31] Ac. do TRL, de 22/10/2015.

[32] FERNANDO DE GRAVATO MORAIS, *Contratos de Crédito ao Consumo*, 2007, p. 97.

[33] FERNANDO DE GRAVATO MORAIS, *Crédito aos consumidores*, 2009, p. 62.

[34] Face ao regime anterior, que não continha norma expressa neste sentido: Ac. do TRP, de 26/6/2012. Contra: Ac. do TRL, de 29/11/2012; Ac. do TRP, de 18/3/2014.

A redação dada ao nº 2 pelo DL 42-A/2013 veio esclarecer que o contrato de crédito ao consumo pode ser celebrado à distância, não constituindo a forma um obstáculo a este entendimento.

No entanto, como se exige um documento escrito, não podem ser celebrados contratos de crédito ao consumo através de meios de comunicação à distância em que apenas seja utilizada a voz, como o telefone ou a rádio. Isto não significa que a negociação prévia entre as partes não possa ser realizada através de telefone, como expressamente reconhece o art. 6º-6, ao impor, nestes casos, especiais deveres de informação pré-contratual ao profissional.

Tendo deixado de se exigir a simultaneidade entre a assinatura das partes e a entrega do exemplar ao consumidor[35], o meio de comunicação à distância já não tem necessariamente de permitir o contacto direto entre as partes, podendo o contrato ser celebrado na sequência de troca de correspondência, por exemplo.

A Internet também constitui um meio apto para a celebração de contratos de crédito ao consumo à distância. Aliás, o principal objetivo da referência a um suporte duradouro, no art. 12º-1, consiste na admissibilidade da contratação eletrónica.

A inobservância da forma legal acarreta a nulidade do contrato (art. 13º-1 do DL 133/2009), nos termos gerais do art. 220º do CC. Esta consequência opera se o contrato não for celebrado por escrito, em papel ou noutro suporte duradouro (incluindo a assinatura das partes) ou se não for entregue ao consumidor um exemplar do contrato, presumindo-se estas omissões imputáveis ao credor (primeira parte do art. 13º-4). Trata-se, no entanto, de uma nulidade atípica, uma vez que apenas pode ser invocada pelo consumidor (art. 13º-4, *in fine*).

A nulidade não é de conhecimento oficioso. Esta afirmação é correta nos casos em que o consumidor pretenda a manutenção do contrato de crédito, mas deixa de o ser nas situações em que este se pretenda desvincular do contrato mas não invoque a sua nulidade, não obstante apresentar factos que o demonstrem[36].

---

[35] Considerando, antes da alteração, que não era admissível o contrato de crédito entre ausentes no caso de o consumidor ser o primeiro a assinar, v., por todos, Ac. do TRP, de 24/1/2013. Em sentido contrário: Ac. do TRG, de 10/3/2016.

[36] Ac. do TRL, de 9/11/2006. Contra: Ac. do TRP, de 21/9/2006; Ac. do TRE, de 25/10/2007; Ac. do TRL, de 4/3/2010.

CRÉDITO AO CONSUMO E CRÉDITO À HABITAÇÃO

A entrega do exemplar num momento posterior ao legalmente exigido não pode constituir um meio apto para a sanação da invalidade, pois, se assim fosse, a exigência de entrega no momento da celebração do contrato (ou logo que possível, nos contratos celebrados à distância) deixaria de ter sentido útil[37].

Se, apesar da nulidade do contrato, o montante do crédito vier a ser concedido ao consumidor e este agir posteriormente em conformidade com uma celebração válida do contrato, admite-se que o financiador possa recorrer à figura do abuso do direito, se se verificarem os pressupostos do art. 334º do CC ("o titular exceda manifestamente os limites impostos pela boa-fé, pelos bons costumes ou pelo fim social ou económico" do direito que pretende exercer)[38]. No entanto, esta faculdade apenas deve ser conferida ao financiador em situações extremas[39] e em que a sua conduta aquando da celebração do contrato e da inobservância da forma e das formalidades legalmente prescritas não tenha sido, por sua vez, atentatória da boa-fé[40]. Isto porque a nulidade do contrato também constitui uma sanção para o financiador[41], não podendo depois vir a ser beneficiado pela circunstância de o consumidor ter agido como se o contrato fosse válido, em especial nos casos em que desconhece essa invalidade no momento da celebração do contrato[42].

---

[37] FERNANDO DE GRAVATO MORAIS, *Crédito aos consumidores*, 2009, p. 67.

[38] FERNANDO DE GRAVATO MORAIS, *Crédito aos consumidores*, 2009, p. 67; ÂNIA MARQUES FLORENÇA, *O Abuso do Direito no Direito do Consumo*, 2015, p. 60. Jurisprudência: Ac. do TRP, de 19/9/2000; Ac. do TRL, de 9/5/2006; Ac. do TRL, de 28/6/2007; Ac. do TRC, de 12/2/2008; Ac. do TRP, de 9/10/2012; Ac. do TRG, de 30/1/2014; Ac. do TRG, de 9/4/2015. Casos em que os tribunais consideraram não haver abuso de direito: Ac. do STJ, de 7/1/2010; Ac. do TRP, de 23/5/2005; Ac. do TRP, de 10/5/2010; Ac. do TRP, de 30/6/2011; Ac. do TRL, de 13/9/2012; Ac. do TRP, de 25/10/2012; Ac. do TRL, de 22/10/2015; Ac. do TRE, de 30/6/2016.

[39] Ac. do TRL, de 23/10/2014.

[40] JORGE MORAIS CARVALHO e MICAEL TEIXEIRA, "Crédito ao Consumo – Ónus da Prova da Entrega de Exemplar do Contrato e Abuso do Direito de Invocar a Nulidade", 2013, p. 51. Jurisprudência: Ac. do TRE, de 8/9/2011; Ac. do TRL, de 13/10/2016. Sobre a figura do *tu quoque*: ANTÓNIO MENEZES CORDEIRO, *Da Boa Fé no Direito Civil*, 2001, pp. 837 a 852.

[41] Ac. do TRL, de 22/10/2015.

[42] Neste sentido (com fundamentação diversa): Ac. do STJ, de 28/4/2009; Ac. do TRC, de 4/5/2010; Ac. do TRG, de 25/5/2012.

2.4. Direito de arrependimento

Nos termos do art. 17º-1 do DL 133/2009, o consumidor tem o direito de "exercer o direito de revogação do contrato de crédito, sem necessidade de indicar qualquer motivo".

A redação do preceito é clara no sentido de o exercício do direito ser posterior ao momento da celebração do contrato de crédito, uma vez que está em causa a *revogação* do contrato e não a revogação da declaração pelo consumidor.

O consumidor pode exercer o direito de arrependimento no prazo de 14 dias de *calendário*, i.e., 14 dias seguidos. Estranha-se a manutenção da expressão da Diretiva, sem grande tradição quer no direito português quer na linguagem comum.

O prazo conta-se a partir da data "da celebração do contrato" ou da data "de receção pelo consumidor do exemplar do contrato e das informações a que se refere o art. 12º", se esta última for posterior à primeira (art. 17º-2).

O contrato de crédito ao consumo está sujeito a forma especial, celebrando-se através de documento escrito, assinado pelos contraentes, e entrega de um exemplar ao consumidor. Não sendo cumpridos estes requisitos formais, o contrato é nulo (art. 13º-1).

Com a alteração do art. 12º-2 pelo DL 42-A/2013, distinguindo-se, quanto ao momento da entrega do exemplar do contrato de crédito, os contratos celebrados presencialmente (entrega imediata) e à distância (entrega logo que possível), a distinção feita no art. 17º-2, relativa ao início da contagem do prazo para o exercício do direito de arrependimento, passa a ser especialmente relevante.

Assim, nos contratos de crédito ao consumo celebrados à distância, o prazo para o exercício do direito de arrependimento só começa a contar a partir do momento em que o consumidor recebe o exemplar do contrato.

A distinção pode ter ainda outros efeitos em relação ao início da contagem do prazo.

Com efeito, o documento contratual tem de conter determinados elementos relativos ao contrato, enunciados no art. 12º. Faltando algum destes elementos, o contrato é nulo ou anulável, consoante a sua relevância, previamente definida pela lei no art. 13º.

No que respeita ao direito de arrependimento, não é feita no art. 17º-2 qualquer distinção em função do elemento em falta, pelo que o prazo só começa a contar a partir da data em que o consumidor recebe a última

CRÉDITO AO CONSUMO E CRÉDITO À HABITAÇÃO

informação que deveria ter sido obrigatoriamente prestada pelo profissional[43].

Até esse momento, considera-se que o prazo não começa a correr, o que não significa que o consumidor não possa exercer o direito. Não faria sentido que o consumidor tivesse de esperar pela receção do exemplar do contrato ou dos elementos em falta para exercer o direito de arrependimento. Este pode ser de imediato exercido, com mais eficácia e menos custos para as partes.

O art. 17º-3 determina que o exercício do direito só produz efeitos se o consumidor expedir a declaração no prazo de 14 dias "em papel ou noutro suporte duradouro à disposição do credor e ao qual este possa aceder, observando os requisitos a que se refere a alínea *h*) do nº 3 do art. 12º". A declaração deve ser enviada até ao último dia do prazo, não sendo relevante que a data da sua receção pelo profissional seja posterior[44]. Por esta razao, entende-se que quer o risco de atraso quer o risco de perda da declaração correm por conta deste[45].

Salvo acordo das partes em sentido contrário, o contrato produz efeitos a partir da data da celebração, podendo o consumidor exigir imediatamente a entrega do montante do crédito. Nada impede, no entanto, as partes de acordarem no sentido de o montante do crédito só ser disponibilizado ao consumidor após o decurso do prazo para o exercício do direito de arrependimento. Nestes casos, o contrato celebra-se sob condição suspensiva de não exercício do direito pelo consumidor, não produzindo efeitos até esse momento. No caso de o consumidor poder exigir imediatamente a entrega do montante do crédito, o contrato começa a produzir todos os seus efeitos normalmente, devendo entender-se como celebrado sob condição resolutiva de exercício do direito de arrependimento pelo consumidor.

No caso de o profissional disponibilizar imediatamente o montante do crédito ao consumidor, o exercício por este do direito de arrependimento tem as consequências previstas no art. 17º-4. O consumidor deve devolver ao profissional o capital, ou seja, o montante do crédito, e pagar-lhe os juros relativos ao período em que o valor foi utilizado. Nos termos do nº 5, os juros são calculados com base na taxa nominal acordada pelas partes,

---

[43] FERNANDO DE GRAVATO MORAIS, *Crédito aos Consumidores*, 2009, p. 80.
[44] FERNANDO DE GRAVATO MORAIS, *Crédito aos Consumidores*, 2009, p. 81.
[45] Contra: FERNANDO DE GRAVATO MORAIS, *Crédito aos Consumidores*, 2009, p. 84.

não podendo ser imputado um valor superior a esse período de tempo, situação que poderia ser utilizada para evitar o exercício do direito pelo consumidor. Portanto, o arrependimento não produz qualquer efeito em relação ao período que decorre entre a data da disponibilização (acordada) do montante do crédito e a data do pagamento do capital acrescido dos juros. O exercício do direito não tem efeito retroativo, apenas produzindo efeitos para o futuro. Não se pode, assim, com rigor, falar em arrependimento no que respeita a este período.

No caso de o profissional apenas disponibilizar o montante do crédito ao consumidor após o decurso do prazo para o exercício do direito de arrependimento sem que este o tenha feito, já se viu que o contrato se celebra sob condição suspensiva de facto negativo. A verificação da condição – o não exercício do direito – gera a produção de efeitos do contrato. A não verificação da condição – o exercício do direito – impede a produção de efeitos do contrato.

2.5. Cumprimento antecipado do contrato pelo consumidor

O art. 19º regula o direito do consumidor ao cumprimento antecipado do contrato de crédito ao consumo, com um regime muito mais eficaz, do ponto de vista do consumidor, do que o anterior[46].

Trata-se de questão complexa, na medida em que se procura conciliar interesses contrapostos das partes. De um lado, o financiador tem interesse na manutenção do contrato nos termos e com o prazo definido inicialmente. Do outro lado, o consumidor pode ter interesse em reduzir a contraprestação, prescindindo do benefício do prazo.

O art. 779º do CC determina que "o prazo tem-se por estabelecido a favor do devedor, quando se não mostre que o foi a favor do credor, ou do devedor e do credor conjuntamente". No contrato de mútuo oneroso, "o prazo presume-se estipulado a favor de ambas as partes", só podendo o mutuário antecipar o pagamento se satisfizer os juros por inteiro (art. 1147º do CC). Esta é a regra geral aplicável ao contrato de mútuo, porventura generalizável, se não existisse norma específica, a grande parte dos contratos de crédito do consumo.

---

[46] Paulo Duarte, "O Direito do Consumidor ao Cumprimento Antecipado", 2012, p. 411; Fernando de Gravato Morais, "Proteção do Consumidor a Crédito na Celebração e na Execução do Contrato", 2014, p. 10.

CRÉDITO AO CONSUMO E CRÉDITO À HABITAÇÃO

No entanto, no contrato de crédito ao consumo, entende-se que, apesar de o prazo se presumir estipulado a favor de ambas as partes[47], o consumidor deve ter a possibilidade de se desvincular (total ou parcialmente) do contrato, pagando um valor inferior ao do custo total do crédito.

O art. 19º-1 determina que "o consumidor tem o direito de, a todo o tempo, mediante pré-aviso ao credor, cumprir antecipadamente, parcial ou totalmente, o contrato de crédito, com correspondente redução do custo total do crédito, por via da redução dos juros e dos encargos do período remanescente do contrato".

O direito pode ser exercido várias vezes e em qualquer momento, não relevando o tempo decorrido desde a celebração do contrato ou o que falte até ao seu termo.

O cumprimento antecipado pode ser total ou parcial, pelo que se admite que o consumidor amortize gradualmente o valor da dívida, podendo imputar o pagamento à prestação que entender[48].

O exercício do direito depende de comunicação ao financiador (pré--aviso), com antecedência mínima de trinta dias em relação ao momento em que se pretende que o cumprimento antecipado produza os seus efeitos. A comunicação deve ser feita por escrito, em papel ou noutro suporte duradouro. É o que estabelece o nº 2.

O exercício do direito implica a diminuição do custo total do crédito, por via da redução dos juros e de outros encargos, relativos ao período remanescente do contrato.

O art. 19º-3 distingue os contratos em que a taxa nominal relativa ao período ainda não cumprido é fixa daqueles em que é variável. No primeiro caso, o financiador tem direito, se estiver prevista no contrato[49], a uma "compensação, justa e objetivamente justificada, pelos custos diretamente relacionados com o reembolso antecipado", defendendo-se na doutrina que "apenas se podem considerar custos *concretamente* apurados, *especificamente conexionados* com a antecipação do cumprimento realmente ocor-

---

[47] Entendendo que se atribui apenas ao consumidor o benefício do prazo: PAULO DUARTE, "O Direito do Consumidor ao Cumprimento Antecipado", 2012, p. 426; FRANCESCO OLIVIERO, "L'Anticipato Adempimento dell'Obbligazione Restitutoria nel Credito ai Consumatori", 2014, p. 380.

[48] PAULO DUARTE, "O Direito do Consumidor ao Cumprimento Antecipado", 2012, p. 425.

[49] FRANCESCO OLIVIERO, "L'Anticipato Adempimento dell'Obbligazione Restitutoria nel Credito ai Consumatori", 2014, p. 394.

ESTUDOS DE DIREITO BANCÁRIO I

rida, com exclusão de outros que apenas, de modo abstrato ou hipotético, possam deduzir-se da aplicação de fórmulas estatísticas e de matemática financeira"[50]. No segundo caso, o financiador não tem direito a qualquer compensação[51], conforme se confirma, aliás, no nº 5-*c*) do mesmo artigo.

Os termos da compensação são definidos no art. 19º-4, não podendo o consumidor ser obrigado a pagar uma comissão de reembolso antecipado que exceda 0,5% do montante do capital reembolsado antecipadamente, no caso de faltar mais de um ano para o termo do contrato, ou 0,25%, se faltar um ano ou menos. Por exemplo, se o montante do capital reembolsado antecipadamente for de € 30 000 e faltarem dois anos para o termo do contrato, a comissão de reembolso antecipado não pode ser superior a € 150. Em qualquer caso, o valor da comissão não pode ser superior ao valor em dívida relativo a juros (art. 19º-6). Ou seja, se da aplicação dos 0,25% resultar um valor superior aos juros em dívida, o limite é o valor dos juros, não sendo aplicável a referida percentagem.

A comissão de reembolso não pode ser cobrada nas situações previstas no nº 5, ou seja, "se o reembolso tiver sido efetuado em execução de contrato de seguro destinado a garantir o reembolso do crédito" e "no caso de facilidade de descoberto".

Este regime é bastante favorável para o consumidor, estabelecendo valores incentivadores do exercício do direito ao cumprimento antecipado do contrato. Tendo em conta o problema associado ao sobreendividamento dos consumidores, parece tratar-se de solução adequada para o conflito de interesses subjacente a esta questão.

O regime tem conteúdo imperativo. O art. 26º estatui expressamente que o consumidor não pode renunciar aos direitos atribuídos pelo diploma, regra que tem plena aplicação em sede do direito de cumprir antecipadamente o contrato de crédito. Um acordo entre as partes no sentido de facilitar o cumprimento antecipado, salvaguardando de forma acrescida os interesses do consumidor subjacentes ao conteúdo imperativo do preceito, não implica uma renúncia total ou parcial ao direito, pelo que é válido. Já uma estipulação das partes que afaste o direito ao cumprimento antecipado implica uma renúncia ao direito. Note-se que, entre os interesses protegidos pela norma, está também o interesse geral de prevenção do

---

[50] PAULO DUARTE, "O Direito do Consumidor ao Cumprimento Antecipado", 2012, p. 435.
[51] FERNANDO DE GRAVATO MORAIS, *Crédito aos Consumidores*, 2009, p. 96.

310

CRÉDITO AO CONSUMO E CRÉDITO À HABITAÇÃO

sobreendividamento, acautelado por uma diminuição do custo do crédito resultante do cumprimento antecipado.

2.6. Vencimento antecipado das prestações

O cumprimento do contrato de crédito pelo consumidor consiste no pagamento das prestações acordadas entre as partes, nas quais se inclui, por um lado, o pagamento do montante do crédito, acrescido de outras despesas relativas ao contrato, e, por outro lado, o pagamento dos juros remuneratórios[52].

Segundo o regime geral, sendo a dívida liquidável em prestações, aplica--se o art. 781º do CC. A não realização de uma das prestações, ou seja, o não pagamento de uma prestação, implica o vencimento de todas as outras. Trata-se apenas de uma possibilidade conferida ao credor, que pode optar pelo não vencimento imediato de todas as prestações. Portanto, deve entender-se que a produção do efeito opera na sequência de comunicação dirigida ao devedor pelo credor.

Tratando-se de contrato de compra e venda a prestações, aplica-se o regime especial do art. 934º do CC. A falta de pagamento de uma prestação que não exceda a oitava parte do preço não dá lugar à perda do benefício do prazo relativamente às prestações seguintes. Interpretando a norma *a contrario sensu*, conclui-se que a falta de pagamento de uma prestação que exceda a oitava parte do preço ou a falta de pagamento de duas prestações, independentemente do seu valor, implica a perda do benefício do prazo, podendo o credor exigir o cumprimento imediato de todas as prestações.

O DL 133/2009 consagrou um regime especial para o contrato de crédito ao consumo. Assim, nos termos do art. 20º-1, "em caso de incumprimento do contrato de crédito pelo consumidor, o credor só pode invocar a perda do benefício do prazo ou a resolução do contrato se, cumulativamente [... se verificar] a falta de pagamento de duas prestações sucessivas que exceda 10% do montante total do crédito [e] ter o credor, sem sucesso, concedido ao consumidor um prazo suplementar mínimo de 15 dias para proceder ao pagamento das prestações em atraso, acrescidas da eventual indemnização devida, com a expressa advertência dos efeitos da perda do benefício do prazo ou da resolução do contrato". O nº 2 esclarece que "a

---

[52] O direito a exigir o pagamento do montante do crédito e dos juros prescreve no prazo de cinco anos, nos termos do art. 310º-*g*) do CC: Ac. do TRE, de 20/10/2016.

ESTUDOS DE DIREITO BANCÁRIO I

resolução do contrato pelo credor não obsta a que este possa exigir o pagamento de eventual sanção contratual ou a indemnização, nos termos gerais".

Portanto, no crédito ao consumo, a lei equipara os requisitos para a perda do benefício do prazo e para a resolução do contrato.

O credor só tem a possibilidade de invocar um destes institutos no caso de falta de pagamento de duas prestações sucessivas, desde que excedam 10% do montante do crédito. Não o pode fazer nas seguintes situações: falta de pagamento de uma só prestação, ainda que exceda 10% do montante do crédito; falta de pagamento de duas ou mais prestações, ainda que excedam 10% do montante do crédito, mas não sejam sucessivas; falta de pagamento de duas ou mais prestações que não excedam 10% do montante do crédito[53].

Além do requisito ligado ao valor e ao número de prestações incumpridas, exige-se ainda do credor o cumprimento de um dever de interpelação do consumidor para que este cumpra, só após o decurso do prazo aí definido podendo ser invocada a perda do benefício do prazo ou a resolução do contrato. A prova do cumprimento deste dever cabe ao credor, não sendo suficiente a prova de que a carta enviada não foi devolvida[54].

No caso de vencimento antecipado de todas as prestações, é necessário analisar se o credor tem direito ao pagamento de juros remuneratórios relativos às prestações vincendas. Esta questão, que não é tratada pelo DL 133/2009, tem sido objeto de tratamento significativo por parte da jurisprudência, apontando as decisões no sentido de uma resposta negativa, ou seja, da inexigibilidade dos juros remuneratórios relativos a prestações vincendas[55], com poucas exceções[56].

O Supremo Tribunal de Justiça veio, entretanto, uniformizar jurisprudência no sentido de que, "no contrato de mútuo oneroso liquidável em prestações, o vencimento imediato destas ao abrigo de cláusula de redação conforme ao art. 781º do CC não implica a obrigação de pagamento dos juros remuneratórios nelas incorporados"[57]. O Supremo Tribunal de

---

[53] Em sentido contrário, ignorando a letra e o espírito da lei, com o fundamento de que a solução "significaria uma forte penalização do credor": Ac. do TRL, de 21/5/2015.

[54] Ac. do TRL, de 22/10/2015.

[55] Ac. do STJ, de 19/4/2005; Ac. do STJ, de 14/11/2006; Ac. do STJ, de 6/3/2008; Ac. do STJ, de 9/12/2008; Ac. do STJ, de 14/5/2009.

[56] Ac. do STJ, de 22/2/2005; Ac. do TRL, de 13/5/2008.

[57] Ac. do STJ, de 25/3/2009.

CRÉDITO AO CONSUMO E CRÉDITO À HABITAÇÃO

Justiça consagrou assim a solução maioritária da nossa jurisprudência, negando ao credor o direito ao pagamento de juros remuneratórios no caso de vencimento antecipado de todas as prestações, ao abrigo do art. 781º do CC[58].

Coloca-se ainda a questão de saber se este regime pode ser afastado contratualmente pelas partes, impondo ao devedor o pagamento de juros remuneratórios relativos a período posterior ao do vencimento de todas as prestações. Embora com algumas dúvidas, admitimos que, numa relação jurídica entre profissionais, as partes possam afastar o regime constante do art. 781º do CC, interpretado no sentido de que são devidos os juros remuneratórios no caso de o credor invocar a perda do benefício do prazo, como tem sido defendido, em abstrato, pela jurisprudência portuguesa[59]. Tratando-se de um contrato de crédito ao consumo, a referência deve ser feita, já não para o art. 781º do CC, mas para o art. 20º do DL 133/2009. É este que deve ser interpretado no sentido de não poderem ser exigidos juros remuneratórios no caso de ser invocada a perda do benefício do prazo, devendo considerar-se que o conteúdo imperativo abrange este aspeto do regime[60]. A razão de ser é idêntica, consistindo na proteção exclusiva de interesses do consumidor. Esse interesse do consumidor só é salvaguardado, com eficácia, se as partes não puderem estabelecer que são devidos juros remuneratórios.

2.7. Conexão de contratos

A questão da conexão entre o contrato de compra e venda (ou prestação de serviço) e o contrato para o seu financiamento e as repercussões dessa conexão em caso de ineficácia ou incumprimento de um dos contratos tem sido objeto de um grande número de decisões jurisprudenciais e de algum debate doutrinário, existindo uma dissertação de doutoramento sobre o

---

[58] Para uma análise dos argumentos em ambos os sentidos, v. JORGE MORAIS CARVALHO, *Manual de Direito do Consumo*, 2017, pp. 390 a 392.

[59] Ac. do STJ, de 27/11/2008.

[60] ANA PATRÍCIA PEREIRA, *O Incumprimento do Contrato de Crédito ao Consumo pelo Consumidor*, 2015, p. 106. Jurisprudência: Ac. do TRL, de 7/2/2013; Ac. do TRE, de 12/2/2015; Ac. do TRG, de 14/4/2016; Ac. do TRE, de 8/9/2016; Ac. do TRP, de 25/10/2016. Neste sentido, com fundamentação diversa: Ac. do TRE, de 13/2/2014. Contra: Ac. do TRL, de 4/7/2013; Ac. do TRG, de 15/10/2013; Ac. do TRP, de 9/6/2015.

ESTUDOS DE DIREITO BANCÁRIO I

assunto[61] e constituindo um tema central para o estudo da problemática da conexão de contratos em geral[62].

O problema pode colocar-se nos dois sentidos: repercussão da ineficácia do contrato de crédito no contrato de compra e venda ou prestação de serviço; consequência para o contrato de crédito da ineficácia ou incumprimento do contrato de compra e venda ou prestação de serviço.

O DL 133/2009 alterou profundamente, em benefício do consumidor[63], o regime jurídico anteriormente consagrado no art. 12º do DL 359/91, que gerou grande controvérsia[64].

O conceito de contrato de crédito coligado constitui o conceito central e unitário[65] para a compreensão (e a aplicação) do regime. O art. 4º-1-*o*) determina que o contrato de crédito se considera coligado a um contrato de compra e venda ou prestação de serviço se "o crédito servir exclusivamente para financiar o pagamento do preço do contrato de fornecimento de bens ou prestação de serviços específicos" e se "ambos os contratos constituírem objetivamente uma unidade económica, designadamente se o crédito ao consumidor for financiado pelo fornecedor ou pelo prestador de serviços ou, no caso de financiamento por terceiros, se o credor recorrer ao fornecedor ou ao prestador de serviços para preparar ou celebrar o contrato de crédito ou o serviço específico estiverem expressamente previstos no contrato de crédito".

O preenchimento cumulativo dos dois pressupostos é necessário para se concluir no sentido da existência de conexão entre os dois contratos.

Em primeiro lugar, o crédito tem de se destinar ao financiamento do pagamento do preço de um bem ou de um serviço específico, devendo esta finalidade ser exclusiva. Portanto, não se inclui o crédito que seja conferido para utilização livre por parte do consumidor, ainda que esta liberdade se refira apenas a uma parte do montante mutuado. Igualmente excluído encontra-se o crédito concedido na sequência da utilização de cartão de crédito[66], uma vez que não existe destinação exclusiva a um bem ou ser-

---

[61] F. DE GRAVATO MORAIS, *União de Contratos de Crédito e de Venda para o Consumo*, 2004.

[62] F. PEREIRA COELHO, "Coligação Negocial e Operações Negociais Complexas", 2003, p. 268.

[63] V., por exemplo, a decisão tomada, ao abrigo da lei anterior, no Ac. do TRL, de 9/10/2014.

[64] Assinalada ainda no Acórdão do TRL, de 31/5/2016.

[65] FERNANDO DE GRAVATO MORAIS, *Crédito aos consumidores*, 2009, p. 33.

[66] FERNANDO DE GRAVATO MORAIS, *Crédito aos consumidores*, 2009, p. 34.

viço, mas a vários bens ou serviços, negociados em contratos independentes uns dos outros.

Em segundo lugar, exige-se a existência de unidade económica entre os dois contratos. A lei indica expressamente várias situações em que se considera existir essa unidade económica, mas deve considerar-se que a enumeração é meramente exemplificativa, conforme resulta, aliás, da utilização do advérbio *designadamente*.

Considera-se que há unidade económica entre os dois contratos, desde logo, sempre que o financiador e o fornecedor do bem ou serviço coincidam, ou seja, o crédito for concedido pelo vendedor (ou prestador do serviço). Quando não coincidam, sendo o crédito concedido por um terceiro, a lei aponta vários factos dos quais se presume, de forma inilidível, a unidade económica: utilização do vendedor por parte do financiador para a negociação ou a celebração do contrato de crédito, caso em que, perante o consumidor, aparece num dado momento apenas uma pessoa; indicação expressa do bem ou serviço no contrato de crédito.

Preenchidos os dois pressupostos, considera-se que o contrato de crédito está coligado a um contrato de compra e venda ou prestação de serviço.

Nos termos do art. 18º-1 do DL 133/2009, a invalidade ou ineficácia do contrato de crédito determina a invalidade ou ineficácia do contrato de compra e venda ou prestação de serviço com ele coligado. A Diretiva não regula esta matéria, mas entendeu-se resolver a questão de forma clara. A referência à *validade* e à *ineficácia* tem como objetivo incluir todos os casos em que o contrato de crédito não produz efeitos.

O art. 18º-2 prevê a situação inversa. Assim, "a invalidade ou a revogação do contrato de compra e venda repercute-se, na mesma medida, no contrato de crédito coligado". A lei refere-se a *invalidade* e a *revogação*, não aludindo a *ineficácia*. A explicação para esta diferença em relação à redação do nº 1 pode resultar da intenção de transpor norma paralela da Diretiva, que utiliza a palavra *revogação*. No entanto, tendo em conta a razão de ser do preceito, e não existindo diferenças substanciais entre as duas situações, parece-nos que, noutros casos de ineficácia, diversos da revogação (leia-se exercício do direito de arrependimento), a norma também tem aplicação.

No que respeita às situações de incumprimento, aplicando-se cegamente o princípio da relatividade dos contratos, o consumidor nada poderia fazer contra o financiador, terceiro em relação ao contrato de compra e venda ou de prestação de serviço incumprido[67].

O art. 18º-3 regula esta questão, determinando o que o consumidor pode fazer no caso de, existindo contrato de crédito coligado, o contrato de compra e venda ou prestação de serviço não ser cumprido. Determina-se que, "no caso de incumprimento ou de desconformidade no cumprimento de contrato de compra e venda ou de prestação de serviços coligado com contrato de crédito, o consumidor que, após interpelação do vendedor, não tenha obtido deste a satisfação do seu direito ao exato cumprimento do contrato, pode interpelar o credor para exercer qualquer uma das seguintes pretensões: *a)* A exceção de não cumprimento do contrato; *b)* A redução do montante do crédito em montante igual ao da redução do preço; *c)* A resolução do contrato de crédito".

O incumprimento pode resultar da não entrega do bem (ou não prestação do serviço) ou da entrega de um bem (ou prestação de um serviço) em desconformidade com o contrato. A noção de desconformidade remete essencialmente para o DL 67/2003, mas deve notar-se que o art. 18º-3 se aplica a contratos não abrangidos pelo âmbito de aplicação deste diploma (por exemplo, a reparação de um bem), pelo que se trata de mais uma situação em que a lei molda o cumprimento ou incumprimento do contrato com base no conceito de conformidade.

O consumidor apenas pode interpelar o financiador depois de ter interpelado o vendedor (ou o prestador do serviço), o que significa que o consumidor não pode dirigir-se imediatamente a quem lhe concedeu o crédito[68].

Como já foi referido, em caso de contrato de crédito coligado, o preço é normalmente entregue diretamente pelo financiador ao vendedor (ou prestador do serviço), ficando o consumidor com a obrigação de pagar o preço ao primeiro de forma faseada. Em caso de exercício do direito de redução do preço ou do direito de resolução do contrato, quem é que deve assumir a responsabilidade pela devolução do montante entregue pelo financiador ao vendedor? Destruindo-se os dois contratos, a lógica impõe a devolução dos valores recebidos por cada uma das partes na relação triangular. É o que nos diz o art. 18º-4, ficando assim claro que "o consumidor

---

[67] CARLOS FERREIRA DE ALMEIDA, *Direito do Consumo*, 2005, p. 188; PAULO DUARTE, "A Posição Jurídica do Consumidor na Compra e Venda Financiada", 2005, p. 383.
[68] FERNANDO DE GRAVATO MORAIS, *Crédito aos consumidores*, 2009, p. 89.

não está obrigado a pagar ao credor o montante correspondente àquele que foi recebido pelo vendedor"[69].

A situação pode ser especialmente relevante em caso de insolvência do vendedor ou do prestador do serviço. Reduzida a prestação ou resolvido o contrato, o financiador não recebe o montante entregue a este nem as prestações do contrato de crédito. Pode assim dizer-se que o risco de insolvência do vendedor ou prestador de serviço corre por conta do financiador[70].

Este regime tem a consequência prática de impor ao financiador alguma cautela na seleção dos profissionais com quem colabora na concessão de crédito[71].

3. Crédito à habitação

O contrato de crédito à habitação é um dos contratos mais relevantes do ponto de vista social para as famílias[72], sendo a sua principal fonte de endividamento[73].

O regime do contrato de crédito à habitação esteve fragmentando por vários diplomas até 2017, encontrando-se atualmente consagrado, no essencial, no DL 74-A/2017.

Nos termos do art. 2º, o regime aplica-se a "contratos de crédito para a aquisição ou construção de habitação própria permanente, secundária ou para arrendamento", a "contratos de crédito para aquisição ou manutenção de direitos de propriedade sobre terrenos ou edifícios já existentes ou projetados", a "contratos de locação financeira de bens imóveis para habitação própria permanente, secundária ou para arrendamento" (neste caso, com exceção de algumas normas) e a "contratos de crédito que, independentemente da finalidade, estejam garantidos por hipoteca ou por outra garantia equivalente habitualmente utilizada sobre imóveis, ou garantidos por um direito relativo a imóveis".

---

[69] Ac. do TRP, de 28/3/2012.

[70] FERNANDO DE GRAVATO MORAIS, *Crédito aos consumidores*, 2009, p. 91.

[71] FERNANDO DE GRAVATO MORAIS, *União de Contratos de Crédito e de Venda para o Consumo*, 2004, p. 84.

[72] JORGE MORAIS CARVALHO e KRISTIN NEMETH, "Implementation of the Mortgage Credit Directive in the EU Member States", 2017, p. 131; MARIA DA GRAÇA MONIZ, "Notas Breves Sobre a Habitação em Geral e Especificidades da Região Autónoma da Madeira", 2006/2007, p. 609.

[73] JOAQUIM CARRAPIÇO, "Reflexões em Torno da Qualidade e dos Direitos dos Consumidores na Compra de Habitação", 2003, p. 54.

ESTUDOS DE DIREITO BANCÁRIO I

Como é possível verificar, o diploma não se aplica, assim, apenas a contratos de crédito à habitação, mas também a outros contratos de crédito que não se destinem a habitação, desde que seja prestada uma garantia relativamente a um imóvel, sendo a hipoteca o exemplo paradigmático. Por esta razão, designa-se comumente o diploma por regime do crédito hipotecário[74], designação que não corresponde exatamente à de crédito à habitação, mais tradicional em Portugal. Note-se que também a designação crédito hipotecário não é ideal para abarcar todos os contratos regulados pelo diploma, uma vez que, embora o mais comum seja a existência de uma hipoteca, admite-se a existência de contratos de crédito à habitação sem que seja estipulada esta garantia. A estes contratos aplica-se, igualmente, o regime.

Tratamos neste texto três questões dispersas colocadas por este diploma: período(s) de reflexão; dever de avaliação da solvabilidade do consumidor; dever de adesão a entidades de resolução alternativa de litígios de consumo (RALC).

3.1. Período(s) de reflexão

A Diretiva 2014/17/UE dava a cada Estado-Membro a possibilidade de adotar, em alternativa, um período de reflexão prévio à celebração do contrato ou um direito de arrependimento, posterior à celebração do contrato[75], admitindo-se ainda uma conjugação de ambos (art. 14º-6). O prazo mínimo imposto pela Diretiva é de 7 dias, independentemente do modelo adotado.

O mesmo preceito prevê, ainda, que, "caso um Estado-Membro fixe um período de reflexão antes da celebração do contrato de crédito, [...] o consumidor pode aceitar a proposta contratual em qualquer momento durante o período de reflexão", podendo os Estados-Membros, no entanto, "dispor que os consumidores não podem aceitar a proposta contratual durante um período que não pode exceder os primeiros 10 dias do período de reflexão".

Temos aqui duas regras, uma imposta aos Estados-Membros, embora admitindo a transposição por diferentes vias (período de reflexão ou direito

---

[74] JORGE MORAIS CARVALHO e KRISTIN NEMETH, "Implementation of the Mortgage Credit Directive in the EU Member States", 2017.

[75] No caso de reflexão anterior prévia à celebração do contrato não "se pode falar em rigor em direito de arrependimento", como defende, em geral, CARLOS FERREIRA DE ALMEIDA, *Direito do Consumo*, 2005, p. 110.

CRÉDITO AO CONSUMO E CRÉDITO À HABITAÇÃO

de arrependimento, com prazo mínimo de 7 dias) e outra facultativa (a possibilidade de se prever que os consumidores não podem aceitar a proposta durante um determinado período de tempo, que não pode ser superior a 10 dias).

Vejamos como é que estas regras foram transpostas para a ordem jurídica interna portuguesa.

O DL 74-A/2017 vem impor aos mutuantes, no momento em que o contrato de contrato de crédito é por si aprovado, a entrega (i) de uma ficha de informação normalizada que incorpore as condições do contrato de crédito e (ii) de uma minuta do contrato de crédito (art. 13º-2).

Nos termos do art. 13º-4, "o mutuante permanece vinculado à proposta contratual feita ao consumidor durante um prazo mínimo de 30 dias contados, para que o consumidor tenha tempo suficiente para comparar propostas, avaliar as suas implicações e tomar uma decisão informada". O período de vigência da proposta contratual emitida pelo mutuante não pode, assim, ser inferior a 30 dias. Este prazo pode ser alargado por via negocial, mas não pode ser reduzido. Por lapso, não se indica no preceito a partir de quando são contados os 30 dias, mas esta omissão não é especialmente grave, uma vez que, da sua articulação com o nº 2 do mesmo artigo, o início da vigência do prazo não pode corresponder a outro momento que não o da entrega da ficha de informação normalizada e da minuta do contrato de crédito, desde que estas contenham todas os elementos relativos ao contrato a celebrar. É neste momento que o consumidor dispõe de todos os elementos necessários para fazer a sua avaliação do contrato proposto. Se for entregue apenas um destes elementos, o prazo não começa a correr, mas deve entender-se que o mutuante já está vinculado nos termos que definiu.

Este prazo implica que o consumidor, se assim o entender, tem 30 dias para ponderar sobre a celebração do contrato. Transpõe-se, aqui, a norma da Diretiva que determina que a lei deve atribuir ao consumidor o direito a um período de reflexão mínimo de 7 dias (ou, em alternativa, um direito de arrependimento com esse mesmo prazo mínimo). A opção recaiu, em Portugal, no estabelecimento de um período de reflexão anterior à celebração do contrato, o qual é atribuído por via da vinculação do mutuante à sua proposta contratual por um período mínimo de 30 dias. Alargou-se, assim, também, e consideravelmente, o prazo indicado no diploma europeu.

A possibilidade de dispor que os consumidores não podem aceitar a proposta contratual durante um determinado período de tempo foi aproveitada por Portugal, prevendo-se que os consumidores não possam aceitar a proposta nos primeiros 7 dias a contar da data da entrega da ficha de informação normalizada e da minuta do contrato de crédito (art. 13º-5), período que designamos como *período de reflexão obrigatório*, não se confundindo, como já vimos, com o período de reflexão que a Diretiva impõe[76]. Nos termos da Diretiva, este período, no caso de ser estabelecido no direito nacional, não poderia ser superior a 10 dias. Tendo sido estabelecido, no direito português, um período de 7 dias, não há problema de conformidade com a Diretiva.

A formulação do preceito não é muito feliz, uma vez que apenas se encontra subentendida a consagração desse *período de reflexão obrigatório*. Determina o art. 13º-5, literalmente, apenas a prestação de informação, pelo mutuante, ao consumidor, sobre a existência desse *período de reflexão obrigatório*, o qual não é consagrado em nenhum outro preceito. Deve, no entanto, interpretar-se este art. 13º-5 no sentido de este ser efetivamente consagrado.

Em suma, a proposta contratual emitida pelo mutuante vigora pelo prazo de 30 dias a contar da data da entrega da ficha de informação normalizada e da minuta do contrato de crédito, não podendo, no entanto, o consumidor aceitar essa proposta nos 7 primeiros dias. Entre o 8º e o 30º dia, o consumidor tem o direito potestativo de aceitar a proposta, celebrando-se, então, o contrato de crédito à habitação.

Sendo o crédito garantido por fiança, o fiador também dispõe de um *período de reflexão obrigatório* de sete dias, antes de se vincular (art. 13º-6), período esse que deve ser contado da data em que (o fiador) tiver recebido, simultaneamente, a cópia da ficha de informação normalizada e da minuta do contrato, além de lhe terem sido prestadas as explicações adequadas.

3.2. Dever de avaliação da solvabilidade do consumidor

Num contrato de concessão de crédito, é natural que o financiador, em algum momento, embora sempre antes da celebração do contrato, se reserve o direito de avaliar em concreto se a outra parte tem condi-

---

[76] Na Grécia, este prazo é de cinco dias, sendo de 10 dias o período de reflexão (ELENI KAPROU, "Mortgage Credit in Greece", 2017, p. 137). Na Hungria, prevê-se igualmente um prazo dentro do qual o consumidor não pode aceitar a proposta (3 dias), sendo o período de reflexão de 15 dias (ANDREA FEJOS, "Mortgage Credit in Hungary", 2017, p. 141).

ções financeiras para o cumprimento das suas obrigações. Neste sentido, defende-se que se trata de um contrato celebrado *intuitu personae*, não podendo a declaração (dirigida ao público) do financiador ser considerada uma proposta contratual, mas apenas um convite para contratar[77].

Algumas práticas bancárias, ligadas à concessão de crédito de forma irresponsável, vieram, no entanto, contrariar[78] esta ideia, tendo estado, aliás, na origem da crise económica e financeira de 2008[79], que ainda hoje se reflete um pouco por todo o Mundo.

É a este nível que entra a noção de *concessão de crédito responsável*, como medida preventiva de combate ao sobreendividamento[80], sendo este um dos mais importantes aspetos do DL 74-A/2017, que regula de forma aprofundada o dever de avaliar a solvabilidade do consumidor[81].

O art. 16º-1 do DL 74-A/2017 prevê que, "antes da celebração do contrato de crédito, o mutuante deve avaliar a solvabilidade do consumidor, com base em fatores relevantes para verificar a capacidade e propensão para o cumprimento do contrato de crédito"[82].

Nos termos do mesmo preceito, o mutuante deve ter em conta, entre outros aspetos, a capacidade económica do consumidor, avaliada essencialmente com base nos seus rendimentos e nas suas despesas. Para efeito desta verificação, o mutuante deve consultar as bases de dados de responsabilidades de créditos, podendo igualmente ter acesso, para o efeito, à lista pública de execuções e a outras bases de dados que possam conter informação útil.

Embora possa ser um elemento a considerar pelo mutuante, a lei impõe que a avaliação da solvabilidade não se baseie "predominantemente no valor do imóvel que excede o montante do crédito nem no pressuposto de

---

[77] Carlos Ferreira de Almeida, *Contratos*, Vol. I, 2017, p. 122.

[78] Sobre a situação em Espanha, v. Esther Arroyo Amayuelas, "Mortgage Credit in Spain", 2017, p. 132.

[79] Rita Simon, "Transposition of Mortgage Credit Directive into Hungarian and Czech Law", 2017, p. 106.

[80] Ana Taveira da Fonseca, "O Contrato de Crédito para Aquisição de Habitação Permanente Garantido por Hipoteca à Luz dos Princípios de *Life Time Contracts*", 2016, p. 196; Manuel Ángel López Sánchez, "La Prevención del Sobreendeudamiento en la Propuesta de Directiva sobre Crédito a los Consumidores", 2004, p. 639.

[81] Eleni Kaprou, "Mortgage Credit in Greece", 2017, p. 137.

[82] O dever de avaliar a solvabilidade do consumidor também se encontra previsto no art. 10º do DL 133/2009, que regula o contrato de crédito ao consumo.

que o imóvel se irá valorizar, salvo se a finalidade do contrato de crédito for a construção ou a realização de obras no imóvel". Tendo em conta a importância da avaliação do imóvel, o art. 18º do DL 74-A/2017 determina que esta seja feita por "perito avaliador independente", podendo o consumidor, por um lado, reclamar do seu resultado junto do mutuante e, por outro lado, requerer a realização de uma segunda avaliação.

Se da avaliação da solvabilidade do consumidor resultar como provável que o consumidor não vai conseguir cumprir pontualmente o contrato de crédito, este não deve ser celebrado.

Os artigos relativos à avaliação da solvabilidade têm conteúdo imperativo, uma vez que visa a proteção de interesses relevantes, não apenas relativos ao consumidor.

Em primeiro lugar, está em causa o interesse do consumidor à prevenção de uma situação de sobreendividamento e de insolvência. Neste caso, a lei é paternalista, defendendo o consumidor contra a sua própria vontade, manifestada pelo desejo e eventual necessidade de recurso ao crédito. No equilíbrio entre dois interesses do consumidor – acesso mais facilitado ao crédito e prevenção do sobreendividamento e da insolvência – a lei opta pelo segundo, consagrando a solução mais favorável a longo prazo.

Em segundo lugar, relacionada com a opção indicada no final do parágrafo anterior, não está apenas em causa um interesse do consumidor, mas também um interesse geral. A concessão irresponsável de crédito é, pelo menos parcialmente, responsável por crises económicas e financeiras, devendo atuar-se preventivamente no sentido de as evitar ou agravar. O incumprimento generalizado de contratos, motivado pela concessão de crédito a pessoas que poderiam não ter condições para cumprir, associada a um período recessivo da economia, pode ter como efeito o colapso do sistema económico. Na base da exigência de uma concessão de crédito responsável, em consequência do dever de avaliar a solvabilidade do consumidor, podemos, assim, encontrar um interesse geral.

Estando em causa um interesse geral, não subsistem dúvidas de que o conteúdo imperativo da norma não pode ser afastado, pelo que as partes de um contrato de crédito à habitação não podem excluir o dever de avaliação da solvabilidade do consumidor.

As consequências previstas na lei para as situações de desrespeito pelo conteúdo imperativo do preceito são, no entanto, insuficientes, não pare-

CRÉDITO AO CONSUMO E CRÉDITO À HABITAÇÃO

cendo dissuasoras de práticas que o contrariem[83]. Prevê-se a aplicação de sanções contraordenacionais (art. 29º), mas não se consagra expressamente qualquer sanção civil.

Trata-se aqui de um caso em que a lei não prevê expressamente, a par da sanção contraordenacional, consequência ao nível do contrato celebrado, sendo necessário interpretar o conteúdo imperativo do art. 16º, tendo em conta que este visa a proteção de interesses simultaneamente gerais e do consumidor, para concluir se a sanção contraordenacional é suficiente para os proteger ou se é necessária e adequada a previsão de consequências civis.

O conteúdo imperativo da norma tem como objetivo principal a proteção de um interesse geral, sendo que, nestes casos, torna-se necessário distinguir a contrariedade à lei que se situa ao nível do objeto do contrato daquela que diz respeito a elementos circunstanciais deste, apenas no primeiro caso se estabelecendo a nulidade do negócio (280º do CC).

Ora, aqui não estamos ao nível do objeto do contrato, pelo que, resultando outra solução da lei, neste caso uma sanção contraordenacional (art. 294º do CC)[84], pode entender-se que não existe no regime um juízo suficientemente negativo sobre o contrato celebrado a ponto de justificar a sua invalidade.

3.3. Dever de adesão a entidades de RALC

Nos termos do art. 38º-2 do DL 74-A/2017, os mutuantes devem aderir "a, pelo menos, duas entidades que possibilitem a resolução alternativa de litígios, nos termos previstos na Lei nº 144/2015, de 8 de setembro".

A Lei 144/2015 regula a resolução alternativa de litígios de consumo (RALC), impondo a todos os profissionais, no seu art. 18º, a prestação de informação sobre as entidades de resolução alternativa de litígios de consumo existentes, mesmo que o profissional não se encontre vinculado a nenhuma delas por adesão ou por imposição legal[85].

---

[83] Sobre a importância das sanções para tornar efetivo este regime, v. JORGE MORAIS CARVALHO e KRISTIN NEMETH, "Implementation of the Mortgage Credit Directive in the EU Member States", 2017, p. 132.

[84] JORGE MORAIS CARVALHO, *Os Limites à Liberdade Contratual*, 2016, pp. 215 e 216.

[85] Sobre este preceito, cfr. JOÃO PEDRO PINTO-FERREIRA, "A Resolução Alternativa de Litígios de Consumo no Contexto da Lei nº 144/2015", 2016, pp. 327 a 330; SANDRA PASSINHAS, "Alterações Recentes no Âmbito da Resolução Alternativa de Litígios de Consumo", 2015, pp. 365 e 366. O Regulamento (UE) nº 524/2013, do Parlamento Europeu

O que se vem agora exigir, em linha com o que já sucedia quanto aos prestadores de serviços de pagamento e emitentes de moeda eletrónica (art. 92º-2 do DL 317/2009) e com o que se passou também a prever, por via da alteração introduzida pelo DL 74-A/2017, para os mutuantes no regime geral do crédito ao consumo (art. 32º-2 do DL 133/2009), é a adesão dos mutuantes a centros de arbitragem de consumo[86]. A lei impõe, portanto, neste caso, a participação dos mutuantes em procedimentos de RALC.

No entanto, este preceito parece não ter em conta o sistema português de RALC, que se centra, essencialmente, em centros de arbitragem de conflitos de consumo com competência territorial definida. Ora, se os centros têm a sua competência definida em função do território, a adesão a dois centros significa que apenas os consumidores que celebrem contratos nesses dois locais serão beneficiados pela vinculação dos mutuantes. Por exemplo, se um mutuante aderir a um centro com competência na Madeira e a outro com competência no Algarve, cumpre o dever imposto pela norma, mas os consumidores que celebrem contratos noutras partes do território nacional não vão, em princípio, poder ver os seus litígios resolvidos nesses centros. Parece-nos que não é adequado um regime que permite esta discriminação em função do território, deixando nas mãos do mutuante a opção de quais as regiões que pretende privilegiar. É este, contudo, o regime vigente.

Referências completas

Legislação
Decreto-Lei nº 81-C/2017, de 7 de julho
Decreto-Lei nº 74-A/2017, de 23 de junho
Lei nº 144/2015, de 8 de setembro
Diretiva 2014/17/UE do Parlamento Europeu e do Conselho, de 4 de fevereiro de 2014, relativa aos contratos de crédito aos consumidores para imóveis de habitação e que altera as Diretivas 2008/48/CE e 2013/36/UE e o Regulamento (UE) nº 1093/2010

---

e do Conselho, de 21 de maio de 2013, sobre a resolução de litígios de consumo em linha, também prevê, no seu art. 14º-1, que "os comerciantes estabelecidos na União que celebrem contratos de venda ou de serviços em linha e os mercados em linha estabelecidos na União devem disponibilizar nos seus sítios *web* uma ligação eletrónica à plataforma de ODR". Sobre esta norma, cfr. JORGE MORAIS CARVALHO e JOANA CAMPOS CARVALHO, "Online Dispute Resolution Platform – Making European Contract Law More Effective", 2016, pp. 263 a 265

[86] Sobre a qualificação jurídica da adesão plena a centros de arbitragem, v. JOANA CAMPOS CARVALHO e JORGE MORAIS CARVALHO, "Problemas Jurídicos da Arbitragem e da Mediação de Consumo", 2016, pp. 7 a 11.

CRÉDITO AO CONSUMO E CRÉDITO À HABITAÇÃO

Decreto-Lei nº 317/2009, de 30 de outubro, alterado pelos Decretos-Leis nºs 242/2012, de 7 de novembro, e 157/2014, de 24 de outubro

Decreto-Lei nº 133/2009, de 2 de junho (retificado pela Declaração de Retificação nº 55/2009, de 31 de julho), alterado pelos Decretos-Leis nºs 72-A/2010, de 18 de junho, 42-A/2013, de 28 de março, e 74-A/2017, de 23 de junho

Diretiva 2008/48/CE do Parlamento Europeu e do Conselho, de 23 de Abril de 2008, relativa a contratos de crédito aos consumidores e que revoga a Diretiva 87/102/CEE do Conselho

Decreto-Lei nº 67/2003, de 8 de abril, alterado pelo Decreto-Lei nº 84/2008 de 21 de maio

Decreto-Lei nº 359/91, de 21 de setembro (retificado pela Declaração de Retificação nº 199-B/91, de 21 de setembro), alterado pelos Decretos-Leis nºs 101/2000, de 2 de junho, e 82/2006, de 3 de maio, e revogado pelo Decreto-Lei nº 133/2009, de 2 de junho

Diretiva 87/102/CEE do Conselho de 22 de Dezembro de 1986 relativa à aproximação das disposições legislativas, regulamentares e administrativas dos Estados-Membros relativas ao crédito ao consumo

Doutrina

ALMEIDA, Carlos Ferreira de, *Contratos*, Vol. I, 6ª edição, Almedina, Coimbra, 2017

ALMEIDA, Carlos Ferreira de, *Direito do Consumo*, Almedina, Coimbra, 2005

ARROYO AMAYUELAS, Esther, "Mortgage Credit in Spain", in *EucML – Journal of European Consumer and Market Law*, nº 3, 2017, pp. 132-135

BERNARDO, João Marques, "A Cláusula de Reserva de Propriedade a Favor do Financiador", in *Estudos de Direito do Consumo*, Vol. V, 2017, pp. 395-408

CAMPOS, Isabel Menéres, "Crédito à Habitação", in *I Congresso de Direito do Consumo*, Almedina, Coimbra, 2016, pp. 159-175

CARRAPIÇO, Joaquim, "Reflexões em Torno da Qualidade e dos Direitos dos Consumidores na Compra de Habitação", in *Estudos de Direito do Consumidor*, nº 5, 2003, pp. 53-66

CARVALHO, Joana Campos, "Problemas Jurídicos da Arbitragem e da Mediação de Consumo", in *RED – Revista Electrónica de Direito*, nº 1, 2016 (com JORGE MORAIS CARVALHO)

CARVALHO, Joana Campos, "Online Dispute Resolution Platform – Making European Contract Law More Effective", in *European Contract Law and the Digital Single Market – The Implications of the Digital Revolution*, Intersentia, Cambridge, 2016, pp. 245-266 (com JORGE MORAIS CARVALHO)

CARVALHO, Jorge Morais, *Manual de Direito do Consumo*, 4ª edição, Almedina, Coimbra, 2017

CARVALHO, Jorge Morais, "Implementation of the Mortgage Credit Directive in the EU Member States", in *EucML – Journal of European Consumer and Market Law*, nº 3, 2017, pp. 131-132 (com KRISTIN NEMETH)

CARVALHO, Jorge Morais, "Problemas Jurídicos da Arbitragem e da Mediação de Consumo", in *RED – Revista Electrónica de Direito*, nº 1, 2016 (com JOANA CAMPOS CARVALHO)

CARVALHO, Jorge Morais, *Os Limites à Liberdade Contratual*, Almedina, Coimbra, 2016

CARVALHO, Jorge Morais, "Online Dispute Resolution Platform – Making European Contract Law More Effective", in *European Contract Law and the Digital Single Market – The*

Implications of the Digital Revolution, Intersentia, Cambridge, 2016, pp. 245-266 (com JOANA CAMPOS CARVALHO)

CARVALHO, Jorge Morais, "Crédito ao Consumo – Ónus da Prova da Entrega de Exemplar do Contrato e Abuso do Direito de Invocar a Nulidade", in *Cadernos de Direito Privado*, nº 42, 2013, pp. 36-52 (com MICAEL TEIXEIRA)

CARVALHO, Jorge Morais, *Os Contratos de Consumo – Reflexão sobre a Autonomia Privada no Direito do Consumo*, Almedina, Coimbra, 2012

CASTELO, Higina Orvalho, "Crédito ao Consumo e Diversidade de Tipos Contratuais", in *Direito do Consumo – E-Book*, Centro de Estudos Judiciários, 2014, pp. 103-112

COELHO, Francisco Manuel de Brito Pereira, "Coligação Negocial e Operações Negociais Complexas: Tendências Fundamentais da Doutrina e Necessidade de uma Reconstrução Unitária", in *Boletim da Faculdade de Direito da Universidade de Coimbra*, Vol. Comemorativo, 2003, pp. 233-268

CORDEIRO, António Menezes, *Da Boa Fé no Direito Civil*, Almedina, Coimbra, 2001 (reimpressão da edição de 1985)

DUARTE, Paulo, "O Direito do Consumidor ao Cumprimento Antecipado nos Contratos de Concessão de Crédito", in Liber Amicorum *Mário Frota – A Causa dos Direitos dos Consumidores*, Almedina, Coimbra, 2012, pp. 409-437

DUARTE, Paulo, "A Posição Jurídica do Consumidor na Compra e Venda Financiada: Confronto entre o Regime em Vigor (RJCC) e o Anteprojecto do Código do Consumidor (AntpCCONS.)", in *Estudos de Direito do Consumidor*, nº 7, 2005, pp. 379-408

DUARTE, Paulo, "Algumas Questões sobre o ALD", in *Estudos de Direito do Consumidor*, nº 3, 2001, pp. 301-327

FEJOS, Andrea, "Mortgage Credit in Hungary", in *EucML – Journal of European Consumer and Market Law*, nº 3, 2017, pp. 139-143

FLORENÇA, Ânia Marques, *O Abuso do Direito no Direito do Consumo*, Faculdade de Direito da Universidade Nova de Lisboa, Lisboa, 2015 (policopiado)

FONSECA, Ana Taveira da, "O Contrato de Crédito para Aquisição de Habitação Permanente Garantido por Hipoteca à Luz dos Princípios de *Life Time Contracts*", in *Em Torno de* Life Time Contracts, Braga, 2016, pp. 153-173

KAPROU, Eleni, "Mortgage Credit in Greece", in *EucML – Journal of European Consumer and Market Law*, nº 3, 2017, pp. 135-138

LÓPEZ SÁNCHEZ, Manuel Ángel, "La Prevención del Sobreendeudamiento en la Propuesta de Directiva sobre Crédito a los Consumidores", in *Études de Droit de la Consommation – Liber amicorum Jean Calais-Auloy*, Dalloz, Paris, 2004, pp. 621-649

MONIZ, Maria da Graça, "Notas Breves Sobre a Habitação em Geral e Especificidades da Região Autónoma da Madeira", in *Estudos de Direito do Consumidor*, nº 8, 2006/2007, pp. 609-634

MORAIS, Fernando de Gravato, "Proteção do Consumidor a Crédito na Celebração e na Execução do Contrato", in *RED – Revista Electrónica de Direito*, nº 1, 2014

MORAIS, Fernando de Gravato, *Crédito aos Consumidores*, Almedina, Coimbra, 2009

MORAIS, Fernando de Gravato, *Contratos de Crédito ao Consumo*, Almedina, Coimbra, 2007

MORAIS, Fernando de Gravato, *União de Contratos de Crédito e de Venda para o Consumo*, Almedina, Coimbra, 2004

MUNHOZ, Ricardo, "Contrato de *Leasing* (Locação Financeira)", in *Revista Portuguesa de Direito do Consumo*, n.º 12, 1997, pp. 7-16

NEMETH, Kristin, "Implementation of the Mortgage Credit Directive in the EU Member States", in *EucML – Journal of European Consumer and Market Law*, n.º 3, 2017, pp. 131-132 (com JORGE MORAIS CARVALHO)

OLIVIERO, Francesco, "L'Anticipato Adempimento dell'Obbligazione Restitutoria nel Credito ai Consumatori", in *Le Nuove Leggi Civili Commentate*, Anno XXXVII, n.º 2, 2014, pp. 373-402

PASSINHAS, Sandra, "Alterações Recentes no Âmbito da Resolução Alternativa de Litígios de Consumo", in *O Contrato – Na Gestão do Risco e na Garantia da Equidade*, Instituto Jurídico – Faculdade de Direito da Universidade de Coimbra, Coimbra, 2015, pp. 357-388

PEREIRA, Ana Patrícia do Rosário, *O Incumprimento do Contrato de Crédito ao Consumo pelo Consumidor*, Faculdade de Direito da Universidade Nova de Lisboa, Lisboa, 2015 (policopiado)

PINTO, Alexandre Mota, "Venda de Bens de Consumo e Garantias – O Direito Vivido nos Tribunais", in *I Congresso de Direito do Consumo*, Almedina, Coimbra, 2016, pp. 189-209

PINTO-FERREIRA, João Pedro, "A Resolução Alternativa de Litígios de Consumo no Contexto da Lei n.º 144/2015", in *Estudos de Direito do Consumo – Homenagem a Manuel Cabeçadas Ataíde Ferreira*, DECO, 2016, pp. 310-332

PRAZERES, Marco de Oliveira, "Breves Notas sobre o ALD", in *Revista Jurídica da Associação Académica da Faculdade de Direito de Lisboa (AAFDL)*, Ano XXXV, n.º 26, 2013, pp. 11-23

SIMON, Rita, "Transposition of Mortgage Credit Directive into Hungarian and Czech Law – The Problem of Credit Intermediaries", in *EucML – Journal of European Consumer and Market Law*, n.º 3, 2017, pp. 106-112

TEIXEIRA, Micael Martins, "Por uma Distribuição Dinâmica do Ónus da Prova", in *Colecção Estudos – Instituto do Conhecimento AB*, n.º 2, 2014, pp. 265-386

TEIXEIRA, Micael Martins, "Crédito ao Consumo – Ónus da Prova da Entrega de Exemplar do Contrato e Abuso do Direito de Invocar a Nulidade", in *Cadernos de Direito Privado*, n.º 42, 2013, pp. 36-52 (com JORGE MORAIS CARVALHO)

VASCONCELOS, Joana, "Emissão de Cartões de Crédito", in *Estudos do Instituto de Direito do Consumo*, Vol. I, 2002, pp. 165-183

Jurisprudência

Tribunal de Justiça da União Europeia
Acórdão de 9 de novembro de 2016, Processo C-42/15
Acórdão de 23 de março de 2000, Processo C-208/98

Supremo Tribunal de Justiça
Acórdão de 30 de setembro de 2014, Processo n.º 844/09.8TVLSB.L1.S1 (Maria Clara Sottomayor)
Acórdão de 25 de outubro de 2011, Processo n.º 1320/08.1YXLSB.L1.S1 (Alves Velho)
Acórdão de 7 de janeiro de 2010, Processo n.º 08B3798 (Maria dos Prazeres Pizarro Beleza)
Acórdão de 14 de maio de 2009, Processo n.º 218/09.OYFLSB (Sebastião Póvoas)
Acórdão de 28 de abril de 2009, Processo n.º 2/09.1YFLSB (Fonseca Ramos)

ESTUDOS DE DIREITO BANCÁRIO I

Acórdão de 25 de março de 2009, Processo nº 08A1992 (Cardoso de Albuquerque)
Acórdão de 9 de dezembro de 2008, Processo nº 08A2924 (Garcia Calejo)
Acórdão de 27 de novembro de 2008, Processo nº 07B3198 (Maria dos Prazeres Pizarro Beleza)
Acórdão de 6 de março de 2008, Processo nº 07B4617 (Oliveira Vasconcelos)
Acórdão de 14 de novembro de 2006, Processo nº 06A2718 (Moreira Camilo)
Acórdão de 19 de abril de 2005, Processo nº 05A493 (Faria Antunes)
Acórdão de 22 de fevereiro de 2005, Processo nº 04A3447 (Pinto Monteiro)
Acórdão de 2 de junho de 1999, Processo nº 99B387 (Quirino Soares)

Tribunal da Relação de Coimbra
Acórdão de 8 de março de 2016, Processo nº 934/15.8T8LMG.C1 (Sílvia Pires)
Acórdão de 17 de dezembro de 2014, Processo nº 4435/13.0TBLRA.C1 (Freitas Neto)
Acórdão de 10 de setembro de 2013, Processo nº 968/09.1TBCBR-A.C1 (Albertina Pedroso)
Acórdão de 18 de maio de 2010, Processo nº 3472/08.1TBVIS-A.C1 (Isaías Pádua)
Acórdão de 12 de fevereiro de 2008, Processo nº 366/05.6TBTND-A.C1 (Costa Fernandes)

Tribunal da Relação de Évora
Acórdão de 20 de outubro de 2016, Processo nº 14073/15.8YIPRT.E1 (Mário Serrano)
Acórdão de 8 de setembro de 2016, Processo nº 431/12.3TBBJA.E1 (Silva Rato)
Acórdão de 30 de junho de 2016, Processo nº 292/12.2TBARL-A (Canelas Brás)
Acórdão de 26 de fevereiro de 2015, Processo nº 3269/07.6TBSTR-A.E1 (Silva Rato)
Acórdão de 12 de fevereiro de 2015, Processo nº 341/13.7TBVV.E1 (Silva Rato)
Acórdão de 13 de fevereiro de 2014, Processo nº 1665/11.3 TBCTX.E1 (Sílvio Sousa)

Acórdão de 8 de setembro de 2011, Processo nº 1277/09.1TBBJA (João Gonçalves Marques)
Acórdão de 25 de outubro de 2007, Processo nº 883/07-2 (Tavares de Paiva)

Tribunal da Relação de Guimarães
Acórdão de 25 de outubro de 2016, Processo nº 455/16.1T8VFR.P1 (Rui Moreira)
Acórdão de 2 de maio de 2016, Processo nº 1854/14.9TBGMR.G1 (Jorge Seabra)
Acórdão de 14 de abril de 2016, Processo nº 20/14.8T8FAF.G1 (Ana Cristina Duarte)
Acórdão de 10 de março de 2016, Processo nº 338/07.6TBAMR.G1 (Maria Amália Santos)
Acórdão de 9 de abril de 2015, Processo nº 6718/07.0YYLSB-B.G1 (António Santos)
Acórdão de 30 de janeiro de 2014, Processo nº 2603/08.6TBFLG-A.G1 (Ana Cristina Duarte)
Acórdão de 25 de maio de 2012, Processo nº 3808/09.8TBBRG-A.G1 (Maria da Purificação Carvalho)

Tribunal da Relação de Lisboa
Acórdão de 13 de outubro de 2016, Processo nº 28382/15.2YIPRT.L1-2 (Pedro Martins)
Acórdão de 31 de maio de 2016, Processo nº 23079/09.5YYLSB-A.L1-7 (Luís Espírito Santo)
Acórdão de 22 de outubro de 2015, Processo nº 1129/13.0TJLSB.L1-2 (Farinha Alves)

CRÉDITO AO CONSUMO E CRÉDITO À HABITAÇÃO

Acórdão de 21 de maio de 2015, Processo nº 1160/14.9TJLSB.L1-8 (Ilídio Sacarrão Martins)

Acórdão de 23 de outubro de 2014, Processo nº 85/10.1TBMTJ-A.L1-8 (Carla Mendes)

Acórdão de 9 de outubro de 2014, Processo nº 611/09.9TVLSB.L1-6 (Tomé Ramião)

Acórdão de 27 de março de 2014, Processo nº 8493/03.8 TVLSB.L1-6 (Ana de Azeredo Coelho)

Acórdão de 14 de novembro de 2013, Processo nº 844/09. 8TVLSB. L1-6 (Gilberto Jorge)

Acórdão de 7 de novembro de 2013, Processo nº 558/13.4 TBTVR.L1-6 (Maria Teresa Pardal)

Acórdão de 12 de agosto de 2013, Processo nº 3225/12.2YXLSB-2 (Pedro Martins)

Acórdão de 4 de julho de 2013, Processo nº 1916/12.7TBPDL.L1-2 (Ezagüy Martins)

Acórdão de 14 de março de 2013, Processo nº 372230/08.0YIPRT.L1-2 (Pedro Martins)

Acórdão de 7 de fevereiro de 2013, Processo nº 10/11.2TBAGH.L1-2 (Pedro Martins)

Acórdão de 29 de novembro de 2012, Processo nº 4590/08.1TBVFX-A.L1-6 (Fátima Galante)

Acórdão de 22 de novembro de 2012, Processo nº 9108/10.3TBCSC.L1-2 (Pedro Martins)

Acórdão de 13 de setembro de 2012, Processo nº 6398/09.8TVLSB.L1-2 (Pedro Martins)

Acórdão de 4 de março de 2010, Processo nº 257168/08.6YIPRT.L1-8 (Luís Correia Mendonça)

Acórdão de 15 de outubro de 2009, Processo nº 59659/05.4YYLSB-A.L1-6 (Manuel Gonçalves)

Acórdão de 13 de maio de 2008, Processo nº 880/2008-1 (Rui Torres Vouga)

Acórdão de 28 de junho de 2007, Processo nº 4307/2007-6 (Ferreira Lopes)

Acórdão de 9 de novembro de 2006, Processo nº 7333/2006-6 (Fátima Galante)

Acórdão de 9 de maio de 2006, Processo nº 12155/2005-7 (Rosa Maria Ribeiro Coelho)

Tribunal da Relação do Porto

Acórdão de 10 de outubro de 2016, Processo nº 2548/14.0TBVNG-D.P1 (Isabel de São Pedro Soeiro)

Acórdão de 9 de junho de 2015, Processo nº 2118/12.8TBPNF.P1 (João Proença)

Acórdão de 18 de março de 2014, Processo nº 400/12.3TBCNF.P1 (João Proença)

Acórdão de 24 de janeiro de 2013, Processo nº 11944/08.1TBVNG.P1 (Deolinda Varão)

Acórdão de 25 de outubro de 2012, Processo nº 15/08.0TBCDR-A.P2 (Pinto de Almeida)

Acórdão de 9 de outubro de 2012, Processo nº 5394/10.7TBSTS.P1 (José Igreja Matos)

Acórdão de 26 de junho de 2012, Processo nº 416/08.4TBBAO.P1 (Ramos Lopes)

Acórdão de 28 de março de 2012, Processo nº 3585/09.2TBPRD.P1 (José Carvalho)

Acórdão de 14 de novembro de 2011, Processo nº 13721/05.2YYPRT-A.P1 (Ana Paula Amorim)

Acórdão de 30 de junho de 2011, Processo nº 5664/06.9YYPRT-A.P1 (Filipe Caroço)

Acórdão de 10 de maio de 2010, Processo nº 674/08.4TBSJM-A.P1 (Soares de Oliveira)

Acórdão de 26 de janeiro de 2009, Processo nº 0852451 (Marques Pereira)

Acórdão de 21 de setembro de 2006, Processo nº 0632114 (Ana Paula Lobo)

Acórdão de 23 de maio de 2005, Processo nº 0550672 (Marques Pereira)

Acórdão de 8 de julho de 2004, Processo nº 0423910 (Alberto Sobrinho)

Acórdão de 19 de setembro de 2000, Processo nº 0021004 (Cândido de Lemos)

Segurança, Subgarantia e Sobregarantia
– Entre os três "S" do Direito das Garantias[*]

MANUEL JANUÁRIO DA COSTA GOMES[**]

SUMÁRIO: *1. Em busca de segurança. O primeiro "S"; 1.1. O património do devedor e a responsabilidade patrimonial; 1.2. O reforço de segurança com soluções externas; 1.3. O reforço de segurança com soluções internas; 1.4. O credor pode impor ao devedor o seu "perímetro de segurança"?; 2. Subgarantia. O segundo "S"; 3. Sobregarantia. O terceiro "S".*

1. Em busca de segurança. O primeiro "S"

1.1. O património do devedor e a responsabilidade patrimonial

I. A responsabilidade patrimonial é um instituto de direito privado: o devedor responde perante os seus credores com as forças do seu património. O facto de a responsabilidade patrimonial nem sempre ser autonomizada *qua tale* resultará, segundo pensamos, da sua integração ou incorporação no sistema como algo adquirido[1].

---

[*] Texto-base da intervenção, com o mesmo título, nas I Jornadas de Direito das Garantias, promovidas pelo Centro de Investigação de Direito Privado da Faculdade de Direito da Universidade de Lisboa, realizadas no dia 19 de novembro de 2015. Texto anteriormente publicado na Revista Jurídica AAFDL, Nº 30 (2016).

[**] Professor da Faculdade de Direito da Universidade de Lisboa.

[1] MENEZES CORDEIRO, *Tratado de Direito Civil português*, I, Tomo I, 3ª edição, Almedina, Coimbra, 2005, p. 363 e ss., não inclui a responsabilidade patrimonial no elenco dos "institutos civis gerais"; contudo em *Tratado de Direito Civil*, X. *Garantias*, Almedina, Coimbra, 2015, p. 233,

A responsabilidade patrimonial constitui, de resto, uma verdadeira conquista civilizacional, conforme é comprovável fazendo-se o confronto com os sistemas primitivos, em que o devedor podia sofrer na sua própria pessoa – no seu corpo –, às vezes com a vida, o facto do incumprimento[2].

Quando o artigo 601º do Código Civil dispõe que o património do devedor é a garantia geral ou comum aos vários credores, consagra, em substância, em termos normativos, o sistema de responsabilidade patrimonial; essa consagração articula-se, estreita e logicamente, com a previsão do artigo 817º do mesmo código, por força do qual, não sendo a "obrigação voluntariamente cumprida", o credor tem, para além do direito de exigir judicialmente o cumprimento[3], o de executar o património do devedor, "nos termos declarados neste código e nas leis de processo".

Não sendo tempo de revisitar a questão de saber se a chamada garantia geral constitui uma garantia em sentido técnico[4], o que importa aqui acentuar é o facto de o património do devedor constituir a segurança patrimonial do credor, em função da responsabilidade patrimonial[5]. O exposto não significa repudiar a utilização, feita na linguagem normativamente positivada, do termo "garantia" ou da expressão "garantia geral", mormente na fase da vigência do vínculo obrigacional anterior ao vencimento

o autor refere-se à responsabilidade patrimonial como "um instituto pelo qual o património do devedor responde pelas suas dívidas".

[2] Sobre a evolução do abandono do sistema da responsabilidade pessoal a favor do da responsabilidade patrimonial, cf. SEBASTIÃO CRUZ, *Direito romano (Ius romanum)*, I. *Introdução. Fontes*, 4ª edição, Coimbra, 1984, p. 175 e ss., BETTI, *Teoria generale delle obbligazioni*, I, Giuffrè, Milão, 1953, p. 105 e ss. e MENEZES CORDEIRO, *Tratado de Direito Civil*, X, cit., p. 227 e ss..

[3] Cf., por todos, ANTUNES VARELA, *Das obrigações em geral*, II, 7ª edição, Almedina, Coimbra, 1997, p. 149 e ss., TEIXEIRA DE SOUSA, *Acção executiva singular*, Lex, Lisboa, 1998, p. 1950 e ss. e CALVÃO DA SILVA, *Cumprimento e sanção pecuniária compulsória*, Separata do Boletim da Faculdade de Direito da Universidade de Coimbra, Coimbra, 1987, p. 140 e ss..

[4] Cf. o nosso *Assunção fidejussória de dívida. Sobre o sentido e o âmbito da vinculação como fiador*, Almedina, Coimbra, 2000, p. 11 e ss. Lê-se, a propósito, em VAZ SERRA, *Responsabilidade patrimonial*, BMJ 75, 1958, p. 11: "a palavra *garantia* emprega-se aqui antes como significando aquilo que *responde* pelo cumprimento da obrigação, e então tanto importa falar em responsabilidade patrimonial como em garantia".

[5] Para um resumo das várias conceções da articulação entre "garantia" e "responsabilidade", cf., por todos, ROPPO, *La responsabilità patrimoniale del debitore*, in "Trattato di Diritto Privato", organizado por P. Rescigno, 19, tomo I, Utet, Turim, 1985, p. 373 e ss.. Entre nós, GOMES DA SILVA, *O dever de prestar e o dever de indemnizar*, I, Lisboa, 1944, p. 226, equipara o "direito de executar o património do devedor" ao "direito de garantia comum".

da obrigação, com referência à sujeição dos bens do devedor "enquanto abstrata possibilidade" de execução – como se lê em Giorgianni[6], autor que alude a uma "fase potencial" da destinação dos bens do devedor, que se manifesta na possibilidade, que a lei reconhece ao credor, de praticar atos destinados "a aumentar o património do devedor ou a conservar os bens do devedor àquela destinação".

Não será seguramente por acaso que Paulo Cunha[7] – o "fundador", em Portugal, do Direito das Garantias enquanto disciplina jurídica – realça a equiparação dos termos "garantia" e "segurança": "Afinal, se bem se reparar, isto significa que em Direito das Obrigações se emprega o termo *garantia* no sentido mais usual da palavra, no sentido de *segurança*: pois de uma maneira geral, na linguagem corrente, *garantia* significa *aquilo que responde por... ou aquilo que assegura qualquer coisa*".

II. O próprio artigo 601º do Código Civil, depois de consagrar – em articulação com o citado artigo 817º – o princípio da responsabilidade patrimonial, faz dois recortes negativos:

(*i*) retira da responsabilidade patrimonial os bens insuscetíveis de penhora[8]; e

(*ii*) ressalva os "regimes especialmente estabelecidos em consequências da separação de patrimónios"[9].

Não estão agora em causa ou sequer em análise as razões[10] – humanas, sociais ou políticas – que conduzem o legislador a determinar a impenho-

---

[6] Cf. GIORGIANNI, *Obblizazione (diritto privato)*, in "Novissimo Digesto Italiano", XI, p. 612.

[7] Cf. PAULO CUNHA, *Da garantia nas obrigações*, Lisboa, 1938-1939, I, p. 21.

[8] Cf., v. g., PAULO CUNHA, *Da garantia nas obrigações*, I, cit., p. 28 e ss., referindo (*op. cit.*, p. 40) serem "mais numerosos do que se pode supor, os bens impenhoráveis". Referia-se também ANSELMO DE CASTRO, *Acção executiva singular, comum e especial*, 3ª edição, Coimbra Editora, Coimbra, 1977, p. 108, à existência de "numerosíssimos desvios ou limitações, quer de direito material quer de direito processual", à regra da penhorabilidade de todos os bens do devedor.

[9] Cf., v. g., os clássicos PAULO CUNHA, *Da garantia nas obrigações*, I, cit., p. 40 e ss., MANUEL DE ANDRADE, *Teoria geral da relação jurídica*, I. *Sujeitos e objecto*, Almedina, Coimbra, 1974, p. 217 e ss., VAZ SERRA, *Responsabilidade patrimonial*, cit., p. 37 e ss., OLIVEIRA ASCENSÃO, *Teoria geral do Direito Civil*, III. *Relações e situações jurídicas*, Coimbra Editora, Coimbra, 2002, pp. 126-127 e, mais recentemente, MENEZES CORDEIRO, *Tratado de Direito Civil*, X, cit., p. 241 e ss..

[10] Refere-se PAULO CUNHA, *Da garantia nas obrigações*, I, cit., p. 29, a "um mínimo de bens que por razões de humanidade, de moral, de dignidade da pessoa ou outras semelhantes,

rabilidade, absoluta ou relativa, de certos bens, retirando-os, assim, da susceptibilidade de execução patrimonial e, logo, da aptidão satisfativa do credor ou de certos credores[11].

Não está também em equação o estudo das situações de separação patrimonial e da sua dimensão.

O que importa aqui constatar e destacar é o facto de o património do devedor assim recortado constituir a segurança patrimonial de cada um dos seus credores.

Sendo a "garantia" de cada credor, o património do devedor é a "garantia geral" dos credores, justificando-se, assim, o princípio *par condicio creditorum*, consagrado no artigo 604º do Código Civil. Ele é, digamos, um princípio democrático[12]: salvas as situações em que há causas legítimas de preferência, os credores têm – independentemente da antiguidade dos respetivos créditos – o direito de ser pagos proporcionalmente pelo preço dos bens do devedor, quando estes não cheguem para integral satisfação dos créditos[13]. Refira-se, porém, que a opção legislativa não seria a única hipotizável e aceitável. Na verdade, não deixaria de ser coerente um sistema que, à semelhança do que ocorre nos direitos reais de garantia, seguisse o critério *prior in tempore potior in iure*. Contudo, um tal critério, ganhando, embora, eventualmente, em justiça, perderia em funcionalidade do modo de atuação da responsabilidade patrimonial[14].

---

escapam a toda a acção dos credores"; cf. também, a propósito, ALBERTO DOS REIS, *Processo de execução*, I, 3ª edição, Coimbra Editora, Coimbra, 1985, pp. 349 e ss. e 356 e ss..

[11] Cf. o nosso *A esfera de bens impenhoráveis e o status do devedor. Breves notas*, in "Estudos de Direito das Garantias", II, Almedina, Coimbra, 2010, p. 282 e ss..

[12] Veja-se, porém, as tendências centrífugas – não obstante as centrípetas – em relação ao *princípio par condicio creditorum*; cf. o nosso *Contratos comerciais*, Almedina, Coimbra, 2012, p. 376 e ss.. Sobre a fundamentação do princípio, cf., v. g., PAULO CUNHA, *Da garantia nas obrigações*, I, cit., p. 102, recorrendo ao conceito de "igualdade de garantia" e MENEZES CORDEIRO, *Tratado de Direito Civil*, X, cit., p. 245 e ss., lendo-se, a certo passo (*op. cit.*, p. 246): "O sistema das garantias especiais pressupõe, ontologicamente, um pano de fundo de igual tratamento".

[13] Especificamente sobre as várias "causas legítimas de preferência, cf. ROMANO MARTINEZ / FUZETA DA PONTE, *Garantias de cumprimento*, 5ª edição, Almedina, Coimbra, 2006, p. 167 e ss., MENEZES LEITÃO, *Garantias das obrigações*, 4ª edição, Almedina, Coimbra, 2012, p. 161 e ss., PESTANA DE VASCONCELOS, *Direito das garantias*, 2ª edição, Almedina, Coimbra, 2013, p. 195 e ss. e SALVADOR DA COSTA, *O concurso de credores*, 5ª edição, Almedina, Coimbra, 2015, *passim*.

[14] A falta de funcionalidade vai para além da questão da prova, acentuada por MENEZES CORDEIRO, *Tratado de Direito Civil*, X, cit., p. 246.

Sendo o património do devedor o *quid* que alberga a possibilidade de satisfação patrimonial do credor, é, nessa medida, tolerável um certo poder de intromissão deste na esfera patrimonial do devedor e na sua gestão patrimonial, intromissão ou interferência essa – através dos chamados "meios de conservação da garantia patrimonial" – circunscrita ao *quantum satis* à não inutilização prática ou frustração da responsabilidade patrimonial[15].

Por outro lado, a suscetibilidade de execução patrimonial funciona como pressão no sentido do cumprimento voluntário por parte do devedor.

Importa, porém, frisar que o factor património do devedor, enquanto acervo de bens suscetíveis de penhora, pode, em concreto, não ser determinante para certos credores, que aceitam contratar com certos devedores, exclusiva ou predominantemente em função da sua pessoa, da sua "palavra". Aqui a segurança do credor não é dada pelo património mas por um elemento de carácter pessoal. Emerge aqui a confiança – a fidúcia – no devedor[16].

1.2. O reforço de segurança com soluções externas

I. Não obstante a segurança (normalmente) propiciada pelo património do devedor e pela atuabilidade da responsabilidade patrimonial, independentemente de se tratar de execução específica ou por equivalente[17], a prevenção, pelo credor, da insuficiência do património do devedor para satisfazer todos os créditos – e, logo, o *seu* crédito – condu-lo, naturalmente, a pretender do devedor a apresentação de soluções que reforcem a segurança do crédito.

Na verdade, o património do devedor, enquanto *objeto de satisfação* (*Befriedigungsobjekt*)[18], pode não ser tranquilizador para o credor ou, tendo-o

---

[15] Cf. os clássicos PAULO CUNHA, *Da garantia nas obrigações*, I, cit., p. 313 e ss. e VAZ SERRA, *Responsabilidade patrimonial*, cit., p. 145 e ss.; cf. também MENEZES CORDEIRO, *Tratado de Direito Civil*, X, cit., p. 279 e ss., MENEZES LEITÃO, *Garantias das obrigações*[4], cit., p. 53 e ss., BRANDÃO PROENÇA, *Lições de cumprimento e não cumprimento das obrigações*, Coimbra Editora, Coimbra, 2011, p. 402 e ss. e o nosso *Assunção fidejussória de dívida*, cit., p. 20 e ss..

[16] Cf., por todos, SIMÕES PATRÍCIO, *Direito bancário privado*, Quid Juris, Lisboa, 2004, p. 295 e ss..

[17] Cf. o nosso *Assunção fidejussória de dívida*, cit., p. 25 e ss..

[18] Trata-se de uma expressão que encontramos, por exemplo, em BECKER-EBERHARD, *Die Forderungsgebundenheit der Sicherungsrechte*, Verlag Ernst und Werner Gieswking, Bielefeld, 1993, v. g. p. 20, conquanto a utilize reportada às garantias especiais.

ESTUDOS DE DIREITO BANCÁRIO I

sido no momento genético da constituição do vínculo, deixar de o ser: o credor procura, então, aumentar a probabilidade da satisfação do seu crédito.

Embora a terminologia do Código Civil não seja, neste particular, particularmente coerente, já que oscila entre "segurança da dívida", "segurança da obrigação" e "segurança do crédito"[19], do que se trata é de reforço da *segurança do crédito*.

Quando essas soluções ultrapassam o estrito âmbito das relações entre credor e devedor – constituindo, assim, soluções externas[20] – e se traduzem em "acrescentar" ao património do devedor um outro património, estamos perante soluções que, analisando estritamente o aspecto patrimonial – o número e o âmbito "do que responde" – têm um cariz *quantitativo*[21].

As soluções estrita ou meramente quantitativas estão associadas ao universo das *garantias pessoais*. Contudo, nestas, não basta uma análise centrada no(s) património(s) e no que é passível de ser penhorado pelo credor: é necessário acrescentar que a adstrição de um património ou de parte dele à satisfação de um crédito em que é devedor um outro é feita através da própria *vinculação* do titular desse património que, assim, se torna também devedor[22].

Este é o quadro das *garantias pessoais*, de que é exemplo paradigmático a fiança[23].

II. Estes traços sumários permitem distinguir dogmaticamente as garantias pessoais de outras situações que, apesar de dirigidas, também elas, a aumentar a probabilidade de satisfação do crédito, não se materializam numa vinculação pessoal do terceiro adstringente mas, antes, na

---

[19] Assim, no n.º 1 do artigo 639.º encontramos a expressão "segurança da mesma dívida", enquanto a alínea *c*) do artigo 670.º se reporta à "segurança da dívida". Já o n.º 1 do artigo 701.º alude à "segurança da obrigação" e o artigo 725.º a "segurança do crédito". No Código Comercial, o artigo 412.º, em sede de endosso de cautela de penhor, alude ao "crédito a cuja segurança foi feito".

[20] Para uma contraposição entre soluções externas e soluções internas, cf. o nosso *Assunção fidejussória de dívida*, cit., p. 38 e ss..

[21] Cf. GALVÃO TELLES, *Garantia bancária autónoma*, in "O Direito", ano 120.º, 1988, III-IV, p. 277, acentuando, no âmbito das garantias especiais, o "significado quantitativo", por contraposição ao "significado qualitativo"; cf., mais recentemente, PESTANA DE VASCONCELOS, *Direito das garantias*[2], cit., p. 62 e ss..

[22] Cf. o nosso *Assunção fidejussória de dívida*, cit., p. 38 e ss..

[23] Sobre o fiador como devedor, cf. o nosso *Assunção fidejussória de dívida*, cit., p. 121 e ss..

afetação, por este, de um *quid* à satisfação preferencial do crédito, ou seja, como diz Becker-Eberhard, na *reserva de um objecto de satisfação* ("Reservierung eines Befriedigungsobjekt")[24]. Essa "reserva" decorre da existência de um "causa legítima de preferência", para usarmos a expressão, já acima focada, do nº 1 do artigo 604º do Código Civil.

Nestas situações – que convocam o universo das garantias reais[25] – identificamos uma dimensão já não tanto ou não só quantitativa mas *qualitativa*, mas com a particularidade de o dador de garantia não ficar constituído devedor do credor, beneficiário da garantia: é a *Sachhaftung*, que não é acompanhada de uma responsabilidade pessoal do terceiro que presta a garantia[26].

Refira-se, porém, que a circunscrição da garantia a um bem não significa necessariamente o postergar de uma solução de garantia pessoal, a favor de uma solução de garantia real, já que bem pode acontecer que no contrato de garantia, v. g. de fiança, o fiador delimite – e limite –, desde logo, a sua responsabilidade às forças de um bem concreto. Trata-se de uma situação que tem pleno enquadramento na previsão do artigo 602º do Código Civil[27].

Importa, no entanto, frisar que as soluções qualitativas podem ser internas, no sentido de que pode ser o próprio devedor a atribuir ao credor uma preferência de satisfação relativamente a um bem do seu património[28], por exemplo, através de uma hipoteca ou de um penhor: nestes casos, o acréscimo qualitativo não é acompanhado de um acréscimo quantitativo, uma vez que o bem em causa integra já a chamada garantia geral.

Importa ainda, e por outro lado, acentuar que o reforço qualitativo do crédito pode não estar associado às garantias especiais reais – ou funcionando em "modo real" – tal como estruturadas no Código Civil, mas à titularidade de um direito, como ocorre, designadamente, nas alienações em garantia em "modo" fiduciário[29].

---

[24] Cf. BECKER-EBERHARD, *Die Forderungsgebundenheit der Sicherungsrechte*, cit., pp. 20-21.

[25] Cf., por todos, PAULO CUNHA, *Da garantia nas obrigações*, I, cit., p. 109 e ss. e MENEZES CORDEIRO, *Tratado de Direito Civil*, X, cit., p. 243 e ss..

[26] Cf. por todos, PAULO CUNHA, *Da garantia nas obrigações*, II, Lisboa, 1938-39, p. 8 e ss..

[27] Cf., sobre esta, por todos, ANTUNES VARELA, *Das obrigações em geral*, II[7], cit., pp. 426-427.

[28] Cf. o nosso *Assunção fidejussória de dívida*, cit., p. 38 e ss..

[29] Cf., v. g., PESTANA DE VASCONCELOS, *Direito das garantias*[2], cit., p. 65. Sobre a alienação em garantia, cf., especificamente, CATARINA MONTEIRO PIRES, *Alienação em garantia*,

ESTUDOS DE DIREITO BANCÁRIO I

III. No quadro das garantias pessoais, há que destacar desenvolvimentos importantes.

O primeiro é o reemergir das vinculações cambiárias como reforço de segurança do crédito[30].

Na verdade, uma solução largamente difundida é a da assinatura cambiária em garantia, *maxime* através de aval cambiário e, em menor medida, do aceite cambiário na letra ou de subscrição cambiária na livrança.

No caso do aval, está claramente delimitado o leque de exceções que o avalista pode opor ao portador legítimo do título, nos termos do artigo 32º da LULL[31]: por um lado, o dador de aval "é responsável da mesma maneira que a pessoa por ele afiançada" (artigo 32º/I); por outro, o artigo 32º/II estabelece que a obrigação do avalista mantém-se mesmo no caso de a obrigação que ele garantiu ser nula por qualquer razão que não seja um vício de forma.

A limitação dos meios de defesa do avalista aos vícios de forma – com a correlativa independência da responsabilidade do avalista relativamente à obrigação avalizada – permite questionar se a função de garantia associada à figura do aval e que está na sua origem se mantém no seu regime ou se não estaremos já face a uma "posição de todo autónoma[32].

Mas é com a garantia autónoma, radicada no quase remoto *Garantievertrag* germânico, que o quadro das garantias pessoais ganhou um extraordinário fôlego nas últimas décadas, primeiro no âmbito da contratação internacional e depois também no da contratação interna[33].

Almedina, Coimbra, 2010, *passim*. Sobre a propriedade como garantia, cf. ainda MENEZES LEITÃO, *Garantias das obrigações*[4], cit., p. 221 e ss. e – referindo-se a "garantias exclusivas" – DUPICHOT, *Le pouvoir des volontés individuelles en droit des sûretés*, Editions Panthéon Assas, Paris, 2005, p. 685 e ss..

[30] Cf., v. g., CAROLINA CUNHA, *Letras e livranças. Paradigmas actuais e recompreensão de um regime*, Almedina, Coimbra, 2012, p. 43 e ss..

[31] Cf., v. g., OLIVEIRA ASCENSÃO, *Direito comercial*, III. *Títulos de crédito*, Lisboa, 1992, p. 169 e ss., PINTO FURTADO, *Títulos de crédito*, 2ª edição, Almedina, Coimbra, 2015, p. 139 e ss., PAIS DE VASCONCELOS, *Direito comercial*, I, Almedina, Coimbra, 2011, pp. 339-340, CASSIANO DOS SANTOS, *Direito comercial português*, I. *Dos actos de comércio à empresas: o regime dos contratos e mecanismos comerciais no Direito Português*, Coimbra Editora; Coimbra, 2007, p. 272 e ss. e CAROLINA CUNHA, *Manual de letras e livranças*, Almedina, Coimbra, 2016, p. 119 e ss..

[32] Assim OLIVEIRA ASCENSÃO, *Direito comercial*, III, cit., p. 171.

[33] Cf. os estudos, já clássicos na literatura portuguesa, de GALVÃO TELLES, *Garantia bancária autónoma*, cit., p. 275 e ss., FERRER CORREIA, *Notas para o estudo do contrato de garantia bancária*, in "Revista de Direito e Economia", ano VIII, 1982, nº 2, p. 247 e ss. e ALMEIDA COSTA / PINTO MONTEIRO, *Garantias bancárias. O contrato de garantia à primeira solicitação*, in "Colectânea de Jurisprudência", XI, 1986, tomo 5, p. 17 e ss..

O credor que beneficie de uma garantia autónoma, pode, diversamente do que ocorre quando beneficia de uma "simples" garantia fidejussória, opor a couraça da autonomia à invocação, pelo garante, de vícios na relação fundamental, salvo situações de excepção, que têm sido consideradas, e bem, válvulas de ventilação do sistema[34].

Um acrescido reforço da posição do credor acontecerá se à autonomia se somar, através de cláusula *on first demand*, a automaticidade: o garante deverá, então, pagar ao primeiro pedido do credor, sempre sem prejuízo de situações-limite em que o garante pode paralisar tal pedido. Temos, então, a excelência da autonomia cumulada com a automaticidade[35].

De destacar também o acréscimo de segurança propiciado pela figura das *cartas de conforto*, designação esta que cobre um conjunto de situações e de vinculações em diversos graus, que a doutrina tem "arrumado" e tipificado[36]. Referimo-nos às cartas de conforto "próprias", que não correspondem a garantias especiais específicas, normalmente fianças ou garantias autónomas, já que, se for esse o caso, estaremos, em rigor, fora do universo desta modalidade de "paragarantias"[37].

---

[34] Cf. CALVÃO DA SILVA, *Garantias acessórias e garantias autónomas*, in "Estudos de Direito Comercial (Pareceres)", Almedina, Coimbra, 1996, p. 343. Sobre o tema, cf., recentemente, MIGUEL BRITO BASTOS, *A recusa lícita da prestação pelo garante na garantia autónoma on first demand*, in "Estudos em Homenagem ao Prof. Doutor Sérvulo Correia", III, Faculdade de Direito da Universidade de Lisboa, Coimbra Editora, 2010, p. 525 e ss..

[35] Cf., por todos, FRANCO BONNELLI, *Le garanzie bancarie a prima domanda nel commercio internazionale*, Giuffrè, Milão, 1991, p. 45 e ss., ALFREDO CALDERALE, *Fideiussione e contratto autonomo di garanzia*, Cacucci Editore, Bari, 1989, p. 254 e ss. e ROMANO MARTINEZ, *Garantias bancárias*, in "Estudos em Homenagem ao Professor Doutor Inocêncio GalvãoTelles", II. "Direito Bancário", Almedina, Coimbra, 2002, p. 274. Em geral, sobre as modalidades de garantia autónoma, cf. entre nós, v. g., FRANCISCO CORTEZ, *A garantia bancária autónoma*, in "Revista da Ordem dos Advogados", ano 52 (1992), p. 541 e ss., SEQUEIRA RIBEIRO, *Garantia bancária autónoma à primeira solicitação: Algumas questões*, in "Estudos em Homenagem ao Professor Doutor Inocêncio GalvãoTelles", II. "Direito Bancário", Almedina, Coimbra, 2002, p. 289 e ss. e MÓNICA JARDIM, *A garantia autónoma*, cit., p. 67 e ss..

[36] Cf., por todos, MENEZES CORDEIRO, *Direito Bancário*, 5ª edição, Almedina, Coimbra, 2014, p. 842 e ss., CALVÃO DA SILVA, *Direito bancário*, Almedina, Coimbra, 2001, p. 393 e ss., PINTO MONTEIRO, *Sobre as cartas de conforto na concessão de crédito*, in "Ab uno ad omnes – 75 anos da Coimbra Editora", Coimbra Editora, Coimbra, 1998, pp. 413-467, PESTANA DE VASCONCELOS, *Direito das garantias*[2], cit., p. 150 e ss. e NAVARRO DE NORONHA, *As cartas de conforto*, Coimbra Editora, Coimbra, 2005, p. 29 e ss..

[37] Cf. o nosso *Contratos comerciais*, cit., p. 391 e ss..

ESTUDOS DE DIREITO BANCÁRIO I

IV. As garantias especiais requintaram-se, sempre em nome da segurança do crédito.

Há as, digamos, garantias "especiais especiais", que são garantias especiais diferenciadas[38]. Assim, a título de exemplo:

(*i*) O penhor financeiro é um penhor; contudo, face ao "simples" penhor, traz ao credor um *plus* de segurança que não é despiciendo[39];

(*ii*) Os contratos de garantia financeira permitem, em certos termos, a construção de uma *fire wall* em relação à insolvência e suas consequências, ditadas pela paridade dos credores[40];

(*iii*) A fiança ao primeiro pedido (*on first demand*)[41] atribui ao credor, no momento em que exige o pagamento ao fiador, uma posição semelhante à do credor beneficiário de uma garantia autónoma *on first demand*.

Neste universo não incluímos as situações em que o *status* do garante, *maxime* pessoal, confere à garantia uma segurança acrescida. É o que ocorre com a *fiança bancária*, prevista no nº 1 do artigo 623º do Código Civil. Estamos perante uma figura singular: por um lado, a fiança bancária não tem autonomia face à fiança, tendo tão só de particular o facto de a responsabilidade fidejussória ser assumida por um banco[42] ou outra instituição

---

[38] Cf. o nosso *Contratos comerciais*, cit., p. 389 e ss..

[39] Cf., por todos, MENEZES CORDEIRO, *Direito Bancário*[5], cit., p. e ss., CALVÃO DA SILVA, *Banca, bolsa e seguros*, I, 3ª edição, Almedina, Coimbra, 2012, p. 205 e ss., PESTANA DE VASCONCELOS, *Direito das garantias*[2], cit., p. 291 e ss. e HUGO RAMOS ALVES, *Do penhor*, Almedina, Coimbra, 2010, p. 267 e ss..

[40] Cf., por todos, PESTANA DE VASCONCELOS, *Direito das garantias*[2], cit., p. 596 e ss..

[41] Cf. o nosso *Assunção fidejussória de dívida*, cit., pp. 717 e ss., 722 e ss. e 726 e ss., Idem *A chamada fiança ao primeiro pedido*, in "Estudos de Direito das Garantias", I, Almedina, Coimbra, 2004, p. 139 e ss.; cf. também MÓNICA JARDIM, *A garantia autónoma*, Almedina, Coimbra, 2002, p. 184 e ss., PESTANA DE VASCONCELOS, *Direito das garantias*[2], cit., p. 109 e ss. e MENEZES LEITÃO *Garantias das obrigações*[4], cit., p. 107 e ss..

[42] Cf. FERREIRA DE ALMEIDA, *Contratos*, III, 2ª edição, Almedina, Coimbra, 2013, p. 199 e o nosso *Assunção fidejussória de dívida*, cit., p. 65 e ss.. Esta mesma conclusão era formulada por PAULO CUNHA, *Da garantia nas obrigações*, II, cit., p. 80, bem antes da erupção das garantias bancárias autónomas, não com referência à "fiança bancária" mas à "garantia bancária": "A garantia bancária não é mais do que a fiança aplicada a casos em que o fiador é um Banco, entidade que, portanto, goza de condições especiais de solvabilidade, visto estar sujeita à fiscalização rigorosa do Estado".

340

de crédito; por outro, a solidez financeira tradicionalmente associada aos bancos explica que a fiança bancária seja objeto de especial consideração pelo legislador.

O exposto não impede os interessados ou o juiz de "sindicar" a consistência da garantia oferecida – a "idoneidade da caução", como se lê no nº 3 do artigo 623º do Código Civil –, em função do banco de que se trate[43]. Na verdade, várias situações recentes têm evidenciado que a solidez e a consistência patrimonial associadas a um banco pode, a final, não corresponder à realidade.

1.3. O reforço de segurança com soluções internas

I. As soluções internas com vista ao incremento da segurança do credor e, logo, à segurança do crédito, têm vindo a ganhar grande relevo sem recurso às garantias reais ou pessoais clássicas.

Não temos agora em mente as soluções internas de algum modo acessórias ou associadas a uma garantia especial (real ou pessoal) constituída, as quais estarão, em princípio, associadas ao conceito de "reforço", pelo que a sua análise respeita mais ao segundo "S", a analisar *infra*[44].

Pensamos, antes, naquelas situações em que há a "construção" pelas partes, ou, na maioria das vezes, por uma das partes – amiúde bancos – de cláusulas que associam determinados factos ou eventos, ainda que alheios à relação contratual concreta, a consequência específicas, normalmente aceleratórias da exigibilidade e, de seguida, do vencimento[45] – ficando esses efeitos, na sua implementação, nas mãos ou sob a gestão do credor.

Por vezes, esses factos ou eventos não têm uma relação imediata com uma situação de incumprimento pelo devedor, sendo dado ao credor poder exigir antecipadamente o pagamento, não obstante o facto de o contrato estar a ser cumprido.

Estas soluções internas têm ganho em diversidade e complexidade. Referimo-nos à previsão de cláusulas de segurança do crédito, através das

---

[43] Cf., a propósito, Vaz Serra, *Responsabilidade patrimonial*, cit., p. 125: "Parece que deve entender-se não bastar que seja bancária a fiança, para que se tenha logo por idónea, devendo a sua idoneidade ser sempre apreciada pelo juiz".

[44] Cf. *infra*, ponto 2.

[45] Trata-se de cláusulas que, em substância, regulam o *tempo do cumprimento*; cf., sobre este, por todos, Galvão Telles, *Direito das obrigações*, 7ª edição, Coimbra Editora, Coimbra, 1997, p. 241 e ss., Pessoa Jorge, *Direito das obrigações*, I, AAFDL, 1975/76, p. 265 e ss. e Brandão Proença, *Lições de cumprimento e de não cumprimento das obrigações*, cit., p. 76 e ss..

ESTUDOS DE DIREITO BANCÁRIO I

quais são identificadas situações – que podem não corresponder a situações de incumprimento – cuja verificação conduz à exigibilidade antecipada[46]. A cláusula *cross-default* é, neste particular, um exemplo "requintado". Mas é-o também a *negative pledge*, a *material adverse clause*, a cláusula de compensação convencional, a *pari passu*, a *step in*, a cláusula de inalienabilidade ou a consignação de receitas, entre outras.

II. Há que acrescentar as *paragarantias*, designação que cobre um universo algo nebuloso de figuras, que alguns designam por *garantias indiretas*[47], outros por *garantias atípicas*[48]. Dentre estas, e circunscrevendo-nos às que se manifestam, em especial – conquanto não sejam seu exclusivo – no quadro de soluções internas, destacamos a *procuração* ou o *mandato irrevogável* e a *promessa de garantia*.

Sendo, não obstante, bem diversas as figuras da procuração e do mandato, a verdade é que, na *praxis* bancária, há uma utilização frequente, ora de uma ora de outra figura, tendo em vista criar uma situação jurídica de segurança do crédito e de confiança, já que o credor fica com o poder de constituir uma situação jurídica que lhe é favorável.

Essa segurança resulta acrescida pelo facto de a procuração ou o mandato serem constituídos no interesse do representante ou do mandatário, sendo, nessa medida, irrevogáveis[49]; ela não traduz, porém, uma dimensão quantitativa, em termos de garantia, diversamente do que ocorre nas

---

[46] Cf., v. g., o nosso *Contratos comerciais*, cit., p. 393 e ss. e PESTANA DE VASCONCELOS, *Direito das garantias*[2], cit., p. 647 e ss.; com abordagens específicas, cf., v. g., JOANA PEREIRA DIAS, *Contributo para o estudo dos actuais paradigmas das cláusulas de garantia e segurança: a pari passu, a negative pledge e a cross default*, in "Estudos em Homenagem ao Professor Doutor Inocêncio Galvão Telles", IV. "Direito privado e vária", Almedina, Coimbra, 2003, pp. 879-1029, *passim*, BRUNO FERREIRA, *Mecanismos de garantia em project finance*, in "Temas de Direito Comercial", Cadernos O Direito, 4, 2009, pp. 105-181, *passim*, Idem, *Contratos de crédito e exigibilidade antecipada*, Almedina, Coimbra, 2011, p. 216 e ss., COIMBRA HENRIQUES, *Cláusulas de garantia e segurança. Entre a autonomia da vontade e o dever de cumprir*, in "Revista de Direito das Sociedades", VI, 2014, n.os 3/4, pp. 643-718, *passim* e FILIPA FERREIRA, *O direito de step-in do financiador*, in "Temas de Direito Bancário", II, Cadernos O Direito, 9, 2014, pp. 41-97, *passim*.

[47] Assim ROMANO MARTINEZ / FUZETA DA PONTE, *Garantias de cumprimento*[5], cit., p. 251 e ss..

[48] Assim CALVÃO DA SILVA, *Direito bancário*, cit., p. 383 e ss. e MENEZES LEITÃO, *Garantias das obrigações*[4], cit., p. 279 e ss.

[49] Cf., v. g., o nosso *Em tema de revogação do mandato civil*, Almedina, Coimbra, 1989, p. 169 e ss. e, monograficamente, PEDRO VASCONCELOS, *A procuração irrevogável*, 2ª edição, Almedina, Coimbra, 2016, *passim*.

garantias pessoais. E também não traduz uma dimensão qualitativa, diversamente do que acontece nas garantias reais, podendo o credor ver a sua posição reforçada esvaziada pela venda do bem a que a procuração ou o mandato se reporta ou pela sua penhora em execução de terceiro[50].

Quanto à promessa de constituição de garantia[51], complementada ou não com procuração irrevogável, quando não seja dobrada com eficácia real, o reforço de segurança que a mesma traz ao credor pode ser, a final, esvaziado, designadamente pela venda do bem pelo próprio promitente, impeditiva da execução específica.

1.4. O credor pode impor ao devedor o seu "perímetro de segurança"?

I. O credor pode impor o seu "perímetro de segurança" ao devedor, através da imposição de soluções internas ou externas? A questão coloca-se com particular acuidade no campo bancário, nas operações bancárias comuns.

A segurança do credor não é um valor absoluto no Direito das Garantias. Ela tem de ser, necessariamente, temperada e sopesada. Vejamos o caso da fiança, garantia pessoal de referência[52]: o fim de garantia ou segurança é, tal como a acessoriedade, um pilar da fiança e do respetivo regime, mas é-o também o facto de a fiança ser um negócio de risco. Falar em negócio de risco equivale a falar em negócio de perigo, destacando-se aqui, a propósito, a interessante frase de Köndgen[53]: "Quem garante crédito alheio vive perigosamente" ("Wer frendem Kredit sichert, lebt gefährlich").

À partida, estamos no campo da liberdade contratual. Contudo, em função da especificidade – da potencial gravidade – da vinculação como garante, impõe-se uma atenta consideração dos limites.

Lê-se em Menezes Cordeiro[54] que a prática revela "exigências de garantias verdadeiramente demenciais", correspondendo a "situações claramente abusivas, por desequilíbrio no exercício contrário à boa fé".

Recorrendo à previsão normativa específica mais impressiva ou radical, os tribunais não podem colocar o domínio da prestação de garantias à porta

---

[50] Cf. o nosso *Contratos comerciais*, cit., p. 391.
[51] Cf., v. g., Menezes Leitão, *Garantias das obrigações*[4], cit., p.p. 282-283.
[52] Cf. o nosso *Assunção fidejussória de dívida*, cit., p. 116 e ss.; Idem, *A fiança no quadro das garantias pessoais. Aspectos de regime*, in "Estudos de Direito das Garantias", I, Almedina, Coimbra, 2004, p. 18 e ss.
[53] Cf. Köndgen, *Die Sicherheitenleihe: Kreditsicherungsinstrument oder Gläubigefährdung?*, in "FS für Ernst Steindorff zum 70. Geburtstag", Walter de Gruyter, Berlin, 1990, p. 283.
[54] Cf. Menezes Cordeiro, *Tratado de Direito Civil*, X, cit., pp. 219-220.

da proibição dos *negócios ofensivos dos bons costumes*, os quais são nulos, nos termos do nº 2 do artigo 280º do Código Civil. Assim, a título de exemplo, a exigência pela exigência da prestação de garantia por jovens adultos sem património relevante pode ser nula por ofensa aos bons costumes[55].

Importa, entretanto, afastar a ideia de que a "exigência demencial" só acontece em relação a consumidores[56], ainda que utilizando este conceito num sentido amplo. Na verdade, a prática revela um fenómeno que atinge as empresas, em particular as de menor peso negocial, como são as micro e as pequenas empresas, não só no que respeita às garantias a prestar pelas próprias como também pelos seus sócios e cônjuges.

A atuação conforme à boa fé e à proibição do abuso do direito[57] impõe que todas essas situações não fiquem excluídas da aplicação rigorosa dos princípios gerais e das previsões normativas específicas tuteladoras.

A atuação conforme à boa fé pode, por outro lado, em certas concretas situações, exigir do credor, em decorrência ou aplicação do princípio da contenção de que fala Menezes Cordeiro[58], se não um dever de avaliação do património do garante, nos termos em que a lei impõe um dever de avaliação da solvabilidade do consumidor[59], pelo menos um dever de considerar a sua situação patrimonial aparente ou conhecida – *alterum non laedere*.

---

[55] Cf. o nosso *Assunção fidejussória de dívida*, cit., p. 540 e ss. e MENEZES CORDEIRO, *Tratado de Direito Civil*, X, cit., p. 201 e ss., no quadro da identificação do "princípio da ética nos negócios (bons costumes)".

[56] Cf., a propósito, YVES PICOD, *Proportionnalité et cautionnement. Le mythe de Sisyphe*, in "Liber Amicorum Jean Calais-Auloy. Études de Droit de la Consommation", Dalloz, Paris, 2004, pp. 843-864; cf. também ISABEL MENÉRES CAMPOS, *Notas breves sobre os mecanismos de garantia de cumprimento no crédito ao consumo*, in "Liber Amicorum Mário Frota. A causa dos direitos dos consumidores", Almedina, Coimbra, 2102, pp. 291-310 e ainda M. CABRILLAC, *Protection du consommateur et chèque de garantie*, in "Liber Amicorum Jean Calais-Auloy. Études de Droit de la Consommation", Dalloz, Paris, 2004, pp. 207-215.

[57] Cf., v. g., VILLANACCI, *L'abuso del diritto nei contratti bancari e finanziari*, in "Crisi finanziaria e categorie civilistiche", coordenação de Guido Alpa e Emanuela Navarretta, Giuffrè, Milão, 2015, pp. 265-271.

[58] Cf. MENEZES CORDEIRO, *Tratado de Direito Civil*, X, cit., p. 211 e ss..

[59] Sobre o dever de avaliar a solvabilidade do consumidor no âmbito do crédito aos consumidores, cf., v. g., GRAVATO MORAIS, *Crédito aos consumidores*, Almedina, Coimbra, 2009, pp. 56-57, MORAIS CARVALHO, *Os contratos de consumo. Reflexão sobre a autonomia privada no Direito do Consumo*, Almedina, Coimbra, 2012, p. 370 e ss. e CLÁUDIA SALAZAR, *Crédito responsável e dever de avaliação da solvabilidade do consumidor*, Dissertação de Mestrado em Direito, Universidade Católica Portuguesa, Porto, 2012, *passim*.

Ademais, é identificável na doutrina mais recente um "movimento" no sentido da necessidade de consideração das especificidades do chamado "terceiro contrato"[60], revelador de que as preocupações relativamente ao abuso de posição negocial não estão circunscritas às relações com consumidores, estando também atentas às estabelecidas com empresas – normalmente de pequena dimensão – que, em virtude do seu parco ou nulo peso negocial, são facilmente "capturáveis".

Por outro lado, o eventual défice de instrução e conhecimento por parte do gerente da sociedade garante não pode deixar de relevar, sem que, para o efeito, precisemos de recorrer ao instituto do levantamento ou da superação da personalidade jurídica[61].

Avulta aqui a assimetria de poder negocial e de informação, referindo-se a doutrina, em termos que, entre nós, carecem de desenvolvimentos, aos *contratos assimétricos*[62]. Encontramos, no entanto, na doutrina nacional a acentuação da importância da informação ao garante[63], identificando Menezes Cordeiro a autonomização de um *princípio da informação e da contenção*, de cuja concretização e densificação resulta a identificação de deveres específicos a cargo do credor[64].

Justifica-se, assim, o *princípio da proteção do garante* – autonomizado por Menezes Cordeiro[65] – o qual não pode ser dissociado do facto de alguns negócios de garantia, *maxime* pessoais, constituírem negócios de risco ou de perigo[66].

---

[60] Cf., v. g., GITTI / VILLA (coordenadores), *Il terzo contrato*, Il Mulino, Bolonha, 2008, *passim* e ELISABETTA PIRO, *Tutela del consumatore e terzo contratto*, Dike, Roma, 2013, *passim*.

[61] Cf., sobre este, por todos, OLIVEIRA ASCENSÃO, *Direito Comercial, IV. Sociedades comerciais. Parte geral*, Lisboa, 2000, p. 74 e ss., MENEZES CORDEIRO, *Direito das sociedades, I. Parte geral*, 3ª edição, Almedina, Coimbra, 2011, p. 419 e ss. e COUTINHO DE ABREU, *Curso de Direito Comercial*, II, 4ª edição, 2011, Almedina, Coimbra, p. 176 e ss..

[62] Cf., v. g., VINCENZO ROPPO, *Ancora su contrato asimmetrico e terzo contrato. Le coordinate del dibattito con qualche elemento di novità*, in ALPA / ROPPO (coordenadores), "La vocazione civile del giurista. Saggi dedicati a Stefano Rodotà", Edizione Laterza, Roma-Bari, 2013, pp. 178-203, *passim* e GUIDO ALPA, *Le stagioni del contratto*, Il Mulino, Bolonha, 2012, p. 141 e ss..

[63] Cf. o nosso *Assunção fidejussória de dívida*, cit., p. 578 e ss..

[64] Cf. MENEZES CORDEIRO, *Tratado de Direito Civil*, X, cit., p. 211 e ss.; cf. também o nosso *Assunção fidejussória de dívida*, cit., p. 578 e ss..

[65] Cf. MENEZES CORDEIRO, *Tratado de Direito Civil*, X, cit., p. 191 e ss..

[66] Cf., quanto à fiança, o nosso *Assunção fidejussória de dívida*, cit., p. 116 e ss..

ESTUDOS DE DIREITO BANCÁRIO I

Importa ainda acentuar, recorrendo à boa fé e à proibição do abuso do direito, a importância do conceito de *proporcionalidade*[67], a qual pode mesmo ser erigida em princípio geral do Direito das Garantias, sem prejuízo da sua diversa expressão nas garantias pessoais e nas garantias reais.

A aplicação dos princípios expostos pode, em concreto, ser compatível com um efeito ditado pelo princípio do aproveitamento dos negócios, materializável, por exemplo, na, digamos, irrelevância dos termos de uma garantia mais forte e na sua "conversão" numa outra: v. g., autónoma em fidejussória ou solidariedade passiva (em garantia) em fiança. De destacar também a identificação de regras próprias em sede de interpretação de declarações de garantia[68].

II. A nível de previsões normativas específicas que podem ser trazidas, neste campo, à colação, destacamos as seguintes:

(i) A alínea *m*) do nº 1 do artigo 22º do regime das Cláusulas Contratuais Gerais, que, no quadro das "relações com consumidores finais", proíbe, "consoante o quadro negocial padronizado", as cláusulas que "estabeleçam garantias demasiado elevadas ou excessivamente onerosas em face do valor a assegurar"[69].

(ii) A alínea *e*) do artigo 18º do regime das Cláusulas Contratuais Gerais, que, no quadro das "relações entre empresários ou entidades equiparadas" – também aplicável às "relações com consumidores finais", por força do artigo 20º –, proíbe, em absoluto, as cláusulas que "confiram, de modo direto ou indireto, a quem as predisponha, a faculdade exclusiva de interpretar qualquer cláusula do contrato"[70].

---

[67] Cf., v. g., MENEZES CORDEIRO, *Tratado de Direito Civil*, X, cit., pp. 249-250, mas tratando o conceito no campo do âmbito e funcionamento da garantia geral.

[68] Cf. o nosso *Assunção fidejussória de dívida*, cit., pp. 744-745, quanto à interpretação da declaração fidejussóra.

[69] Cf., v. g., MENEZES CORDEIRO, *Tratado de Direito Civil*, X, cit., p. 218 e ss. e ANA PRATA, *Contratos de adesão e cláusulas contratuais gerais*, Almedina, Coimbra, 2010, pp. 560-561. Em particular sobre o efeito das várias proibições estabelecidas no Decreto-Lei 446/85, cf., por todos, MENEZES CORDEIRO, *Tratado de Direito Civil*, II. *Parte geral*, 4ª edição, Almedina, Coimbra, 2014, p. 440 e ss. e ALMENO DDE SÁ, *Direito bancário*, Coimbra Editora, Coimbra, 2008, p. 40 e ss..

[70] Cf., v. g., ANA PRATA, *Contratos de adesão e cláusulas contratuais gerais*, cit., pp. 391-392, em crítica à ambiguidade da norma.

(iii) A alínea *c)* do n.º 1 do artigo 22º do regime das Cláusulas Contratuais Gerais, que, no quadro das "relações com consumidores finais", proíbe, "consoante o quadro negocial padronizado", as cláusulas que "atribuam, a quem as predisponha, o direito de alterar unilateralmente os termos do contrato, exceto se houver razão atendível que as partes tenham convencionado". Se bem vemos, inserem-se nesta previsão as cláusulas, frequentes nalguns clausulados contratuais, nas quais a apreciação da suficiência ou insuficiência das garantias constituídas é deixada, cumulativamente com o direito de exigir o reforço, ao exclusivo juízo de uma das partes, sem a necessidade de demonstração ou sequer de invocação de razões objetivas[71].

(iv) O n.º 1 do artigo 282º do Código Civil considera anulável, por *usura*, o negócio jurídico, quando alguém, explorando a situação de necessidade, inexperiência, ligeireza, dependência, estado mental ou fraqueza de carácter de outrem, obtiver deste, para si ou para terceiro, a promessa ou a concessão de benefícios excessivos ou injustificados[72]. A *praxis* da exigência de garantias permite fazer certas associações a este regime, cujos requisitos têm, naturalmente, de ser objeto de prova.

(v) A exigência da determinação ou, ao menos, da determinabilidade do objeto do negócio feita no n.º 1 do artigo 280º do Código Civil. Essa exigência conduz a um tratamento cuidado e rigoroso das garantias *omnibus*, em particular na fiança[73].

(vi) A *proibição do pacto comissório* estabelecida no artigo 694º do Código Civil, em sede de hipoteca, mas tendo um âmbito aplicativo mais alargado, atenta a sua fundamentação plúrima e complexa[74].

---

[71] Por outro lado, dificilmente podemos inserir a situação referida no elenco das exceções previstas nos números 2 e 3 do mesmo artigo 22º; cf., sobre estas, MENEZES CORDEIRO, *Direito bancário*[5], p. 524 e ss. e ANDRÉ FIGUEIREDO, *O poder de alteração unilateral nos contratos bancários*, in "Sub Judice", nº 39, 2007, pp. 9-26, *passim*.

[72] Cf., sobre este regime, v. g., OLIVEIRA ASCENSÃO, *Direito civil. Teoria geral*, II. *Acções e factos jurídicos*, 2ª edição, Coimbra Editora, Coimbra, 2003, p. 336 e ss., MENEZES CORDEIRO, *Tratado de Direito Civil*, II[4], cit, p. 495 e ss. e PAIS DE VASCONCELOS, *Teoria geral do Direito Civil*, 7ª edição, Almedina, Coimbra, 2012, p. 533 e ss..

[73] Cf., com indicações várias, o nosso *Assunção fidejussória de dívida*, cit., p. 621 e ss., Idem, *O mandamento da determinabilidade na fiança omnibus e o AUJ nº 4/2001*, in "Estudos de Direito das Garantias", I, Almedina, Coimbra, 2004, pp. 109-137 e MENEZES CORDEIRO, *Tratado de Direito Civil*, X, cit., p. 509 e ss..

[74] Cf. o nosso *Assunção fidejussória de dívida*, cit., p. 90 e ss.; cf. ainda, entre outros, CATARINA MONTEIRO PIRES, *Alienação em garantia*, cit., p. 281 e ss. e HUGO RAMOS ALVES, *Dação em*

2. Subgarantia. O segundo "S"

I. A ocorrência de uma situação de subgarantia está, naturalmente, sujeita à atuação do princípio da liberdade contratual: as partes podem regular, com respeito pelos princípios que conformam o Direito das Garantias, quer a definição da subgarantia relevante quer os respectivos efeitos.

Pode também o tratamento da subgarantia acontecer em termos de tipo social, como ocorre na *antecipação bancária* (*Lombard Kredit*)[75]: postula-se uma relação de proporcionalidade, havendo um rácio (*scarto*) entre a quantia adiantada a título de mútuo e o valor dos bens empenhados.

O relevo da subgarantia, *qua tale*, respeita tipicamente às situações em que a mesma não é originária mas superveniente.

Na verdade, quando, à partida, há uma clara desproporção entre o *quantum* do crédito e o valor das garantias, incluindo nestas quer a chamada "garantia geral" quer eventuais garantias especiais, isso significa, em princípio, que o credor se conforma, à partida, com essa desproporção. E se de subgarantia se pode então falar nesse quadro será, até, num sentido impróprio.

Não obstante, o conceito de subgarantia é evolutivo e dinâmico.

Ora, se nos parece seguro que aquela situação de desproporção não pode, por essa circunstância, ser invocada pelo credor para pretender um reforço de garantias, também nos parece, por outro lado, que a mesma não atribui, ao devedor um direito a impor, de algum modo, ao credor a manutenção daquela desproporção ao longo da relação.

Na verdade, admitindo que o devedor melhora a sua situação patrimonial, o mesmo não fica, pela circunstância daquela desproporção originária, *ipso facto*, livre, por exemplo, para considerar qualquer alienação do seu património superveniente imune ao funcionamento da impugnação pauliana[76].

---

cumprimento, Dissertação de Doutoramento, Faculdade de Direito da Universidade de Lisboa, 2014, p. 628 e ss..

[75] Cf., sobre esta, por todos, MENEZES CORDEIRO, *Direito Bancário*[5], cit., pp. 685-686, o nosso *Contratos comerciais*, cit., p. 334 e ss. e, monograficamente, LUÍS POÇAS, *Antecipação bancária e empréstimo sobre penhor no âmbito das operações bancárias*, Almeida & Leitão, Porto, 2008, *passim*.

[76] Cf., sobre esta, por todos, ANTUNES VARELA, *Das obrigações em geral*, II[7], cit., p. 445 e ss., MENEZES CORDEIRO, *Tratado de Direito Civil*, X, cit., p. 311 e ss., ROMANO MARTINEZ / FUZETA DA PONTE, *Garantias de cumprimento*[5], cit., p. 15 e ss. e CURA MARIANO, *Impugnação pauliana*, 2ª edição, Almedina, Coimbra, 2008, *passim*.

O primeiro meio de reação face a uma situação de subgarantia – entendida como desproporção superveniente relevante entre o montante do crédito e os bens susceptíveis, porque penhoráveis, de permitir a atuação da responsabilidade patrimonial – é o recurso aos meios de conservação da garantia patrimonial. Pretende-se, então, evitar, como forma de reacção contra, como dizia Paulo Cunha[77], a diminuição da "consistência prática da garantia geral".

II. Destacamos algumas previsões normativas específicas[78]:

a) Nos termos do artigo 626º do Código Civil, quando a *caução prestada se torne insuficiente ou imprópria,* por causa não imputável ao credor, este tem o direito de exigir que ela seja reforçada ou que seja prestada outra forma de caução[79]. Note-se a questão do risco: este corre por conta do devedor. Na verdade, salvo o caso em que a diminuição seja imputável ao credor, o reforço pode ser devido, ainda que o devedor não tenha "culpa" nessa insuficiência.

b) Prevê o nº 2 do artigo 633º do Código Civil que se o fiador nomeado mudar de fortuna, de modo que haja risco de insolvência, o credor pode exigir o *reforço da fiança*[80], havendo depois a "cominação" do nº 3 do mesmo artigo – poder de exigir o imediato cumprimento da obrigação – no caso de o devedor não reforçar a fiança ou não oferecer outra garantia idónea dentro do prazo fixado pelo tribunal.

c) Por força da alínea *c)* do artigo 670º do Código Civil, através do penhor, o credor pignoratício adquire o direito de exigir a *substituição ou o reforço do penhor* ou o cumprimento imediato da obrigação, se a coisa empenhada perecer ou se tornar insuficiente para segurança da dívida[81], nos termos fixados para a garantia hipotecária.

---

[77] Cf. Paulo Cunha, *Da garantia nas obrigações,* I, cit., p. 314.

[78] Cf. Calvão da Silva, *Apólice "Vida Risco – Crédito à habitação": as pessoas com deficiência ou risco agravado de saúde e o princípio da igualdade na Lei nº 46/2006,* in RLJ 136º, 2007, pp. 162-163.

[79] Cf., por todos, Antunes Varela, *Das obrigações em geral,* II⁷, cit., pp. 475-476.

[80] Em rigor, no contexto, o reforço "normal" da fiança será a "obtenção" de nova fiança, salvo se a garantia de fiança estava limitada a um bem ou a um conjunto de bens do património do fiador; cf., sobre reforço da fiança, v. g., Menezes Cordeiro, *Tratado de Direito Civil,* X, cit., p. 474 e ss..

[81] Cf., por todos, Menezes Cordeiro, *Tratado de Direito Civil,* X, cit., pp. 664-665.

ESTUDOS DE DIREITO BANCÁRIO I

d) Prevê o nº 1 do artigo 701º do Código Civil que quando, por causa não imputável ao credor, *a coisa hipotecada se torne insuficiente* para segurança da obrigação, o credor tem o direito de exigir que o devedor a substitua ou reforce; não o fazendo o devedor, nos termos declarados na lei do processo, pode o credor exigir o imediato cumprimento da obrigação ou, tratando-se de obrigação futura, registar hipoteca sobre outros bens do devedor[82].

e) Nos termos do artigo 780º do Código Civil, em certos termos, o credor tem o direito de exigir a substituição ou reforço de garantias: estabelecido o prazo a favor do devedor, pode o credor, não obstante, exigir o cumprimento imediato da obrigação se o devedor se tornar insolvente, ainda que a insolvência não tenha sido judicialmente declarada ou se, por causa imputável ao devedor, *diminuírem as garantias do crédito ou não forem prestadas as garantias prometidas.* Contudo, nos termos do nº 2 do artigo 780º, o credor tem o direito de exigir do devedor, em lugar do cumprimento imediato da obrigação, a substituição ou reforço das garantias, se estas sofreram diminuição[83].

3. Sobregarantia. O terceiro "S"

I. Falar em sobregarantia – o terceiro "S" – a que dedicamos brevíssimas notas finais, é, *grosso modo*, referir as situações em que, aquando da prestação da garantia, ou posteriormente, se verifica uma qualificada e anómala desproporção entre o valor do crédito garantido e o valor das garantias (geral e especiais) existentes[84]. A pretensão natural do garante será a da sua liberação, total ou parcial.

Sendo a sobregarantia originária, são-lhe aplicáveis as considerações acima sumariamente tecidas, em termos de princípios de Direito das Garantias e de aplicação de previsões normativas específicas como, sem limitar, a proibição da ofensa aos bons costume e a proibição de negócios usurários. Mais amplamente, a sobregarantia originária pode ferir o princípio da boa fé.

---

[82] Cf., por todos, MENEZES CORDEIRO, *Tratado de Direito Civil*, X, cit., p. 771 e ss..

[83] Cf., por todos. GALVÃO TELLES, *Direito das Obrigações*[7], cit., p. 266 e ss. e ANTUNES VARELA, *Das obrigações em geral*, II[7], cit., p. 47 e ss..

[84] Cf. o nosso *Assunção fidejussória de dívida*, cit., p. 829 e ss.. Monograficamente, cf. GÖBEL, *Übersicherung und Freigabeklauseln in vorformulierten Kreditsicherungsverträgen*, Duncker & Humblot, Berlim, 1993, *passim.*

SEGURANÇA, SUBGARANTIA E SOBREGARANTIA - ENTRE OS TRÊS "S" DO DIREITO...

Circunscrevendo a nossa atenção à sobregarantia superveniente[85], está de novo em causa o *princípio da proporcionalidade* entre o valor do crédito garantido e os bens que constituem a garantia especial. A questão está em saber até que ponto é que o prestador de garantia pode impor ao beneficiário o (re)estabelecimento de uma determinada proporção, sendo, à partida, lógico que o credor possa manter, em qualquer caso, uma certa margem de segurança.

Encontramos algumas manifestações a nível normativo, destacando--se as seguintes:

(*i*) De acordo com o nº 2 do artigo 625º do Código Civil, a garantia limita-se aos bens suficientes para assegurar o credor.

(*ii*) De acordo com o nº 2 do artigo 631º do Código Civil, *a fiança é redutível* aos precisos termos da dívida afiançada se for contraída em condições mais onerosas.

(*iii*) De acordo com o artigo 697º do Código Civil, o devedor que for dono da coisa hipotecada tem o direito *de se opor não só a que outros bens sejam penhorados na execução* enquanto se não reconhecer a insuficiência da garantia, mas ainda a que, relativamente aos bens onerados, a execução se estenda além do necessário à satisfação do direito do credor.

(*iv*) O artigo 720º do Código Civil disciplina a *redução judicial da hipoteca*. Destacamos o nº 2 do artigo, que admite a redução de hipoteca voluntária no caso de redução da dívida em certos termos (dois terços) e no caso de valorização do bem em certos termos (um terço)[86].

(*v*) De acordo com o nº 3 do artigo 735º do Código de Processo Civil, a *penhora* é limitada aos bens necessários ao pagamento da dívida exequenda e das despesas previsíveis da execução.

(*vi*) Por força do nº 3 do artigo 780º do Código de Processo Civil, o limite traçado no nº 3 do artigo 735º do mesmo Código é aplicável na *penhora de depósitos bancários*.

(*vii*) Atente-se, finalmente, na previsão, constante do artigo 812º do Código Civil, da "redução equitativa da cláusula penal"[87]. Não

---

[85] Cf. o nosso *Assunção fidejussória de dívida*, cit., p. 832 e ss..

[86] Cf., por todos, MENEZES CORDEIRO, *Tratado de Direito Civil*, X, cit., p. 775 e ANTUNES VARELA, *Das obrigações em geral*, II⁷, cit., p. 560 e ss..

[87] Cf., sobre este regime, por todos, PINTO MONTEIRO, *Cláusula penal e indemnização*, Almedina, Coimbra, 1999, p. 717 e ss. e, acentuando, justamente, o princípio da proporcionalidade, PINTO OLIVEIRA, *Princípios de Direito dos Contratos*, Coimbra Editora, Coimbra, 20111, p. 238 e ss..

ESTUDOS DE DIREITO BANCÁRIO I

sendo seguramente confundíveis as cláusulas penais com as garantias especiais das obrigações, o estabelecimento de uma ligação entre os dois domínios, conquanto espinhoso, afigura-se-nos, *a priori*, explorável. Os termos em que essa ligação possa ser feita requer, seguramente, uma investigação autónoma.

II. Em termos sumários, é possível, recorrendo ao princípio da boa fé e sem prejuízo das previsões normativas específicas identificáveis, formular os seguintes pressupostos para que seja equacionável uma pretensão de liberação associada a uma situação de sobregarantia superveniente[88]:

(*i*) O primeiro é que a sobregarantia seja efectiva, por haver uma clara e anómala desproporção entre o *quantum debeatur* e o volume e valor das garantias prestadas;

(*ii*) O segundo é que a situação de sobregarantia seja tendencialmente perene;

(*iii*) O terceiro é que a manutenção da garantia traga prejuízos ao garante.

Verificados estes pressupostos, ficará campo aberto para, em concreto, o juiz avaliar da justiça da pretensão liberatória do garante e respectiva medida, considerando, designadamente, os interesses em presença, o tipo de garantia em causa, a consistência e perenidade das demais garantias especiais prestadas, a consistência do património do devedor e o tempo para cumprimento. O juiz cotejará também a segurança que a sobregarantia traga ao credor com o prejuízo que a manutenção da garantia, total ou parcialmente, acarreta ao garante.

Sendo certo que a garantia deve dar segurança ao credor, a mesma deve ser razoável e proporcional, sendo que essa razoabilidade e proporcionalidade não prescindem da consideração da situação concreta.

Finalmente, contra o relevo e a sindicação das situações de sobregarantia, não é invocável o argumento de que as mesmas não conduzem, *qua tale*, à "sobresatisfação" do credor. Sendo embora certo que assim é, não é menos certo que o prejuízo que a sobregarantia concretamente relevante pode trazer ao garante acontece na fase anterior à satisfação do crédito.

Last not least, e a propósito de "sobresatisfação": ela poderia ser mote para um quarto "S". Contudo, a sua abordagem não cabe nestas linhas.

---

[88] Cf., mas em sede específica de fiança, o nosso *Assunção fidejussória de dívida*, cit., p. 834.

Operações não autorizadas e o Regime Jurídico dos Serviços de Pagamento e da Moeda Eletrónica

FRANCISCO MENDES CORREIA

1. Introdução

São vários os motivos que justificam uma análise em profundidade do regime jurídico aplicável às operações de pagamento executadas por prestadores de serviços de pagamento, mas não autorizadas pelos respetivos utilizadores e titulares das contas debitadas. Por um lado, as operações de pagamento executadas por bancos e outros prestadores de serviços de pagamento ("PSP") através de meios eletrónicos são já incontornáveis no cumprimento quotidiano das obrigações pecuniárias assumidas nos mais diversos contextos (comerciais, pessoais, etc.) por particulares e empresas. Por outro lado, a informatização e generalização das operações de pagamento torna-as apetecíveis, para quem tenha intuitos fraudulentos, sendo certo que a criminalidade associada é caracterizada por um grau considerável de anonimato, atendendo precisamente aos meios empregues: uma operação de pagamento não autorizada, executada por um banco português, por conta de um utilizador de serviços de pagamento português, pode ser fraudulentamente desencadeada por um agente a milhares de quilómetros de distância, sendo os fundos transferidos para uma conta bancária numa terceira jurisdição, onde o exercício dos eventuais direitos do utilizador ou do prestador se revela impraticável.

Do ponto de vista dogmático o interesse é também inegável: o Regime Jurídico dos Serviços de Pagamento e da Moeda Eletrónica ("RJSPME")[1/2] – que se aplica à esmagadora maioria das operações de pagamento executadas por bancos e outros PSP por conta de clientes portugueses -, é o resultado de um esforço de codificação considerável, por parte do legislador da União Europeia, e apesar da sua juventude, tem sido repetidamente aplicado nos tribunais portugueses e tem atraído a atenção da doutrina mais recente[3].

Interessa por isso analisar o regime especial previsto no RJSPME para esta perturbação no programa obrigacional estabelecido entre banco e cliente, tentando identificar as áreas de especialidade e as áreas em que se aplicam as soluções de Direito comum das obrigações – previstas mormente no Código Civil -, sendo também importante enquadrar dogmaticamente as várias pretensões que emergem de uma situação deste tipo.

---

[1] O RJSPME foi inicialmente aprovado pelo Decreto-Lei nº 317/2009, de 30 de Outubro, que transpôs para o ordenamento jurídico português a Diretiva dos Serviços de Pagamento (Diretiva nº 2007/64/CE, do Parlamento Europeu e do Conselho, de 13 de Novembro, ou abreviadamente, "DSP"). Nessa ocasião, apenas regulava o acesso à atividade das instituições de pagamento e a prestação de serviços de pagamento. Em 2012, o legislador português optou por aproveitar o regime já vigente para integrar as normas que regulam o acesso à atividade de instituições de moeda eletrónica e que disciplinam a emissão de moeda eletrónica, na transposição da Diretiva nº 2009/110/CE, do Parlamento Europeu e do Conselho, de 16 de Setembro. Assim sendo, a versão mais atualizada do RJSPME consta do Anexo ao Decreto-Lei nº 242/2012, de 7 de Novembro, que republicou a versão consolidada do regime. Sobre os antecedentes do RJSPME e sobre a evolução normativa posterior, Francisco Mendes Correia, *Moeda Bancária e Cumprimento: o Cumprimento das Obrigações Pecuniárias através de Serviços de Pagamento*, Coimbra, Almedina, 2017, 528-577.

[2] A Diretiva (UE) 2015/2366 do Parlamento Europeu e do Conselho, de 25 de Novembro de 2015 ("DSP II") revoga a DSP, referida na nota anterior, com efeitos a partir de 13 de Janeiro de 2018 (i.e., o prazo de transposição da DSP II). Mas apesar da técnica legislativa utilizada, o quadro jurídico da DSP – que está atualmente em vigor através do RJSPME -, apenas sofre alterações pontuais, sobretudo no plano material.

[3] Para apenas citar alguns exemplos: Maria Raquel Guimarães, "A Repartição dos Prejuízos Decorrentes de Operações fraudulentas de Banca Eletrónica (*home banking*), cdp, Nº 41 (2013), 45-69, Ana Vaz Geraldes, "*Phishing*: Fraude *On Line*", RFDUL, Vol. LIV, n.ᵒˢ 1 e 2 (2013), 87-102 ou Hugo Luz dos Santos, "*Plaidoyer* por uma «Distribuição Dinâmica do Ónus da Prova» e pela «Teoria das Esferas de Risco», O Direito, 147º, III (2015), 715-743. É ainda relevante a tese de Maria Carolina França Barreira, "*Home Banking* – A Repartição dos Prejuízos Decorrentes de Fraude Informática", apresentada em 2015 na Faculdade de Direito da Universidade Nova de Lisboa.

Na situação protótipica, que será objeto da seguinte análise e que é cada vez mais comuns nos tribunais portugueses, os principais protagonistas – o banco (ou outro PSP)[4] e o utilizador dos serviços de pagamento – encontram-se vinculados nos termos de uma relação contratual duradoura, e o banco executa uma operação de pagamento, por conta e em nome do seu cliente, em benefício de um terceiro, em resposta a uma ordem de pagamento que na aparência foi emitida pelo titular da conta. Vem a verificar-se depois *a posteriori* que a operação não foi legitimamente autorizada, discutindo-se então quais as pretensões de cada uma das partes, assim como o respetivo fundamento.

Tendo em conta a especialidade do RJSPME e o emprego de conceitos com um sentido delimitado no próprio regime, interessa num primeiro momento enquadrar a relação jurídica estabelecida entre o banco e o utilizador (2). Num segundo momento, interessa determinar quais os conjuntos de normas aplicáveis, consoante o encadeamento factual subjacente à execução da operação não autorizada. Uma vez identificadas as soluções jurídicas para cada tipo de problemas, interessa ainda proceder ao respetivo enquadramento dogmático (3). Por fim, será útil analisar e identificar algumas linhas de tendência da jurisprudência portuguesa mais recente (4).

2. A relação jurídica entre o prestador de serviços de pagamento e o utilizador

O RJSPME utiliza uma terminologia técnico-jurídica própria, nem sempre coincidente com o sentido classicamente atribuído às expressões utilizados, e recorre a normas definitórias, na esteira da habitual técnica legislativa do Direito da União Europeia. Interessa, pois, reconduzir os factos habitualmente presentes nos litígios sobre operações não autoriza-

---

[4] Uma das novidades da DSP e do RJSPME foi precisamente a abertura do mercado a instituições não bancárias, especializas na prestação de serviços de pagamento, i.e., a instituições que apenas prestam serviços de pagamento e que não pretendem utilizar os fundos recebidos dos utilizadores por conta própria. Neste quadro, as instituições de pagamento podem prestar serviços de pagamento, ao lado das instituições de crédito, das instituições de moeda eletrónica e de outras instituições financeiras (artigo 7º, nº 1 do RJSPME). Sobre este novo tipo de instituições: Francisco Mendes Correia, "As Instituições de Pagamento: novas Protagonistas no Direito Bancário Português", *RDS*, III, 2, 2011. Para clareza do discurso, assume-se por vezes, ao longo do texto, que os serviços de pagamento são prestados por bancos, mas já se vê que o podem ser, também, pelas demais entidades listadas no artigo 7º e que integram o universo dos prestadores de serviços de pagamento.

das na terminologia utilizada pelo legislador do RJSPME e nas categorias dogmáticas que se podem delimitar, com base no referido regime jurídico.

Analise-se então o quadro jurídico em que são prestados serviços de pagamento no ordenamento português. Para o efeito, recorremos ao RJSPME, que veio codificar esta matéria. Em termos sistemáticos, o par conceptual de primeira ordem do RJSPME é formado pelo "contrato de prestação de serviço de pagamento de carácter isolado" (ex. artigo 47º, nº 1 do RJSPME) e pelo "contrato-quadro": um "contrato de prestação de serviços de pagamento que rege a execução futura de operações de pagamento individuais e sucessivas" (artigo 2º, alínea o)[5].

No primeiro caso – estatisticamente menos relevante -, o serviço de pagamento é prestado de forma episódica, e a relação obrigacional estabelecida para esse propósito limita-se à execução da operação e a alguns (poucos) deveres *post factum finitum* que possam emergir. Porém, na esmagadora maioria dos casos que são apreciados nos tribunais portugueses – como aliás, arrisca-se, na maioria dos casos em que há cumprimento perfeito -, o utilizador e o prestador de serviços de pagamento estão vinculados por um contrato-quadro, nos termos do qual se estabeleceu uma relação jurídica duradoura. Elege-se por isso esta situação como protótipica, apesar da aplicabilidade de quase tudo o que se disser, com as devidas adaptações, às perturbações no cumprimento de um contrato de prestação de serviços de pagamento de caráter isolado.

Por sua vez, os serviços de pagamento são elencados no artigo 4º do RJSPME, e consistem nos processos típicos através dos quais são praticados os atos de depositar, transferir ou levantar fundos[6]. No fundo, os serviços de pagamento são tratados pelo RJSPME como atividades em abstrato, que depois são concretizadas em operações de pagamento.

Assim, no limite, entre o cliente e o banco podem ser celebrados tantos contratos-quadro como serviços de pagamento: contrato-quadro de transferências a crédito, contrato-quadro de débitos diretos, contrato-quadro de

---

[5] Para uma análise mais detalhada do enquadramento dado pelo RJSPME à relação bancária geral, Francisco Mendes Correia, *Moeda Bancária e Cumprimento*, cit., 592 e ss. Em toda esta matéria segue-se de perto o que se escreveu na obra citada.

[6] Com efeito, só na "emissão ou aquisição de instrumentos de pagamento" (alínea *e*), artigo 4º do RJSPME) é que falta um levantamento, uma transferência ou um depósito de fundos, e é certo que os instrumentos de pagamento emitidos e cuja aceitação seja garantida nos termos destes serviços vão ser utilizados para levantar, transferir ou depositar fundos.

utilização de cartão de pagamento. Esta multiplicação de contratos-quadro – a uma primeira vista artificial – pode encontrar explicação da *praxis* bancária de contratação por módulos de cláusulas contratuais gerais. Na vinculação, são utilizados os módulos contratuais que correspondem aos serviços que o cliente pretende contratar. Sublinhe-se no entanto que a autonomia conferida pelo RJSPME a cada serviço de pagamento, associado a um contrato-quadro diferenciado, não perturba a unidade da relação bancária duradoura, estabelecida entre o banco e o cliente, e que resulta da agregação dos vários contratos-quadro. E é também de assinalar que nesta unidade se destacam alguns elementos centrais – como a convenção de conta-corrente -, geralmente regulados no contrato-quadro de abertura de conta de pagamento, que assume assim uma posição hierarquicamente superior[7].

Voltemos ao contrato-quadro: um "contrato de prestação de serviços de pagamento que rege a execução futura de operações de pagamento individuais e sucessivas" (artigo 2º, alínea *o*, RJSPME). Estas operações de pagamento individuais devem qualificar-se como atos de execução do contrato inicial e não como *novos* contratos, uma vez que o prestador de serviços de pagamento está *obrigado* a executar as operações de pagamento, nos termos do artigo 76º, nº 1 do RJSPME: "[n]o caso de estarem reunidas todas as condições previstas no contrato quadro celebrado com o ordenante, o prestador de serviços de pagamento do ordenante não pode recusar a execução de uma ordem de pagamento autorizada"[8]. O contrato-quadro a que se refere o RJSPME tem natureza normativa – e nessa medida merece a qualificação atribuída pelo legislador -, mas porque prevê de forma geral os termos em que devem ser executadas *operações de pagamento*, de forma sucessiva, no futuro, e não porque preveja as condições de celebração de novos *contratos*.

Relevante também a este propósito é o conceito de *instrumento de pagamento*, definido pelo legislador como "qualquer dispositivo personalizado ou conjunto de procedimentos acordados entre o utilizador e o prestador do serviço de pagamento e a que o utilizador de serviços de pagamento

---

[7] Francisco Mendes Correia, *Moeda Bancária e Cumprimento*, cit., 618 e ss..

[8] Em sentido contrário, defendendo um "desdobramento contratual" e a qualificação das novas operações como novos contratos, Maria Raquel Guimarães, *O Contrato-Quadro no Âmbito da Utilização de Meios de Pagamento Electrónicos*, Coimbra, Coimbra Editora, 507 e ss..

recorra para emitir uma ordem de pagamento" (alínea *z)*, artigo 2,º do RJSPME). A esta luz, as regras e procedimentos técnicos de utilização do *homebanking* configuram um "instrumento de pagamento", o mesmo ocorrendo com as regras e dispositivos de utilização de cartões de pagamento. No caso do *homebanking*, destacam-se como integrando este conceito não só o próprio *site* do prestador, mas os cartões de coordenadas, os códigos de autenticação (quer sejam estáticos, quer sejam dinamicamente gerados para cada utilização); no caso dos cartões, estão incluídos pelo menos os cartões e os PINS, bem como, em alguns casos, procedimentos de autenticação individualizados, para autorização de determinadas operações (por exemplo, através de códigos enviados por SMS).

Como pano de fundo, tenham-se ainda presentes as semelhanças com a estrutura contratual do mandato: o prestador de serviços de pagamento atua em nome e por conta do utilizador, executando ordens de pagamento, à medida que as recebe. Os instrumentos de pagamento configuram formas pré-acordadas de transmissão de ordens de pagamento. E, na medida em que o prestador atua em nome e por conta do utilizador, ao abrigo de uma relação contratual não discricionária, impera o princípio da autorização prévia: é o consentimento prévio do utilizador, emitido pela forma pré-determinada com o prestador, que legitima a atuação em nome e por conta do utilizador, salvo nos casos em que tenha sido acordada uma autorização prévia genérica, e o utilizador venha a consentir individualizadamente nas operações, após a sua realização (artigo 65º, n.ᵒˢ 1, 2 e 3 do RJSPME).

A proximidade com o mandato permite também enquadrar dogmaticamente o débito em conta, que decorre da execução de uma operação de pagamento por parte do prestador. Para executar a operação de pagamento, o prestador de serviços de pagamento incorre sempre numa despesa, quer efetiva, quer através da alteração subjetiva de um crédito de que é devedor. Nos casos mais típicos, que envolvem transferência de fundos entre contas abertas em diferentes prestadores – i.e., nas transferências, nos débitos diretos e nos pagamentos através de cartão ou de dispositivos de telecomunicações -, o prestador constitui-se devedor do banco do beneficiário, no plano das relações interbancárias. Mas mesmo nas operações entre contas do mesmo prestador, a execução da operação implica o aumento do crédito de um dos utilizadores (o beneficiário da operação), que corresponde assim ao aumento de um passivo devido pelo prestador.

Ex.: Numa transferência a crédito, e simplificando, o ordenante tem a sua conta aberta junto do Banco A. Ao receber uma ordem de pagamento em benefício de um utilizador com conta aberta junto do Banco B, o Banco A irá assumir nas relações interbancárias uma posição passiva, perante o Banco B (que possibilita que este último, depois, credite a conta do beneficiário). Se a realidade se conformasse à simplicidade do exemplo académico, e apenas ocorresse nesse dia esta única transferência em todo o sistema bancário português, então o Banco A reconhecer-se-ia como devedor do Banco B nas relações interbancárias (provavelmente através da operação do sistema de compensação multilateral e liquidação de pagamentos de retalho) e liquidaria a sua dívida perante o Banco B (provavelmente através do débito da sua conta de liquidez junto do Banco Central). Teria assim incorrido numa despesa por conta do seu mandante (1167º, alínea *c*) do Código Civil).

Tendo em conta esta dinâmica das operações bancárias e interbancárias, o direito a debitar a conta do utilizador para recuperar despesas incorridas por sua conta está contratualmente previsto nas condições gerais utilizadas pelos prestadores de serviços de pagamento. Mas mesmo que assim não fosse, o direito a recuperar os montantes despendidos numa operação autorizada sempre decorreria do artigo 1167º, alínea *c*) do CC: o mandatário tem direito ao reembolso das despesas feitas. Ora nas relações entre o utilizador e o banco, o modo contratualmente convencionado para esse reembolso é o débito na conta, atendendo à convenção de conta-corrente acordada entre ambos.

O débito em conta deve ser qualificado como um ato real ou uma operação jurídica, como subespécie dos atos jurídicos em sentido estrito: traduz-se na "efetivação ou realização de um resultado material ou factual a que a lei liga determinados efeitos jurídicos"[9]. Trata-se de uma afirmação por parte do banco, de ser titular de um crédito perante o cliente, mas também é verdade que diminui a disponibilidade monetária do cliente e – quando não corresponda à realidade – pode causar danos ao cliente.

---

[9] Carlos A. da Mota Pinto/António Pinto Monteiro/Paulo Mota Pinto, *Teoria Geral do Direito Civil*, 4ª ed., Coimbra, Coimbra Editora, 358; Menezes Cordeiro, *Tratado de Direito Civil*, Vol. II, 4ª ed., 2014, Coimbra, Almedina, 83 e ss.. Para uma fundamentação mais detalhada desta qualificação: Francisco Mendes Correia, *Moeda Bancária e Cumprimento*, cit., 711-714.

3. As operações não autorizadas e a imputação de danos

Quando uma operação de pagamento tenha sido executada por parte do banco, e o utilizador e titular da conta invoque que a mesma não foi previamente por si autorizada, podem isolar-se quatro constelações protótipicas de factos subjacentes: a operação foi realmente autorizada pelo utilizador (a) ou, pelo contrário, a operação não foi autorizada e sua realização fica a dever-se a factos imputáveis a título de culpa ao banco (b), ao utilizador (c) ou a terceiro (d)[10].

É importante também enunciar as normas aplicáveis em cada um dos casos. No fundo, estas serão as estatuições em confronto, nos cenários de incerteza em que o aplicador é chamado a pronunciar-se, as mais das vezes, nesta matéria:

a) Caso a operação tenha realmente sido autorizada pelo utilizador, o prestador tem direito a debitar a respetiva conta, para recuperar as despesas suportadas por sua conta, nos termos do contrato;

b) Caso a operação não tenha sido autorizada e a sua execução fique a dever-se a factos imputáveis ao prestador a título censurável, aplicam-se os termos gerais de responsabilidade obrigacional, com as particularidades previstas no RJSPME;

c) Caso a operação não tenha sido autorizada e a sua execução fique a dever-se a factos imputáveis a título censurável ao utilizador, aplicam-se os limites de imputação constantes do artigo 72º do RJSPME;

d) Caso a operação não tenha sido autorizada e a sua execução fique a dever-se a factos imputáveis a terceiro a título censurável, o prestador está obrigado a repor a conta no estado em que estaria na ausência de operação, suportando as perdas daí decorrentes, que pode tentar recuperar junto de terceiro.

---

[10] Por uma questão de clareza de exposição, delimita-se esta constelação de casos através da imputação a terceiro, a título censurável. Mas tudo o que se disser quanto a esta categoria de casos é aplicável, com as devidas adaptações, aos casos (raros) em que a vicissitude que desencadeia a operação não autorizada não é imputável – ainda que indiretamente – a qualquer uma das partes. Serão, por exemplo, aqueles casos em que os sistemas técnicos e operacionais utilizados pelos bancos revelem uma fragilidade que tenha provocado a operação não autorizada (e sem que esta tenha sido provovada por terceiro) mas o esforço para prevenir e identificar essa fragilidade não seja exigível ao banco, nos termos da lei e do contrato.

No fundo, e recorrendo apenas ao instituto que de forma predominante fornece as soluções para cada constelação factual, teremos o contrato a funcionar no primeiro caso (*a*). No segundo caso (*b*), o pano de fundo é dado pelo regime geral da responsabilidade obrigacional. Nos dois últimos casos (*c* e *d*), funcionam esquemas de imputação de danos baseados na responsabilidade pelo risco, atenuados no terceiro caso pelo instituto da culpa do lesado. Analisemos mais detalhadamente cada um dos casos.

3.1. As operações autorizadas

Como acima se antecipou, nos termos do contrato(s) celebrado(s) – e que está subjacente à relação duradoura estabelecida com o cliente -, o prestador de serviços de pagamento obriga-se a executar ordens de pagamento, através dos modelos técnicos que caracterizam cada um dos serviços de pagamento (transferências, débitos diretos, pagamentos com cartões, etc.). Na esmagadora maioria dos casos, a obrigação do banco depende da existência de saldo credor a favor do utilizador e, verificada essa premissa, a execução da operação de pagamento é um ato devido (artigo 65º, nº 2 do RJSPME). Quando assim seja, e o banco execute a ordem de pagamento, pode depois recuperar as despesas em que incorreu, através do débito da conta do cliente (artigo 84º, nº 3 do RJSPME). Em síntese: o banco cumpre o seu dever de fonte obrigacional ao realizar os atos jurídicos e materiais necessários à execução da operação de pagamento (nas transferências, por exemplo, os atos necessários a provocar o crédito na conta de pagamento do banco do beneficiário); após o cumprimento desse dever de fonte obrigacional, o banco tem a faculdade de cobrar os montantes que lhe são devidos, através de uma operação material, que consiste no débito da conta de pagamento do seu cliente. Se a ordem de pagamento foi realmente emitida pelo utilizador, nos termos acordados contratualmente, então a execução da operação era *devida* e o banco tem *legitimidade* para cobrar as despesas em que incorreu. De forma indireta, depõem neste sentido as regras sobre a irrevogabilidade das ordens de pagamento. A regra geral para as operações iniciadas pelo ordenante é a da irrevogabilidade após a receção pelo respetivo prestador de serviços de pagamento (artigo 77º, nº 1 do RJSPME). Nestes casos, mesmo que o ordenante se arrependa ou verifique que há um erro na ordem, o respetivo prestador já pode ter desencadeados as operações jurídicas e materiais para a sua execução, mantendo por isso o direito ao reembolso das despesas, através do débito da conta do utilizador.

3.2. As operações não autorizadas, imputáveis ao banco

Quanto a execução da operação de pagamento não autorizada seja imputada ao banco, i.e., quando o banco tenha omitido atos devidos ou praticado atos que configurem o incumprimento ou o cumprimento defeituoso dos seus deveres obrigacionais, predominam as soluções baseadas na responsabilidade civil obrigacional.

O legislador enumera dois casos concretos de incumprimento obrigacional, mas o regime geral aplica-se em todos os demais casos. No nº 4 do artigo 72º o RJSPME aborda aqueles casos em que o ordenante sofre perdas relativas a operações executadas *após* ter procedido à notificação da perda, roubo, apropriação abusiva ou qualquer utilização não autorizada do instrumento de pagamento. Nestes casos, ainda que o utilizador tenha sido negligente, a culpa do lesado não tem qualquer efeito na redução dos danos a imputar ao prestador, uma vez que este incumpriu o dever de bloquear o referido instrumento de pagamento[11]. A culpa do lesado neste caso apenas tem relevância quando o utilizador tenha atuado fraudulentamente. A mesma estatuição se aplica aos casos previstos no artigo 72º, nº 5 do RJSPME, em que o prestador não implementou ou forneceu ao utilizador os meios apropriados para notificar a perda, roubo, apropriação abusiva ou utilização não autorizada: o ordenante apenas suporta perdas em caso de atuação fraudulenta, sendo certo que nos casos de negligência a culpa do lesado não reduz as perdas a imputar ao prestador[12].

Assinale-se, no entanto, que os casos previstos nos n.os 4 e 5 do artigo 72º do RJSPME apenas ilustram instâncias de incumprimento, e que a regra geral de imputação obrigacional de danos prevista no artigo 798º do Código Civil se aplica a todos os casos em que a perturbação no cumprimento seja imputável ao prestador de serviços de pagamento.

---

[11] Artigo 68º, nº 1, alínea *e)* do RJSPME: o dever de "impedir qualquer utilização do instrumento de pagamento logo que a notificação prevista na alínea *b)* do nº 1 do artigo anterior tenha sido efetuada.

[12] Estes dois casos permitem, aliás, formular um princípio de aplicação mais abrangente: a culpa do lesado, em caso de negligência, não deve ter os efeitos de imputação de perdas previstos no nº 1 e no nº 3 do artigo 72º do RJSPME sempre que o prestador também tenha incumprido um dever obrigacional, e possa estabelecer-se um nexo de causalidade entre essa perturbação e a execução de operações não autorizadas. A aplicação mais abrangente desta regra encontra aliás um ponto de apoio literal no artigo 72º, nº 3, quando manda ponderar a "natureza dos dispositivos de segurança personalizados do instrumento de pagamento" no processo aplicativo de imputação de perdas ao ordenante.

Nos casos em apreço, de operações não autorizadas, imputáveis ao banco, o artigo 71º do RJSPME coloca ao dispor do utilizador três remédios: (i) o reembolso imediato do montante da operação de pagamento não autorizada (artigo 71º, nº 1); (ii) a reposição da conta na situação em que estaria se a operação não tivesse sido executada (artigo 71º, nº 1); (iii) juros moratórios, contados desde a data da invocação do carácter não autorizado da operação, até à data do reembolso efetivo (artigo 71º, nº 2). Além disso, é feita referência a que estes remédios funcionam "sem prejuízo do direito à indemnização suplementar a que haja lugar", afinal um quarto remédio.

Exemplificando: o Banco A debita a conta do cliente Z no montante de € 15.000, na sequência da execução de uma transferência bancária em benefício de um terceiro. Verifica-se depois que a ordem nunca teria sido executada, caso os sistemas de segurança e os modelos de autenticação utilizados pelo Banco A não apresentassem fragilidades gritantes. Após o débito da conta, Z ficou com saldo 0, e o Banco deixou por isso de reconhecer juros a seu favor, no montante de € 15. Z apenas detetou o sucedido quando tentou sem sucesso fazer um pagamento de € 15.000 numa transação empresarial, sendo certo que a falta de pagamento acarretou um vexame considerável, atendo ao contexto em que tudo ocorreu. Instado a estornar o débito de € 15.000 e a repor a conta no estado em que estaria sem a operação não autorizada, o Banco A protela uma resposta, com evasivas. Z tem direito: (a) ao estorno do débito de € 15.000, a título de reembolso (i); (b) ao crédito de € 15 de juros, como reposição da situação que existiria na ausência da operação não autorizada (ii); (c) a juros moratórios, desde a data em que informou o banco da falta de autorização (iii); (d) a uma indemnização por danos morais, caso estejam reunidos os pressupostos de ressarcibilidade do artigo 496º do Código Civil, como indemnização suplementar (iv).

Como acima se disse, os atos ou omissões que dão origem a uma operação não autorizada imputável ao prestador inscrevem-se no âmbito de uma relação obrigacional. Nascem assim três remédios tipicamente indemnizatórios: o prestador deve "repor a conta de pagamento debitada na situação em que estaria se a operação de pagamento não autorizada não tivesse sido executada" (artigo 71º, nº 1 do RJSPME) e são devidos juros moratórios a partir do momento em que o utilizador invoque a falta de autorização perante o banco, quando este não proceda de imediato ao reembolso e reposição da conta (artigo 71º, nº 2 do RJSPME)[13], "sem prejuízo do direito à indemnização suplementar a que haja lugar". O legislador do RJSPME deixou também claro que estes remédios funcionam *em complemento e sem prejuízo* da indemnização suplementar a que haja lugar, por danos morais ou outros danos patrimoniais consequenciais. No fundo, o legislador quis deixar claro que o dano direto deve ser ressarcido através da reposição/reconstituição natural da conta, e que os juros moratórios devem ser cobrados desde a data em que utilizador apresente a sua pretensão perante o prestador, à taxa especialmente prevista no nº 2 do artigo 71º do RJSPME (i.e. taxa legal + 0,1%. Estes mecanismos são claramente indemnizatórios, manifestando o princípio da reconstituição natural, presente no artigo 562º do Código Civil.

Na Alemanha, a doutrina parece divergir quanto ao ponto paralelo naquele ordenamento: alguns autores entendem que o § 675u, BGB não impede a reparação de danos nos termos gerais, pela violação de deveres que originou a execução indevida da operação[14], enquanto outros entendem que uma pretensão indemnizatória pela realização indevida da operação *qua tale* não é admissível, sendo apenas de reconhecer as pretensões dirigidas a outros danos ou a danos decorrentes da violação de deveres acessórios, nos termos gerais[15]. A divergência é mais aparente do que real: após o reembolso dos montantes indevidamente debitados e dos encargos cobrados (ou do reconhecimento dos juros que deixaram de se vencer) estão reparados os danos diretamente causados pela realização indevida da operação. Mas um saldo credor de uma conta de pagamento é, em si mesmo, um ativo no património do cliente e a sua indisponibilidade, ainda que momentânea, pode ter gerado danos, que devem ser reparados nos termos gerais.

Cumpre no entanto fazer aqui uma distinção, quanto ao reembolso do montante da operação, i.e., ao estorno do débito lançando pelo banco (a

---

[13] Cumpre sublinhar que os juros moratórios incidem sobre o montante reembolsado, bem como sobre todos os montantes creditados ou estornados que resultem da reposição da conta no estado em que estaria caso a operação não tivesse sido executada. O artigo 71º, nº 2 tem presente as situações em que falta um reembolso "nos termos do número anterior" e é nesse sentido que depõe o princípio da reconstituição natural. No exemplo acima referido, seriam devidos juros moratórios, à taxa legal, acrescida de 0,1%, sobre o resultado da soma dos € 15.000 reembolsados e dos € 15 de juros remuneratórios, (que deixaram de ser creditados).

[14] Matthias Casper, no *Münchener*, Band 4, §§ 611-704 2637-2638.

[15] Sebastian Omlor, no Staudingers, 367.

que se refere o nº 1 do artigo 71º do RJSPME quando estabelece que "o prestador (...) deve reembolsá-lo imediatamente do montante da operação de pagamento não autorizada"). Entre nós, a tendência é para fundamentar também esta pretensão – a de reembolso dos montantes indevidamente cobrados – na responsabilidade civil obrigacional. Não parece porém que esta seja a melhor solução. O equivalente no Direito alemão ao nosso artigo 71º/1, RJSPME é o § 675u, BGB, que pode trazer alguma luz à questão, quando estabelece que "em caso de uma operação de pagamento não autorizada o prestador de serviços de pagamento do ordenante não tem contra este qualquer pretensão de reembolso das suas despesas. Ele [i.e. o prestador de serviços de pagamento] está obrigado a reembolsar o montante do pagamento ao ordenante e, na medida em que o montante tenha sido debitado na sua conta, a repor esta conta de pagamento na posição em que estaria, se não tivesse sido debitada através da operação de pagamento não autorizada".

A primeira frase do § 675u, BGB esclarece o fundamento da obrigação de reembolso: o PSP do putativo ordenante *não tem direito ao reembolso de despesas,* porque a operação não foi autorizada. Esse direito existiria, como acima se demonstrou – nos termos do mandato -, caso a operação tivesse sido autorizada. A doutrina alemã maioritária qualifica esta pretensão de reembolso de despesas como uma pretensão baseada no enriquecimento sem causa[16].

Assim sendo, a pretensão do reembolso dos montantes debitados indevidamente é uma pretensão baseada no instituto do enriquecimento sem causa. O putativo ordenante não sofre qualquer dano porque as regras jurídicas aplicáveis não permitem que o PSP retenha a vantagem patrimonial

---

[16] Por todos, Stefan Grundmann, *Das neue Recht des Zahlungsverkehrs,* WM 2009, 1109. 1116. Alguns autores afirmam que a norma codificou e substituiu a pretensão de enriquecimento sem causa que era reconhecida maioritariamente nestes casos pela doutrina a jurisprudência anteriores à transposição da DSP: Barbara Mayen, no *Bankrechts-Handbuch* (Schminasky/Bunte/Lwöwski), 1273. Para o que nos interessa, as posições coincidem: o princípio operativo no § 675u, BGB é o enriquecimento sem causa e não a responsabilidade civil. Aliás, pode ler-se em muitos autores alemães que o § 675u, BGB impede o titular da conta de formular contra o seu prestador de serviços *outras* pretensões baseadas no enriquecimento sem causa além da restituição dos montantes indevidamente debitados, mas este enunciado tampouco quer dizer que a pretensão válida que decorre do § 675u, BGB não decorra no instituto em causa. Por todos, quanto a esta última linha, Matthias Casper, no *Münchener,* Band 4, §§ 611-704 2637-2638.

ESTUDOS DE DIREITO BANCÁRIO I

temporariamente existente (i.e. a diminuição do saldo credor da conta ou o aumento do saldo devedor). Não há assim qualquer lesão de uma vantagem jurídica protegida, porque segundo o regime aplicável e as regras estabelecidas entre PSP e cliente, o débito só é devido para reembolso de despesas de operações autorizadas.

Com as devidas distâncias, pode comparar-se este caso com um outro de furto de uma coisa móvel: a restituição da coisa ao proprietário não corresponde a uma indemnização, mas antes ao exercício do direito real. Poderá até haver indemnização, mas pelos danos decorrentes da privação do uso da coisa pelo período em que a mesma esteve na posse do autor do furto. No caso das operações autorizadas a solução é semelhante: o PSP deve reembolsar as quantias porque segundo as regras do RJSPME e do contrato-quadro não pode reter quantias indevidamente debitadas. Pode claro haver dano, mas apenas em relação ao período em que a conta esteve indevidamente debitada.

Em matéria de enriquecimento sem causa, poderia ainda colocar-se outra questão: nos casos em que a operação não seja imputável ao utilizador, pode o prestador de serviços formular uma pretensão contra o cliente (invocando, eventualmente, a compensação contra a dívida emergente do artigo 71º, nº 1), quando o pagamento venha a beneficiar um terceiro que, por ser credor do putativo ordenante, possa invocar o direito de reter a prestação? Na Alemanha, após a transposição da DSP, a resposta tem sido negativa[17], invoca-se para o efeito a letra da lei e o facto de a DSP ser de harmonização plena[18].

Concorda-se com a solução, mas com base em fundamento distinto: nas situações analisadas pela doutrina alemã, o beneficiário não pode reter a prestação, ainda que seja credor do ordenante. Com efeito, se o utilizador (e putativo ordenante) consegue invocar validamente o artigo 71º, nº 1 do RJSPME, então o caráter não autorizado da operação deve estender-se a todos os momentos da sua execução. E assim sendo, o banco *não* assumiu nas relações interbancárias uma obrigação por conta de terceiro (o cliente), pelo que o beneficiário tampouco pode reter os fundos recebidos, como se lhe fossem destinados pelo ordenante. Nestes casos, o prestador do orde-

---

[17] Katja Langenbucher, Bankrechts-Kommentar, 2013, Beck, München, 169.

[18] Detlev Belling/Johannes Belling, *Zahlungsdiensterecht und Bereicherungsausgleich bei nicht autorisierten Zahlungsvorgängen*, JZ 14/2010, 708-711 (710).

OPERAÇÕES NÃO AUTORIZADAS E O REGIME JURÍDICO DOS SERVIÇOS DE PAGAMENTO...

nante poderá invocar perante o prestador do beneficiário o direito à restituição, com base nas regras do enriquecimento sem causa, podendo o prestador do beneficiário exercer pretensão simétrica, nas relações com o seu cliente.

Ainda em matéria de enriquecimento sem causa, e segundo o Direito alemão anterior à transposição da DSP, nos casos de operações não autorizadas, era impossível uma pretensão do putativo ordenante contra o beneficiário baseada no enriquecimento por prestação, nas situações em que a realização da operação não pudesse ser imputada ao ordenante (Belling/Belling, ob. cit., 711.). Com efeito, sustenta-se que ordenante não realiza (porque não tem intenção de realizar) qualquer prestação a favor do beneficiário, ainda que entre eles exista uma relação obrigacional, e uma pretensão creditícia por cumprir (Katja Langenbucher, *Bankrechts-Kommentar,* 2013, Beck, München, 169). Após a transposição da DSP, alguns autores entendem porém que continua a porta – que no anterior quadro jurídico já se considerava aberta – para o enriquecimento não baseado em prestação, podendo o putativo ordenante formular uma pretensão contra o beneficiário (Belling/Belling, ob. cit., 711). Outros autores sustentam porém que tampouco existe uma *Nichtleistungskondiktion,* porque o § 675u mantém o ordenante imune aos efeitos da operação não autorizada e nessa medida o enriquecimento do beneficiário nunca será à custa do ordenante (Katja Langenbucher, *Bankrechts-Kommentar,* 2013, Beck, München, 169). Esta última posição parece ser a mais conforme com o regime, visto na sua totalidade: se a operação não foi autorizada e o ordenante consegue exercer as pretensões do artigo 71º, nº 1 do RJSPME, ganha imunidade às perdas subjacentes à operação, não podendo depois vir a invocar perante o beneficiário uma pretensão com base numa atribuição patrimonial a que já é completamente alheio.

3.3. As operações não autorizadas, imputáveis ao utilizador

O RJSPME enuncia duas obrigações principais do utilizador de serviços de pagamento a quem tenha sido disponibilizado um ou mais instrumentos de pagamento: a utilização dos instrumentos de pagamento "de acordo com as condições que regem a sua emissão e utilização" e a comunicação ao banco, "sem atrasos justificados", da perda, roubo, apropriação abusiva ou outra qualquer utilização não autorizada dos instrumentos (alíneas *a)* e *b)* do artigo 67º, nº 1 do RJSPME). Em síntese, uma obrigação de cuidado e uma obrigação de aviso. A obrigação de cuidado é depois concretizada no nº 2 do mesmo artigo 67º do RJSPME: o utilizador "deve tomar todas as medidas razoáveis, em especial ao receber um instrumento de pagamento, para preservar a eficácia dos seus dispositivos de segurança personalizados".

Pode desde logo questionar-se se estas obrigações legalmente previstas constituem verdadeiros deveres jurídicos. Tendo em conta o regime jurídico aplicável, que se analisa em seguida, parece adequar-se melhor a qualificação de ónus material ou encargo: o banco não pode exigir do cliente o cumprimento destas obrigações (ex. não seria procedente uma ação interposta pelo banco, destinada à condenação do cliente a ter cuidado com os dispositivos de segurança de determinado instrumento de pagamento), mas o seu incumprimento expõe a parte onerada – o cliente – a consequências jurídicas negativas, que se passam a enunciar.

Embora de forma não sistematizada, o RJSPME diferencia três níveis de imputação a título censurável das operações não autorizadas ao cliente:

a) Num primeiro nível, apenas se faz referência ao facto de as operações não autorizadas resultarem de uma vicissitude "imputável ao ordenante": a perda, roubo ou apropriação abusiva de instrumento de pagamento e da quebra de confidencialidade dos dispositivos de segurança personalizados (artigo 72º, nº 1 do RJSPME);

b) Num segundo nível, as operações não autorizadas resultam de uma vicissitude imputável ao utilizador a título de "negligência grave": mais uma vez a perda, roubo ou apropriação abusiva do instrumento de pagamento (artigo 72º, nº 3 do RJSPME);

c) Num terceiro nível, as operações não autorizadas são imputáveis ao utilizador que atua fraudulentamente, ou que incumpre deliberadamente uma ou mais obrigações previstas no artigo 67º (artigo 72º, nº 2º do RJSPME).

Parecem existir assim três níveis de censura distintos: um primeiro nível, não qualificado; um segundo nível, em que a negligência é grave; um terceiro nível, em que o incumprimento é deliberado ou que existe atuação fraudulenta do utilizador. Suscita-se então a questão da delimitação dos dois graus de imputação negligente: um primeiro, não qualificado pelo legislador, e um segundo, em que a negligência é grosseira. Tendo em conta a letra da lei não parece aqui relevar a distinção entre negligência consciente e inconsciente, mas antes a graduação do grau de culpabilidade do agente. Deve assim atender-se à distinção entre culpa grave e culpa leve, tributária da antiga tripartição entre *culpa lata, culpa levis* e *culpa levíssima*[19]. A graduação da culpabilidade, mesmo na imputação de danos a título negligente, é conhecida no Direito Civil português, e releva nomeadamente nos casos de pluralidade de agentes (artigo 490º do CC) ou de culpa do lesado (artigo 570º do CC). Quanto ao RJSPME deve assim considerar-se que no primeiro nível de imputação negligente é relevante a culpa leve, i.e., "a conduta do agente que não seria suscetível de ser praticada por um homem médio"[20], ao passo que na culpa grave, que o próprio legislador designa por "negligência grave", exige-se uma conduta que "só seria suscetível de ser realizada por uma pessoa especialmente negligente"[21/22].

Quanto às diferentes estatuições, aos três níveis de imputação correspondem consequências diferentes:

a) No primeiro nível, de culpa leve, o utilizador suporta as perdas dentro do limite do saldo disponível ou da linha de crédito associada, até ao máximo de € 150 (artigo 72º, nº 1 do RJSPME)[23];

---

[19] Sobre esta matéria, por todos, Menezes Cordeiro, *Tratado de Direito Civil*, VIII, 2014, Coimbra, Almedina, 470-474 e Menezes Leitão, *Direito das Obrigações*, I, 14ª ed., 2017, Coimbra, Almedina, 311-313.

[20] Menezes Leitão, *Direito das Obrigações*, I, cit., 313.

[21] Idem, 313.

[22] Tem sido recortada negativamente a fronteira da negligência grave, pelos tribunais portugueses, já à luz do RJSPME: no Ac. RLx, 15-Mar-2016 (Rijo Ferreira) [cfr. nota 33] concluiu-se que a disponibilização das credenciais de segurança ao contabilista do cliente bancário, ainda que contrária ao previsto nas condições gerais, não configurava *per se* uma conduta gravemente negligente, tendo sido a decisão confirmada pelo STJ (Ac. STJ, 14-Dez.-2016, consultado em Setembro de 2017 em http://www.dgsi.pt/jstj.nsf/954f0ce6ad9dd8b98 0256b5f003fa814/d5a5e5113c6cb923802580890050lcda?OpenDocument).

[23] A DSP II veio reduzir este limite para € 50. Além disso, a formulação da norma aplicável ao primeiro nível de imputação é ainda menos clara que a norma da DSP, fazendo o intérprete duvidar se ainda se está perante um caso de negligência leve, ou se há uma distribuição objetiva de perdas. Por um lado, abandona-se a referência ao incumprimento do dever de manter a confidencialidade dos dispositivos de segurança, por parte do utilizador. Mas por outro, continua a referir-se a perda entre as vicissitudes relevantes, que será quase sempre negligente. Acrescentam-se ainda dois casos em que o utilizador nem sequer suporta os primeiros € 50 de perdas da operação: (a) quando a perturbação subjacente (perda, roubo, etc.) não pudesse ser detetada pelo ordenante antes da realização do pagamento; (b) quando a vicissitude tiver sido causado pelo prestador de serviços ou por seus auxiliares, quando alguma das atividades tenha sido externalizada (artigo 74º, nº 1). Neste contexto, apenas se poderá

ESTUDOS DE DIREITO BANCÁRIO I

b) No segundo nível, de culpa grave, o nível de imputação de perdas não se encontra limitado aos € 150, mas dependerá de uma ponderação casuística, em que será atendida a culpa do lesado (as "circunstâncias" da vicissitude subjacente à operação não autorizada) e a suscetibilidade de imputação da vicissitude ao prestador (a "natureza dos dispositivos de segurança personalizados do instrumento de pagamento" (artigo 72º, nº 3 do RJSPME)[24];

c) No terceiro nível, de atuação fraudulenta ou de incumprimento deliberado das obrigações do utilizador, as perdas são-lhe imputáveis sem qualquer limitação (artigo 72º, nº 2 do RJSPME).

Como acima se referiu (3.2), o RJSPME estabelece normas especiais para regular os efeitos da culpa do lesado na imputação de danos. Assim, mesmo nos casos em que as perdas sejam causadas por uma vicissitude imputável ao utilizador a título negligente, é o prestador de serviços de pagamento que suporta todo o prejuízo, a partir do momento em que a comunicação da vicissitude seja feita (artigo 72º, nº 4) ou quando não tenha disponibilizado ao utilizador os meios apropriados para realizar a referida notificação (artigo 72º, nº 5)[25].

A imputação ao utilizador, a título censurável, da vicissitude que está na base da operação não autorizada não deve fazer esquecer que, nos casos de negligência (leve ou grave) previstos no artigo 72º, nº 1 do RJSPME, a

---

fazer um enquadramento dogmático final perante o texto do diploma de transposição, mas atendendo às novas exclusões e à referência à perda, parece ser possível continuar a exigir um elemento de censura à conduta do agente para a imputação de perdas. Sobre esta matéria, Maria Raquel Guimarães, "(Ainda) a responsabilidade pelo uso indevido de instrumentos de pagamento eletrónicos em operações presenciais e à distância", em Luís Miguel Pestana de Vasconcelos (Coord.), I Congresso de Direito Bancário, Coimbra, Almedina, 2015, 115-144.

[24] Poder-se-ia sugerir que esta ponderação das circunstâncias do caso e da natureza dos dispositivos de segurança deve antes servir para graduar a culpabilidade do utilizador. Não se nega que as circunstâncias do caso e os dispositivos de segurança serão ponderados para avaliar a conduta do utilizador, porquanto são essenciais para determinar qual seria a conduta normativamente exigível a um homem médio, colocado *naquela situação*. Mas a referência expressa do artigo 72º, nº 3 do RJSPME às "circunstâncias" e aos "dispositivos" tem um sentido diferente, já que pressupõe um momento de interpretação e aplicação anterior, em que foi qualificada como *gravemente negligente* a conduta do utilizador.

[25] A DSP II vem acrescentar um novo caso de exclusão de imputação ao utilizador: quanto o prestador de serviços de pagamento do ordenante "não exija a autenticação forte do cliente" (artigo 74º, nº 2).

OPERAÇÕES NÃO AUTORIZADAS E O REGIME JURÍDICO DOS SERVIÇOS DE PAGAMENTO...

limitação de perdas suportadas pelo utilizador faz com que as mesmas sejam total ou parcialmente suportadas pelo prestador. Nos casos em que o fundamento dessa repartição seja o incumprimento de um dever (nºs 4 e 5 do artigo 72º), ainda estamos num modelo de imputação delitual (obrigacional). Mas nos casos em que operem limites – em caso de negligência leve, o limite dos € 150 e em caso de negligência grave –, pode dar--se o caso de não ser imputável ao prestador, a título censurável, qualquer incumprimento de deveres obrigacionais e este, ainda assim suportar (o remanescente das) perdas. Nestes casos, o modelo de imputação é claramente objetivo, com os fundamentos que em seguida (3.4) se analisam.

3.4. As operações não autorizadas, imputáveis a terceiro

No caso de o banco ter executado uma operação de pagamento, não autorizada, sendo os factos subjacentes à execução imputáveis a terceiro, os danos são suportados em primeira linha pelo banco, sendo certo que este último pode depois tentar recuperar o prejuízo perante o terceiro. De entre os quatro casos analisados, esta afirmação será porventura a menos óbvia, devendo por isso ser especialmente fundamentada. Por outro lado, cumpre assinalar a diferença no fundamento jurídico para a constituição desta obrigação, na esfera do banco. Repare-se que estamos aqui perante casos em que o banco consegue demonstrar a correta autenticação e registo da operação, bem como a integridade dos seus sistemas e procedimentos técnicos. Não lhe é imputável, além disso, qualquer fragilidade nos mecanismos de autenticação do cliente ou qualquer omissão ou demora na reação a uma comunicação de perda ou roubo, por parte do cliente. Aliás, a esta luz, fica já claro que o fundamento da imputação, aqui, prescindirá de um juízo de ilicitude, sendo de todo conveniente que os tribunais, ao decidirem litígios sobre operações não autorizadas, declarem de forma fundamentada se consideram que há elementos para tecer um juízo de censura ao prestador (ou, com o mesmo resultado, se este não conseguiu desenvencilhar-se do ónus da prova da correta autenticação e integridade técnica), ou se a imputação de perdas se fará a título objetivo. Sendo os fundamentos diferentes, a estatuição desencadeada também o será, como em seguida se tenta demonstrar.

O artigo 71º, nº 1 do RJSPME estabelece que o prestador de serviços de pagamento do ordenante "deve reembolsá-lo imediatamente do montante da operação de pagamento não autorizada e, se for caso disso, repor a conta de pagamento debitada na situação em que estaria se a operação de pagamento não autorizada não tivesse sido executada". Poderia sugerir-se que esta norma apenas enumera os direitos invocáveis pelo utilizador (reembolso da conta e reposição na situação atual hipotética), e que pressupõe que a realização da operação, por não ter sido autorizada pelo utilizador, pode ser imputada ao prestador, a título censurável. Se fosse esse o caso, a norma apenas seria aplicável nos casos acima descritos na alínea (b) e analisados no ponto 3.2, em que a imputação de perdas se faz ao abrigo de um modelo de responsabilidade obrigacional.

Esta interpretação faz, porém, pouco sentido, quando se analisam os casos em que a realização da operação não autorizada fica a dever-se, em parte, a um ato ou omissão imputável ao utilizador, a título censurável. Com efeito, e como se verificou, nos termos do artigo 72º do RJSPME, o utilizador beneficia de alguns limites de imputação de perdas, sobretudo quando a sua conduta apenas se revele negligente. Ora nestes casos, para o utilizador apenas suportar parte das perdas, é necessário que o prestador de serviços de pagamento reembolse a diferença entre o limite aí estipulado e o montante da operação realizada. Repare-se que a aplicação dos limites constantes no artigo 72º do RJSPME não depende da possibilidade de imputação das perdas a título censurável ao prestador. Se assim é em relação a operações imputáveis a título negligente ao utilizador, faria pouco sentido que nas operações não imputáveis nem ao utilizador, nem ao prestador, mas a terceiro, o utilizador devesse suportar perdas. Neste caso, então, as perdas são objetivamente imputáveis ao prestador, que é depois livre de tentar identificar o terceiro para a respetiva recuperação.

O carácter objetivo da imputação de perdas ao prestador neste caso concreto justifica um novo olhar para o nº 2 do artigo 71º, do qual resulta uma interpretação restritiva. Nos casos em que as perdas se fiquem a dever a um facto imputável ao prestador, o ressarcimento do dano correspondente à perda da disponibilidade financeira é compreensível, e reconduz-se à aplicação dos princípios gerais. Na imputação objetiva, porém, esse ressarcimento deixa de fazer sentido. Se a execução da operação não autorizada é imputável a terceiro, é até natural que o prestador não se apresse a reembolsar o montante debitado e a repor a conta no estado anterior, porque não conhece nem – mais importante – tinha obrigação de conhecer as circunstâncias em que a ordem foi emitida.

Tendo em conta o mecanismo de imputação das perdas nos casos em que a execução da operação não autorizada não seja imputável, a título censurável, ao prestador ou ao utilizador, estaremos perante um conjunto de normas que pode ser reconduzido ao modelo da responsabilidade pelo risco, ou responsabilidade objetiva. O princípio dominante aqui – mais do que traduzindo a ideia de uma ilicitude imperfeita ou de uma justiça distributiva – parece fundar-se na necessidade de gerar e tutelar a confiança dos utilizadores no sistema de pagamentos, para assegurar o seu funcionamento "harmonioso e eficiente"[26]. No fundo, trata-se de uma opção de política legislativa, que faz recair os riscos do funcionamento de um sistema técnica e operacionalmente complexo nos participantes mais bem preparados para lidarem com o risco, com o intuito de criar confiança no respetivo funcionamento, que por sua vez é condição de utilização em massa do sistema de pagamentos (no fundo, o objetivo último prosseguido pelo legislador, por várias razões, também fiscais).

Ora nas regras clássicas da imputação objetiva, os danos imputáveis são aqueles que resultem dos "riscos próprios" dos meios utilizados ou das fontes geradoras de risco (ex. artigo 502º do CC: "danos que resultem do perigo especial que envolve a sua utilização"; artigo 503º, nº 1 do CC: "riscos próprios do veículo"). É necessário delimitar por via interpretativa o "núcleo de danos que se visou evitar com a tipificação da esfera de risco"[27] constante da norma de imputação objetiva. Ora no caso em apreço, terá sido o risco de perda de moeda bancária, em caso de operações não autorizadas, atendendo à generalização dos serviços bancários eletrónicos e à

---

[26] Pode ler-se no Considerando 46 da DSP I que "[p]ara assegurar o funcionamento harmonioso e eficiente do sistema de pagamentos, o utilizador precisa de ter confiança quanto ao facto de que o prestador de serviços de pagamento irá executar a operação de pagamento de forma correta e no prazo acordado. Habitualmente, o prestador está em condições de apreciar os riscos inerentes a uma operação de pagamento. É o prestador que assegura o sistema de pagamentos, que providencia a recuperação de fundos extraviados ou erroneamente atribuídos e que decide, na maioria dos casos, quais os intermediários que participam na execução de uma operação de pagamento. Tendo em conta o que antecede, e salvo em caso de circunstâncias anormais e imprevisíveis, considera-se totalmente adequado prever a responsabilidade do prestador de serviços de pagamento pela execução de uma operação de pagamento aceite junto do utilizador, exceto no que diz respeito aos atos e omissões do prestador de serviços de pagamento do beneficiário, pelos quais o beneficiário é responsável".

[27] A este propósito, é essencial o estudo de Mafalda Miranda Barbosa, "Risco, causalidade e limites da responsabilidade objetiva", na obra da mesma Autora, *Estudos a Propósito da Responsabilidade Objetiva*, 2014, Cascais, Principia, 79-95 (87).

complexidade dos sistemas de pagamento (e, por consequência, das condutas criminosas que os têm por objeto).

Por outro lado, a responsabilidade objetiva é afastada em alguns casos de imputação objetiva (mas a norma é facilmente generalizável), quando os danos forem imputáveis a *terceiro,* nos termos do artigo 505º do CC. Por último, verifica-se que a responsabilidade objetiva está muitas vezes limitada quantitativamente (ex. artigos 508º e 510º do CC), não sendo de afastar a possibilidade de essa limitação ser uma manifestação de um princípio aplicável neste modelo de imputação sem culpa. Olhando outra vez para o RJSPME, e a esta luz, seria difícil de compreender um regime de imputação objetiva *ilimitada* de danos aos bancos, que funciona, sublinhe-se, quando estes consigam ilidir a presunção de incumprimento de determinados deveres e demonstrem a integridade dos seus sistemas e a correta execução das ordens recebidas.

Deve então reconhecer-se que os "riscos próprios" acautelados na imputação objetiva são reparados com o reembolso do montante debitado e com a reposição da conta no estado em que estaria, mas que não tem lugar a imputação de danos consequenciais (que aliás sempre careceriam de título de imputação nos termos gerais, ao contrário do que sucede quanto a imputação tenha por título a responsabilidade obrigacional). Com efeito, no reembolso do montante, e como acima se demonstrou, ainda funcionam as regras do enriquecimento sem causa: o prestador não tem direito a invocar um crédito sobre o cliente, porque não executou uma ordem emitida pelo cliente. A reposição da conta no estado em que estaria ainda se compreende na imputação objetiva, já que traduz *nas relações bilaterais,* a consequência do reembolso: estamos perante um mecanismo de reconstituição natural, nas relações *banco-cliente.* A partir daqui, todos os danos adicionais implicariam a reconstituição natural nas relações entre o cliente e terceiros, cuja integridade não parece ser um risco tutelado pela norma de imputação objetiva em apreço.

3.5. Os mecanismos previstos no RJSPME para lidar com a incerteza quanto aos factos subjacentes às operações não autorizadas

Nos casos de operações não autorizadas, e atendendo à complexidade técnica do procedimento de autenticação do utilizador, e de emissão e processamento das ordens de pagamento, é natural a emergência de situações de incerteza, quanto à factualidade que esteve subjacente à execução da operação não autorizada. O RJSPME estabelece um conjunto de normas especiais, para lidar com a incerteza que se podia adivinhar neste domínio, segundo as regras da experiência. Aliás, estas normas constituem uma das especialidades do RJSPME. Convém, no entanto, manter sempre como pano de fundo as soluções normativas acima referidas – direito ao débito para reembolso de despesas/imputação ao banco baseada na responsabilidade obrigacional/distribuição do risco segundo modelos de imputação objetiva – já que os mecanismos previstos no RJSPME não fazem mais que viabilizar a aplicação de uma destas soluções, perante um cenário de incerteza quanto aos factos subjacentes.

Quando ocorra uma operação não autorizada, os factos relevantes têm lugar no âmbito de uma relação obrigacional, estabelecida entre utilizador e prestador. Na ausência de um regime especial, seria então aqui potencialmente aplicável o artigo 799º, nº 1 do Código Civil ("CC"), nos termos do qual "incumbe ao devedor provar que a falta de cumprimento ou o cumprimento defeituoso da obrigação não procede de culpa sua". Para a maioria da doutrina, que interpreta a norma em apreço como uma presunção de culpa[28] (e não como uma presunção combinada de ilicitude, culpa e nexo de causalidade[29]), caberia ao utilizador demonstrar os factos em que se concretizasse o cumprimento defeituoso ou o incumprimento por parte do prestador de serviços de pagamento.

É no entanto fácil aceitar que essa solução não seria adequada no caso das operações não autorizadas, atendendo, por um lado, a que são inacessíveis ao utilizador os factos em que se decompõe a execução da ordem de pagamento por parte do prestador, e por outro lado a sua elevada complexidade técnica ditaria o insucesso da esmagadora maioria das pretensões formuladas neste âmbito.

A primeira norma especial consta do artigo 70º, nº 1 do RJSPME e estabelece que incumbe ao prestador do serviço de pagamento "fornecer prova de que a operação de pagamento foi autenticada, devidamente registada e contabilizada e que não foi afetada por avaria técnica ou qualquer deficiência"[30]. Esta formulação, que sugere um ónus da prova subjetivo,

---

[28] Menezes Leitão, *Direito das Obrigações*, I, cit., 345-347.

[29] É o caso, como é sabido, de Menezes Cordeiro, *Tratado de Direito Civil*, VIII, cit., 391-394.

[30] A DSP II mantém esta regra e clarifica que o prestador está onerado com a prova da integridade perante avarias técnicas ou deficiências *do serviço prestado*: no artigo 72º, nº 1 da DSP pode ler-se que caberá ao prestador "fazer prova de que a operação foi autenticada,

ESTUDOS DE DIREITO BANCÁRIO I

deve ser corretamente interpretada: trata-se antes de uma regra de ónus da prova objetivo, visando permitir uma decisão nos casos de operações não autorizadas[31]. As versões em confronto são as acima enumeradas, e o aplicador vai escolher a imputação ao banco baseada na responsabilidade obrigacional, caso não fiquem provados os factos que configurem a situação contrária à prevista naquela norma.

Estamos aqui, como pode verificar-se, no domínio da responsabilidade obrigacional, estabelecendo-se uma presunção de ilicitude a favor do utilizador. Simplesmente, a presunção de ilicitude não é formulada de forma irrestrita, identificando-se os factos que devem ser provados pelo prestador para a afastar: a correta autenticação, registo e contabilização da ordem, bem como a inexistência de avaria técnica ou qualquer deficiência. Repita-se: a norma do artigo 70º, nº 1 do RJSPME não deve ser interpretada como uma presunção geral de ilicitude, a acrescer à presunção de culpa que onera o prestador de serviços de pagamentos nos termos gerais do artigo 799º, nº 1 do CC. A presunção está concentrada em três instâncias específicas de incumprimento – autenticação, registo e contabilização e avaria técnica ou outra deficiência do serviço -, podendo o prestador focar o seu esforço probatório nestas três áreas: demonstrando que a ordem de pagamento foi recebida após uma autenticação regular, que a operação foi devidamente registada e contabilizada e que os sistemas técnicos não foram, naquela ocasião, afetados por uma avaria técnica ou por outra deficiência da mesma natureza.

Como norma complementar deste regime especial, cumpre referir o disposto no nº 2 do artigo 70º do RJSPME: ainda que o prestador de serviços de pagamento consiga demonstrar os factos contrários às hipóteses previstas no nº 1 e, além disso, prove que foi utilizado o instrumento de pagamento registado pelo utilizador, essa demonstração não é suficiente para dissipar a situação de incerteza quanto à factualidade subjacente à operação não autorizada. Nestes casos, a demonstração da utilização do instrumento de pagamento – e com esta referência tem-se obviamente por incluídos todos os protocolos e dados de autenticação -, não é suficiente para "provar que a operação foi autorizada pelo ordenante, que este último

devidamente registada e contabilizada, e que não foi afetada por qualquer avaria técnica ou por outra deficiência do serviço de pagamento prestador".

[31] Pedro Múrias, *Por uma Distribuição Fundamentada do Ónus da Prova*, Lisboa, Lex, 2000.

agiu de forma fraudulenta ou que não cumpriu, deliberadamente ou por negligência grave, uma ou mais das suas obrigações"[32/33].

No fundo, e nestes casos, estar-se-á perante uma situação de incerteza mais restrita. O prestador já terá conseguido demonstrar que a ordem foi emitida após autenticação regular, e que a operação foi devidamente registada e contabilizada, no contexto de integridade técnica dos sistemas. Os modelos em confronto já serão então, apenas, o da imputação ao próprio utilizador, e o da imputação objetiva, ao banco. A norma em apreço não permite que a situação de incerteza se resolva com uma sobrevalorização do facto de a operação ter sido iniciada na sequência da utilização dos dispositivos e procedimentos de segurança e autenticação contratados com o cliente, permitindo então que subsista a incerteza quanto à eventual intervenção de terceiro.

Esta situação de incerteza dissipa-se, muitas vezes, através do esfoço probatório dos prestadores de serviços de pagamento, que conseguem enquadrar as circunstâncias subjacentes à operação de pagamento não autorizada num *modus operandi* criminoso, sendo também frequente que

---

[32] Atendendo ao disposto no artigo 62º, n.os 1 e 2 do RJSPME, pode concluir-se que o nível de proteção do consumidor associado às normas constantes dos artigos 62º e seguintes, onde se inclui naturalmente a norma do artigo 70º, nº 2 representa um mínimo imperativo, que não pode ser afastado por contrato, nas relações com microempresas e com consumidores. Dessa forma, seria nula, por contrariar o artigo 70º, nº 2 e a imputação objetiva que decorre do artigo 71º, uma convenção de prova que fizesse recair no cliente o ónus da prova do cumprimento dos deveres de segurança, quando o instrumento de pagamento tenha sido utilizado com os dados de autenticação certos. Quanto a factos ocorridos antes da entrada em vigor do RJSPME, um Acórdão do Tribunal da Relação de Lisboa decidiu em sentido equiparável, i.e., declarando a nulidade de uma cláusula das condições gerais utilizadas por um banco nos termos da qual se presumia "que as operações realizadas com a inserção dos elementos de segurança pessoais e intransmissíveis do subscritor do serviço são da autoria do subscritor do serviço" e que havia consentimento ou disponibilização culposa a terceiro, quando se demonstrasse "que as operações (transferências) realizadas foram efetuadas por terceiros" (Ac. RLx, 24-Mai.-2012 (Ezagüy Martins), consultado em http://www.dgsi.pt/jtrl.nsf/33182fc73231603980256 5fa00497eec/fb97a022c0ffb06180257a1e003d26ca?OpenDocument) em Setembro de 2017.

[33] A DSP II mantém estas normas e estende o ónus da prova também ao prestador de serviços de iniciação de pagamentos. Acrescenta também um trecho final, mas que apenas vem deixar expressa a solução que já resultava da DSP: "O prestador de serviços de pagamento, incluindo, se for caso disso, o prestador do serviço de iniciação do pagamento, apresenta elementos que demonstrem a existência de fraude ou de negligência grosseira da parte do utilizador de serviços de pagamento".

ESTUDOS DE DIREITO BANCÁRIO I

a própria identificação do beneficiário da operação e dos tipos de despesas efetuadas seja um forte indício de intervenção criminosa de terceiro.

4. Algumas linhas jurisprudenciais de aplicação do RJSPME em matéria de operações não autorizadas

Como acima referido, dada a difusão da utilização de meios eletrónicos de pagamento (cartões, *homebanking*) os tribunais portugueses têm sido frequentemente chamados a decidir em litígios sobre operações não autorizadas, sendo já aplicáveis aos factos em discussão as normas acima referidas, do RJSPME. Além de uma sucessão de decisões onde é aplicado o artigo 796º do CC à resolução dos litígios[34], podem ser isoladas duas outras linhas jurisprudenciais que merecem uma análise crítica mais aprofundada, relativas à atribuição de indemnização suplementar em caso de imputação objetiva e ao esbatimento da negligência leve, como fundamento de imputação de danos ao utilizador.

4.1. Indemnização suplementar e imputação objetiva

Uma das tendências mais suscetíveis de crítica da jurisprudência portuguesa tem sido a de imputar danos consequenciais mesmo nos casos em que as perdas são suportadas pelo banco de forma objetiva, i.e., quando a vicissitude subjacente à operação não autorizada seja imputável a terceiro[35]. Nestes casos, o banco consegue demonstrar o cumprimento per-

---

[34] A aplicação do artigo 796º, nº 1 do CC aos danos associados a operações não autorizadas de transferências de fundos é tanto mais surpreendente quando aquela norma se aplica à transferência do risco de perecimento de *coisas* (o que não sucede nas transferências de *fundos,* que operam por ajustamento de saldos de contas bancárias) e apenas quando sejam *determinadas* (o que tampouco sucede nas transferências de fundos, cujo objeto é moeda bancária, uma realidade monetária genérica, com grau máximo de fungibilidade). Nesta linha jurisprudencial, entre outros, Ac. STJ, 18-Dez.-2013 (Ana Paula Boularot), consultado em Setembro de 2017 em http://www.dgsi.pt/jstj.nsf/954f0ce6ad9dd8b980256b5f003fa81 4/0feb7fef778a3b6780257c46003d2073?OpenDocument.

[35] É exemplo desta linha jurisprudencial o Acórdão da Relação de Lisboa de 15 de Março de 2016, que imputou danos consequenciais (deslocações, danos reputacionais e danos decorrentes da ausência de meios financeiros para assegurar a sua regular atividade) ao banco, quando os factos dados como provados indiciavam a prática de uma fraude informática por terceiros, sem qualquer imputação censurável ao prestador de serviços de pagamento e o próprio tribunal enquadrou a factualidade subjacente como resultante de *pharming*: Ac. RLx, 15-Mar-2016 (Rijo Ferreira), consultado em Setembro de 2017 em http://www.dgsi.pt/jtrl.nsf/

feito dos seus deveres e a integridade dos sistemas técnicos empregues, e mesmo assim suporta as perdas correspondentes ao reembolso da operação e à reposição da conta no estado em que estaria, na ausência da operação. Tudo isto parece decorrer da norma constante do nº 1 do artigo 71º do RJSPME. Mas, como acima se explicou, os demais danos, cuja reparação consistiria na reconstituição natural de todas as situações jurídicas em que a falta de disponibilidade monetária tenha tido impacto, já transcendem o núcleo de riscos cobertos pela norma de imputação objetiva. Esta excessiva generosidade dos tribunais portugueses poderia ser evitada, porventura, caso ficasse em todos os litígios perfeitamente identificado o modelo de imputação de perdas ao banco: este último suporta os custos por ter incumprido culposamente os seus deveres (demonstradamente ou por incapacidade de superar o ónus da prova objetivo) ou, ao invés, demonstrou o cumprimento perfeito, mas suporta os custos com base num modelo de repartição de riscos?

4.2. Esbatimento da negligência leve como fundamento de imputação de danos

Outra tendência jurisprudencial identificada corresponde ao esbatimento da negligência leve como fundamento de imputação de danos. Em alguns casos, ainda que em abstrato os tribunais pareçam aceitar a distinção entre negligência leve e grave feita pelo artigo 72º, n.os 1 e 3 do RJS-PME, nota-se uma dificuldade assinalável em qualificar como levemente negligente a conduta dos clientes, fazendo crer que o crivo nesta categoria está, no plano material, nas violações grosseiras de deveres.

Tenha-se presente o caso decidido pelo Acórdão da Relação de Guimarães, de 17 de Dezembro de 2014. Uma das testemunhas arrolada pelo banco afirmou de forma considerada credível pelo tribunal que o cliente relatou ter fornecido todas as posições do cartão-matriz num acesso ao

---

33182fc732316039802565fa00497eec/52a27dbb6896868080257f9800601395?OpenDocume nt, tendo sido a decisão confirmada pelo STJ (Ac. STJ, 14-Dez.-2016, consultado em Setembro de 2017 em http://www.dgsi.pt/jstj.nsf/954f0ce6ad9dd8b980256b5f003fa814/d5a5e5113c6 cb9238025808900501cda?OpenDocument). Em sentido comparável, o Acórdão da Relação do Porto, de 19 de Abril de 2016, que confirmou a imputação de danos não patrimoniais ao banco *apesar* de ter considerado que os factos que levaram à utilização abusiva do instrumento de pagamento eram imputáveis, a título de negligência leve, ao utilizador (Ac. RPt, 13-Out.-2016 (Filipe Caroço), consultado em Setembro de 2017 em http://www.dgsi.pt/jtrp.nsf/56a 6e7121657f91e80257cda00381fdf/cbe9b63ccd8e6f1a8025805f00531ad2?OpenDocument).

homebanking, através da sua secretária, o que se revelava consentâneo com um número elevado de transferências ordenadas por terceiros, em que as várias coordenadas de autenticação foram introduzidas sem qualquer erro. No entanto, ao apreciar a possibilidade de recondução da conduta do cliente ao conceito de negligência, o tribunal apenas testou a imputação a título de negligência *grave* – que equiparou erroneamente à negligência consciente –, como se *não existisse norma de imputação de danos a título de negligência leve* prevista no artigo 72º, nº 1 do RJSPME.

Em sentido equiparável, considere-se o acórdão da Relação do Porto de 29 de Abril de 2014[36]. Deu-se por provada uma transferência não autorizada de € 4.912,09. O acesso ao *homebanking* fazia-se neste caso por introdução de um número de adesão e de um código secreto, sendo certo que em operações superiores a € 500 era necessária a introdução de um código de autorização, enviado para o telemóvel. O utilizador usava há 7 anos o serviço em causa. O utilizador recebeu um SMS com um código de autorização, em relação a uma transferência que não ordenara, não tendo tomado qualquer diligência. No mesmo dia, foi enviado um segundo SMS, cujo código de autorização foi utilizado para autorizar a transferência em apreço nos Autos. Ficou também provado que o cliente facultou o seu número de telemóvel, a respectiva marca e o modelo ao tentar aceder ao *site* do banco, um mês antes da transferência não autorizada. Uns dias antes, descarregou uma aplicação no seu telefone, na sequência de uma mensagem supostamente enviada pelo Banco. Nunca tinham sido solicitados os dados referidos no acesso ao *homebanking* nem que o cliente descarregasse uma aplicação. A Relação do Porto entendeu que "circunstâncias factuais que não permitem, a nosso ver, imputar ao A. a responsabilidade decorrente da indesejada transferência de valores de que o Banco réu era depositário e isto porque na sua origem não encontra uma qualquer violação dos deveres designadamente de sigilo e confidencialidade a que o A. se encontrava obrigado mas uma fraude informática levava a efeito por terceiros (...)." Na mesma linha, o acórdão da Relação do Porto, 7 de Outubro de 2014[37]:

[36] Ac. RPt, 29-Abr.-2014 (Francisco Matos), consultado em Setembro de 2017 em: http://www.dgsi.pt/jtrp.nsf/56a6e7121657f91e80257cda00381fdf/e3d60a4fe9289cf580257d0e004a263a?OpenDocument.

[37] Ac. RPt, 7-Out.-2014 (Ana Lucinda Cabral), consultado em Setembro de 2017 em: http://www.dgsi.pt/jtrp.nsf/56a6e7121657f91e80257cda00381fdf/e75a7e8c6242572680257d97004c720e?OpenDocument.

outro caso em que o cliente fornece o seu número de telemóvel, a marca e o modelo, num acesso ao *homebanking* – metodologia que até então nunca tinha sido aplicada –, e fez o descarregamento de uma aplicação para telemóvel. A Relação do Porto considerou que a conduta do cliente não era nem sequer levemente negligente, porque o cliente já recebia mensagens com códigos de autorização no telemóvel, pelo que fazer um *download* nestas circunstâncias não seria censurável.

Perante o material normativo constante do RJSPME, é incontornável a delimitação de uma categoria de imputação baseada em comportamentos *levemente* negligentes, que se recorta por oposição à negligência grave (que, se dúvidas houvesse, tem por sua vez a montante as violações dolosas e as atuações fraudulentas). Numa primeira abordagem aos factos de cada caso, o intérprete-aplicador deve assim perguntar se a conduta em apreço teria sido praticada por um homem médio, para só depois, em caso de resposta afirmativa, perguntar se aquele comportamento apenas teria sido praticado por uma pessoa especialmente negligente. Salvo melhor opinião, avançar imediatamente para a segunda questão, desconsiderando a primeira, implica desaplicar o nº 1 do artigo 72º do RJSPME.

Débitos directos: breves notas

FRANCISCO RODRIGUES ROCHA[1]

SUMÁRIO: *1. Introdução; 2. O regime do Decreto-Lei nº 317/2009 (RJSP) e do Regulamento (UE) nº 260/2012 (RSEPA); 2.1. Introdução; 2.2. Conceito; 2.3. Autorização; 2.4. Ordem de pagamento; 2.5. Direito à limitação e bloqueio do débito directo; 2.6. Direito ao reembolso; 2.7. Perturbações das obrigações dos PSP; 3. Momento da perfeição da atribuição pecuniária subjacente.*

1. Introdução

I. O recurso a débitos directos para cumprimento de obrigações pecuniárias aumentou consideravelmente nas últimas décadas[2], assumindo

---

[1] Assistente convidado da Faculdade de Direito da Universidade de Lisboa. Advogado.
O texto que ora se publica constituiu a base da comunicação proferida em 24-Mai.-2017 no II Curso de Pós-Graduação Avançada em Direito Bancário (2016/2017) na Faculdade de Direito da Universidade de Lisboa.
Abreviaturas mais usadas: ADC = autorização de débito em conta; BdP = Banco de Portugal; CC = Código Civil; BIC = Código de Identificação Bancária (*Bank Identifier Code*); CCom = Código Comercial; LDC = Lei de Defesa do Consumidor (Lei nº 24/96, de 31 de Julho, sucessivamente alterada até à Lei nº 47/2014, de 28 de Julho); RJPME = Regime Jurídico dos Pagamentos e da Moeda Electrónica (Decreto-Lei nº 317/2009, de 30 de Outubro, alterado pelo Decreto-Lei nº 242/2012, de 7 de Novembro e pelo Decreto-Lei nº 157/2014, de 24 de Outubro); DCP = Directiva nº 2014/92/UE, de 23 de Julho (Directiva das Contas de Pagamento); DSP I = Directiva nº 2007/64/CE, do Parlamento Europeu e do Conselho, de 13 de Novembro de 2007, relativa aos serviços de pagamento no mercado interno (Directiva dos Serviços de Pagamento I); DSP II = Directiva (UE) nº 2015/2366, do Parlamento Europeu

e do Conselho, de 25 de Novembro de 2015, relativa aos serviços de pagamento no mercado interno (Directiva dos Serviços de Pagamento II); EPC = *European Payments Council*; IC(s) = instituição(ões) de crédito; IBAN = Número Internacional de Conta Bancária (*International Bank Account Number*); PSP = prestador de serviços de pagamento; RDS = *Revista de Direito das Sociedades*; RJCS = Regime Jurídico do Contrato de Seguro (Decreto-Lei nº 72/2008, de 16-Abr.); RJSP(ME) = Regime Jurídico dos Serviços de Pagamento e da Moeda Electrónica (Decreto-Lei nº 317/2009, de 30-Out.); RSEPA = Regulamento nº 260/2012, de 14-Mar.-2012 (Regulamento SEPA); SDD = Débitos Directos SEPA (*SEPA Direct Debits*); SEPA = Área de Pagamentos em Euros (*Single Euro Payments Area*); USP = utilizador de serviços de pagamento.

[2] A jurisprudência atesta o frequente recurso ao débito directo: (1) seguros: STJ 9.7.2015 (M. dos Prazeres Pizarro Beleza), proc. 1776/06.7TBAMT.P1.S1, 24.2.2015 (Martins de Sousa), proc. 1336/12.3T2AVR.C1.S1, SJT 13.2.2014 (Silva Gonçalves), proc. 2083/09.9TVPRT.P1.S1, 17.12.2009 (H. Roque), proc. 505/06.0TBVLN.C1.S1, 13.1.2009 (H. Roque), proc. 08A3734; RLx 26.2.2015 (I. Sacarrão Martins), proc. 738-13.2TVLSB.L1-8, 26.2.2015 (I. Sacarrão Martins), proc. 738/13.2TVLSB.L1-8, 30.9.2014 (R. M. Ribeiro Coelho), proc. 1340/09.9TBMTA.L1, 13.3.2014 (A. Martins), proc. 645/09.3TBMDL.L1-6, 8.11.2012 (P. Martins), proc. 428/11.0TVLSB.L1-2; RPt 27.9.2016 (M. Portela), proc. 5822/15.5T8MTS.P1, 7.1.2016 (F. Baptista), proc. 665/12.0TVPRT.P1, 27.3.2014 (P. Lima Costa), proc. 2083/09.9TVPRT.P1; RGm 9.2.2017 (F. M. Mota Vieira), proc. 920/14.5T8VCT.G1, 24.9.2015 (Jorge Teixeira), proc. 31/11.5TBCHV.G1, 26.3.2015 (M. L. Ramos), proc. 4975/12.9TBBRG.G1; REv 16.2.2012 (P. Amaral), proc. 551/10.9TBLLE; JPSet (A. Carreio) proc. 269/2012-JP; JPLx 22.9.2010 (M. de Ascensão Arriaga), proc. 416/2010-JP, 5.3.2010 (J. Chumbinho), proc. 1077/2009-JP; JPVNG 23.10.2006 (P. Portugal), proc. 492/2006-JP; RGm 12.9.2013 (M. Bargado), proc. 288/09.1TCGMR.G1; (2) condomínio: STJ 14.12.2016 (Fonseca Ramos), proc. 20054/10.0T2SNT.L2.S1, 5.4.2016 (Vieira Lamim), proc. 4242/12.8TASXL.L1-5; (3) prestações de serviços: (*a*) de comunicação: STJ 4.6.2013 (J. Camilo), proc. 2358/10.4TJLSB.L1.S1; RLx 11.10.2012 (A. Valente), proc. 2358/10.4TJLSB.L1-8, RPt 8.1.2008 (C. Moreira), proc. 0723957; JPOb 25.11.2015 (F. Carretas), proc. 18/2014-JP; JPSet 30.4.2014 (A. Carreiro), proc. 598/2013-JP; JPFun 8.7.2011 (M. Simplício), proc. 104/2011-JP; JPCb 6.2.2009 (D. Campos), proc. 234/2008-JP; (*b*) parques de estacionamento: RPt 10.2.2015 (M. Graça Mira), proc. 5046/12.3TBMAI.P1; (*c*) manutenção de elevadores: RPt 23.4.2013 (R. Moreira), proc. 6903/11.0TBMTS.P1; (*d*) cursos de formação: JPCb 30.8.2010 (D. Campos), proc 59/2010-JP; (*e*) serviços desportivos: JPPt 11.2.2010 (Cristina Barbosa), proc. 199/2009-JP; (4) locação e locação financeira: STJ 20.1.2010 (A. Rodrigues), proc. 4125/06.0TVLSB.L1.S1; RLx 7.6.2016 (M. do Rosário Morgado), proc. 1449/14.7JLSB.L1-7, 26.4.2016 (R. Ribeiro Coelho), proc. 2866/12.2TJLSB.L1-7, 22.10.2015 (A. Calafate), proc. 2924/14.9TBVFX.L1-6, 20.5.2014 (R. M. Ribeiro Coelho), proc. nº 672/10.8TJLSB.L1, 11.9.2012 (E. Reis), proc. 2635/09.7TJLSB.L1-1, 18.12.2012 (Graça Araújo), proc. nº 2082/10.8TJLSB.L1-1, 2.5.2013 (A. Calafate), proc. 2242/10.1YXLSB.L1-6, 18.12.2012 (L. Espírito Santo), proc. 1572/10.7TJLSB.L1-7, 21.4.2016), proc. 8165-11.0TBBRG.L1-8; RPt: 6.12.2016 (F. Simões), proc. 107/13.4TBCDN-A.P1, 12.12.2013 (J. Pires), proc. 1730/12.0TBVRL-B.P1, 28.3.2012 (Soares de Oliveira), proc. 1483/10.6TBBGC-H.P1, 11.5.2010 (A. L. Cabral), proc. 8231/09.1TBVNG.P1; REv 16.12.2010 (J. Gonçalves Marques), proc. 1706/09.4TBABF.E1; RGm 9.3.2017 (A. Tenreiro), proc. 112509/15.0YIPRT.G1, 25.1.2011 (T. Pardal), proc. 4877/09.6TBGMR.

DÉBITOS DIRECTOS: BREVES NOTAS

hoje um papel de relevo no seio dos chamados *serviços de pagamento*. Para consumidores e empresas trata-se de um meio cómodo de efectuar pagamentos periódicos por que se escusam os primeiros da preocupação de efectuar regularmente tal operação e evitam as segundas as consequências gravosas do intempestivo pagamento e as interpelações necessárias a que o cliente cumpra[3].

II. Os débitos directos foram regulados entre nós pelo Aviso do BdP[4] n.º 3/2000, de 11-Ag., revogado e substituída a sua disciplina pelo Aviso n.º 1/2002, de 27-Fev., objecto da Rectificação n.º 19/2002, de 4-Abr. Complementarmente, foi aprovado o Aviso n.º 10/2003, de 10-Set., relativo às cobranças por débito em conta independentemente do sistema, meio ou processo usado para o efeito por credores ou ICs, com exclusão das efec-

---

G1; JPStaMrtPenag 14.8.2009 (M. Pinheiro), proc. 278/2008-JP; (5) mútuo: RLx 28.4.2015 (Rijo Ferreira), proc. 2776/10.8TVLSB.L1-1, 5.2.2015 (A. Calafate), proc. 697/11.6TJLSB. L1-6, 6.2.2014 (T. Albuquerque), proc. 574/11.0TJLSB.L1-2, 26.2.2013 (M. do Rosário Morgado), proc. 24201/10.4YYLSB.L1-7, 11.12.2014 (Farinha Alves), proc. 116/13.3YXLSB.L1-2, 17.10.2013 (Aguiar Pereira), proc. 1953/12.1YXLB.L1-6, 23.5.2013 (Maria de Deus Correia), proc. 2286/09.6TJLSB.L1-6, 4.6.2013 (M. do Rosário Morgado), proc. 1437/123.8TVLSB. L1-7, RPt 3.3.2009 (M. Eiró), proc. 0826330, 17.2.2009 (J. Proença), proc. 0827886, REv 15.5.2008 (A. Neves), proc. 3203/07-2, 15.9.2011 (J. Gonçalves Marques), proc. 16/07.6TB-CUB.E1, 3.2.2010 (Tavares de Paiva), proc. 45/09.5TBETZ.E1, JPSnt 21.7.2009 (S. Campos Coelho), proc. 314/2009-JP, JPLx 5.3.2009 (M. Nogueira), proc. 1051/2008-JP; JPCastrVrd 6.10.2010 (S. Marques), proc. 27/2010-JP; JPLx 6.11.2011 (J. Chumbinho), proc. 727/2011-JP; (6) compra e venda a prestações: RLx 4.6.2015 (T. Prazeres Pais), proc. 9807-12.5TBOER.L1--8, TRL 15.4.2008 (Rui Vouga), proc. 10415/2007-1, JPCb 7.12.2006 (Dionísio Campos), proc. 88/2006-JP, JPPt 25.2.2010 (C. Barbosa), proc. 331/2009-JP; (7) portagens: RPt (Jerónimo Freitas) 5.12.2016, proc. 3809/15.7BRG.P1, 10.2.2015 (M. Graça Mira), proc. 5046/12.3TBMAI. P1; (8) fornecimentos: (*a*) de medicamentos: RPt 26.9.2016 (C. Gil), proc. 1248/13.3T2AVR-A. P1; (*b*) de água, electricidade e gás: RPt 16.9.2014 (M. A. Santos), proc. 1940/12.0TJPRT-D.P1, REv 24.9.2013 (J. Gomes de Sousa) proc. 246/11.6TAPTM.E1, JPVNG 9.5.2012 (P. Portugal), proc. 678/2011-JP, JPCantanh 8.9.2010 (A. P. Teles), proc. 126/2010-JP; (9) associações sindicais: RPt 18.4.2016 (R. Penha), proc. 146/12.2TTMAI-A.P1.

[3] Sobre a redução dos chamados custos de transacção por mor dos sistemas de pagamento, *v. g.*, JOSÉ ANTÓNIO VELOSO, *A desinstitucionalização dos pagamentos cashless nas redes electrónicas e os seus efeitos de deslocação e redistribuição do risco: algumas notas para uma análise de regulamentação, Estudos em Homenagem ao Professor Doutor Manuel Gomes da Silva*, Coimbra Ed., Coimbra, 2001, 1118-1123.

[4] As posteriores referências no presente texto a Aviso(s) devem entender-se feitas a Aviso(s) do BdP.

ESTUDOS DE DIREITO BANCÁRIO I

tuadas através do SDD. Os Avisos nº 1/2002 e 10/2003 foram ambos mais tarde alterados pelo Aviso nº 10/2005, de 8-Jun.

Posteriormente, foi aprovado o Decreto-Lei nº 317/2009, de 30-Out. (RJSP)[5] – em transposição da Directiva nº 2007/64/CE[6] (DSP I), relativa aos serviços de pagamento no mercado interno –, sucessivamente alterado pelo Decreto-Lei nº 212/2012, de 7-Nov., e pelo Decreto-Lei nº 257/2014, de 24-Out.. A DSP I foi, entretanto, revogada em 2015 com efeitos a partir de 13-Jan.-2018 pela Directiva (UE) nº 2015/2366, de 25-Nov.-2015, relativa aos serviços de pagamento no mercado interno (DSP II). A DSP I e o RJSP foram ainda complementados pelo Regulamento (CE) nº 924/2009, de 16-Set.[7], alterado pelo Regulamento (UE) nº 260/2012, de 14-Mar. (RSEPA), por sua vez alterado pelo Regulamento (UE) nº 248/2014, de 26-Fev.[8], tendo sido, a nível interno, consagradas as medidas nacionais necessárias à efectivação dos dois primeiros regulamentos através do Decreto-Lei nº 141/2013, de 18-Out[9].

---

[5] Outros modelos de transposição poderiam ter sido seguidos. Recordamos o exemplo alemão que articulou o conteúdo da Directriz em causa fundamentalmente entre o BGB (direito material dos serviços de pagamento) e a ZAG (direito institucional dos serviços de pagamento).

[6] Objecto de rectificação publicada no *JOUE* L 319, de 5 de Dezembro de 2007.

[7] Que estabeleceu regras relativas aos pagamentos transfronteiriços na CEE e revogou, com efeitos a partir de 1-Nov.-2009, o Regulamento (CE) nº 2560/2001. Sobre a *occasio* do diploma, entre nós, F. MENDES CORREIA, *Cansados de esperar: o Regulamento (UE) nº 260/2012 e os requisitos técnicos e de negócio nos serviços de pagamento*, RDS 5 (2013) 1/2, 59-63, e JOSÉ MANUEL FARIA, *Evolução recente da regulação dos serviços de pagamento na união europeia, Estudos em Homenagem ao Professor Doutor Carlos Pamplona Corte-Real*, org. A. Menezes Cordeiro/E. Paz Ferreira/M. Januário da Costa Gomes/J. Duarte Pinheiro, Almedina, Coimbra, 2016, 602; anterior ao RSEPA mas com relevo neste particular MAREIKE LOHMANN, *Die grenzüberschreitende Lastschrift. Rechtsfragen auf dem Weg zu einem europäischen Lastschriftverfahren*, Duncker & Humblot, Berlim, 2008, 52 ss.

[8] Relativo à migração para transferências a crédito e débitos directos a nível da UE.

[9] Com relevo em matéria de serviços de pagamento, entre outras, a Directiva nº 2014/92/UE, de 23-Jul., relativa à comparabilidade das comissões relacionadas com as contas de pagamento, à mudança de conta de pagamento e ao acesso a contas de pagamento com características básicas, a Directiva nº 2009/44/CE, de 6 de Maio, que altera, entre outras, a Directiva nº 98/26/CE, relativa ao carácter definitivo da liquidação nos sistemas de pagamento e de liquidação de valores mobiliários, ambas transpostas pelo Decreto-Lei nº 221/2000, de 9 de Setembro, e pelo Decreto-Lei nº 85/2011, de 29 de Junho, ou ainda a Directiva nº 2011/83/UE, de 25 de Outubro, relativa aos direitos dos consumidores, transposta pelo Decreto-Lei nº 24/2014, de 14 de Fevereiro, e pela Lei nº 47/2014, de 28 de Julho.

Entretanto, mediante o Aviso nº 3/2014, de 8-Jul., com efeitos desde 1-Ag.-2014 (artigo único, nº 2), foram revogados os Avisos nº 1/2002, 10/2003 e 10/2005 (artigo único, nº 1) que constituíram até então o quadro regulamentar nacional relativo às cobranças por débito directo e às cobranças intrabancárias por débito em conta. Depois de uma "complicada" convivência de cerca de 5 anos com o RJSP, excluídas as normas por este tacitamente derrogadas quando menos favoráveis a consumidores e microempresas[10], a sua revogação global expressa foi acelerada senão mesmo imposta pela entrada em vigor do RSEPA, que substituiu os débitos directos do "modelo nacional" pelos "débitos directos do modelo SEPA".

2. O regime do Decreto-Lei nº 317/2009 (RJSP) e do Regulamento (UE) nº 260/2012 (RSEPA)

2.1. Introdução

O *contrato de serviços de pagamento*, subjectivamente comercial (artigos 2º, 2ª parte, e 13º/2 do CCom)[11], concentra, além dos débitos directos, as transferências de crédito e os pagamentos com recurso a cartões[12]. No articulado do RJSP não existe um regime separado para débitos directos, tornando algo delicada a tarefa do intérprete em individualizar, além das

---

[10] Neste sentido, RITA VERA-CRUZ PINTO BAIRROS, *A operação de débito directo*, FDUL, Lisboa, 2014, 107-111, e FRANCISCO MENDES CORREIA, *Moeda bancária e cumprimento. O cumprimento das obrigações pecuniárias através de serviços de pagamento*, Almedina, Lisboa, 2017, 791. Sobre a força normativa dos referidos Avisos, *vide, e.g.*, ANTÓNIO MENEZES CORDEIRO, *Direito Bancário*, colab. A. Barreto Menezes Cordeiro, 6ª ed., Almedina, Coimbra, 2016, 218 ss., MARIA RAQUEL GUIMARÃES, *Algumas considerações sobre o Aviso nº 11/2001 do Banco de Portugal, de 20 de Novembro, relativo aos cartões de crédito e de débito*, RFDUP 1 (2004), 247-276, MARIA RAQUEL GUIMARÃES/MARIA REGINA REDINHA, *A força normativa dos Avisos do Banco de Portugal – reflexão a partir do Aviso nº 11/2001, de 20 de Novembro, Nos 20 anos do CSC – Homenagem aos Profs. Doutores A. Ferrer Correia, Orlando de Carvalho e Vasco Lobo Xavier*, vol. III, Coimbra Ed., Coimbra, 2007, 708-809, SIMÕES PATRÍCIO, *Direito bancário privado*, 84-85, M. JANUÁRIO DA COSTA GOMES, *Contratos comerciais*, Almedina, Coimbra, 2012, 25-26, F. MENDES CORREIA, *Moeda bancária...*, 789-791 (e *passim*).

[11] M. JANUÁRIO DA COSTA GOMES, *Contratos comerciais*, Almedina, Coimbra, 2012, 252-253, e F. RODRIGUES ROCHA, *Do giro bancário: reflexões à luz do novo regime dos serviços de pagamento*, *Cadernos O Direito* 9 (2014) – *Temas de Direito bancário* 2, 130-131. Sê-lo-á também em termos objectivos nos mesmos termos em que o é o mandato (artigos 231º, pr., e 266º do CCom), que não por força do artigo 362º do CCom.

[12] No RJSP são também acessoriamente regulados aspectos atinentes aos contratos de conta-corrente e de depósito bancários (cf., *e.g.*, o artigo 82º do RJSP). Assim, o nosso *Do giro...*, 100-102.

ESTUDOS DE DIREITO BANCÁRIO I

comuns, as regras próprias de cada serviço de pagamento, em particular, no que ora nos preocupa, as dos débitos directos.

2.2. Conceito

I. Os débitos directos são *serviços de pagamento*[13] (artigos 4º/2 e n.ºs 3 e 4 do Anexo da DSP I, 2º, *c*), e *ae*), e 4º, *c*) e *d*), do RJSP), funcionalmente afectos à realização de uma *operação de pagamento*[14], iniciada pelo beneficiário[15] (artigos 2º/5 da DSP I, e 2º, *g*), do RJSP), através de uma conta provisionada para o efeito ou de uma linha de crédito adrede acordada (artigo 4º, *c*) e *d*), do RJSP).

II. No Direito português, o Aviso nº 3/2000 forneceu uma primeira definição legal: "*débito, em conta bancária, com base numa autorização de débito do devedor e numa instrução de cobrança transmitida pelo credor*" (artigo 1º, *b*))[16], definição inalterada pelo Aviso nº 1/2002[17]. O Aviso nº 10/2005 modificou

---

[13] Legalmente decompostos em: (*a*) serviços que permitam depositar e levantar dinheiro duma conta de pagamento e operações necessárias à sua gestão; (*b*) execução de operações de pagamento, incluindo transferência de fundos depositados em conta de pagamento junto do PSP, débitos directos, pagamento através de cartão de pagamento ou dispositivo semelhante, bem como de transferências a crédito, incluindo ordens de domiciliação; (*c*) execução de operações de pagamento cujos fundos sejam cobertos por linha de crédito, tais como débitos directos, pagamento através de cartão ou dispositivo semelhante, ou transferências a crédito, incluindo ordens de domiciliação; (*d*) emissão ou aquisição de instrumentos de pagamento; (*e*) envio de fundos; (*f*) operações de pagamento em que o consentimento do ordenante é comunicado através de dispositivos de comunicações, digitais ou informáticos, sendo o pagamento efectuado a operador da rede ou do sistema de telecomunicações ou informático, agindo como intermediário entre o USP e o fornecedor dos bens e serviços (artigos 4º/2 e Anexo da DSP I, 2º, *c*), e 4º do RJSP).

[14] Genericamente definida como o acto, praticado pelo ordenante ou pelo beneficiário, de depositar, transferir ou levantar fundos, independentemente de quaisquer obrigações subjacentes entre o ordenante e o beneficiário.

[15] As operações de pagamento "praticadas" pelo ordenante são as transferências de créditos (artigos 2º/5 da DSP I, e 2º, *g*), do RJSP).

[16] Considerando-se autorização de débito em conta o "*consentimento expresso do devedor a uma instituição de crédito, directamente ou através do Sistema Multibanco, pelo qual permite débitos directos de montante fixo, variável ou até um valor e ou data previamente definidos na conta de depósitos aberta em seu nome nessa instituição de crédito*" (artigo 1º, *e*)).

[17] Tendo, porém, simplificado a de autorização de débito em conta: "*consentimento expresso do devedor a uma instituição de crédito pelo qual permite débitos directos de montante fixo, variável ou até um valor e ou data previamente definidos na conta de depósitos aberta em seu nome nessa instituição de crédito*" (artigo 1º, *e*)).

a translatícia definição, atenta a possibilidade de intervenção de entidades representantes dos credores no processo de cobrança, passando a dela constar: *"débito, em conta bancária, com base numa autorização de débito em conta e numa instrução de cobrança transmitida pelo credor ou pelo seu representante processada através do SDD"* (artigo 1º/1)[18].

No quadro específico do Aviso nº 10/2003, foi também definido *"débito em conta"* como o *"débito, em conta de depósitos bancária, com base numa autorização de débito em conta do devedor e numa instrução de cobrança transmitida pelo credor"* (artigo 2º, d))[19].

Em face das DSP I e II, débito directo é legalmente definido como *"um serviço de pagamento que consiste em debitar a conta de pagamento de um ordenante, sendo a operação de pagamento iniciada pelo beneficiário com base no consentimento dado pelo ordenante ao beneficiário, ao prestador de serviços de pagamento do beneficiário ou ao prestador de serviços de pagamento do próprio ordenante"* (artigos 4º/28 da DSP I[20], 4º/23 da DSP II, 2º, ue), do RJSP, e 2º/14 do Regulamento nº 924/2009, todos com igual teor). Também do artigo 2º/2 do RSEPA consta uma definição legal de débito directo, reproduzida no artigo 2º/19 da Directiva nº 2014/92/UE: *"um serviço de pagamento nacional ou transfronteiriço que consiste em debitar a conta de pagamento de um ordenante, sendo a operação de pagamento iniciada pelo beneficiário com base no consentimento do ordenante"*. Esta definição coincide substancialmente com a anterior, com omissão embora dos destinatários do consentimento[21].

---

[18] O mesmo fez com a definição de autorização de débito em conta: *"consentimento expresso do devedor transmitido a uma instituição de crédito pelo qual permite ao credor ou a um seu representante débitos directos, de montante fixo, variável ou até um determinado valor e ou data previamente definidos, na conta de depósitos aberta em seu nome nessa instituição de crédito"*. Cf., sobre os prestadores de serviços de iniciação à luz da DSP II, J. M. FARIA, *Acesso a contas bancárias por terceiros no âmbito de operações de pagamento*, RB 71 (2011), 25-39.

[19] Similarmente era apresentada uma definição de *"autorização de débito em conta"*: *"consentimento expresso do devedor a uma instituição de crédito pelo qual permite débitos em conta de montante fixo, variável ou até um valor máximo e ou data previamente definidos na conta de depósitos aberta em seu nome nessa instituição de crédito"* (artigo 2º, c)).

[20] Cf., no direito alemão, o § 1 IV do *Zahlungsdiensteaufsichtsgesetz* para que remete o § 675c III BGB, no inglês, a secção 2 I das *Payment Services Regulations* de 2009, no italiano, o artigo 1º, v), do Decreto-Legislativo nº 11, de 27-Jan.-2010, no francês, o L133-3 II c) do *Code Monétaire et Financier*, no espanhol, o 2º/27 da Lei nº 16/2009, de 13-Nov.

[21] Diferentemente, BARILLÀ, *L'addebito...*, 13, entende que a definição do artigo 2º/2 do RSEPA é mais restrita do que a da DSP I e do DLeg 11/2010 porque apenas refere o consentimento do ordenante ao beneficiário, sem mencionar possa ser o mesmo transmitido aos demais

Podemos então decompor analiticamente a definição:

(i) Serviço de pagamento para débito da conta de pagamento[22] de um ordenante[23];

(ii) em que a operação de pagamento é iniciada pelo beneficiário;

(iii) com base no consentimento dado pelo ordenante:
   a. ao beneficiário;
   b. ao PSP[24] do beneficiário; ou
   c. ao PSP do ordenante.

A referência a "pagamento" nas expressões "serviço" e "operação de pagamento" deve ser entendida em termos hábeis: por um lado, abrange não apenas deslocações pecuniárias *soluendi causa* como também *credendi* ou *donandi*; por outro, pode nem sequer estar em causa o cumprimento de uma obrigação[25]. A prática, no entanto, atesta o recurso quase exclusivo a débitos directos com função de cumprimento de obrigações pecuniárias no âmbito de contratos onerosos (ao contrário, por ex., do que sucede em

---

sujeitos na cadeia de pagamento. Apesar da consagração do sistema do "fluxo da autorização do credor" no RSEPA e nos Livros de Regras do *SEPA Core* e do *SEPA Direct Debit*, o artigo 2º/2 do RSEPA não restringe o destinatário do consentimento ao beneficiário, antes omite-o(s). Nada invalida, em princípio, fora das relações de consumo e uma vez aceite pelos PSP intervenientes, assente o débito directo no "fluxo da autorização do devedor".

[22] Cf. os artigos 4º/14 da DSP I, 2º, *q*), do RJSP, 2º/5 do RSEPA, 4º/12 da DSP II, 4º/14 da DCP. Sobre o conceito, *e. g.*, M. Januário da Costa Gomes, *Contratos...*, 225, R. Pinto Bairros, *Transferência a crédito – notas caracterizadoras no contexto da SEPA*, Cadernos O Direito 8 (2014) – *Temas de Direito Bancário* 1, 255-256, e J. M. Faria, *Evolução recente...*, pp. 595[(3)] e 605-606.

[23] Pessoa singular ou colectiva destinatária titular de conta de pagamento que autoriza uma ordem de pagamento a partir dessa conta ou, caso não seja titular de uma conta, uma pessoa singular ou colectiva que emite uma ordem de pagamento (artigos 2º, *i*), do RJSP, 2º/3 do RSEPA, 4º/7 da DSP I e 4º/9 da DSP II).

[24] Sobre o conceito de PSP, cf. os artigos 4º/9 da DSP I, 2º, *k*), e 7º do RJSP, e 4º/11 da DSP II. Na doutrina portuguesa, *e. g.*, J. Calvão da Silva, *Banca, Bolsa e Seguros*, 4ª ed., Almedina, Coimbra, 2013, 163-172, e F. Mendes Correia, *As instituições de pagamento: novas protagonistas no Direito bancário português*, RDS 3 (2011) 2, 337-367, Idem, *O governo dos sistemas de pagamento*, RDS 3 (2011) 3, 597-624.

[25] Por ex., no caso de doação de móveis, real *quoad constitutionem* (artigo 947º/2 do CC). Assim, o nosso *Do giro...*, 102-104 (e *passim*), ou J. M. Faria, *Evolução recente...*, 594[(2)]. Por este motivo, manifestáramos já preferência pela expressão *ordem de giro* em detrimento de *ordem de pagamento*.

matéria de transferências de créditos)[26] com prestações instantâneas fraccionadas ou duradouras[27].

Central na caracterização de uma operação de pagamento como débito directo é caber a sua *iniciativa ao beneficiário*[28], nisto se distinguindo das transferências de créditos[29], o que significa ser ele quem, em rigor, dá a *ordem de pagamento*, cuja definição no artigo 2º, *s*), do RJSP, replicada no artigo 2º/11 do RSPEPA, contempla precisamente também as hipóteses de "*instrução dada por um (...) beneficiário ao seu prestador de serviços de pagamento requerendo a execução de uma operação de pagamento*"[30-31]. Embora lhe compita

---

[26] Sobre o tema, o nosso *Do giro...*, 102-104 (e *passim*).

[27] *Vide* a jurisprudência suso citada na nota 2, os *Cadernos do Banco de Portugal*, 1 – *Débitos directos*, 3, e R. Pinto Bairros, *Operação...*, 17 ss.

[28] Pessoa singular ou colectiva destinatária prevista de fundos objecto de operação de pagamento (artigos 2º, *j*), do RJSP, 2º/3 do RSEPA, 4º/8 da DSP I e 4º/10 da DSP II).

[29] *Vide, e. g.,* Despina Mavromati, *The Law of Payment Services in the EU. The EC Directive on Payment Services in the Internal Market*, Kluwer, Alphen aan den Rijn, 2008, 159, V. Stasio, *Operazione...*, 143-144 (falando de cisão subjectiva), R. Pinto Bairros, *A transferência...*, 273-274, Idem, *Operação de débito directo*, FDUL, Lisboa, 2014, 17 ss., F. Rodrigues Rocha, *Do giro...*, 101, J. M. Faria, *Evolução recente...*, 596-597 (assinalando que, em termos práticos, o critério é o do recurso ao "esquema" usado para a realização da operação, de maneira a compreender também débitos directos por intermédio de cartões), F. Mendes Correia, *Moeda bancária...*, 772, 795, 801-802 (e *passim*), ou Miguel Alexandre Duarte Santos, *O beneficiário nas operações de pagamento de transferência escritural de fundos*, n'*O Direito* 149 (2017) 3, 759 ss. Os débitos da conta do próprio ordenante em favor do respectivo PSP traduzem, em rigor, compensações no âmbito da conta-corrente bancária, sobre as quais, *v. g.,* A. Menezes Cordeiro, *Direito bancário*[6], 560 ss.

[30] Causa por isso estranheza que o RJSP designe de "*ordenante*" aquele que, em rigor, nos débitos directos, não ordena, antes autoriza, e de "*beneficiário*" o que, sendo-o embora, dá a ordem de pagamento. Tomou-se, assim, como paradigma a operação de pagamento nas transferências de créditos, tendo-se optado por manter, em termos uniformes e por congruência, a mesma terminologia nos débitos directos, mau grado a patente ambiguidade assim gerada (esta circunstância é por norma notada nos estudos dedicados ao tema: entre nós, *e. g.,* R. Pinto Bairros, *Transferência a crédito...*, 273-274, Idem, *Operação...*, *passim*, J. M. Faria, *Evolução recente...*, 597[(7)], e F. Mendes Correia, *Moeda bancária...*, 795[(2099)], que, por isso, opta por designar o ordenante por "*titular da conta*", expressão que tem também o inconveniente de ser o beneficiário igualmente titular de uma conta). A opção terminológica foi melhor, cremos, do que a de "*credor*" e "*devedor*" constante dos Avisos nº 3/2000, 1/2002, 10/2003 e 10/2005, que, conquanto menos ambígua, até porque regulada a matéria em diploma separado, caracterizava impropriamente os intervenientes na operação bancária por referência às respectivas posições jurídicas no âmbito da relação de valuta (de que a operação de "pagamento" tendencialmente abstrai), ao mesmo tempo que é certo não terem de ser os referidos intervenientes nem credor nem devedor, designadamente quando na relação de valuta nenhuma obrigação em sentido

a iniciativa, a perfeição da operação carece da intermediação de um (o de ambos) ou mais PSP (o seu e o do ordenante), uma vez que o beneficiário não tem acesso ao sistema interbancário de processamento de ordens[32]. O pagamento por débito directo pode ser iniciado através de um cartão de pagamento ou dispositivo semelhante: aplicar-se-á neste caso o regime dos débitos directos, quando o referido cartão ou dispositivo seja usado apenas para gerar a informação necessária à realização de um débito directo para uma conta de pagamento identificada por BBAN ou IBAN (cf os considerandos (6) e (23) e os artigos 1º/2, c), 5º/8 e 16º/4 do RSEPA).

O pressuposto do consentimento do ordenante caracteriza de igual modo a figura: deve, com efeito, anteceder o débito directo o consentimento do ordenante, titular da conta a debitar, com excepção da situação prevista no artigo 65º/2 do RJSP. Nos débitos directos realizados ao abrigo do artigo 1º/1 do RSEPA, a adopção do modelo *SEPA SDD Core* instituiu o modelo do "fluxo da autorização ao credor" (CMF, *creditor mandate flow*, correspondente à *Einzugsermächtigung*)[33] em lugar doutros modelos, designadamente o do "fluxo da autorização do devedor" (DMF, *debtor mandate flow*, correspondente ao *Abbuchungsauftragsverfahren* alemão[34]: artigos 65º/2[35] e 73º/6 do RJSP), tendo em conta as vantagens do primeiro modelo e o facto de os beneficiários mais representativos do uso do débito directo operarem de acordo com o mesmo[36]. No modelo adoptado, é o beneficiário quem recebe e guarda o "mandato" a si entregue pelo devedor (artigo 5º/3, a), ii),

---

estrito preexista. Sobre o tema *vide* Ralph von Olshausen, *Die SEPA-Lastschrift: Erfüllung – Aufrechnung – Insolvenz*, Mohr Siebeck, Tubinga, 2015, 7-11.

[31] A outra alusão a "*instrução dada pelo ordenante*" refere-se naturalmente às transferências de créditos e aos pagamentos por cartões.

[32] Entre nós, F. Mendes Correia, *Moeda bancária...*, 801 e 804.

[33] Assim também os *Cadernos do Banco de Portugal 1 – Débitos directos*, 6.

[34] Cf. Barillà, *L'addebito...*, 22-23.

[35] Cf. F. Mendes Correia, *Moeda bancária...*, 785-788.

[36] De acordo com o relatório do BCE de 20-Abr.-2014 (ERPB/2014/006), intitulado *High Level Requirements for a Consumer No-Refund Direct Debit Scheme in SEPA*, 3[5], o rácio de débitos directos efectuados na UE baseados no modelo do "fluxo da autorização ao credor" em relação aos baseados no modelo do "fluxo da autorização ao devedor" era de 3/1 antes da "era SEPA". No sistema de débitos directos à luz do Aviso nº 3/2000 era o devedor que promovia a autorização junto do seu PSP, tendo posteriormente por força do Aviso nº 1/2002 sido admitida a promoção do débito directo pelo credor que o guardava e introduzia no sistema perante o seu PSP. *Vide* também R. Pinto Bairros, *Operação...*, 70 ss., e J. M. Faria, *Evolução recente...*, 602[13].

DÉBITOS DIRECTOS: BREVES NOTAS

2ª prt., do RSEPA), disponibilizado ao PSP do ordenante apenas quando careça de informação sobre a autorização em caso de operação duvidosa[37].

II. A operação de débito directo é tipicamente decomposta em quatro relações[38]: (*i*) do ordenante com o beneficiário (relação de valuta[39]); (*ii*) do ordenante com o seu banco (relação de cobertura) no âmbito de um contrato de serviços de pagamento; (*iii*) do beneficiário com o seu banco (relação de cobrança) no âmbito de um contrato de serviços de pagamento; (*iv*) do banco do beneficiário com o banco do ordenante (relação interbancária). Pode, todavia, ser só composta por três, quando as contas do beneficiário e do ordenante envolvidas na operação sejam no mesmo banco[40].

As ordens de giro ou "pagamento" no âmbito de um contrato de serviços de pagamento, sejam de crédito ou de débito, são tendencialmente abstractas da relação que lhes subjaza (artigo 2º, *g*), do RJSP)[41], sem prejuízo de manifestações pontuais (de cada vez maior intensidade) de causalidade em matéria de branqueamento de capitais (Lei nº 83/2017, de 18-Ag., e Aviso nº 5/2013, de 11-Dez., alterado, entre outros, pelos Avisos nº 1/2014, de 18-Fev., 8/2016, de 23-Set., e 3/2017, de 20-Jun.)[42], no apuramento da qualidade de consumidor (artigos 2º, *n*), do RJSP, 4º/11 da DSP

---

[37] Cf. o citado relatório *High Level...*, 3.

[38] Também o é, por ex., a transferência de crédito. Assim o nosso *Do giro bancário...*, 103-104.

[39] Também dita, por antonomásia, relação subjacente. O conceito de relação subjacente é, passe a redundância, relativo, uma vez que, por ex., tomando como bitola a relação de cobrança todas as outras são, em rigor, subjacentes, precisamente na medida em que lhe subjazem. Todavia, normalmente – também assim procederemos –, identifica-se a relação subjacente com a de valuta, compreendendo-se, nestes termos, subjacente por referência às demais relações cujo denominador comum é assumirem natureza bancária e, nessa medida, ficarem além da relação de valuta que se desenvolve, em regra, à margem de intervenção dos PSP.

[40] Assim, G. BARILLÀ, *L'addebito...*, 19, 75 e 90. O Aviso nº 10/2003 visou precisamente regular estas situações de "cobrança intrabancárias", dir-se-ia, hoje, perante um único PSP (assim, JOSÉ SIMÕES PATRÍCIO, *Direito bancário privado*, Quid Juris, Lisboa, 2001, 228, R. PINTO BAIRROS, *Operação...*, 73-75). Esta hipótese é expressamente prevista, por ex., nos artigos 1º/1 e 5º/1, *c*), do RSEPA.

[41] *Vide* A. MENEZES CORDEIRO, *Direito bancário*[6], 572 ss., CARLOS FERREIRA DE ALMEIDA, *Contratos*, vol. II – *Conteúdo. Contratos de troca*, 4ª ed., Almedina, Coimbra, 2016, 63-64, 109-110 e 183-185, CATARINA GENTIL ANASTÁCIO, *A transferência bancária*, Almedina, Coimbra, 2004, 88-91, BEATRIZ SEGORBE, *A transferência bancária, a moeda escritural e a figura da delegação*, *RB* 52 (2001), 99 e 105, M. JANUÁRIO DA COSTA GOMES, *Contratos...*, 104 e 125, e F. RODRIGUES ROCHA, *Do giro...*, 135.

[42] C. FERREIRA DE ALMEIDA, *Contratos*, II[4], 109-110.

I e 4º/20 da DSP II[43]), e, ainda, por força da boa fé quando o PSP tenha conhecimento directo de perturbações na relação subjacente[44]. A estas acrescem nos débitos directos outras "brechas" à abstracção, sobretudo decorrentes da autorização: assim, a indicação da finalidade da cobrança (pontos 2, *b*), *viii*) e *ix*), e 3, *a*), *xiii*) e *xiv*), do Anexo ao RSEPA), ou o dever de verificação da autorização na hipótese de não ter sido contratualmente previsto o reembolso ao ordenante (artigo 5º/3, *d*), *ii*), do RSEPA)[45].

2.3. Autorização

I. De acordo com o artigo 65º/1 do RJSP, uma operação ou um conjunto de operações de pagamento *"só se consideram autorizados se o ordenante consentir na sua execução"*. Da norma de tautológica redacção pode extrair-se um sentido normativo útil em matéria de débitos directos[46]: não obstante a autorização *genérica* para efectuar débitos directos (expressa ou tacitamente) constante do contrato de serviços de pagamento, é ainda necessária a *específica* autorização[47] da operação de pagamento consistente no chamado "consentimento"

---

[43] Que, difícil em certos casos, pode levar à indagação em concreto por parte do PSP do âmbito de actividade do consumidor. Sobre o tema, M. RAQUEL GUIMARÃES, *O contrato-quadro...*, 235-239.

[44] A. MENEZES CORDEIRO, *Direito bancário*[6], 572 ss.

[45] Sobre o tema também, com referência ao direito ao reembolso condicional previsto na redacção inicial da Proposta de DSP II – sobre o qual *vide infra* nota 101 –, VINCENZO DE STASIO, *Operazione di pagamento non autorizzata e restituzioni*, EduCatt, Milão, 2013, 25-28, e G. BARILLÀ, *L'addebito...*, 27-28[(29)].

[46] Da mesma forma que em matéria de transferências de crédito e pagamentos com recurso a cartões.

[47] Assim, neste particular, J. CALVÃO DA SILVA, *Conta corrente bancária: operação não autorizada e responsabilidade civil – Anotação ao acórdão do Supremo Tribunal de Justiça de 18 de Dezembro de 2013, RLJ* 144 (2015) 3991, 309, F. MENDES CORREIA, *Moeda bancária...*, 792-794 (que chega a defender, em termos que, com o devido respeito, temos por duvidosos, *"pelo menos, uma eficácia jurídica fundamentadora de um venire, impossibilitando que o devedor venha depois a invocar, em certos casos, a falta de autorização"*), e M. RAQUEL GUIMARÃES, *O contrato-quadro no âmbito da utilização de meios de pagamento electrónicos*, Coimbra Ed., Coimbra, 2011, 422-447 e 556-557, IDEM, *The debit and credit card framework contract and its influence on European legislative initiatives, InDret Comparado* 2 (2012), 12-13, e IDEM, *(Ainda) a responsabilidade...*, 123-124. A autorização de débito directo, que é bidireccional (cf. *infra* texto junto à nota 52), assume natureza *constitutiva* no que ao beneficiário se refere, permitindo-lhe agir sobre a esfera jurídica do ordenante aí praticando actos materiais ou jurídicos, e natureza *integrativa* no que ao PSP do ordenante concerne. Cf., em termos paralelos, a respeito do artigo 1089º do CC, A. MENEZES CORDEIRO, *Tratado de Direito Civil*, vol. V – *Parte Geral. Exercício jurídico*, 2ª ed., Almedina,

(artigos 2º, *ae*), do RJSP, e 2º/2 do RSEPA) formalizado no "mandato" de débito (artigo 2º/21 do RSEPA) outorgado[48] pelo ordenante[49]. Esta duplicação de autorizações a debitar a conta, resultantes do contrato de serviços de pagamento e de uma autónoma autorização de débito directo[50], visa, antes de mais, a protecção do PSP consumidor e microempresa: perante uma especialmente intensa intromissão na sua esfera patrimonial, a lei considera a autorização constante do contrato de serviços de pagamento, por si só, inidónea ao débito directo na conta, exigindo um ulterior acto de autorização.

II. Da *autorização de débito directo*, que nem o RJSP nem o RSEPA definem, apesar do extenso rol de definições que apresentam (respectivos artigos 2º), distingue-se a *ordem de pagamento* (a que são especificamente consagrados os artigos 75º a 77º do RJSP): (*i*) sendo ambas embora unilaterais, a primeira é, no que aos débitos directos respeita, emitida pelo ordenante, ao passo que a segunda o é pelo beneficiário; (*ii*) a primeira

---

Coimbra, 2015, V, 58; cf. também, com variantes, Ana Rita Fonseca Rua, *A autorização e a ordem de pagamento*, FDUL, Lisboa, 2012, 23-25, R. Pinto Bairros, *Operação...*, 220 ss., ou F. Mendes Correia, *Moeda bancária...*, 794[(2098)]. Sobre a distinção entre autorização constitutiva e integrativa, por último, Pedro Leitão Pais de Vasconcelos, *A autorização*, 2ª ed., Almedina, Coimbra, 2016, 142 ss. e 212 e ss. (*e passim*).

[48] *Outorgar*, tal como o castelhano *otorgar*, o catalão *atorgar*, o francês *octroyer* e o provençal *autrejar*, deriva do baixo latim *auctoricare*, de cuja raiz etimológica comunga *autorizar* (de *auctor*). Usamo-la também com este sentido. Consímil, P. Leitão Pais de Vasconcelos, *A autorização*[2], 152 e ss. (*e passim*). É este ainda o sentido de outorga no artigo 1628.º, *d*), do CC. Ainda em face do CC 1867, se considerava outorga o acto pelo qual prestava a mulher casada a seu marido autorização legalmente exigida para a prática de determinados actos (por ex., pleitos sobre domínio ou posse de bens imobiliários, hipoteca desses bens, aceitação ou repúdio de heranças). Cf., com interesse, Innocencio de Sousa Duarte, *Formulario-Manual*, 3ª ed., Ferreira, Lisboa, 1881, 180.

[49] Teria sido possível outro modelo segundo o qual a eficácia autorizativa genérica e específica decorria directamente do contrato-quadro, concretizando a ordem de pagamento o dever de execução das operações de pagamento ao abrigo desse contrato. Sobre o tema, F. Mendes Correia, *Moeda bancária...*, 798-800.

[50] Cuja explicação assenta também nas pré-concepções da configuração jurídica dos débitos directos nos vários Estados membros, em particular no alemão (com relevo para as teorias da aprovação (*Genehmigungstheorie*) e da autorização (*Ermächtigungstheorie*)). A marcada influência da experiência jurídica alemã na DSP I é comumente realçada pela doutrina, de que destacamos, em particular, G. Barillà, *L'addebito diretto*, EduCatt, Milão, 2013, 7 ss., Idem, *L'addebito diretto come servizio di pagamento tra disciplina comunitaria ed esperienza tedesca*, BBTC 65 (2012) 6, 678-717, V. Stasio, *Operazione...*, 145-150, ou, entre nós, F. Mendes Correia, *Moeda bancária...*, 773-788.

especifica o conteúdo geral do contrato de prestação de serviços de pagamento concretizando a obrigação do PSP em executá-la, a segunda atribui um poder potestativo de agir por conta legitimando o autorizado a agir na esfera do autorizante[51].

Pela autorização de débito directo consente o ordenante o débito na conta aí especificada por iniciativa do beneficiário (autorização ao beneficiário) ao mesmo tempo que autoriza o seu próprio PSP (do ordenante) a cumprir a ordem de pagamento a si transmitida pelo beneficiário (autorização ao PSP do ordenante). A consagração do modelo da *dupla autorização*, que, por norma, resultaria já das regras gerais sobre interpretação de declarações negociais (*v. g.* do artigo 236º/1 do CC), extrai-se também, designadamente, da definição de "*mandato*" constante do artigo 2º/21 do RSEPA: "*a expressão do consentimento e da autorização dados pelo ordenante ao beneficiário e (directamente, ou indirectamente, por intermédio do beneficiário) ao PSP do ordenante para permitir ao beneficiário iniciar uma cobrança destinada a debitar a conta de pagamento do ordenante especificada para permitir ao PSP do ordenante executar essas instruções*"[52]. No mesmo sentido milita ainda a norma do artigo 5º/3, *a*), *ii*), 1ª prt., do RSEPA.

III. A autorização deve ser formalizada no "mandato" (artigo 2º/21 do RSEPA), chamado à luz dos Avisos nº 3/2000, 1/2002, 10/2003 e 10/2005 "*autorização de débito em conta*" (ADC), que, juntamente com as alterações posteriores, deve ser guardado[53] pelo beneficiário ou por terceiros "em seu nome" (artigo 5º/3, *a*), *ii*), do RSEPA).

O formulário do "mandato" segue os artigos 4.7.2 DS-01 epigrafados "o mandato" dos *SEPA Rulebooks Core* e *B2B*[54] bem como as directrizes definidas pelo EPC para o formato do "mandato" no âmbito do *SEPA Direct Debit Core* e *B2B*[55]. No âmbito do *SDD Core*, o documento deve ser intitulado no

---

[51] Seguimos o nosso *Do giro...*, 140; cf. também A. R. FONSECA RUA, *A autorização...*, 25, e F. MENDES CORREIA, *Moeda bancária...*, 798-800. Sobre a autorização, entre nós, FERNANDO PESSOA JORGE, *O mandato sem representação*, Ática, Lisboa, 1961, 387-404, P. LEITÃO PAIS DE VASCONCELOS, *A autorização*[2], *per totum*, e A. MENEZES CORDEIRO, *Tratado...*, V, 27-55, 56-59 e 63-64.

[52] Neste sentido também F. MENDES CORREIA, *Moeda bancária...*, 671-672.

[53] A expressão "armazenado" por referência a um "mandato" talvez seja excessiva.

[54] Cuja adopção depende de convenção nesse sentido, com exclusão da contratação com consumidores e microempresas.

[55] Chamado na versão inglesa "*Guidelines for the Appearance of Mandates for the SEPA Direct Debit (SDD) Core and SDD Business-to-Business (B2B) Schemes*".

cabeçalho de forma destacada por *"Autorização de Débito Directo SEPA"* ou *"Autorização de Débito Directo B2B"*[56], contendo ainda as seguintes informações: (*i*) referência única do mandato/ADC; (*ii*) nome do devedor; (*iii*) morada do devedor (imperativo apenas quando o PSP do credor ou do devedor se situarem num país fora da EEA SEPA); (*iv*) código postal e cidade do devedor; (*v*) país de residência do devedor; (*vi*) IBAN da conta do devedor; (*vii*) código BIC do PSP do devedor (imperativo apenas quando o PSP do devedor se situar num país fora da EEA SEPA); (*viii*) nome da empresa do credor; (*ix*) identificador do credor; (*x*) rua e número da morada do credor; (*xi*) cidade e código postal do credor; (*xii*) país do credor; (*xiii*) tipo de pagamento; (*xiv*) data e lugar da assinatura; (*xv*) assinatura. Elementos adicionais: (*i*) código de identificação do devedor; (*ii*) nome da "parte de referência" do devedor; (*iii*) código de identificação da "parte de referência" do devedor; (*iv*) nome da "parte de referência" do credor; (*v*) código de identificação da "parte de referência" do credor; (*vi*) identificador do contrato subjacente; (*vii*) descrição do contrato.

IV. O "mandato" do RSEPA e dos Livros de Regras do EPC não é, juridicamente, um contrato de mandato[57]: dele não resulta para o credor uma obrigação de praticar actos jurídicos (artigo 1157º do CC)[58]. Trata-se de uma *autorização*, que lhe atribui legitimidade para emitir uma ordem de pagamento sobre a conta do ordenante, por norma seu devedor, caso em que a iniciativa do pagamento traduz um *ónus*, cuja não verificação fá-lo-á incorrer em mora do credor (artigo 813º do CC), com os consequentes efeitos legais (artigos 814º a 816º do CC)[59].

---

[56] Em inglês *"SEPA Direct Debit Mandate"* e *"SEPA Business-to-Business Direct Debit Mandate"*. É inconstitucional a imposição prevista nos Livros de Regras do inglês como língua supletiva caso se desconheça a língua do devedor, em face do artigo 11º/3 da CRP.

[57] Sobre a distinção entre autorização e mandato, F. Pessoa Jorge, *O mandato...*, 387 ss., e P. Leitão Pais de Vasconcelos, *A autorização*[2], 267-273. De resto, inferir do *nomen* "mandato" do RSEPA imediatas consequências ao nível da natureza jurídica, além de traduzir uma inversão metodológica, redundaria em resultados díspares, porquanto, baseados no *mandatum* romano, apresentam neste particular singulares desvios os modelos das experiências jurídicas europeias (em particular, a francesa e a alemã). *Vide, e. g.,* A. Menezes Cordeiro, *Direito comercial,* 4ª ed., Almedina, Coimbra, 2016, 657 ss., Idem, *Tratado...,* V, 65 ss., *max.* 65-94.

[58] *Vide,* entre nós, por todos, M. Januário da Costa Gomes, *Contrato de mandato,* AAFDL, Lisboa, 2012 (reimpr.), 11 ss.

[59] Cf. também o nosso *Do giro...*, 107.

V. A autorização de débito directo formalizada no "mandato" pode ser unilateral e discricionariamente *revogada*[60] pelo ordenante (artigos 65º/4 e 77º/3 do RJSP). O *dies ad quem* da revogação é o final do dia útil[61] anterior ao acordado para o débito dos fundos (artigos 65º/4 e 77º/3 do RJSP). Também as autorizações concedidas para um conjunto de operações podem sê-lo no mesmo prazo (artigo 77º/3)[62], considerando-se as subsequentes não autorizadas (artigo 65º/5 do RJSPME). O destinatário da revogação é, *prima facie*, o beneficiário[63] mas também o PSP do ordenante, atenta a eficácia reflexa autorizativa do "mandato": quanto a este o *bloqueio total* do débito directo[64] em relação a determinado beneficiário (artigo 5º/3, *d*), *iii*), do RSEPA) permitirá, por norma, concluir no sentido da revogação da autorização. A forma da revogação segue a do próprio "mandato" (artigo 221º/2 do CC).

VI. A *mudança de conta* de um PSP para outro exige também uma autorização para o efeito (artigo 10º/2 da DCP), diferente da(s) de débito directo, mas na qual deve(m) esta(s) ser especificamente identificada(s) (10º/2, § 3º da DCP), estando ainda, em tal caso, o PSP transmitente (da conta) obrigado a transmitir ao PSP transmissário ("receptor"), se previsto na autorização, e ao USP consumidor, a seu pedido, as informações disponíveis

---

[60] Neste sentido, falando de revogação da autorização, J. SIMÕES PATRÍCIO, *Direito...*, 228, e M. JANUÁRIO DA COSTA GOMES, *Contratos...*, 241; em geral, P. LEITÃO PAIS DE VASCONCELOS, *A autorização*[2], 192-204. De "*retirar*" e "*retirada*" falam a epígrafe e os n.os 4 e 5 do artigo 65º do RJSP, numa linguagem já apelidada de "castrense" senão "bélica" por M. JANUÁRIO DA COSTA GOMES, *Contratos...*, 241[(819)], que bem poderia ter sido substituída por "*revogação*" (cf. o artigo 77º/3 do RJSP), conforme advoga F. MENDES CORREIA, *Moeda bancária...*, 800. Os artigos 3º/1 do Aviso nº 3/2000, 3º/1 do Aviso nº 1/2002, 4º/1, *b*), do Aviso nº 10/2003 optavam pelo termo "*cancelar*".

[61] Cf. a definição de "*dia útil*", a que mais correctamente deveria ter-se juntado o adjectivo "*bancário*", do artigo 2º, *ad*), do RJSP: "*dia em que o prestador de serviço de pagamento do ordenante ou o prestador do serviço de pagamento do beneficiário envolvido na execução de uma operação de pagamento se encontra aberto para a execução de uma operação de pagamento*" (os termos da redacção são repetitivos, tornando penosa a leitura; outras redacções com o mesmo sentido normativo eram naturalmente possíveis senão mesmo desejáveis).

[62] Cf. também F. MENDES CORREIA, *Moeda bancária...*, 800-801. Mesmo que ultrapassem o referido prazo, valerão não para essa operação em concreto, mas para as subsequentes.

[63] Assim também a página electrónica do BdP disponibilizada ao público intitulada *Perguntas Frequentes*, nº 20.

[64] Que funciona nas relações entre o ordenante e o seu PSP.

sobre débitos directos recorrentes ordenados pelo beneficiário executados nos últimos 13 meses na conta de pagamento do cliente (o que se compreende em face do artigo 69º/1 do RJSP), e ainda a deixar de aceitar débitos directos com efeitos a partir da data especificada na autorização, se não tiver um sistema de redireccionamento automático dos débitos directos para a conta de pagamento do consumidor junto do PSP transmissário (artigo 10º/3, *b*) e *c*), da DCP[65]).

2.4. Ordem de pagamento

I. A ordem de pagamento nos débitos directos é emitida pelo beneficiário ao seu PSP, que a transmite, por sua vez, ao PSP do ordenante. À ordem de pagamento emitida pelo beneficiário aplicam-se, *mutatis mutandis*, as regras sobre o respectivo momento de eficácia (artigo 75º), recusa de ordens (artigo 76º) e prazos de execução (artigos 79º e ss. do RJSP)

Em matéria de revogação da ordem pelo beneficiário, vale o prazo do artigo 77º/1. Todavia, o artigo 77º/3 prevê também a "revogação da ordem de pagamento" pelo ordenante. O preceito causa certa perplexidade, uma vez que nos débitos directos (ao contrário do que seria lógico) o ordenante não emite a ordem de pagamento, de modo que não poderia, à partida, revogá-la nas relações entre o beneficiário e o seu PSP. É, todavia, improvável que o legislador da DSP I tenha confundido os termos "ordenante" e "beneficiário", quando é certo ter sido o mesmo especialmente cuidadoso ao longo de todo o articulado. Por outro lado, não parece também provável se refira o preceito à revogação da autorização ou consentimento, para que fora já disposta uma regra no artigo 65º/4[66]. Significa isto que o ordenante, sem embargo do poder de limitação e bloqueio, pode também, além da revogação da autorização, revogar uma específica ordem emitida pelo beneficiário.

---

[65] Cf., ainda, com interesse em matéria de débitos directos em caso de mudança de conta, além dos considerandos (32) e (44), os artigos 2º/18, 10º/5, *b*) e *e*), 11º/1, *a*), 12º/1, 17º/1, *d*), *i*), da DCP. Sobre este diploma, sumariamente, J. M. FARIA, *Evolução recente...*, 615-616.

[66] A outra solução seria entender que a referência aí a ordenante era, em rigor, ao beneficiário na qualidade daquele que nas operações de débito directo ordena, o que contrariaria frontalmente a tão ponderada quanto contestada definição do artigo 2º, *j*), escrupulosamente tida em consideração nas demais normas do diploma. Por outro lado, na qualidade de ordenante da ordem de pagamento no débito directo, não se vê por que motivo o beneficiário disporia para revogá-la de um prazo mais benigno do que o do artigo 77º/1 do RJSP.

II. Relativamente à ordem de pagamento para débito directo, os PSP devem genericamente observar os seguintes requisitos: (*i*) usar o identificador de conta de pagamento IBAN, independentemente da localização do PSP em causa[67]; (*ii*) usar os formatos de mensagem ISSO 20022 XML quando transmitirem operações de pagamento a outro PSP ou através de um sistema de pagamentos de retalho[68]; (*iii*) assegurar que os USP usam o identificador de conta de pagamento IBAN, estejam os respectivos PSP ou o PSP único que nela intervêm situados no mesmo Estado-membro ou em diferentes Estados-membros; (*iv*) assegurar que um USP não consumidor ou microempresa que inicie ou receba débitos directos individuais não transmitidos individualmente mas agrupados use os formatos de mensagem ISSO 20022 XML (artigo 5º/1, *a*) a *d*), do RSEPA).

O *PSP do beneficiário* deve ainda assegurar que: (*i*) o beneficiário forneça os dados especificados no ponto 3, *a*), do Anexo[69], quando iniciar o primeiro débito directo ou um débito directo pontual, e à data de cada ope-

---

[67] A imposição do recurso ao IBAN em lugar do NIB foi acompanhada da proibição de exigir o BIC a partir de 1-Fev.-2014 nas operações internas, e a partir de 1-Fev.-2016 nas transfronteiriças (artigo 5º/7 do RSEPA), dada a possibilidade de, na grande maioria das operações de pagamento na EU, ser possível a identificação de uma conta de pagamento apenas através do IBAN (considerando (8)). O IBAN é o código internacional que identifica inequivocamente uma conta de pagamento concreta num Estado-membro cujos elementos são especificados pela Organização Internacional de Normalização (ISO) (artigo 2º/15 do RSEPA), tendo, no caso português, 25 caracteres e sendo iniciando por PT50 seguido de 21 dígitos. Sobre o RSEPA, entre nós, F. MENDES CORREIA, *Cansados de esperar...*, 59-76.

[68] A utilização do formato ISSO XML 20022 foi imposta nas relações entre PSP. Sem menoscabo, estendeu-se a regra em determinados casos aos USP, designadamente: (*i*) os que o requeiram (artigo 5º/1, § 1º, do RSEPA); (*ii*) os USP que, não sendo consumidores nem microempresas, comuniquem operações de pagamento de forma agrupada (artigo 5º/1, *d*)). Cf. F. MENDES CORREIA, *Cansados de esperar...*, 70-71, considerando no caso sob (*ii*) tratar-se de um ónus para os USP cuja preterição legitima a recusa do PSP em receber mensagens agrupadas.

[69] Que são os seguintes: (*i*) o tipo de débito directo (recorrente, pontual, inicial, final ou reversão); (*ii*) o nome do beneficiário; (*iii*) o IBAN da conta de pagamento do beneficiário a creditar para efeitos de cobrança; (*iv*) se disponível, o nome do ordenante; (*v*) o IBAN da conta de pagamento do ordenante a debitar para efeitos de cobrança; (*vi*) a referência única do mandato; (*vii*) caso o mandato do ordenante seja concedido após 31-Mar.-2012, a data da assinatura; (*viii*) o montante da cobrança; (*ix*) caso o mandato tenha sido retomado por um beneficiário diferente daquele que o subscreveu, a referência única do mandato, dada pelo beneficiário que o subscreveu inicialmente; (*x*) o identificador do beneficiário; (*xi*) caso o mandato tenha sido retomado por um beneficiário diferente daquele que o subscreveu, a referência do beneficiário que o subscreveu inicialmente; (*xii*) eventualmente, os dados

ração de pagamento subsequente; (*ii*) o ordenante dê o seu *consentimento tanto ao beneficiário como ao PSP do ordenante* (directa ou indirectamente por intermédio do beneficiário) (artigo 5º/3, *a*), *i*) e *ii*), do RSEPA). O PSP do beneficiário deve também fornecer ao PSP do ordenante os dados especificados no ponto 3, *b*), do Anexo[70] (artigo 5º/3, *b*), do RSEPA).

Por seu turno, o *PSP do ordenante* deve fornecer ou disponibilizar ao ordenante os dados especificados no ponto 3, al. *c*), do Anexo[71] (artigo 5º/3, *c*), do RSEPA).

A estas informações acrescem as previstas no Regulamento (UE) nº 2015/847, de 20-Mai.[72], designadamente as prestadas pelo PSP do ordenante sobre o próprio ordenante (artigo 4º/1, *a*) a *c*)) e sobre o beneficiário (artigo 4º/2, *a*) e *b*)), sem cujo cumprimento não pode aquele executar a ordem de transferência (artigo 4º/6), distinguindo-se um

---

de envio do beneficiário ao ordenante; (*xiii*) eventualmente, a finalidade da cobrança; (*xiv*) eventualmente, a categoria da finalidade da cobrança.

[70] Que são os seguintes: (*i*) BIC do PSP do beneficiário (salvo acordo em contrário dos PSP envoltos na operação de pagamento); (*ii*) BIC do PSP do ordenante (salvo acordo em contrário dos PSP envoltos na operação de pagamento); (*iii*) o nome da entidade-referência do ordenante (se presente no mandato electrónico); (*iv*) o código de identificação da entidade referência do ordenante (se presente no mandato electrónico); (*v*) o nome da entidade-referência do beneficiário (se presente no mandato electrónico); (*vi*) o código de identificação da entidade-referência do beneficiário (se presente no mandato electrónico); (*vii*) o código de identificação do modelo de pagamentos; (*viii*) a data de liquidação da cobrança; (*ix*) a referência do PSP do beneficiário para efeitos de cobrança; (*x*) o tipo de mandato; (*xi*) o tipo de débito directo (recorrente, pontual, inicial, final ou reversão); (*xii*) o nome do beneficiário; (*xiii*) o IBAN da conta de pagamento do beneficiário a creditar para efeitos de cobrança; (*xiv*) o nome do ordenante, se disponível; (*xv*) o IBAN da conta de pagamento do ordenante a debitar para efeitos de cobrança; (*xvi*) a referência única do mandato; (*xvii*) a data da assinatura do mandato, caso outorgado pelo ordenante após 31-Mar.-2012; (*xviii*) o montante da cobrança; (*xix*) a referência única do mandato, dada pelo beneficiário que o subscreveu inicialmente (se o mandato tiver sido retomado por um beneficiário diferente daquele que o subscreveu); (*xx*) o identificador do beneficiário; (*xxi*) o identificador do beneficiário que subscreveu inicialmente o mandato (se este tiver sido retomado por um beneficiário diferente daquele que o subscreveu); (*xxii*) eventualmente, os dados de envio do beneficiário ao ordenante.

[71] Que são os seguintes: (*i*) a referência única do mandato; (*ii*) o identificador do beneficiário; (*iii*) o nome do beneficiário; (*iv*) o montante da cobrança; (*v*) eventualmente, os dados do envio; (*vi*) o código de identificação do modelo de pagamentos.

[72] Que abrange débitos directos (artigo 3º/9, *b*)), embora paradigmaticamente pensadas para transferências de créditos (cf. o artigo 3º/3 e 4 do citado Regulamento). As medidas de execução do Regulamento constam dos artigos 6º, 147º a 158º, 169º, *vvv*) a *kkkk*), da Lei nº 83/2017, de 18-Ag.

ESTUDOS DE DIREITO BANCÁRIO I

regime menos oneroso para as transferências dentro da UE atento o concurso de actos normativos como o RSEPA (artigo 5º/1 a 3) e outro para transferências fora da UE (artigo 6º/1 e 2). O controlo das informações que acompanham a transferência de fundos grava também o PSP do beneficiário (artigos 7º, 8º e 9º) e os intermediários (artigos 10º, 11º, 12º e 13º).

2.5. Direito à limitação e bloqueio do débito directo

I. Em matéria de operações de pagamento por débito directo, coloca-se com premência a questão da *limitação* do mesmo no que às *relações entre o ordenante e o respectivo PSP* (relação de cobertura) concerne.

A limitação tanto pode ser inicialmente acordada com o beneficiário (e consequentemente vertida no "mandato", o que com a entrada em vigor do RSEPA será o regime regra: pontos 3, *a*), (*viii*), 3, *b*), (*xviii*) e 3, *c*), *iv*) do respectivo Anexo[73]), como unilateralmente imposta *a posteriori* pelo ordenante, podendo ser da mesma objecto, isolada ou conjuntamente[74]: (*i*) o *prazo* para efectuar os débitos directos[75]; (*ii*) a sua *periodicidade*[76]; (*iii*) o *montante* (máximo)[77]; (*iv*) a *identidade dos beneficiários*, em termos positivos ou negativos[78].

No Direito português, o direito à limitação fora já expressamente previsto no artigo 4º/1, *a*), do Aviso nº 10/2003 (cf. também os artigos 3º/4 do Aviso nº 1/2002 e 4º/3, *b*), do Aviso nº 10/2005) pelo qual podiam os devedores estabelecer limites tanto ao prazo de vigência da autorização de débito em conta, como ao valor (máximo) de cobrança admitido. Pelo contrário, o RJSP apenas menciona a limitação inicialmente especificada na autorização (artigo 73º/1, *a*), na esteira do artigo 62º/1, *a*), da DSP I).

---

[73] Cf. também as recomendações do já citado *High Level...*, 5.

[74] Cf. também a página electrónica do BdP disponibilizada ao público intitulada *Perguntas Frequentes*. Em Portugal, a definição de prazos limite e de montantes máximos por cobrança pode também ser efectuada por *homebanking*.

[75] Por ex., nas prestações fraccionadas no âmbito de um contrato de compra e venda, cuja data da última prestação é pelo ordenante conhecida.

[76] Por ex., se anual, mensal, semanal ou diária.

[77] Por ex., o pagamento de rendas, quotas ou prestações fraccionadas de compra e venda cujo valor o ordenante conhece antecipadamente.

[78] Por ex., indicando um determinado número de beneficiários que podem realizar sobre a conta débitos directos ou identificando os que o não podem.

O RSEPA[79], por sua vez, previu e regulou expressamente nos casos em que beneficiário ou ordenante sejam consumidores[80] (artigo 5º/3, § 2º, do RSEPA) o *direito de limitação* dos débitos directos pelo ordenante junto do seu PSP, designadamente para efeito de fixação de um *limite máximo* do montante a debitar, da *periodicidade* do mesmo ou de *ambos* em termos combinados (artigo 5º/3, *d*), *i*))[81]. A enunciação literal destas três formas de limitação não impede outras, devendo entender-se possível a limitação em função da identidade dos beneficiários (cf., além do considerando (13), o artigo 5º/3, *d*), *iii*)) – figura que, na prática, implica um verdadeiro *bloqueio* em relação àqueles que, em virtude da limitação, deixam de poder debitar directamente a conta[82] – e em função do prazo limite para a operação (possibilidade compreendida na referência a periodicidade). O PSP do ordenante deve informá-lo deste direito (artigo 5º/3, § 3º, do RSEPA), antes da vinculação a um contrato-quadro (artigos 52º/1 e 53º, *e*), *vi*), do RJSP e 41º e 42º da DSP I).

II. A par da limitação, pode também o ordenante *bloquear*[83] junto do seu PSP a cobrança por débito directo na sua conta de pagamento. Com efeito, tem o ordenante o direito de instruir o seu PSP a que: (*i*) bloqueie (*a*) todos os débitos directos na sua conta de pagamento, (*b*) todos os iniciados por um ou mais beneficiários concretos; (*ii*) ou autorize apenas os débitos directos iniciados por um ou mais beneficiários concretos (artigo 5º/3, *d*), *iii*), do RSEPA). *A fortiori*, nada impede que o bloqueio se refira apenas a um determinado débito directo dentre uma sequência de vários

---

[79] Sobre as perplexidades causadas pela consagração no RSEPA em lugar da DSP I de normas de tutela dos consumidores atinentes à relação contratual entre PSP e USP, F. Mendes Correia, *Cansados de esperar...*, 62-63 (e *passim*), e J. M. Faria, *Evolução recente...*, 602-603. As regras constantes do RSEPA que tutelam a posição do ordenante têm efeitos nas relações entre este e o seu PSP, criando verdadeiras obrigações, cuja violação gera responsabilidade contratual. Contrariamente, J. M. Faria, *Evolução recente...*, 603.

[80] Basta um sê-lo (assim, segundo cremos, F. Mendes Correia, *Cansados de esperar...*, 73), conquanto o regime tenha sido pensado *prima facie* para o caso em que é consumidor o ordenante. Sobre a intervenção de prestadores do serviço de iniciação do pagamento e o direito de limitação e bloqueio, J. M. Faria, *Evolução recente...*, 605-606.

[81] Cf. o considerando (13) do RSEPA.

[82] Sendo enquanto tal tratado pelo artigo 5º/3, *d*), *iii*).

[83] Sobre o bloqueio da conta, entre nós, M. Januário da Costa Gomes, *Contratos...*, 158.

ESTUDOS DE DIREITO BANCÁRIO I

em favor de um beneficiário (caso em que, à partida[84], se manterá a autorização em relação aos demais[85]).

O bloqueio do débito directo opera apenas nas relações entre o ordenante e o seu PSP, embora os seus efeitos possam estender-se à própria relação de valuta. Dependendo do contexto, designadamente quando se refira a *todos* os débitos directos de um determinado beneficiário, pode do mesmo inferir-se a *revogação* da autorização conferida no "mandato" ao beneficiário e ao PSP do ordenante para os referidos e aí especificados débitos[86].

Não existe no RJSP nem no RSEPA norma que regule o *dies ad quem* do exercício dos direitos de limitação ou bloqueio. Deverá, assim, aplicar-se analogicamente o disposto no artigo 77º/3 do RJSP.

III. Os direitos de limitação e bloqueio assistem ao ordenante na relação com o seu PSP ao abrigo do contrato de serviços de pagamento, deles se distinguindo a *revogação* do "mandato" em relação ao beneficiário e nas relações daquele com este.

Os referidos direitos surgem mais amplamente integrados no direito do ordenante a *dar instruções* ou *ordens* ao seu PSP no âmbito do contrato entre si celebrado. Trata-se, por isso, de particular manifestação do direito que, para o mandato[87] (cf. também o artigo 1156º do CC), é previsto no artigo

---

[84] Salvo situações como as do contrato de seguro (fora os mencionados no artigo 58º da LCS) em que a falta de pagamento do prémio determina a resolução automática do contrato. *Vide infra.*

[85] No mesmo sentido, as *Perguntas Frequentes*, nº 18, em página electrónica do BdP: "*Se o devedor verificar, aquando da notificação prévia do credor, que o valor que lhe vai ser cobrado não está correcto, pode recusar o débito? Sim. O devedor continua a ter a possibilidade de dirigir-se ao seu prestador de serviços de pagamento e solicitar o não pagamento daquela cobrança específica antes da data prevista para o débito, mantendo-se válida a autorização de débito em conta para futuras cobranças*".

[86] Também assim em relação à "mascarada" revogação do cheque por mor do bloqueio da conta ao respectivo pagamento M. JANUÁRIO DA COSTA GOMES, *Contratos...*, 158.

[87] No sentido da recondução ao mandato do giro ou transferência bancária, entre nós, CÂMARA, *A transferência...*, 39-41, A. MENEZES CORDEIRO, *Direito bancário*[6], 572 ss. (para o giro em geral), C. GENTIL ANASTÁCIO, *A transferência...*, 151-165, J. CALVÃO DA SILVA, *Direito bancário*, Almedina, Coimbra, 2002, 342-344 (no âmbito do serviço de caixa da conta-corrente bancária), IDEM, *Responsabilidade...*, 13 ss., IDEM, *Conta corrente bancária...*, 306-307, PAIS DE VASCONCELOS, *Mandato...*, 138-142, JANUÁRIO PEDRO CORREIA, *O giro bancário...*, 274-278, R. PINTO BAIRROS, *A transferência...*, 320-326; no sentido da prestação de serviços, J. M. GAMEIRO LOPES, *Direito bancário institucional*, Vislis, Viseu, 2001, 62. No sentido da

1161º, *a*), do CC, segundo o qual é o mandatário, neste caso o PSP do ordenante, obrigado à prática dos actos compreendidos no mandato, segundo as *instruções* do mandante, neste caso o ordenante[88]. Não se trata, assim, de uma modificação unilateral do contrato ao abrigo de um *ius variandi*, mas antes da concretização dos termos em que deve ser a obrigação cumprida pelo PSP[89].

2.6. Direito ao reembolso

I. Caso uma operação de pagamento tenha sido efectuada *sem prévia autorização*[90], o PSP do ordenante deve reembolsá-lo imediatamente, repondo, sendo caso disso, a conta de pagamento debitada na situação em que estaria se a operação não tivesse sido efectuada (artigo 71º/1 do RJSP)[91], com juros moratórios da data em que o ordenante tiver negado a autorização à taxa legal acrescida de 10 pontos percentuais (artigo 71º/2 do RJSP)[92]. Este regime geral aplica-se tanto a transferências de créditos como a débitos directos.

Tratando-se de débitos directos, além do reembolso em caso de *operação não autorizada*, assiste também ao ordenante consumidor e microempresa,

---

recondução ao mandato do contrato de serviços de pagamento, F. Rodrigues Rocha, *Do giro...*, 159-163; no sentido da prestação de serviços C. Ferreira de Almeida, *Contratos II*[4], 183-185, A. Menezes Cordeiro, *Direito bancário*[6], 578 ss.

[88] Em geral, sobre este dever, M. Januário da Costa Gomes, *Contrato de mandato*, 69 ss., e Luís Menezes Leitão, *Direito das Obrigações*, vol. III, 11ª ed., Almedina, Coimbra, 2017, 428 ss. e 441 ss.

[89] Assim, ainda que noutro quadrante, M. Januário da Costa Gomes, *O direito de variação ou de controlo no transporte de mercadorias, Temas de Direito dos Transportes*, vol. II, Almedina, Coimbra, 2013, 9.

[90] Situação diversa da mora, incumprimento definitivo ou defeituoso da obrigação de transferir os fundos (artigos 86º e 87º do RJSP) e da não autorização de operações de pagamento por perda de instrumento de pagamento (artigo 72º do RJSP).

[91] E não apenas a parte excedente inesperada pelo artigo 73º/1, *b*), do RJSP. Assim, Hartwig Sprau, *§ 675x, Palandt Bürgerliches Gesetzbuch*, 71ª ed., C. H. Beck, Munique, 2012, 1131.

[92] Sobre este regime, entre nós, *e. g.*, Maria Raquel Guimarães, *(Ainda) a responsabilidade pelo uso indevido de instrumentos de pagamento electrónicos em operações presenciais e à distância, I Congresso de Direito Bancário*, Almedina, Coimbra, 2015, 128 ss., M. Januário da Costa Gomes, *Contratos...*, 244 ss., F. Mendes Correia, *Moeda bancária...*, 758 ss., R. Vera-Cruz Pinto Bairros, *Transferência a crédito – Notas caracterizadoras no contexto da SEPA, Cadernos O Direito 8 – Temas de Direito Bancário*, vol. I, Almedina, Coimbra, 2014, 289 ss.

ESTUDOS DE DIREITO BANCÁRIO I

em termos relativamente imperativos (artigos 62º/1 e 2 do RJSP e 51º/1 e 3 da DSP I), o chamado direito de reembolso[93] por *operações autorizadas*[94].

[93] As expressões *"direito ao reembolso"*, *"reembolso"* e conexas surgem em relação aos débitos directos nos artigos 73º/1, 3, 4 e 6 e 74º/1, 2 e 3, 76º/3 do RJSP e 7º/2 do RSEPA (neste último diploma erradamente escrito *"re-embolso"* (considerando (32) e artigos 5º/3, *d*), 6, 7º/2 e epígrafe), quando pelo menos desde o AO45 não se separa neste caso o prefixo *re-* do substantivo). Cf. os termos por que se optou nas versões italiana (*"diritto di rimborso"*), alemã (*"Erstattungsrecht"*), francesa (*"droit à remboursement"*), inglesa (*"refund right"*), castelhana (*"derecho a reembolso"*), holandesa (*"rechten op terugbetaling"*) e romena (*"dret de rambursare"*).

[94] Diferente do reembolso é o *direito à "rectificação"* (artigos 69º/1 e 2 do RJSP, 58º DSP I e 71º DSP II). Com efeito, caso tome conhecimento de uma operação de pagamento não autorizada ou defeituosamente cumprida, susceptível de "reclamação" *"nomeadamente ao abrigo dos artigos 86º e 87º"* (o termo *"reclamação"* no artigo 69º/1 do RJSP está em dessintonia com as outras 6 vezes que aparece nos artigos 53º, *g*), *ii*), 92º/1, 93º/1 e 94º/1, *l*), do RJSP: trata-se duma pouco feliz tradução do inglês *"[giving rise to a] claim"*; o 676b do BGB fala de forma mais exacta de *"Ansprüche und Einwendungen"*; os direitos italiano, francês e espanhol contornam a dificuldade terminológica: artigos 9.º/1 do Decreto-Legislativo nº 11, de 27-Jan.-2010, L33-24 do CMF e 29º da Lei nº 16/2009, de 13-Nov., respectivamente), tem o USP o direito de obter "rectificação", se (a) comunicar (sem exigências formais) ao respectivo PSP, sem atraso injustificado, dentro do prazo (de caducidade: artigo 298º/2 do CC) de 13 meses a contar da data do débito (artigo 69º/1 do RJSP) ou sem dependência desse prazo (mas aplicável o geral de 20 anos para a responsabilidade contratual: artigo 309º do CC; depõe a favor deste entendimento o considerando 31 da DSP I) quando o PSP não haja prestado ou disponibilizado informações sobre este direito (artigo 69º/2 do RJSP; justifica-se a solução com o incumprimento do dever do PSP de informar sobre a existência de "direito à rectificação" (artigo 53º, *e*), *iv*), do RJSP), em consonância com o regime da LCCG (artigos 8º, *a*) e *b*), e 9º/1, com a especificidade de a norma supletiva aplicável não ser a do artigo 69.º/1 do RJSP; a esta solução subjaz também um entendimento lato da regra *contra non ualentem agere non currit praescriptio* que inspira, entre outros, os artigos 306º/1 pr. ou 321º do CC). O artigo 69º/1 não identifica expressamente o objecto da "rectificação": são-no as operações de pagamento (objecto do *"conhecimento"* na oração introduzida por *"após"* no artigo 69.º/1, de *"informações"* no artigo 69º/2 e de *"comunicação"* na epígrafe do artigo 69º, todos do RJSP), mas só: (*i*) as não autorizadas; (*ii*) e as "incorrectamente executadas". O artigo 69º/1 do RJSP estabelece um prazo para o ónus da denúncia das referidas operações, cujo *dies a quo* começa com a data do incumprimento (o débito em conta) e cujo *dies ad quem* termina ao fim de 13 meses, sem prejuízo de *supressio* (*Verwirkung*), em momento anterior, por comportamento desconforme à boa fé (334º do CC; nestes termos deve ser interpretada a locução *"sem atraso injustificado"*). É duvidoso se do artigo 69.º/1 do RJSP se extrai a existência de um prazo para exercício do direito à "rectificação" de 13 meses a contar da data do débito: deve concluir-se negativamente atento o disposto no considerando 31 da DSP I segundo o qual: *"Se o prazo de comunicação for cumprido pelo utilizador do serviço de pagamento, este deverá poder avançar com essas reclamações dentro dos prazos estabelecidos pelo direito nacional"* (no mesmo sentido MIGUEL RUIZ MUÑOZ, *Derecho europeo y español sobre operaciones no autorizadas con instrumentos de pago (en especial tarjetas de pago)*, Instituto de Estudios Internacionales y Europeos "Francisco de Vitoria", Madrid,

406

DÉBITOS DIRECTOS: BREVES NOTAS

O reembolso a satisfazer pelo PSP do ordenante[95] em relação a uma operação de "pagamento" *autorizada* e já efectuada, iniciada pelo ou através do beneficiário, cabe ao ordenante[96] reunidos os seguintes pressu-

2014, 78). O prazo de denúncia (ou comunicação) compreende-se bem naquelas situações que correspondam a um cumprimento defeituoso (cf., também, *e. g.*, os artigos 916º/2 e 3, 917º, 1220º/1, 1224º/1 e 2 do CC, 5º e 5º-A do Decreto-Lei nº 67/2003, de 8-Abr., com as alterações constantes do Decreto-Lei nº 84/2008, de 21-Mai., ou 100º e 101º do RJCS). O referido prazo pode ser modificado fora das relações com consumidores e microempresas (artigo 62.º/2 do RJSP; cf. também o artigo 330.º/1 do CC), desde que não seja de tal modo curto que impeça na prática o exercício atempado do direito. A "rectificação" de que no artigo 69º do RJSP se fala não corresponde à *rectificação* de erros de cálculo ou de escrita do artigo 249.º do CC – cuja aplicação aos serviços de pagamento, que pressupõe seja o erro ostensivo, não seria isenta de dificuldades: cf., *v. g.*, o artigo 85º do RJSP –, que aflora, por ex., com especialidades de regime, nos artigos 146º/1 e 2 e 614º/1 a 3 do CPC (hoje mais claramente do que a luz do CPC61, no que às peças processuais tange) ou mesmo nos artigos 13º/2, *b*), 14º/2, *b*), 15º/1, *e*), 16º e 19º do Regulamento (UE) nº 2016/679, de 27-Abr., relativo ao tratamento de dados pessoais, e 6.º da LULL. Sobre a rectificação, RUI DE ALARCÃO, *Breve motivação do anteprojecto sobre o negócio jurídico na parte relativa ao erro, dolo, coacção, representação, condição e objecto negocial, BMJ* 138 (1964), 90, CARLOS MOTA PINTO, *Teoria Geral do Direito Civil*, colab. ANTÓNIO PINTO MONTEIRO/PAULO MOTA PINTO, 4ª ed., Almedina, Coimbra, 2012, 496[(664)], JOSÉ DE OLIVEIRA ASCENSÃO, *Direito Civil – Teoria Geral*, vol. II – *Acções e factos jurídicos*, 2ª ed., Coimbra Ed., Coimbra, 2003, 214-215, LUÍS CARVALHO FERNANDES, *Teoria Geral do Direito Civil*, vol. II – *Fontes, conteúdo e garantia da relação jurídica*, 5ª ed., UCP, Lisboa, 2014, 367, HEINRICH EWALD HÖRSTER, *A Parte Geral do Código Civil Português. Teoria Geral do Direito Civil*, Almedina, Coimbra, 2011 (reimpr.), 565-566, ANTÓNIO MENEZES CORDEIRO, *Tratado de Direito Civil*, vol. II – *Parte Geral. Negócio jurídico*, 4ª ed., Almedina, Coimbra, 2017 (reimpr.), 822 ss., PEDRO PAIS DE VASCONCELOS, *Teoria Geral do Direito Civil*, 8ª ed., Almedina, Coimbra, 2017, 602, MARIA JOÃO VAZ TOMÉ, *Comentário ao Código Civil – Parte Geral, sub* art. 249.º, UCP, Lisboa, 2014, 587-588. A "rectificação" do artigo 69.º/1 do RJSP parece, antes, compreender o direito ao cumprimento e à indemnização por incumprimento (nas suas várias modalidades) do contrato. Sobre a "rectificação" do artigo 69.º/1 do RJSP, entre nós, e. g., M. JANUÁRIO DA COSTA GOMES, *Contratos...*, 241, J. CALVÃO DA SILVA, *Conta corrente bancária...*, 322, e F. MENDES CORREIA, *Moeda bancária...*, 764 e 766.

[95] O artigo 73º do RJSP visa, de resto, especificamente a relação de cobertura entre o ordenante e o seu PSP. Cf. H. SPRAU, *§ 675x...*, 1130, e FEHRENBACHER, *§ 675x, Palandt Bürgerliches Gesetzbuch*, 71ª ed., C. H. Beck, Munique, 2012, 1553.

[96] Caso a operação de pagamento se processe por meio do sistema de pagamentos *SEPA B2B*, fora do contexto dos consumidores e microempresas, não existe direito ao reembolso. Cf. o *SEPA Business to Business Direct Debit Scheme Rulebook*, 22, 25, 29, 30, 60, 94-95 e *passim*, e o *High Level...*, 1 ss. Sobre o conceito de sistema de pagamentos, cf. o artigo 2º/6 do RSEPA, bem como o artigo 2º-A/1 do Decreto-Lei nº 221/2000, com as alterações constantes do Decreto-Lei nº 85/2011.

ESTUDOS DE DIREITO BANCÁRIO I

postos *cumulativos*[97]: (*i*) a autorização à data da outorga não especificar o montante exacto da operação de pagamento (artigos 73º/1, *a*), do RJSP e 76º/1, *a*), da DSP II)[98]; (*ii*) *e* o montante da operação de pagamento exceder o montante que o ordenante poderia razoavelmente esperar com base no perfil de despesas anterior, nos termos do seu contrato-quadro e atentas as circunstâncias específicas do caso (artigo 73º/1, *b*), do RJSP, e 76º/1, *b*), da DSP II)[99], que não pode basear-se em razões relacionadas com a taxa de câmbio, se aplicada a de referência acordada com o respectivo PSP nos termos dos artigos 48º/1, *d*) e 53º, *c*), *ii*), do RJSP[100]-[101]. O ordenante, a pedido

---

[97] FEHRENBACHER, § 675..., 1553.

[98] Fundamento do direito ao reembolso que se situa no quadro da *determinação da prestação* (artigos 280º/1, 400º/1 a 3 e 401º/1 a 3 do CC). Assim, M. JANUÁRIO DA COSTA GOMES, *Contratos...*, 248; em geral, sobre o tema, MIGUEL TEIXEIRA DE SOUSA, *O concurso de títulos de aquisição da prestação*, Almedina, Coimbra, 1988, 61 ss., M. JANUÁRIO DA COSTA GOMES, *Assunção fidejussória de dívida. Sobre o sentido e o âmbito da vinculação como fiador*, Almedina, Coimbra, 2000, 597-714, IDEM, *O mandamento da determinabilidade na fiança omnibus e o AUJ nº 4/2011*, *Estudos em homenagem à Professora Doutora Isabel de Magalhães Collaço*, vol. II, org. Rui Manuel Moura Ramos/Carlos Ferreira de Almeida/António Marques dos Santos/Pedro Pais de Vasconcelos/Luís Lima Pinheiro/Maria Helena de Brito/Dário Moura Vicente, Almedina, Coimbra, 2002, 49-78 = *Estudos de Direito das Garantias*, vol. I, Almedina, Coimbra, 2004, 109-137, A. MENEZES CORDEIRO, *Impugnação pauliana de actos anteriores ao crédito – Nulidade da fiança por débitos futuros indetermináveis – Efeitos da impugnação. Anotação a STJ 19-Fev-1991*, *ROA* 51 (1991), 525-572, IDEM, *Tratado de Direito Civil*, vol. VI – *Direito das Obrigações. Introdução. Sistemas e Direito europeu. Dogmática geral*, 2ª ed., Almedina, Coimbra, 2012, 69-70, 361-363 e 537-538, IDEM, *Tratado de Direito Civil*, vol. X – *Direito das Obrigações. Garantias*, colab. A. Barreto Menezes Cordeiro, Almedina, Coimbra, 2015, 158-159 e 523-526, L. MENEZES LEITÃO, *Direito das Obrigações*, vol. I – *Introdução. Da constituição das obrigações*, 14ª ed., Almedina, Coimbra, 2017, 113 ss., PEDRO DE ALBUQUERQUE, *Direito das Obrigações*, vol. I/I – *Contratos em especial*, Almedina, Coimbra, 2008, 164-174, CARLOS FERREIRA DE ALMEIDA, *Determinação do preço por terceiro*, *CDP* 30 (2010), 3-15, EDUARDO DOS SANTOS JÚNIOR, *Direito das Obrigações*, I – *Sinopse explicativa e ilustrativa*, 3ª ed., AAFDL, Lisboa, 2014, 94-95.

[99] Protege-se, destarte, o ordenante de débitos de montantes inesperadamente mais elevados. Neste sentido também H. SPRAU, § 675x..., 1131. Cf. também os *Cadernos...*, 8.

[100] Cf. também os artigos 22º/2, *a*), e 3, *a*) e *b*), da LCCG, sobre os quais, *e. g.*, J. CALVÃO DA SILVA, *Banca*⁴..., 206-207, ANDRÉ FIGUEIREDO, *O poder de alteração unilateral nos contratos bancários*, *Sub Judice* 39 (2007), 9-26, ANA PRATA, *Contratos de adesão e cláusulas contratuais gerais. Anotação ao Decreto-Lei nº 446/85, de 25 de Outubro*, Almedina, Coimbra, 2010, 565-567 e 569-570, LUÍS VASCONCELOS ABREU, *Sobre o poder unilateral de modificação do spread pelas instituições de crédito nos financiamentos MLP contratados com empresas*, nos *Estudos em Homenagem ao Professor Doutor Carlos Ferreira de Almeida*, vol. II, Almedina, Coimbra, 2011, 23-35, e M. JANUÁRIO DA COSTA GOMES, *Contratos...*, 273-277. Corrigiu o Decreto-Lei nº 242/2012 a errada remissão

DÉBITOS DIRECTOS: BREVES NOTAS

do PSP, deve fornecer os elementos referentes aos factos constitutivos do direito ao reembolso (artigo 73º/2 do RJSP), uma vez que lhe incumbe o respectivo ónus da prova (artigo 342º/1 do CC; cf. o 76º/1 *in fine* da DSP II). Consagrou-se, pois, o chamado direito ao reembolso *"condicional"*, sem embargo de estipulação no contrato-quadro entre o ordenante e o PSP do alargamento das situações em que pode o reembolso ter lugar ou mesmo o seu carácter incondicional (artigo 73º/4 do RJSP)[102]. Simetricamente, pode

constante da versão originária do artigo 73º/5 do Decreto-Lei nº 317/2009 para o artigo 53º/3, *b*), oportunamente notada por M. JANUÁRIO DA COSTA GOMES, *Contratos...*, 248[(833)].

[101] À luz do Aviso nº 3/2000, no caso de contratos legalmente sujeitos a "período de reflexão", os credores não podiam apresentar à cobrança valores decorrentes da sua celebração, renúncia ou cumprimento, excepto se os devedores houvessem expressamente (podendo) renunciado a tal direito (artigo 2º/4, 1ª prt.), embora pudessem os credores, ainda assim, introduzir no sistema (SDD) os elementos que permitissem posteriormente a cobrança (artigo 2º/4, 2ª prt,), devendo neste caso cancelar tais autorizações se o contrato tivesse cessado por qualquer forma ou tivessem aquelas sido revogadas pelos devedores durante o "período de reflexão" (artigo 2º/5). Idêntica restrição manteve-se à luz do Aviso nº 10/2003 nos termos do qual não podiam os credores apresentar à cobrança valores decorrentes da celebração, renúncia ou cumprimento de contrato legalmente sujeito a "período de reflexão" antes do decurso do referido período, salvo renúncia expressa ao mesmo (artigo 3º/3, *c*)). Hoje o direito ao reembolso não se encontra dependente de o contrato na relação subjacente estar sujeito ao exercício de um direito de livre desvinculação, não distinguindo o RJSP nem o RSEPA para o efeito. Sobre esta forma de cessação do contrato, por último, CARLOS LACERDA BARATA, *Contratos celebrados fora do estabelecimento comercial, RDC* 1 (2016) 4, 903-919 = *Estudos de Direito do Consumo*, vol. V, AAFDL, Lisboa, 2017, 89-106.

[102] Nota-se o retrocesso neste particular da solução prevista na DSP I em relação ao Direito interno português. Com efeito, já no artigo 3º/2 do Aviso nº 3/2000, depois duplicado pelo artigo 3º/2 do Aviso nº 1/2002, que o substituiu, era previsto o direito de "anulação" junto das IC e nos 5 dias úteis subsequentes à sua efectivação de qualquer débito efectuado através do SDD. Do mesmo modo, o artigo 4º/1, *c*), do Aviso nº 10/2003 atribuía ao devedor o mesmo direito de "anulação" nos 5 dias úteis subsequentes a quaisquer cobranças por iniciativa do credor. O prazo de exercício do referido direito à "anulação" foi posteriormente estendido até 30 dias após a efectivação do débito, nos termos do artigo 2º/1 do Aviso nº 10/2005, que alterou neste particular os Avisos nº 1/2002 e 10/2003. O mesmo desfasamento se nota em relação ao *SEPA Core Direct Debit Rulebook* que também já previa um tal direito. As resistências dos beneficiários e dos PSP à consagração dum direito ao reembolso incondicional, devidamente documentadas no citado *High Level...*, 3 ss., materializaram-se essencialmente em dois tipos de situações: (*i*) quando os bens ou serviços pagos já tivessem sido consumidos; (*ii*) quando pela sua natureza a prestação não fosse passível de devolução (*e. g.*, seguros). Em consequência, o artigo 67º/1, § 4º, da Proposta da DSP II (COM(2013) 547 final – 2013/0264 (COD)), previa, na esteira do *SEPA Core Direct Debit Rulebook*, um direito incondicional ao reembolso no prazo de 8 semanas, salvo quando o beneficiário já houvesse cumprido as obrigações contratuais e

ESTUDOS DE DIREITO BANCÁRIO I

também ser convencionada no contrato quadro entre o ordenante e o respectivo PSP a limitação das situações em que é possível o recurso ao direito ao reembolso, mas apenas quando tenha aquele comunicado ao PSP o seu consentimento à operação de pagamento e, sendo caso disso, que o referido PSP ou o beneficiário tenham prestado ou disponibilizado ao ordenante informações sobre a futura operação de pagamento, pela forma acordada, pelo menos, 4 semanas antes da data de execução (artigo 73º/6 do RJSP).

O exercício do direito ao reembolso (condicional ou não[103]) por parte do ordenante junto do seu PSP[104] está sujeito a um prazo de caducidade (artigo 298º/2 do CC) de 8 semanas (artigo 279º c) do CC) a contar da data

---

o ordenante recebido os serviços ou consumido os bens. Esta norma foi criticada pelo BCE por a sua aplicação pressupor um conhecimento do PSP da relação subjacente, colocando problemas ao nível da privacidade e um aumento de encargos administrativos, sugerindo, em consequência, a consagração irrestrita do direito de reembolso incondicional, passível de derrogação convencional no que a determinados bens e serviços concerne, dos quais deveria a Comissão fornecer uma lista exaustiva (ponto 2.9 do Parecer do BCE de 5-Fev.-2014; no mesmo sentido, a comunicação do EPC de 15-Abr.-2014). A versão final do artigo 76º/1 da DSP II prevê, além do direito condicional ao reembolso aí previsto em termos substancialmente iguais aos da DSP I, um direito ao reembolso incondicional durante o prazo de 8 semanas a contar da data do débito dos fundos, mas apenas em relação aos débitos directos do artigo 1º do RSEPA, ou seja, aqueles que sejam expressos em euros na UE nos casos em que o PSP do ordenante e o PSP do beneficiário estejam ambos situados na UE, ou em que o único PSP envolvido na operação esteja situado na UE (cf. também o considerando (76): "*A fim de assegurar um amplo apoio do público à SEPA e um elevado nível de protecção dos consumidores no âmbito da SEPA, o sistema pan-europeu de débito directo vigente prevê um direito de reembolso incondicional dos pagamentos autorizados. Reflectindo esta realidade, a presente directiva visa estabelecer o direito incondicional, como requisito geral para todas as operações de débito directo expressas em euros na União*"). Nestes casos, o PSP do ordenante não pode recusar o reembolso (artigo 77º da DSP II). As mesmas considerações perpassam também o citado *High level...*, 4-5. Os artigos 5º/3, *d*), *ii*), e 6 e 7º/2 do RSEPA contemplam expressamente a hipótese de o contrato-quadro de serviços de pagamento prever ou não o direito ao reembolso, não obstante a adopção dos Livros de Regras do EPC (artigo 4º) implicar a previsão do "direito ao reembolso incondicional" aí consagrado. Sobre o tema, também, V. STASIO, *Operazione...*, 26-28, F. MENDES CORREIA, *Cansados de esperar...*, 59-76, *max.* 65-67, H. SPRAU, § 675x..., 1131, e FEHRENBACHER, § 675x..., 1553.

[103] O artigo 74º/1 remete para o 73º do RJSP sem distinguir para o efeito.
[104] O artigo 74º/1 a 3 do RJSP não especifica o PSP visado pelo pedido de reembolso, mas do artigo 73º/4 e 6 infere-se ser o do ordenante, solução em harmonia com a relatividade dos contratos, na falta de norma expressa que consagre a acção directa. Símil, F. MENDES CORREIA, *Moeda bancária...*, 802-803.

do débito dos fundos (artigo 74º/1 do RJSP). O reembolso (condicional[105]) não é automático: o PSP dispõe de 10 dias para: (*i*) reembolsar o montante integral da operação de pagamento (artigos 73º/3[106] e 74º/2 do RJSP); (*ii*) ou para recusar-lho, justificando-o e indicando os organismos perante os quais pode o ordenante reclamar (artigos 74º, 92º e 93º do RJSP).

II. A previsão contratual ou não do direito incondicional ao reembolso (pelo menos enquanto não for a DSP II transposta) pode implicar a constituição de deveres secundários sobre o PSP do ordenante.

Assim, quando o *"mandato"* não previr o direito ao reembolso, o ordenante tem o *direito de dar instruções ao seu PSP* para verificar cada operação de débito directo com base nas informações relativas ao "mandato" e conferir antes de debitada a conta de pagamento se o montante e a periodicidade do débito directo correspondem aos acordados (artigo 5º/3, *d*), *ii*), do RSEPA). Por outro lado, independentemente deste particular *ius instruendi*, quando o *contrato de serviços de pagamento* não previr o direito ao reembolso[107], deve o PSP do ordenante, *motu proprio*, verificar cada operação de débito directo com base nas informações relativas ao mandato, de maneira a conferir, antes de debitada a conta de pagamento, se o montante da operação de débito directo transmitida é igual ao montante e à periodicidade acordados no "mandato" (artigo 5º/6 do RSEPA).

---

[105] O prazo de reembolso de 10 dias do artigo 74º/2 não se aplica aos reembolsos incondicionais, uma vez que a *ratio* da previsão normativa dos 10 dias visa assegurar a correcta avaliação por parte do PSP do ordenante dos pressupostos do exercício do direito. Neste sentido, R. VON OLSHAUSEN, *Die Sepa-Lastschrift...*, 77-79. Em sentido contrário, FEHRENBACHER, § 675x, *PWW Bürgerliches Gesetzbuch Kommentar*, 11ª ed., Luchterhand, Colónia, 2016, 1554, H. SPRAU, § 675x..., 1131.

[106] Nos termos do disposto no artigo 76º/1 da DSP II, além de coincidir o reembolso com o montante integral da operação de pagamento executada, estabelece-se que não pode a data-valor do crédito na conta de pagamento do ordenante ser posterior à data do débito do montante. Cf. também F. MENDES CORREIA, *Moeda bancária...*, 803[(2109)].

[107] Julgamos dever ser a norma articulada não apenas com a possibilidade de o reembolso condicional ser excluído nas relações com não consumidores ou microempresas (artigo 73º/1 e 6), mas também com a previsão contratual do direito ao reembolso incondicional (artigo 73º/4 do RJSP). Diferentemente, problematizando a aplicação da norma estritamente em face da exclusão do reembolso condicional do artigo 73º/1 do RJSP, F. MENDES CORREIA, *Cansados de esperar...*, 73.

III. Um problema delicado em matéria de direito de reembolso respeita à insolvência do beneficiário[108]. Com efeito, exercido o direito ao reembolso, não recusado pelo PSP do ordenante, credita este a conta do seu cliente, seguindo-se o correspondente débito na conta do beneficiário por parte do respectivo PSP. Pode, todavia, ocorrer não ser o mesmo possível porque o beneficiário desde o momento em que foi a conta creditada através do débito directo até ao momento em que o ordenante exerceu o direito ao reembolso já não tem a conta provisionada ou, pior, foi declarado insolvente.

Em situações deste jaez, o risco de insolvência do beneficiário corre por conta do seu PSP que, além de ter de reclamar créditos (artigos 128º e ss. do CIRE), não poderá agir contra o ordenante com que nenhuma relação contratual tem e que usou dum direito legal, salva a hipótese (marginal) de em situações extremas em que o ordenante haja agido de forma abusiva (artigo 334º do CC) lhe ser concedida contra este uma pretensão delitual[109].

IV. Nos termos em que se encontra consagrado, constituindo-se na esfera do ordenante apenas quando verificados os sobreditos requisitos

---

[108] Sobre o tema, *e. g.*, Karen Kuder, *Die Zahlstelle des Lastschriftschuldners im Einzugsermächtigungsverfahren*, Duncker & Humblot, Berlim, 2006, 101 ss., G. Barillà, *L'addebito...*, 159 ss. Diferente é a insolvência de um "participante" ou de um "participante indirecto" num sistema de pagamento (artigos 2º, *f*) e *g*), da Directiva nº 98/26/CE com as alterações constantes da Directiva nº 2009/44/CE, e 2º-B/1, 2, 3, 4 e 5 do Decreto-Lei nº 221/2000, de 9 de Setembro, com as alterações constantes do Decreto-Lei nº 85/2011, de 29 de Junho), caso em que as ordens de transferência e compensação têm efeitos jurídicos e serão oponíveis a terceiros, desde que hajam sido as mesmas introduzidas no sistema antes da "abertura" do processo de insolvência (artigos 3º/1 da Directiva nº 96/26/CE e do Decreto-Lei nº 221/2000). Sobre tema, *e. g.*, J. Calvão da Silva, *Banca*[4]..., 241 ss., e Verónica Fernández, *Os sistemas de pagamento: desenvolvimentos recentes*, O Novo Direito Bancário, coord. Paulo Câmara/Manuel Magalhães, Almedina, Coimbra, 2012, 118-120; no âmbito da liquidação de valores mobiliários, Paulo Câmara, *Manual de Direito dos Valores Mobiliários*, 3ª ed., Almedina, Coimbra, 2016, 511 ss.

[109] No direito alemão, neste sentido, em harmonia com a jurisprudência do BGH, K. Kuder, *Lastschrift...*, 102 ss., *max.* 104-105. Sobre a responsabilidade delitual fundada no abuso do direito, *vide, e. g.*, entre nós, com posições embora divergentes, A. Menezes Cordeiro, *Tratado de Direito Civil*, vol. VIII – Direito das Obrigações. Gestão de negócios. Enriquecimento sem causa. Responsabilidade civil, Almedina, Coimbra, 2016, 455, Idem, *Tratado...*, V[2], 269 ss., 382 ss., L. Menezes Leitão, *Direito das Obrigações*, I[14], 89-90, 262 e 267-268, E. Santos Júnior, *Da responsabilidade civil de terceiro por lesão do direito de crédito*, Almedina, Coimbra, 2003, 519-525, Idem, *Direito...*, I[3], 67-73 e 299-301.

cumulativos (artigo 73º/1 do RJSP), o direito ao reembolso dito condicional configura juridicamente uma *resolução*[110], poder potestativo motivado, de iniciativa unilateral, com eficácia retroactiva, determinando a devolução do montante integral da operação de pagamento efectuada (artigo 73º/3 do RJSP)[111]. Neste sentido aponta também o dever do ordenante de fornecer ao PSP os "elementos factuais" constitutivos do direito ao reembolso exercido (artigo 73º/2 do RJSP), que o fundamentam.

Diferentemente, o direito ao reembolso incondicional[112] e, por conseguinte, discricionário (artigo 73º/4) consubstancia uma *revogação* unilateral, com eficácia retroactiva, extintiva dos efeitos do acto jurídico em questão. Trata-se aqui também do exercício de um poder potestativo, de iniciativa unilateral do ordenante, que funciona como uma condição (imprópria) legal e resolutiva[113].

2.7. Perturbações das obrigações dos PSP

O RJSP dispõe de um regime próprio para a mora, cumprimento defeituoso e incumprimento definitivo[114] pelo PSP de ordens de pagamento emitidas pelo beneficiário ou através deste (artigo 87º).

---

[110] Também chamado de *"anulação (...) por retractação"* (artigo 54º/3 do RJCS), *"anulação do débito"* (artigo 54º/4 do RJCS), *"direito de anulação do débito"* (artigo 2º/1 do Aviso nº 10/2005). As expressões *"anular (...) qualquer débito"* e *"anular (...) quaisquer cobranças"* aparecem ainda nos artigos 3º/2 do Aviso nº 1/2002, e 4º/1, *c*), do Aviso nº 10/2003, respectivamente.

[111] A natureza retroactiva é expressamente mencionada no artigo 7º/2 do RSEPA: *"reembolsos com efeitos retroactivos à data do pagamento reembolsado"*.

[112] A expressão *"reembolsos incondicionais"* surge, *e. g.*, no artigo 7º/2 do RSEPA.

[113] *Vide* no que se refere ao carácter resolutivo do direito de livre revogação nos contratos de consumo, *e. g.*, M. JANUÁRIO DA COSTA GOMES, *Sobre o "direito de arrependimento" do adquirente de direito real de habitação periódica* (time-sharing*) e a sua articulação com direitos similares noutros contratos de consumo...*, 85, PEDRO ROMANO MARTÍNEZ, *Da cessação do contrato*, 3ª ed., Almedina, Coimbra, 2016, 270, JORGE MORAIS DE CARVALHO, *Os contratos de consumo...*, 416 e 453, IDEM, *Manual de Direito do consumo*, 3ª ed., 270, CARLOS LACERDA BARATA, *Contratos celebrados fora do estabelecimento comercial*, *RDC* 1 (2016) 4, 914 = *Estudos de Direito do Consumo*, vol. V, AAFDL, Lisboa, 2017, 100.

[114] A terminologia (de presumível influência anglo-saxónica) por que optou a versão portuguesa da DSP I reproduzida pelo legislador nacional do RJSP foi *"não execução"* e *"execução deficiente"*. O termo *"execução"* formado a partir de *ex[s]ecutio* de *exsequor* (que não de *excussio* de *excutio*, donde provém *"excussão"*) está, a um tempo, associado ao processo executivo por responsabilidade patrimonial e, a outro, ao cumprimento de obrigações (cf. também, considerando execução termo menos analítico que cumprimento, ANTÓNIO PINTO

ESTUDOS DE DIREITO BANCÁRIO I

Assim, a responsabilidade perante o beneficiário pela *incorrecta transmissão da ordem de pagamento* emitida pelo beneficiário ou através de si ao PSP do ordenante cabe ao PSP daquele (artigo 87º/1 do RJSP), que deve retransmitir imediatamente a ordem ao PSP do ordenante (artigo 87º/2 do RJSP), assim como envidar esforços para rastrear a operação de pagamento e notificar o beneficiário dos resultados obtidos (artigo 87º/7 do RJSP). A norma compreende-se à luz da *relatividade dos contratos* e da *eficácia relativa das obrigações* (artigo 406º/2 do CC) e porque a iniciativa do débito directo cabe ao beneficiário mas através do seu PSP, porque, não tendo acesso ao sistema interbancário de processamento de ordens, recorre ao mesmo para que a transmita ao do ordenante[115].

Caso a responsabilidade não recaia sobre o PSP do beneficiário, poderá cair sobre o do ordenante perante este (artigo 5º/5 do RJSP), que deve reembolsá-lo da operação de pagamento incumprida ou defeituosamente cumprida repondo a conta debitada na situação em que estaria se não tivesse ocorrido a referida perturbação no cumprimento da operação de pagamento (artigos 87º/7 do RJSP e 566º/2 do CC).

O artigo 87º/8 do RJSP determina serem os PSP responsáveis perante os USP *"por quaisquer encargos cuja responsabilidade lhes caiba e por quaisquer juros a que estejam sujeitos os [USP] em consequência da não execução ou da exe-*

Monteiro/Mafalda Miranda Barbosa, *Harmonização da linguagem jurídica ao nível do direito contratual europeu. Breves notas*, EDC 8 (2006/2007), 119; cf. ainda a observação de M. Lima Rego, *Contrato...*, 453; sobre o tema, em geral, Johannes Köndgen, *Die Rechtsquellen des europäischen Privatrechts*, e Martin Schmidt-Kessel, *Europäisches Vertragsrecht*, ambos em *Europäische Methodenlehre. Handbuch für Ausbildung und Praxis*, org. Karl Riesenhuber, 3ª ed., De Gruyter, Berlim-Nova Iorque, 2015, 95 ss. e 373 ss., respectivamente; recentemente, duma perspectiva histórico-jurídica, Adelaide Caravaglios, De verborum significatione e legal drafting *tra lingua e diritto*, IP 1 (2016) 1, 21-37, *max.* 27-29 e bibliografia aí citada), sendo, tradicionalmente, recorrente em locuções como "executar o mandato" (por influência do direito romano: Ulp. 31 *ad ed.* D. 17.1.8.2, Paul. 32 *ad ed.* D. 17.1.22.10, Gai. 9 *ad ed. provinc.* D. 17.1.27.3-4, Pap. 10 *resp.* D. 17.1.57, Paul. 6 *ad Sab.* D. 17.2.46), "deliberações sociais", "obras", "trabalhos", "disposições [testamentárias]" ou "testamento" (cf., por ex., os artigos do 755º/1, *c*), 755º, *d*), 797º, 1159º/1, 1161º, *c*) e *e*), 1162º, 1163º, 1165º, 1167º, 1181º/1, 1182º, 1184º, 1208º, 1209º/2, 1210º/1, 1213º/2, 1214º/2, 1215º/1, 1216º/2, 1225º, 1227º, 1229º, 1230º/2, 1245º, 1398º/1, 1426º/4, 1436º, *h*) e *l*), 1437º/1, 1560º/2, 2243º/1 e 2320º do CC e 232º, § 1º, 233º, 240º, 246º, 266º, 269º, § 2º, 274º e 380º do CCom). Se faz sentido falar em execução de ordens, questionamo-nos se, ao menos nos artigos 85º, 86º e 87º do RJSP, não teria sido preferível recorrer expressamente às categorias dogmáticas do não cumprimento.

[115] Cf. F. Mendes Correia, *Moeda bancária...*, 804.

cução incorrecta da operação de pagamento", o mesmo é dizer que são também imputados aos PSP os danos na relação de valuta em virtude do incumprimento de uma obrigação no âmbito do contrato de prestação de serviços de pagamento. A referência a juros compreende-se tratando-se de atribuições pecuniárias, mormente de obrigações, cuja indemnização é legalmente predefinida ao montante dos juros moratórios (artigo 806º/1 do CC).

3. Momento da perfeição da atribuição pecuniária subjacente

I. A realização de uma operação de débito directo tem consequências ao nível da relação subjacente ou de valuta, nomeadamente o cumprimento da respectiva obrigação pecuniária (cujo efeito solutório extintivo dependerá, em regra, de convenção das partes pelo artigo 550º *in fine* do CC, com excepção das normas que o prevejam[116]) ou, em geral, o da perfeição da atribuição pecuniária, esteja ou não em causa uma obrigação em sentido estrito.

Não obstante, o RJSP, tal como a DSP, não se ocupa directamente da relação de valuta, de modo que debalde se procurarão aí normas que especifiquem o momento em que se perfaz a atribuição pecuniária a cargo do devedor ordenante[117].

II. Fora do RJSP outros diplomas regulam certos aspectos do pagamento por débitos directos. Assim, no que respeita ao pagamento do prémio de seguro, injuntivamente pecuniário (artigos 12º/1 e 54º/1 do RJCS[118]), o artigo 54º/3 e 4 do RJCS[119] disciplina os pagamentos por débito directo, de acordo com o qual: *"O pagamento por débito em conta fica subordinado à con-*

---

[116] Sobre o tema o nosso *Do giro...*, 104-114. Diferentemente, os *Cadernos...*, 4. Dentre as normas que prevêem expressamente a possibilidade de pagamento por débito directo destacamos os artigos 63º-C/1 a 3 da LGT e 54º/1 do RJCS.

[117] Sublinhámos este aspecto no nosso *Do giro bancário...*, 109 e 122; cf. também H. SPRAU, § *675x...*, 1130, e FEHRENBACHER, § *675x...*, 1553.

[118] Após a revogação do nº 6 do artigo 54º do RJCS, não é também possível que as partes acordem na natureza não pecuniária do prémio (por ex., dação de acções, unidades de participação, imóveis).

[119] O artigo 54º do RJCS teve genericamente por base o regime instituído pelo artigo 2º/2 do Decreto-Lei nº 142/2000, de 15 de Julho, e pelo número 1º da Portaria nº 1371/2000, de 1 de Outubro. Sucede, porém, que este regime não previa especificamente como meios de pagamento os débitos directos, mas apenas dinheiro a contado, cheque bancário, cartões de crédito ou débito, transferência bancária ou vale postal. Generalizadamente entenderam-se, porém, compreendidos os débitos directos na referência a *"transferência bancária"*, o que é atestado pela prática conhecida

ESTUDOS DE DIREITO BANCÁRIO I

dição da não anulação posterior do débito por retractação do autor do pagamento no quadro da legislação especial que a permita" e *"A (...) anulação do débito equivale à falta de pagamento do prémio"*. A remissão feita pelo artigo 54º/3 para a *"legislação especial"* visa hoje em particular o artigo 73º/1 a 6 do RJSP[120] nos termos acima vistos. As normas dos n.ᵒˢ 3 e 4 do artigo 54º do RJCS são *relativamente imperativas*[121], podendo as partes estipular termos mais favoráveis ao tomador no que ao pagamento por débito directo concerne[122].

O artigo 54º/3 e 4 do RJCS não especifica o exacto momento em que se considera perfeito o pagamento do prémio[123], mas subordina o seu carácter definitivo à não anulação posterior do débito por "retractação" do autor do pagamento. Não é, por consequência, necessário esperar o termo do prazo do exercício do direito ao reembolso para que o pagamento se considere efectuado[124], o que significa que o momento do cumprimento nos

dos seguradores de recorrer a este meio de pagamento já antes do RJCS, conforme, de resto, atesta elucidativamente a selecção de jurisprudência acima citada no ponto (*i*) da nota 2.

[120] J. Pereira Morgado, *Anotação ao artigo 55º, LCSAnot³*, 265, escreve ser a *"legislação especial"* para efeito do artigo 55º/3 do RJCS os Avisos nº 1/2002, 10/2003 e 10/2005, esquecendo, porém, terem sido os mesmos revogados pelo Aviso nº 3/2014, de 8 de Julho, sem mencionar tão-pouco o RJSP ou as DSP I e II.

[121] Tendo em consideração o carácter não taxativo do artigo 13º/1 do RJCS. *Vide, e. g.*, Pedro Romano Martínez, *Anotação ao artigo 13º, LCSAnot³*, 65.

[122] Em sentido contrário, defendendo o seu carácter supletivo, J. Pereira Morgado, *Anotação ao artigo 55º, LCSAnot³*, 265.

[123] O que talvez tivesse sido prudente em face das gravosas consequências resultantes da falta de pagamento do prémio no contrato de seguro (artigos 57º/2, *a*), 59º e 61º/1 a 4 do RJCS), excepção feita aos mencionados no artigo 58º. Sobre o tema, *e. g.*, J. Pereira Morgado, *Anotação aos artigos 57º, 58º, 59º e 61º, LCSAnot³*, 269-272, P. Romano Martínez, *Direito dos seguros – Apontamentos*, Principia, Cascais, 2006, 119-122, Idem, *Anotação ao artigo 61º*, 273, José Alves de Brito, *Contrato de seguro por conta de outrem. O seguro por conta de outrem nos seguros de danos*, FDUL, Lisboa, 2005, 169 ss., Margarida Lima Rego, *Contrato de seguro e terceiros. Estudo de direito civil*, Coimbra Ed., Coimbra, 2010, 313 ss., Eadem, *O prémio, Temas de Direito dos Seguros. A propósito da nova Lei do Contrato de Seguro*, coord. M. Lima Rego, 2ª ed., Almedina, Coimbra, 2016, 265 ss., Francisco Luís Alves, *Direito dos seguros. Cessação do contrato. Práticas comerciais*, 2ª ed., Almedina, Coimbra, 2015, 92 ss., José Luís Bonifácio Ramos, *O pagamento do prémio na Lei do Contrato de Seguro*, CDP 39 (2012), 3-19.

[124] Cf., *e. g.*, K. Kuder, *Lastschrift...*, 64-68; sobre a questão também, confrontando para o efeito as diversas teorias explicativas dos débitos directos, a insolvência e o exercício do reembolso, Dorothee Einsele, *Lastschriften mit Einzugsermächtigung als autorisierte Zahlungsvorgänge*, AcP 209 (2009) 6, 721 ss., *max.* 756 ss. Diversamente, G. Barillà, *L'addebito...*, 109-111. A aproximação à condição resolutiva é feita por J. Pereira Morgado, *Anotação ao artigo 54º*, LCSAnot³, 264.

débitos directos deve ser procurado a montante. Esta conclusão surge reforçada pelo gravoso regime da "resolução automática" do contrato de seguro por falta de pagamento do prémio, que não se compadeceria com uma espera de 8 semanas para extinção (por caducidade) do direito ao reembolso (artigo 74º/1 do RJSP).

Afastada a hipótese de se considerar perfeita a atribuição findo o prazo de exercício do direito ao reembolso (artigo 54º/3 do RJCS), três teses se perfilam, em abstracto, a determinar o referido momento: (*i*) a que a considera perfeita no momento em que é debitada a conta de pagamento do ordenante; (*ii*) a que a considera quando creditada a conta do PSP do beneficiário; (*iii*) e a que a considera ao tempo da creditação da conta de pagamento do beneficiário. Julgamos que, no que tange às transferências que envolvam diferentes PSP do beneficiário e do ordenante, o momento será o da creditação na conta do PSP do beneficiário[125], em razão do artigo 770º, *a*), do CC e do regime disposto nos artigos 78º/2[126] e 84º/1 e 2 do RJSP[127], afastada a solução do artigo 840º/2 do CC por não se tratar de uma prestação diferente da devida[128]. Já a respeito das transferências internas, entendemos relevante o momento da efectiva creditação na conta do beneficiário.

Exercido o direito ao reembolso, que funciona para o efeito como condição (imprópria) legal da atribuição patrimonial, deve considerar-se a mesma retroactivamente extinta, aplicando-se analogicamente a solução disposta no artigo 54º/4 do RJCS.

III. Se o beneficiário não promover a operação de débito directo, tratando-se na relação de valuta do cumprimento de uma obrigação pecuni-

---

[125] No mesmo sentido, R. Pinto Bairros, *Operação...*, 184-185. Em sentido contrário, entre nós, F. Mendes Correia, *Moeda bancária...*, 723, considera relevante para o efeito o momento em que é a conta do beneficiário creditada, porque *"a operação de um sistema de pagamentos é demasiado complexa e opaca para o cliente bancário médio"*, pelo que *"seria surpreendente que tais clientes fixassem o momento do cumprimento com referência a um facto que ali ocorra"*. Se cremos certeira a asserção no que à fixação convencional do momento do cumprimento respeita, julgamos, com a devida vénia, que o problema não se encontra exactamente colocado, uma vez que a solução que se procura respeita, fundamentalmente, ao regime supletivo.

[126] Em matéria de transferências de crédito, defendêramos idêntica solução em *Do giro...*, 123.

[127] Assim, em matéria de débitos directos, G. Barillà, *L'addebito...*, 108-109.

[128] Em sentido contrário, a bibliografia citada em *Do giro...*, 115[(52)], e em Miguel Brito Bastos, *O mútuo bancário. Ensaio sobre a estrutura sinalagmática do contrato de mútuo*, Coimbra Ed., Coimbra, 2015, 52[(72)], à qual acresce Hugo Ramos Alves, *Da dação em cumprimento*, Almedina, Coimbra, 2017, 571-580.

ária, considera-se em mora (artigo 813º do CC) desde a data em que foi a cobrança por tal meio disponibilizada (artigo 57º/4 do RJCS por analogia), a saber, na data aprazada para cobrança[129]. Trata-se assim, nestes casos, de um *ónus* do credor de iniciar a operação de débito directo. Se na relação de valuta não existir uma obrigação em sentido estrito, pode a falta de impulso do beneficiário, por ex., nos contratos reais *quoad constitutionem*, implicar a não celebração do contrato, dando eventualmente lugar, verificados os respectivos pressupostos, a responsabilidade pré-contratual (artigo 227º/1 do CC).

Lisboa – Cascais, Maio de 2017

---

[129] Assim também R. PINTO BAIRROS, *Operação...*, 188-189. Outra questão é a de saber se o beneficiário deve avisar o ordenante da data e montante do débito directo. À luz do Aviso nº 3/2000, os devedores tinham o "direito de acordar" a antecedência com que eram avisados dos montantes dos débitos e das datas a partir das quais seriam cobrados, de modo a aprovisionar devidamente as contas (artigo 3º/3), regra que foi mantida no artigo 3º/3 do Aviso nº 1/2002. Ainda hoje, o BdP entende que o credor beneficiário deve avisar o devedor ordenante da data e montante do débito directo (assim, nas *Perguntas Frequentes*, nº 17: "*O credor deve avisar o devedor da data e montante de um débito directo? Sim*". Mas o BdP é ambíguo, senão contraditório, porque logo de seguida consta escrito: "*O credor deverá avisar o devedor de que (...) debitar[á] a sua conta, em consequência do que ambos estipularam contratualmente, designadamente no respeitante à antecedência desse mesmo aviso*"). A lei, no entanto, nenhuma obrigação estabelecia que, na relação de valuta, impusesse ao beneficiário avisar o ordenante da data e montante de cada um dos débitos directos, que, consequentemente, se encontrava dependente de estipulação das partes nesse sentido. A norma era, por isso mesmo, redundante em face do princípio da liberdade contratual (artigo 405º/1 do CC). Uma tal obrigação, se à partida pouco sentido faz quando periodicamente limitados os débitos directos, pode, no entanto, resultar *ex bona fide* no que aos débitos directos sem periodicidade definida concerne (artigo 762º/2 do CC). A lei prevê nalguns casos que o credor avise o devedor do montante, da forma, do lugar e da data do pagamento. É o caso do artigo 60º/1 a 3 do RJCS, que, embora aplicável a todos os seguros, sujeitos ou não a resolução automática (cf. o artigo 58º), se compreende sobretudo em face das gravosas consequências da falta de pagamento.

Também o PSP do ordenante não se encontra obrigado a avisar o seu cliente de que a sua conta será debitada. Se a conta não estiver provisionada à data do débito, o PSP do ordenante não pode cumprir a ordem (artigos 1167º, *a*), e 1168º do CC), salva convenção de linha de crédito para o efeito (cf. o artigo 4º, *d*), do RJSP). Assim também para a transferência de créditos o nosso *Do giro...*, 136, e, ainda, os *Cadernos...*, 9.

ÍNDICE

PREFÁCIO   5

Responsabilidade bancária, deveres acessórios e nexo de causalidade
António Menezes Cordeiro   9

Estabilidade financeira, princípio da proporcionalidade e supervisão
microprudencial
João Pedro Castro Mendes   47

4G na prevenção do branqueamento de capitais: problemas, paradoxos
e principais deveres
Miguel da Câmara Machado   77

Os limites dos poderes de transferência do Banco de Portugal no âmbito
do processo de resolução
A. Barreto Menezes Cordeiro   129

O regime de controlo da adequação de titulares de órgãos sociais
de instituições de crédito e o direito das sociedades anónimas
Pedro Maia   159

Gestão de risco, *compliance* e auditoria interna
Diogo Pereira Duarte / Francisco Passaradas   193

Concessão de crédito, normas de proteção e responsabilidade bancária
Adelaide Menezes Leitão   229

A concessão de crédito para o saneamento de empresas
Madalena Perestrelo de Oliveira   249

ESTUDOS DE DIREITO BANCÁRIO I

Crédito ao consumo e crédito à habitação
Jorge Morais Carvalho — 297

Segurança, subgarantia e sobregarantia – Entre os três "S" do Direito das Garantias
Manuel Januário da Costa Gomes — 331

Operações não autorizadas e o Regime Jurídico dos Serviços de Pagamento e da Moeda Eletrónica
Francisco Mendes Correia — 353

Débitos diretos: breves notas
Francisco Rodrigues Rocha — 383